Das Zahlenbuch

Lehrerband

Herausgegeben von
Erich Ch. Wittmann und Gerhard N. Müller

Erarbeitet von
Albert Berger
Marlene Fischer
Marlies Hoffmann
Maria Jüttemeier
Gerhard N. Müller
Erich Ch. Wittmann

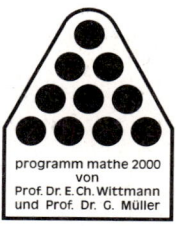

Mathematik im 1. Schuljahr

Ernst Klett Schulbuchverlag
Stuttgart Düsseldorf Berlin Leipzig

Inhalt

Einführung	Grundkonzeption des „Zahlenbuchs"	3
	Konzentration des Stoffes auf die tragenden Grundideen	4
	Aktiv-entdeckendes und soziales Lernen	6
	Sparsamkeit in Anschauungs- und Darstellungsmitteln	9
	Produktives Üben	10
	Natürliche Differenzierung	12
	Förderung von Kindern mit Lernschwierigkeiten und von leistungsstarken Kindern	12
	Lern- und Erfolgskontrolle	14
	Übersicht über den Unterricht im 1. Schuljahr	15
	Inhaltsverzeichnis des Schülerbandes	15
	Arbeits- und Demonstrationsmittel	17
Didaktische Konzeption	Konzeption der Inhaltsbereiche und der durchgehenden Kurse	20
	Arithmetik im 1. Schuljahr	20
	Geometrie im 1. Schuljahr	25
	Größen und Sachrechnen im 1. Schuljahr	26
	Denkschule im 1. Schuljahr	28
Durchgehende Kurse	Blitzrechenkurs für das 1. Schuljahr	29
	Sach-Vorkurs für das 1. Schuljahr	35
	Forschen und Finden: Expeditionen ins Zahlenreich	41
	Denkschule für das 1. Schuljahr	47
	Ziffernschreibkurs für das 1. Schuljahr	59
Tägliche Praxis	Didaktische und praktische Hinweise zu den Schülerbandseiten	73
Materialien	Zählbilder, Kopiervorlagen und Lernzielkontrollen	221

Empfehlung zur Stoffverteilung im 1. Schuljahr auf 40 Schulwochen

1. Halbjahr: Orientierung und Einführung	bis Woche
Orientierung im Zwanzigerraum	8
Vertiefung des Zahlbegriffs/Geld (Euro)/Spiegel	12
Einführung der Addition	16
Einführung der Subtraktion	20

2. Halbjahr: Übung und Vertiefung	bis Woche
Wiederholung der Addition und Subtraktion/ Falten, schneiden, legen, Kugeln formen	24
Operative Durcharbeitung der Addition und Subtraktion, Einspluseinstafel/Sachaufgaben, Rechnen mit Geld	28
Zahlenmuster/Tageszeit, Stunden	32
Vertiefende Übungen zur Addition und Subtraktion/ Pläne, Wege	36
Ausblick in den Hunderterraum/Geld (Euro und Cent), Daten sammeln	40

Grundkonzeption des „Zahlenbuchs"

Die Licht- und Schattenseiten des Alten und des Neuen soll man erforschen, entwickeln, reformieren, aber weder vorwärts noch rückwärts revolutionieren.
von Raumer

Bei der Entwicklung des „Zahlenbuchs" wurde größter Wert darauf gelegt, die bewährte Praxis des Mathematikunterrichts der Grundschule so weit wie möglich aufzugreifen und fortzuführen. Im Mittelpunkt stehen daher die zentralen Inhalte der Arithmetik (Einspluseins, Einmaleins, halbschriftliches Rechnen, schriftliche Rechenverfahren) und deren Anwendungen auf das Sachrechnen.

Unter der Devise „Weniger ist mehr" wird zurückgegriffen auf altbewährte Anschauungsmittel (Wendeplättchen, Zwanzigerfeld, Hundertertafel, Stellentafel, Zahlenstrahl) und dazu passende Neuentwicklungen (Wendekarten, Poster zum Einspluseins und Einmaleins, Tausenderbuch).

Den weitaus größten Raum im „Zahlenbuch" nehmen Angebote zum Üben einschließlich eines systematischen Kopfrechenkurses von Klasse 1 bis 4 („Blitzrechnen") ein. Aus guten Gründen erhält auch die Geometrie einen festen Platz, was auch der Arithmetik zugute kommt, denn in der Arithmetik werden geometrische Formen (Punktmuster, Zahlenstrahl usw.) vielfach benutzt.

In einem wesentlichen Punkt weicht das „Zahlenbuch" aber bewusst von der traditionellen Praxis ab: Es folgt aktivistischen Auffassungen von Lehren und Lernen, die von Generationen fortschrittlicher Didaktiker in einem langen historischen Prozess entwickelt wurden und sich schließlich gegen passivistische Auffassungen durchgesetzt haben. Traditionell hat man Lernen aufgefasst als das Nachbauen einer Mauer, bei der nach einem vorgegebenen, genau überwachten Plan Baustein neben Baustein, Schicht auf Schicht gesetzt und sorgfältig darauf geachtet wird, keinen Baustein auszulassen, weil Lücken den Einsturz der Mauer bedeuten könnten. Heute weiß man, dass Lernen von Natur aus ganz anders verläuft: Es besteht im fortlaufenden Knüpfen und Umstrukturieren eines flexiblen Netzes aus Wissenselementen und Fertigkeiten, wobei es die Lernenden selbst sind, die sich aus besonders konstruierten Lernumgebungen Informationen holen und ihre Wissensnetze von verschiedenen Stellen aus aktiv-entdeckend weiterknüpfen. Lücken an einer Stelle sind keineswegs ein Hindernis für den Ausbau des Netzes an einer anderen Stelle. Sie werden im Laufe des Lernprozesses geschlossen, indem über die Lücken hinweg „Wissensfäden" gespannt und an den schon festeren Teilen des Netzes verankert werden.

Der Natur des Lernens gemäß ist der Lernprozess bei der Auseinandersetzung mit einem Stoffgebiet immer individuell. Es ist unmöglich, ihn nach traditionellen Methoden klein- und gleichschrittig zu steuern. Kinder kommen am besten voran, wenn sie eigene Wege gehen und ihr Tempo selbst bestimmen dürfen. Nur dann können sie auch ihr Vorwissen optimal einsetzen. Auch die Reihenfolge, in der das einzelne Kind die wichtigen „Wissensfäden" in sein Netz einknüpft, variiert von Kind zu Kind und darf auch variieren. Durch das Schulbuch sowie durch sozialen Austausch mit der Lehrerin und mit anderen Kindern wird ja dafür gesorgt, dass trotz aller individuellen Unterschiede am Ende des Lernprozesses sozial geteiltes Wissen vorhanden ist, das von verschiedenen Kindern natürlich unterschiedlich beherrscht wird.

Diese Umorientierung des Lehrens und Lernens vom „Bauen einer Mauer" zum „Knüpfen eines Netzes" ist nicht nur aus lernpsychologischen Gründen, sondern *auch aus pädagogischen Gründen* notwendig. Kinder bringen heute in höherem Maße als früher unterschiedliche Vorerfahrungen, Vorkenntnisse und Einstellungen mit, die mit dem neuen Konzept weit besser aufgefangen werden können als mit der traditionellen Klein- und Gleichschrittigkeit. *Indem das „Zahlenbuch" eine individuelle Förderung aller Kinder im gemeinsamen Unterricht ermöglicht, setzt es auch in pädagogischer Hinsicht neue Maßstäbe.*

Im Folgenden wird die Grundkonzeption des „Zahlenbuches" ausführlicher dargestellt.

Ich vertrete zwei pädagogische Prinzipien:
1. Unterrichte nicht zu viele Gegenstände.
2. Behandle das, was du behandelst, gründlich.

A. N. Whitehead,
The Aims of Education

Konzentration des Stoffes auf die tragenden Grundideen

Laut Stundenplan stehen dem Hauptfach Mathematik im Schuljahr ca. 160 Unterrichtsstunden zur Verfügung. Da ein Teil der Stunden aus unterschiedlichsten Gründen ausfällt oder nicht effektiv genutzt werden kann, ist dies ein relativ enger zeitlicher Rahmen. Oberstes Gebot der Stofforganisation muss daher eine *Konzentration* auf diejenigen Grundideen der Arithmetik, der Geometrie und des Sachrechnens sein, die für die *Umwelterschließung* und für ein Verständnis der *Fachstruktur* unerlässlich sind. Die in der Tabelle auf Seite 5 aufgelisteten Grundideen der Arithmetik reichen bis ins 6. Schuljahr und setzen sich dann in Grundideen der Algebra fort. Die Grundideen der Geometrie sind für die Klassen 1 bis 10 angelegt. Die anwendungsbezogenen Grundideen von Arithmetik und Geometrie sind in der Tabelle zum Themenbereich „Größen und Sachrechnen" zusammengefasst, wodurch deutlich wird, dass die *Fach*strukturen der Bereiche „Arithmetik" und „Geometrie" und die *Sach*strukturen des Bereichs „Größen und Sachrechnen" wechselseitig aufeinander bezogen werden müssen: *Strukturorientierung* und *Anwendungsorientierung* sind zwei Seiten *ein und derselben* Medaille.

Alle Grundideen werden von Klasse 1 an nach dem *Spiralprinzip* entwickelt, d. h., der Unterricht greift sie immer wieder auf, vertieft sie und führt sie weiter.
Z. B. wird die Idee „Zahlenreihe" im 1. Schuljahr durch die „Zwanzigerreihe" verkörpert und in den folgenden Schuljahren zur „Hunderterreihe", zum „Tausenderstrahl" und schließlich zum „Zahlenstrahl" ausgebaut.
Entsprechend ist die Idee „Zehnersystem" im 1. Schuljahr durch das „Zwanzigerfeld", im zweiten durch die „Hundertertafel", im dritten und vierten durch das „Tausenderbuch", das „Millionbuch" und die Stellentafel realisiert.
Im „Zahlenbuch" ist auch die Geometrie *lehrgangsartig* aufgebaut. Z. B. findet sich die Grundidee „Koordinaten" in den ersten beiden Schuljahren im Straßensystem des fiktiven Dorfes „Eckenhausen", aus dem im 3. Schuljahr das ganzzahlige Koordinatengitter hervorgeht. Dieses bildet dann in der Sekundarstufe I die Grundlage für das Koordinatensystem.

Mit der Erarbeitung von Lernzielen, die an bestimmte Inhalte gebunden sind (*inhaltliche* Lernziele, z. B. das Einspluseins) muss die Förderung der folgenden *allgemeinen* Lernziele verbunden werden, die *Grundprozesse* des mathematischen Arbeitens beschreiben und dem Mathematiklernen *von der Grundschule bis zur Universität* zugrunde liegen:
1. *Mathematisieren*, d. h. reale Situationen in die Sprache der Mathematik übersetzen, mit Mitteln der Mathematik Lösungen bestimmen und das Ergebnis für die reale Situation interpretieren,
2. *Explorieren*, d. h. Situationen probierend erforschen, Beziehungen und Strukturen entdecken, Strukturen erfinden, kreative Ideen entwickeln,
3. *Argumentieren*, d. h. mathematische Sachverhalte begründen,
4. *Formulieren*, d. h. mathematische Sachverhalte und Erfahrungen bei deren Untersuchung mündlich und schriftlich beschreiben.

Inhaltliche Kenntnisse schaffen eine gute Basis für die Förderung allgemeiner Lernziele. Umgekehrt wirken sich die Fähigkeiten des Mathematisierens, Explorierens, Argumentierens und Formulierens positiv auf das Erreichen inhaltlicher Lernziele aus. Insofern sind beide Lernzielkategorien eng aufeinander bezogen. Ein grundlegender Unterschied muss aber sorgfältig beachtet werden: Während sich bei inhaltlichen Lernzielen (z. B. Einspluseins, Einmaleins, Rechenverfahren) *vorzeigbare* Erfolge in einem begrenzten Zeitraum erzielen lassen, stellen sich sichtbare Fortschritte bei den allgemeinen Lernzielen nur *langfristig* und auch nur dann ein, wenn mit Geduld und Beharrlichkeit fortgesetzt an ihnen gearbeitet wird. Eine solche gezielte Arbeit ist besonders wichtig, wenn die Eingangsvoraussetzungen der Kinder im Entdecken, Be-

Grundideen der Arithmetik

1. Zahlreihe
Die natürlichen Zahlen bilden eine Reihe, von der Abschnitte beim Zählen durchlaufen werden.

2. Rechnen, Rechengesetze, Rechenvorteile
Mit den natürlichen Zahlen kann man nach bestimmten Gesetzen mündlich, halbschriftlich und schriftlich vorteilhaft rechnen. Der Zahlbereich wird später unter Beibehaltung der Rechengesetze erweitert durch Bruchzahlen und negative Zahlen.

3. Zehnersystem
Das Zahlsystem ist dekadisch gegliedert, wobei sich die Tausenderstruktur periodisch wiederholt. Außerdem ist der Zehner in zwei Fünfer gegliedert.

4. Rechenverfahren
Schriftliche Rechenverfahren führen das Rechnen mit Zahlen auf das Rechnen mit einstelligen Zahlen zurück (Ziffernrechnen). Diese Verfahren sind automatisierbar und können von Rechengeräten übernommen werden.

5. Arithmetische Gesetzmäßigkeiten und Muster
Mit Zahlen kann man aufgrund bestimmter Eigenschaften und Beziehungen Gesetzmäßigkeiten, Formeln, Muster („Strukturen") erzeugen, deren tiefere Zusammenhänge in arithmetischen Theorien systematisch entwickelt werden (Zahlentheorie, Kombinatorik).

Grundideen der Geometrie

1. Geometrische Formen und ihre Konstruktion
Der dreidimensionale Anschauungsraum wird von Formgebilden unterschiedlicher Dimension bevölkert (Punkten, Linien, Flächen und Körpern), die sich auf vielfältige Weise konstruktiv erzeugen lassen.

2. Operieren mit Formen
Geometrische Gebilde lassen sich bewegen (verschieben, drehen, spiegeln...), verkleinern, vergrößern, zerlegen, überlagern..., wodurch viele Beziehungen entstehen.

3. Koordinaten
Zur Lagebeschreibung von Punkten können auf Linien, Flächen und im Raum Koordinatensysteme eingeführt werden, welche die Grundlage für die analytische Geometrie und für die graphische Darstellung von Funktionen bilden.

4. Maße
Längen, Flächen, Volumina und Winkel lassen sich nach Vorgabe von Maßeinheiten messen. Aus vorgegebenen Maßen lassen sich andere nach verschiedenen Formeln berechnen (z. B. Inhaltsformeln).

5. Geometrische Gesetzmäßigkeiten und Muster
Geometrische Gebilde und ihre Maße können in vielfältiger Weise in Beziehung gesetzt werden, so dass Gesetzmäßigkeiten und Muster („Strukturen") entstehen, deren tiefere Zusammenhänge in geometrischen Theorien systematisch entwickelt werden (euklidische Geometrie der Ebene und des Raumes, kombinatorische Geometrie usw.).

---

6. Zahlen in der Umwelt
Zahlen lassen sich vielfältig verwenden als Anzahlen, Ordnungszahlen, Maßzahlen, Operatoren und Codes.

6. Formen in der Umwelt
Reale Gegenstände können mit Hilfe geometrischer Begriffe (angenähert) beschrieben werden. In der Technik werden Verfahren entwickelt um geometrische Formen herzustellen, die bestimmten Zwecken genügen. Künstler setzen geometrische Formen zur Weckung ästhetischer Empfindungen ein.

7. Übersetzung in die Zahl- und Formensprache
Sachsituationen lassen sich mit Hilfe arithmetischer (und geometrischer) Begriffe in die Zahl- (und Formen-)Sprache übersetzen, mit Hilfe arithmetischer (und geometrischer) Verfahren lösen und aus der Lösung können praktische Folgerungen gezogen werden.

Grundideen von Größen und Sachrechnen

schreiben und Begründen von Strukturen sehr niedrig sind, was in einem ungünstigen Umfeld häufig vorkommt, ja die Regel ist. Es ist nur natürlich, wenn in diesem Fall viele Kinder im Hinblick auf die Förderung allgemeiner Lernziele zunächst überfordert erscheinen. Daraufhin aber die Anlässe für das Entdecken, Beschreiben und Begründen von Strukturen zurückzunehmen wäre der falsche Weg. Es liegt in der Natur der Sache, dass Mängel im Erfassen von Sachsituationen, im Entdecken, Beschreiben und Begründen von Strukturen bei vielen Kindern über lange Zeit natürliche Begleiterscheinungen des Lernens sind. Gerade bei schulschwachen Kindern müssen daher Phasen, in denen anscheinend keinerlei Fortschritte gemacht werden, bewusst einkalkuliert und durchgehalten werden.

Wie im Elternbrief angedeutet kann die Mathematik als „Wissenschaft von Mustern" charakterisiert werden. Aus diesem Grund spielen im „Zahlenbuch" *arithmetische und geometrische Gesetzmäßigkeiten und Muster* eine zentrale Rolle: Das „Zahlenbuch" ist ein „Zahl*enmuster*-Buch". Muster werden als Nährboden für die allgemeinen Lernziele Mathematisieren, Explorieren, Argumentieren und Formulieren benötigt und über schöne Muster können die Kinder auch die Ästhetik der Mathematik und den im besten Sinn spielerischen Umgang mit Mathematik erfahren. Es bedarf dazu keiner zusätzlichen Inhalte, denn die Erforschung von Mustern lässt sich, wie weiter unten gezeigt wird, mit dem Üben der klassischen Inhalte organisch verbinden.

Zur gezielten Förderung der allgemeinen Lernziele haben wir in unser Konzept *Schnüffelaufgaben* (Symbolfigur: „schnüffelnder Igel"), materialbezogene *Denkaufgaben* und *„Expeditionen ins Zahlenreich"* aufgenommen. Diese Aufgaben sollen die Kinder in besonderer Weise zum Experimentieren, Überlegen und Sprechen anregen. Da es verschiedene Lösungsansätze und -wege gibt und die Kinder sich schrittweise an die Lösung „heranschnüffeln" können, sind diese Aufgaben für *alle* Kinder zugänglich – im Gegensatz zu Knacknüssen, Knobelaufgaben, Denksportaufgaben etc., die der Bildung von Niveaugruppen Vorschub leisten würden und von uns aus pädagogischen Gründen abgelehnt werden.

Aktiv-entdeckendes und soziales Lernen

Es ist, als würde ich in zwei Welten leben – in der alten Welt der Dienstanweisungen und der Kontrolle und in der neuen Welt des [selbst gesteuerten] Lernens. Ich sehe, dass die neue Welt das ist, was Not tut, aber in der alten Welt fühle ich mich so kompetent.
Selbsteinschätzung eines Teilnehmers bei einem Managementseminar

Das für die Konzeption zentrale didaktische Prinzip des aktiv-entdeckenden und sozialen Lernens gründet sich auf aktivistische Lerntheorien, z.B. die genetische Psychologie des Schweizer Psychologen Jean Piaget, ist aber auch fundamental mit der Mathematik verbunden (vgl. insbesondere das allgemeine Lernziel „Explorieren"). Durch zahlreiche psychologische Studien wurde nachgewiesen, dass Kinder am effektivsten lernen, wenn man ihnen Gelegenheit gibt neue Anforderungen von ihrem jeweiligen Wissensstand aus anzupacken, auch wenn dieser lückenhaft, fehlerbehaftet und unvollkommen ist. Der Lehrer kann es den Kindern grundsätzlich nicht abnehmen, die Instrumente ihres Denkens von ihrem jeweiligen Vorwissen aus *selber* weiterzuschmieden und weiterzuentwickeln. Bestenfalls kann er *Hilfe zur Selbsthilfe* leisten.

Was dies für die Praxis bedeutet, wird z.B. im nordrhein-westfälischen Mathematiklehrplan folgendermaßen beschrieben:

> „Den Aufgaben und Zielen des Mathematikunterrichts wird in besonderem Maße eine Konzeption gerecht, in der das Mathematiklernen als ein konstruktiver, entdeckender Prozess aufgefasst wird. Der Unterricht muss daher so gestaltet werden, dass die Kinder möglichst viele Gelegenheiten zum selbsttätigen Lernen in allen Phasen eines Lernprozesses erhalten:
> – von herausfordernden Situationen ausgehen; die Kinder zum Beobachten, Fragen, Vermuten auffordern
> – ein Problem oder einen Problemkomplex herausstellen; die Kinder zu eigenen Lösungsansätzen ermutigen; Hilfen zum Selbstfinden anbieten

- Ergebnisse mit bisherigem Wissen auf vielfältige Art in Verbindung bringen, Ergebnisse mehr und mehr so klar und kurz wie möglich darstellen, evtl. gedächtnismäßig verankern; die Kinder zum selbstständigen Üben ermuntern
- über den Wert des neuen Wissens und über die Art seiner Aneignung sprechen (Rückbesinnung), dabei die Kinder auffordern, sich neue, verwandte Sachverhalte zu erschließen.

Die Aufgabe des Lehrers besteht darin, herausfordernde Anlässe zu finden und anzubieten, ergiebige Arbeitsmittel und produktive Übungsformen bereitzustellen und vor allem eine Kommunikation aufzubauen und zu erhalten, die dem Lernen aller Kinder förderlich ist."

Das aktiv-entdeckende und soziale Lernen lässt sich nicht in einem kleinschrittigen Unterricht verwirklichen, in dem der Stoff Häppchen für Häppchen vermittelt wird und die Lösungswege sowie die äußere Form der Lösung anhand von Musteraufgaben festgelegt sind. Vielmehr benötigt man *ganzheitliche Themen* mit einer reichhaltigen mathematischen oder realen Struktur, mit denen sich die Kinder länger beschäftigen können. Nur in solchen Ganzheiten gibt es Anlässe zum Entdecken, Beschreiben und Begründen von Gesetzmäßigkeiten und Mustern.

Lernen in Ganzheiten ist für die Kinder nicht etwa schwerer, sondern leichter, wie die englische Psychologin Margaret Donaldson festgestellt hat:

„Es scheint eine weit verbreitete Meinung zu sein, man dürfe Kinder anfangs nicht mit der Komplexität eines Stoffgebietes konfrontieren, da sie komplizierte Sachverhalte unmöglich bewältigen könnten. Ich teile diese Ansicht nicht. Die Ursache für diesen Irrtum liegt m. E. darin, dass zwei grundverschiedene Dinge nicht auseinander gehalten werden, nämlich eine ganzheitliche, grobe Übersicht über das Stoffgebiet einerseits und die Beherrschung aller seiner Einzelheiten andererseits. Die Kinder benötigen natürlich geraume Zeit um alle möglichen Einzelheiten zu lernen. Es ist aber keine Frage, dass ihnen das leichter fällt, wenn sie über die Gesamtheit der anstehenden Lernaufgaben richtig vorinformiert sind."

Pointiert kann man folgende Gegenüberstellung vornehmen: Ganzheitliche Themen sind für die Kinder leichter zu lernen, aber auf traditionelle Weise schwerer zu unterrichten. Kleingearbeiteter Stoff hingegen ist auf traditionelle Weise leichter zu unterrichten, aber für die Kinder schwerer zu lernen. Es sind daher Schwierigkeiten vorprogrammiert, wenn man versucht nach dem „Zahlenbuch" auf traditionelle Weise zu unterrichten.

Ganzheiten, wie z. B. das Einspluseins, sind Rahmenthemen, die nicht in einem einzigen Durchgang, sondern in *mehreren Durchgängen* erarbeitet werden müssen. Die ersten Durchgänge dienen der „Orientierung und Einführung", die folgenden der „Übung, Vertiefung und Ergänzung". Bei arithmetischen Rahmenthemen steht am Schluss immer die Automatisierung, der im Konzept eine fundamentale Bedeutung zukommt. Im „Zahlenbuch" ist ihr ein eigener Kurs gewidmet („Blitzrechnen").
Für die Arithmetik im 1. Schuljahr z. B. ergibt sich daraus folgende Stofforganisation: Bis (knapp) zur Hälfte des Buches (1. Halbjahr) erfolgt eine *Orientierung* über den gesamten Zwanzigerraum und eine *Einführung* des gesamten Einspluseins. Die zweite Hälfte (2. Halbjahr) dient der *Übung, Vertiefung, Ergänzung und Automatisierung*.

Der sinnvolle Einstieg in ein Rahmenthema besteht in einer *Standortbestimmung*. Durch geeignete Aufgabenstellungen („Ortungsaufgaben") ist den Kindern zunächst einmal Gelegenheit zu geben ihr vorhandenes Wissen zu dem Thema zwanglos anzuwenden und zu zeigen. Als Ortungsaufgaben für den ganzheitlichen Einstieg in den Zwanzigerraum (mit Blick darüber hinaus!) bieten sich z. B. folgende Fragen an:
- Wer kann schon zählen? Wie weit?
- Wie viele Kinder sind heute in der Klasse?

- Wie viele Tische (Stühle) sind im Raum?
- Welche Zahlen kannst du schon schreiben?
- Was kannst du schon rechnen?
- Male ein Bild zum Zählen.

Aus einem gemeinsamen Gespräch kann sich die Aufforderung an die Kinder ergeben alles, was sie über Zahlen schon wissen, auf einem Blatt Papier niederzulegen. Die Analyse dieser „freien Produktionen" liefert wertvolle Aufschlüsse für den weiteren Unterricht.

Durch die ganzheitlichen Zugänge zu den Rahmenthemen wird das bewährte Prinzip „Vom Leichten zum Schweren" keinesfalls aufgehoben. Es wird nur anders realisiert als traditionell üblich. Beim Einspluseins sind nicht nur die Aufgaben im Fünfer- oder Sechserraum leicht, sondern z. B. auch die Verdopplungsaufgaben, insbesondere 5 + 5, 6 + 6 und 10 + 10. Es ist daher höchst sinnvoll, sie frühzeitig in das Knüpfen des Netzes „Einspluseins" einzubeziehen und als Ankerpunkte für andere Aufgaben zu nutzen.

Organische Ganzheiten weisen über sich hinaus, sie wollen wachsen. Daher werden die Kinder immer wieder Grenzüberschreitungen vornehmen. Z. B. werden sie im 1. Schuljahr immer wieder einmal über 20 hinaus zählen und rechnen wollen. Dies ist zugelassen und sogar erwünscht, da der Unterricht immer auch die *Zone der nächsten Entwicklung* anpeilen soll. Dies bedeutet aber nicht, dass Grenzüberschreitungen schon groß thematisiert werden müssten. Es genügt, sie als Denkanstöße wirken zu lassen.

In der Natur von ganzheitlichen *Sach*themen (z. B. „Zahlen in unserer Klasse") liegt es, dass sich Querverbindungen mit dem Sach-, Sprach- und Kunstunterricht ergeben. Diese Fächerüberschreitung entspricht voll den Zielen des Mathematikunterrichts der Grundschule, darf aber nicht zu einer Aufhebung der Fachgrenzen oder gar der Fächer führen. Ohne Strukturorientierung hängt die Anwendungsorientierung in der Luft.

Zur Unterstützung des ganzheitlichen Ansatzes sind im „Zahlenbuch" in der Regel mehrere Seiten thematisch zusammengefasst. Das Buch zielt nicht direkt auf die Vermittlung von Begriffen und Verfahren, sondern auf die Anregung von *Schüleraktivitäten*, aus denen Begriffe und Verfahren indirekt erwachsen können. *Bei der Einführung in eine Seite oder Doppelseite sollte der Lehrer die Kinder zuerst einmal selbst überlegen lassen, worum es geht, und sich auf Verständnishilfen beschränken.* Dazu gehört insbesondere die Vorgabe konventioneller Sprechweisen, Schreibweisen und zeichnerischer Darstellungen. Das Auffinden und Aufschreiben von Lösungen im Rahmen der fachlich notwendigen Vorgaben muss so weit wie möglich den Kindern überlassen bleiben. Dabei dürfen und sollen sie ihre eigenen Wege gehen. Die Devise für den Lehrer muss sein: *So wenige Vorgaben wie nötig, so viele Freiheiten wie möglich.*

Zu welchen Leistungen Kinder bei „Eigenproduktionen" („freien Produktionen") fähig sind, wurde empirisch in eindrucksvoller Weise nachgewiesen. Die Ergebnisse dieser Forschungen gehören zu den stärksten Argumenten für das Prinzip des aktiv-entdeckenden Lernens. Aus diesen Ergebnissen darf aber nicht gefolgert werden, Kinder könnten „sich" die Mathematik am besten „selbst" erarbeiten und würden dabei von fachlichen Rahmenbedingungen nur gestört. Dass dieser Schluss falsch ist, hat der amerikanische Philosoph und Pädagoge John Dewey schon zu Anfang des 20. Jahrhunderts ein für allemal klargestellt:

> „Reformpädagogen erwarten vom Kind, dass es Erkenntnisse aus seinem eigenen Geist heraus „entwickelt" und für sich ausarbeitet ohne „fachliche Rahmenbedingungen" zu benötigen. Aus dem Nichts kann aber nichts entwickelt werden. Entwicklung heißt nicht, dass dem kindlichen Geist irgendetwas entspringt, sondern

dass substanzielle Fortschritte gemacht werden, und das ist nur möglich, wenn eine geeignete fachliche Umgebung zur Verfügung steht. Die Kinder müssen zwar von sich aus arbeiten, aber wie sie arbeiten, wird fast ganz von der Lernumgebung und dem Stoff, an dem sie sich üben, abhängen."

Man kann ohne Übertreibung sagen, dass die stufenübergreifende Reform des Mathematikunterrichts von der Grundschule bis zum Abitur damit steht und fällt, dass das Prinzip des aktiv-entdeckenden und sozialen Lernens organisch mit den fachlichen Grundideen und allgemeinen Lernzielen in Beziehung gesetzt wird. Wenn die Kinder in der Mathematik wirklich weiterkommen wollen, dürfen sie nicht bei ihren individuellen Ideen stehen bleiben, sondern müssen sich darüber hinaus mit den bewährten und sozial geteilten Erkenntnissen des Faches auseinander setzen, sich diese „aneignen" und gemäß der *im Fach liegenden Offenheit* produktiv nutzen. Kinder gelangen insbesondere nicht von sich aus zu einem Verständnis typisch „theoretischer" Aspekte der Mathematik (z. B. von allgemeingültigen Gesetzmäßigkeiten, abstrakten Begriffen oder Beweisen), sondern müssen von Erwachsenen dazu angeregt werden.

Hier stellt sich für den Lehrer seine vielleicht überhaupt bedeutsamste Aufgabe: die Erziehung der Kinder zur bewussten Wahrnehmung der Besonderheiten der Mathematik, zur bewussten Steuerung ihres Lernprozesses und zur bewussten Übernahme eigener Verantwortung für ihren Lernfortschritt. Diese Aufgabe verlangt Geduld und Beharrlichkeit, weil sich der Erfolg bei der Mehrheit der Kinder naturgemäß nur langfristig einstellt. Je mehr Bewusstheit die Kinder aber entwickeln und je mehr sie sich für ihr Lernen verantwortlich fühlen, desto mehr wird der Lehrer entlastet. *Insofern liegt es auch in seinem eigenen Interesse, die Bewusstheit der Kinder für ihr Lernen zu fördern.*

Als praktische Konsequenz ergibt sich daraus insbesondere die Forderung, die Kinder im Laufe der vier Grundschuljahre an einen immer selbstständigeren Umgang mit dem „Zahlenbuch" heranzuführen. Wenn ihre Lesefähigkeiten entsprechend entwickelt sind, sollten die Kinder versuchen sich neue Themen und neue Aufgaben zuerst *selbst* zu erschließen. Im Klassengespräch können die verbleibenden Unklarheiten anschließend beseitigt werden. Durch die Benutzerfreundlichkeit des „Zahlenbuchs" wird diese aktive Sinnkonstruktion unterstützt.

Sparsamkeit in Demonstrations-, Arbeits- und Darstellungsmitteln

Weniger ist mehr.
Sprichwort

Es steht heute fest, dass Anschauungs- und Arbeitsmittel weder unmittelbar noch unmissverständlich wirken. Vielmehr müssen sich Kinder erst in sie einarbeiten. Dies kostet Zeit. Angesichts des engen Zeitrahmens verbietet es sich daher, eine große Zahl von Materialien heranzuziehen. Im Projekt „mathe 2000" wurde das Problem der Auswahl von Demonstrations- und Anschauungsmitteln auf folgende Weise gelöst: *Genau diejenigen Materialien werden gewählt, welche die mathematischen Grundideen am besten verkörpern.* Da diese Grundideen den gesamten Unterricht durchziehen, ist gewährleistet, dass auch die entsprechenden Materialien durchgehend benutzt werden können. Der ständige Gebrauch schafft die besten Voraussetzungen dafür, dass äußere Dar-stellungen der Zahlen in innere Vor-stellungen übergehen und eine Grundlage für denkendes Rechnen bilden.

Aus den gleichen Gründen werden im „Zahlenbuch" auch die zeichnerischen und symbolischen Darstellungsmittel auf die wirklich grundlegenden beschränkt, die weiterführende Bedeutung haben. Besondere Aufmerksamkeit erfahren Diagramme zur Ordnung von Daten: Tabellen, Listen, Baum- und Flussdiagramme.

Im Sinne des aktiv-entdeckenden und sozialen Lernens sind konkrete Materialien, zeichnerische und symbolische Darstellungen nicht als Hilfsmittel der Belehrung, sondern als *Hilfen für das Lernen* in der Hand der Schüler aufzufassen. Die Schüler sollen daher angeregt werden sie nach *eigenem Ermessen* für ihre Zwecke einzusetzen.

In traditionellem Verständnis wird der Stoff Abschnitt für Abschnitt zuerst in handelnder Form (enaktiv) erarbeitet, dann bildlich dargestellt (ikonisch) und schließlich mit Hilfe von Zeichen (symbolisch) formuliert. So beginnt etwa das Rechnen im Zahlenraum bis 5 oder 6 am Material (z. B. Plättchen), wird dann bildlich dargestellt und endet mit Rechensätzen wie 3 + 2 = 5; 4 − 1 = 3 usw. Das „Zahlenbuch" folgt im Gegensatz dazu dem „Prinzip der fortschreitenden Schematisierung": Der gesamte Zwanzigerraum wird zuerst mit Material „unterfüttert", und die Kinder können bei ihren Rechnungen zwanglos enaktive und ikonische Darstellungen benützen. Wir halten es für einen falschen Ehrgeiz, schnell auf symbolische Notationen zu zusteuern. *Das Rechnen beruht auf sicheren Zahl- und Operationsvorstellungen. Diese sollen sich erst einmal in Ruhe entwickeln.* Die formale Notation ist ein zweiter Schritt.

Mit der Einführung formaler Darstellungen verlieren konkrete Materialien und Bilder keineswegs ihre Bedeutung. Ganz im Gegenteil: Sie behalten ihren Nutzen, wenn es um das Verstehen und das Beschreiben von Lösungswegen, das Aufzeigen operativer Beziehungen, das Lösen kombinatorischer Aufgaben oder um die Modellierung von Sachsituationen geht (siehe z. B. den Vorkurs zum Sachrechnen, S. 36 ff.). Den Kindern macht man diese Tatsache am besten deutlich, indem man im Unterricht z. B. Plättchen selber mit der größten Selbstverständlichkeit verwendet und den Kindern auch erklärt, warum das nützlich ist. Auf diese Weise lässt sich das populäre Vorurteil, die Verwendung von Plättchen sei ein Zeichen für mangelnde Rechenkompetenz, am wirkungsvollsten ausräumen. Letztendlich muss aber jedem Kind die Freiheit zugestanden werden die verschiedenen Darstellungsmittel individuell zu nutzen.

Insgesamt lässt sich somit die These vertreten, dass Ziel und Organisation des Übens im Rahmen eines Konzepts des Lernens durch gelenkte Entdeckung weitaus besser aufgehoben sind als im ... Konzept des belehrenden Unterrichts, insofern entdeckend geübt und übend entdeckt wird.
Heinrich Winter,
Begriff und Bedeutung des Übens

Produktives Üben

Dem Üben kommt im Unterricht mit Recht die größte Bedeutung und der größte Raum zu. Deswegen besteht auch das „Zahlenbuch" überwiegend aus Übungen. Traditionelle Übungsformen haben innerhalb des aktiv-entdeckenden Lernens nur einen sehr begrenzten Platz. Stattdessen wird ein breites Spektrum von „produktiven" Übungstypen benötigt, das von einführenden Übungen über strukturierte Übungen bis hin zu Automatisierungsübungen reicht.
Im Gegensatz zu einem willkürlich zusammengestellten „Päckchen" bildet eine *strukturierte Übung* eine mehr oder weniger *beziehungsreiche Ganzheit*, bei der sich die einzelnen Rechnungen und Ergebnisse gegenseitig stützen. Die folgenden durch eine operative Variation der Zahlen gebildeten Aufgabenserien zum „1+1" sind typische Beispiele für strukturierte Übungen:

6 + 6 = 12	2 + 3 = 5
7 + 7 = 14	3 + 4 = 7
8 + 8 = 16	4 + 5 = 9
9 + 9 = 18	5 + 6 = 11
10 + 10 = 20	1 + 2 = 3

Bei dem Vergleich der Ergebnisse können die Schüler das Muster erkennen und werden dazu angeregt, die Aufgaben miteinander zu vergleichen und Beziehungen herzustellen. Wenn die Aufgaben mit Plättchen am Zwanzigerfeld nachgelegt werden, ergibt sich eine Begründung der Beziehungen. Auf diese Weise ist eine Kontrolle gegeben, die das mathematische Verständnis fördert. Damit die Kinder die Struktur nicht blind zur Ermittlung der Resultate ausnutzen können, empfiehlt es sich, „Störungen" einzubauen. Z. B. stellt die letzte Aufgabe im obigen rechten Päckchen eine Störung dar (die verschwindet, wenn man die Aufgabe an den Anfang stellt). „Schöne Päckchen" kann man leicht selbst bilden: Man braucht Aufgaben nur nach einem bestimmten Prinzip gesetzmäßig abzuwandeln. Beispiele:

3 + 5 =	6 + 5 =	7 + 2 =	12 − 3 =	14 − 5 =
3 + 6 =	7 + 5 =	6 + 3 =	11 − 3 =	15 − 6 =
3 + 7 =	8 + 5 =	5 + 4 =	10 − 3 =	16 − 7 =
3 + 8 =	9 + 5 =	4 + 5 =	9 − 3 =	17 − 8 =
3 + 9 =	10 + 5 =	3 + 6 =	8 − 3 =	18 − 9 =

Eine Besonderheit des „Zahlenbuchs" sind *Übungsformate*, die auf einer mathematischen Struktur beruhen. Ein typisches Beispiel hierfür sind „Zahlenmauern", bei denen sich ein vorgegebenes „Leerformat" nach folgender Regel mit Zahlen füllen lässt: Jeder Stein muss die Summe der Zahlen in den beiden Steinen tragen, auf denen er ruht.

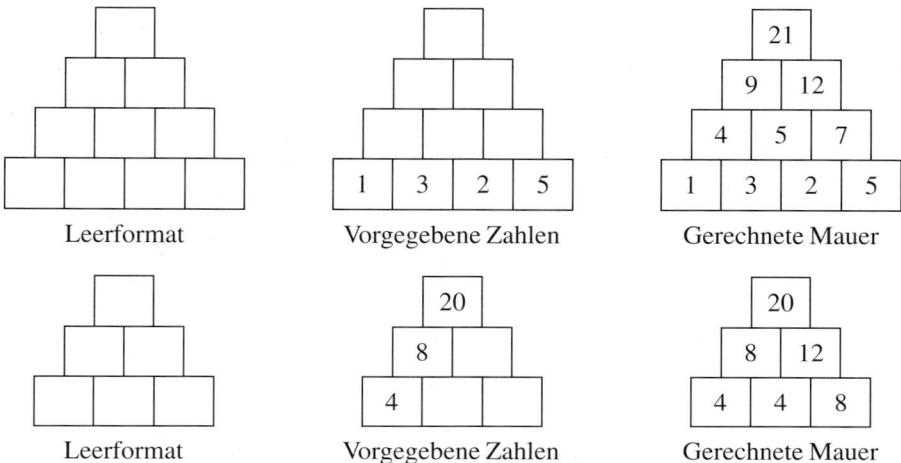

Durch Veränderung der Anzahl der Schichten, der Plätze der vorgegebenen Zahlen sowie der vorgegebenen Zahlen selbst wird bei *minimalem äußeren Aufwand* eine Vielfalt von Aufgabenstellungen auf unterschiedlichen Schwierigkeitsniveaus ermöglicht. Eine besondere Herausforderung sind Zahlenmauern, die sich von Anfängern nicht durch direkte Rechnungen lösen lassen, sondern systematisches Probieren erfordern:

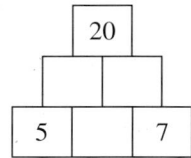

Entweder wird die Zahl ganz oben versuchsweise zerlegt oder die untere Mittelzahl versuchsweise angesetzt. Je nach den festgestellten Unstimmigkeiten beim weiteren Ausfüllen der Mauer werden die versuchsweise gewählten Zahlen verändert, bis die Lösung gefunden ist. Diese schlichte und hier sehr effektive Probiermethode ist die älteste Lösungsmethode für Gleichungen. Im aktiv-entdeckenden Unterricht hat sie einen hohen Stellenwert.

Weitere Übungsformate im 1. Schuljahr sind „Zahlenhäuser", „Rechendreiecke" und „Zauberquadrate". Blanko-Arbeitsblätter mit den entsprechenden Leerformaten finden sich als Kopiervorlagen am Ende dieses Lehrerbands.

Das Prinzip der Sparsamkeit von Mitteln findet bei Übungsformaten von neuem Anwendung: Ausgewählt werden einige wenige grundlegende, vielfach variable Übungsformate anstatt eines Kunterbunts von Übungsformen, die jeweils neu eingeführt werden müssen, nur vorübergehende Bedeutung haben und letztlich nur Ballast sind.

Auch im Rahmen des aktiv-entdeckenden Lernens ist die Automatisierung von Wissenselementen und Fertigkeiten unabdingbar. Da sich die Kinder aber nicht beliebig viel merken können, muss genau überlegt werden, welche Wissenselemente und Fertigkeiten wirklich grundlegend sind, und diese müssen dann gezielt geübt werden. Für das „Zahlenbuch" wurde der Blitzrechenkurs des „Handbuchs produktiver Rechenübungen" übernommen. Da das Blitzrechnen mündlich geübt werden muss, ist es nicht in das Schülerbuch, sondern in den Lehrerband eingearbeitet (vgl. dazu die didaktischen Hinweise zu den durchgehenden Kursen, S. 30 ff.).

Natürliche Differenzierung

> Ich glaube an den sozialen Lernprozess, und darum ereifere ich mich für die heterogene Lerngruppe ... [Sie] umfasst Schüler verschiedener Niveaus, die an einer Aufgabe – jeder auf der ihm eigenen Stufe – zusammenarbeiten ...
> *Hans Freudenthal,*
> *Vorrede zu einer Wissenschaft*
> *vom Mathematikunterricht*

Bei der üblichen „äußeren" bzw. „inneren" Differenzierung wird eine Lerngruppe (Jahrgang oder Klasse) in Teilgruppen aufgespalten, die unterschiedlich schwere Aufgaben erhalten und/oder sie auf unterschiedlichen Niveaus und mit unterschiedlichen Mitteln lösen. Dies ist eine Differenzierung vom Lehrer aus, da er den Kindern die Aufgaben und die Bearbeitungsform zuweist. Im Sinne des aktiv-entdeckenden und sozialen Lernens bietet sich darüber hinaus eine Differenzierung *vom Kind aus* (*natürliche* Differenzierung) an: Die gesamte Lerngruppe erhält ein ganzheitliches Themenangebot, das Aufgaben unterschiedlicher Schwierigkeitsniveaus umfasst und Wahlmöglichkeiten bietet. Die einzelnen Kinder können von diesem Angebot individuell Gebrauch machen. Gerade für schwache Kinder ist dies außerordentlich wichtig: Dadurch, dass sie die Freiheit haben über die benutzten Hilfsmittel, die Rechenwege und die Form der Lösung selbst zu entscheiden, können sie ihre Lernvoraussetzungen selbst optimal einbringen und kommen so am besten voran.

Beispiel: Aufgabe 8 + 6. Die Kinder können selbst entscheiden, ob sie die Aufgabe am Zwanzigerfeld legen wollen, und wenn ja, wie.

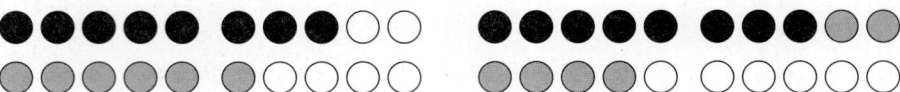

Sie dürfen selbst den Rechenweg bestimmen und ihn mehr oder weniger ausführlich notieren.

Es empfiehlt sich auch, Arbeitsaufträge offen zu formulieren, z. B.:
– Denke dir selbst 1+1-Aufgaben aus und rechne sie aus
– Schreibe die „schwersten" 1+1-Aufgaben auf, die du schon kannst
– Schreibe alle 1+1-Aufgaben auf, bei denen 10 herauskommt
– Erfinde selbst Zahlenmauern
usw.

Bei diesen offeneren Formulierungen können die Schüler von ihrem sicheren Wissen aus an ihre augenblicklichen Grenzen gehen.

Wie im vorangehenden Abschnitt ausgeführt ist im „Zahlenbuch" die Übung von Fertigkeiten fast immer an arithmetische Strukturen gebunden, die zusätzliche Optionen zum Erforschen und Begründen bieten, die von den Kindern individuell wahrgenommen werden können. Besondere Möglichkeiten für eine natürliche Differenzierung bieten die „Expeditionen ins Zahlenreich".

Förderung von Kindern mit Lernschwierigkeiten und von leistungsstarken Kindern

> Lernen ist nicht etwas, was dazu kommt, sondern eine Reorganisation dessen, was bereits da ist.
> *Milton Erickson, Lernpsychologe*

Die Grundschule sieht sich einer zunehmenden Heterogenität der Eingangsvoraussetzungen der Kinder gegenüber und muss darauf reagieren. Die Frage ist, in welcher Form das am besten geschieht. Der traditionelle Weg besteht darin, am „Punkt null" zu beginnen und den Wissenserwerb der Kinder klein- und gleichschrittig zu normieren.

Nach heutigen Erkenntnissen führt dies in eine Sackgasse, weil damit genau das unterdrückt wird, worauf es beim Lernen entscheidend ankommt: *die individuellen Vorkenntnisse und Präferenzen der Kinder.* Auch pädagogische Gründe sprechen daher für das Prinzip des aktiv-entdeckenden und sozialen Lernens, wie es im „Zahlenbuch" realisiert ist. Die Kinder können die reichhaltigen Lern*angebote* einschließlich des Blitzrechenkurses im Sinne der natürlichen Differenzierung nach ihren individuellen Voraussetzungen und Möglichkeiten selber nutzen. Auf diese Weise werden *alle* Kinder bei der Bearbeitung gemeinsamer Themen zusammengehalten. Sowohl Kinder mit Lernschwierigkeiten als auch leistungstarke Kinder können *aus dem Unterricht* heraus gefördert werden. Spezielle zusätzliche Förderprogramme für schwächere oder begabte Kinder sind – abgesehen von Extremfällen – unnötig.

Wie erfolgreich dieser Weg ist, wenn er konsequent beschritten wird, zeigen die Erfahrungen mit dem „Zahlenbuch" unter unterschiedlichsten Bedingungen: Das „Zahlenbuch" findet einerseits wachsenden Zuspruch bei Sonderschulen für Lernbehinderte und dient andererseits als Anregung für die Förderung mathematisch besonders begabter Kinder.

Förderung von Kindern mit Lernschwierigkeiten

Die Förderung von Kindern mit Lernschwierigkeiten ist in folgender Weise in das Konzept integriert:

1. Die im „Zahlenbuch" konsequent verfolgte Beschränkung auf Grundideen der Arithmetik und Geometrie, auf grundlegende Anschauungs- und Arbeitsmittel und auf wiederkehrende Übungsformate sowie die Benutzung einer einfachen Sprache sind didaktische Maßnahmen, die gerade den schwächeren Kindern das Lernen erleichtern und damit den Förderbedarf von vornherein reduzieren.

2. Bei Kindern mit Lernschwierigkeiten müssen Fördermaßnahmen in erster Linie auf die Entwicklung strukturierter Zahlvorstellungen und grundlegender Rechenfertigkeiten ausgerichtet werden, weil die Erfahrung zeigt, dass sich Lernschwierigkeiten fast immer auf Schwächen in diesen Bereichen zurückführen lassen. Genau hier setzt das „Zahlenbuch" aber an: Pro Schuljahr sind 10 Grundübungen als „Blitzrechenkurs" besonders ausgewiesen. Die Vorschläge zur Grundlegung dieser Übungen stellen für sich genommen ein in den Unterricht eingebettetes Förderprogramm für Kinder mit Lernschwierigkeiten dar, auf das gezielte schulische und außerschulische Fördermaßnahmen unmittelbar zurückgreifen können (vgl. dazu den Förderkurs „Mündliches Rechnen in Kleingruppen").

3. Die Behandlung der Rahmenthemen in mehreren Durchgängen bietet Kindern mit Lernschwierigkeiten die Möglichkeit ihr Wissensnetz individuell aufzubauen und Wissenslücken allmählich zu schließen. Kein Kind wird „abgehängt".

4. Die Freigabe der Lernwege und des Lerntempos sowie die bei der Bearbeitung von Aufgaben gewährten Spielräume helfen den Erfolgs- und Konkurrenzdruck zu reduzieren. Die Kinder können eher zeigen, was sie können. Bei dem traditionell klein- und gleichschrittigem Vorgehen mit fest vorgegebenen Aufgaben und der damit verbundenen Lernkontrolle von außen erhalten schwächere Kinder dagegen fortgesetzt negative Rückmeldungen, was auf Dauer ihrer Motivation schadet.

5. Beim aktiv-entdeckenden Lernen werden alle Kinder in Aktivitäten des Mathematisierens, Explorierens, Argumentierens und Formulierens einbezogen. Dies wirkt sich auch bei Kindern mit Lernschwierigkeiten günstig auf den Erwerb inhaltlicher Lernziele aus.

6. Beachtet werden muss schließlich auch, dass lernschwache Kinder oft in einer Umgebung aufwachsen, die nur wenige Anregungen bietet. Die Erfahrung lehrt, dass „die Guten die Schwachen mitziehen". Daher ist es sehr wichtig, lernschwache Kinder in anregenden Kontakt zu den anderen Kindern zu bringen, wofür der aktiv-entdeckende Unterricht ganz andere Möglichkeiten bietet als der traditionelle Unterricht.

Förderung von leistungsstarken Kindern

Leistungsstarke Kinder werden durch das „Zahlenbuch" angeregt sich über die normalen Lernziele hinaus mit mathematischen Fragen zu beschäftigen. Als „Zahlenmuster-Buch" enthält das Buch viele offene Aufgaben zur selbstständigen Fortsetzung arithmetischer und geometrischer Muster. Die meisten Übungsaufgaben sind produktiver Natur, d. h., in die Übung bestimmter Fertigkeiten, die für alle Kinder verbindlich sind, wurden Muster eingebaut, deren Entdeckung nicht verbindlich ist, aber zusätzliche Optionen schafft. Das einzelne Kind kann selbst entscheiden, wie weit es diese Optionen nutzen möchte. Als Musterbeispiel für diese Besonderheit des „Zahlenbuchs" sei die Seite 64 im Band 1 erwähnt: Sie dient in erster Linie der integrierenden Wiederholung des Einspluseins und hat ihren Zweck erfüllt, wenn sie in diesem Sinn bearbeitet wird. Zusätzlich enthält sie aber eine Fülle von Mustern, die von Kindern, die Zeit und Lust haben, mehr oder weniger weitgehend erforscht werden können. Kinder mit unterschiedlichen Voraussetzungen und Interessen können also in unterschiedlicher Weise mit der Seite umgehen und dabei in ihrem individuellen Lernprozess vorankommen.

Lern- und Erfolgskontrolle

Kinder werden nicht dadurch größer, dass man sie ständig misst.
Anonymus

Im Verlaufe von Lernprozessen sind in einem gewissen Umfang auch Formen der äußeren Kontrolle, insbesondere durch den Lehrer, notwendig. Dies gilt insbesondere für das Üben des Kopfrechnens, wo die Kinder schnelle Rückmeldungen auf ihre Antworten erhalten müssen. Der Wildwuchs solcher Formen im traditionellen Unterricht (Prüfzahlen, Kennworte, mechanische Vorrichtungen usw. usw.) ist aber äußerst problematisch. Kinder werden dadurch leicht verleitet, ohne große Anstrengung Ergebnisse zu produzieren und den Prüfmechanismus oder den Lehrer die Richtigkeit feststellen zu lassen. Schon Wilhelm Oehl hat auf die Fragwürdigkeit dieser Fremdkontrolle, die widersinnigerweise oft als „Selbstkontrolle" bezeichnet wird, hingewiesen.

Im Rahmen des aktiv-entdeckenden Lernens und produktiven Übens bieten sich andere Möglichkeiten der Lernkontrolle an, die auf Verständnis und Eigenverantwortung abzielen und sich daher langfristig als viel effektiver erweisen: die Herstellung von Beziehungen zu anderen ähnlich strukturierten Aufgaben, die Abschätzung von Ergebnissen, der Austausch mit anderen Kindern und der freie Rückgriff auf Arbeitsmittel.

Die Kinder können die ersten Jahre des Mathematikunterrichts, in denen der Lernstoff noch einigermaßen überschaubar ist, sicherlich auch ohne Beachtung von Beziehungen zwischen Aufgaben und ohne Absicherung auf die Anschauung durchlaufen. Notfalls lernen sie das Einspluseins und Einmaleins einfach auswendig. In den späteren Jahren, wenn der Lernstoff komplexer wird, stellen sich die Grenzen dieses Vorgehens aber schnell ein.

Die Zahl der Kontrollen *am Ende von Lernprozessen* sollte auf das zulässige Minimum reduziert werden. Lernzielkontrollen sollten so konstruiert sein, dass das volle Spektrum der Anforderungen von Wissenselementen und Fertigkeiten über reproduktive Anwendungen bis hin zu selbstständigen Denkleistungen abgedeckt wird. Als Muster dienen die sechs Lernzielkontrollen am Ende des Lehrerbandes.

Aktiv-entdeckende und soziale Arbeitsformen bieten natürlich auch vielfältige Möglichkeiten um mündliche Leistungen einschätzen zu können. Hierbei sollte besonders darauf geachtet werden, inwieweit die Kinder nicht nur individuelle Leistungen zeigen, sondern durch ihre Beiträge auch das Lernen in der Klasse fördern (Kooperationsfähigkeit).

Übersicht über den Unterricht im 1. Schuljahr

Ein Plan, der sich nicht ändern lässt, ist ein schlechter Plan.
Sallust

Dieser Abschnitt dient zur praktischen Vorbereitung des Unterrichts im 1. Schuljahr und besteht aus zwei Teilen: Erstens wird ein ausführliches Inhaltsverzeichnis des Schülerbuchs gegeben, das mit einer Empfehlung zur Verteilung des Stoffes auf 10 Abschnitte von je 4 Wochen (= 40 Schulwochen) verbunden ist. Zweitens werden die für das 1. Schuljahr wichtigen Demonstrations- und Arbeitsmittel beschrieben, wobei zwischen der nötigen Grundausstattung und zusätzlichen, die Arbeit erleichternden Materialien unterschieden wird.

Inhaltsverzeichnis des Schülerbandes

Orientierung im Zwanzigerraum
Die Zahlen von 1 bis 10 .... 1– 5
Spielen, zählen und erzählen 6– 9
Anzahlen bis 10 10–11
Die Zahlen 5 und 10 12–13
„Kraft der Fünf", Einführung des Pluszeichens 14
Geldbeträge bis 10 Euro 15
Die Zahlen von 11 bis 20 16–17
Die Zwanzigerreihe 18–19   etwa Ende 8. Woche

Vertiefung des Zahlbegriffs
Zahlen in der Umwelt (Maßzahlen) 20–21
Die Zahlen von 0 bis 20 auf Wendekärtchen 22–23
Zerlegung von Zahlen 24–26
Euro-Münzen und -Scheine bis 20 Euro 27
Ordnungszahlen 28–29

Geometrie
Spiegeln 30–31   etwa Ende 12. Woche

Einführung der Addition
Verdoppeln 32–33
Sachsituationen,
Einführung des Gleichheitszeichens 34–35
Rechenwege, Tauschaufgaben, Übungen 36–38
Kleiner als, größer als, gleich 39

Mini-Projekt
Bald ist Weihnachten!   (ggf. vorziehen!)
(Kalender, geometrische Formen, Anzahlen) 40–41   etwa Ende 16. Woche

Einführung der Subtraktion
Sachsituationen zur Subtraktion 42–43
Rechenwege, Umkehraufgaben, Übungen 44–47
Integrierende Übungen   etwa Ende 20. Woche
zu Addition und Subtraktion 48–49   (Ende des 1. Halbjahrs)

Wiederholung
von Addition und Subtraktion
Rechengeschichten 50–51
Übungen an Zahlenmauern 52–53
Übungen an Rechendreiecken 56–57

Geometrie, Größen und Sachrechnen
Messen mit dem Meterstab .... 54 (parallel zur Arithmetik
Falten, Schneiden, Legen .... 55 bearbeiten)
Herstellen von Kugeln, Kugeln in der Umwelt 58
Legen und überlegen .... 59 etwa Ende 24. Woche

**Operative Durcharbeitung
der Addition und Subtraktion**
Die Einspluseins-Tafel 60–63
Vermischte Übungen
zur Addition und Subtraktion 64–67

Größen und Sachrechnen
Sachsituationen mit Geld (Euro-Beträge) .... 68–71 etwa Ende 28. Woche

Zahlenmuster
Bald ist Ostern! (Anzahlen, Lagebeziehungen,
kombinatorische Aufgaben) .... 72–73 (ggf. vorziehen!)
Halbieren, gerade und ungerade Zahlen 74–75
Addition gleicher Summanden 76–77

Erweiterung der Subtraktion
Ergänzen .... 78–79 etwa Ende 32. Woche

**Ergänzende Übungen
zur Addition und Subtraktion**
Rechendreiecke 80–81
Zahlenmauern 84
Zauberquadrate 85–87
Gleichungen/Ungleichungen 88–89
Rechnen wie der Blitz 90

Größen und Geometrie
Tageslauf (Tageszeiten, Stunden) 82–83
Pläne (Stuhlkreis) 91
Koordinatengitter („Eckenhausen") .... 92–93 etwa Ende 36. Woche

Ausblick auf den Hunderterraum
Hundertertafel, Hunderterfeld,
Rechnen mit Zehnern 94–97

Größen und Sachrechnen
Geld, Euro und Cent 98–99
Mini-Projekt „Unsere Klasse" Ende 40. Woche
(Daten sammeln, Verteilungen auszählen) .... 100 (Ende des Schuljahrs)

Unser Vorschlag zur Stoffverteilung ist eine *Empfehlung*, die sich am natürlichen Aufbau der Arithmetik orientiert.
Wie ersichtlich, werden der Zwanzigerraum, die Addition und die Subtraktion in mehreren Durchgängen nach dem Spiralprinzip behandelt. Das 1. Halbjahr steht dabei im Zeichen von „Orientierung und Einführung"; das 2. Halbjahr im Zeichen von „Vertiefung und Ergänzung" (siehe auch die Kurzfassung der Stoffverteilung unter dem Inhaltsverzeichnis).

Erkenntnis bedeutet nicht im Entferntesten, sich eine anschauliche Kopie der Realität zu beschaffen; vielmehr beruht sie stets auf operativen Vorgängen, die im Handeln oder Denken die Realität transformieren.
Jean Piaget

Arbeits- und Demonstrationsmittel

Grundausstattung: Arbeitsmittel

An Arbeitsmitteln für die Hand der Kinder werden benötigt:
– Zwanzigerreihe (dem Schülerband beiliegend, für die Grundidee „Zahlenreihe")
– Zwanzigerfeld (dem Schülerband beiliegend, für die Grundidee „Rechnen")
– Wendeplättchen (rot/blau, für die Grundideen „Rechnen" und „Zahlenmuster")
– Wendekarten (beiliegend)
– Einspluseinstafel (Rückseite des Schülerbandes, für die Grundideen „Rechnen" und „Zahlenmuster")
– Rechengeld (Münzen und Scheine in Cent und Euro) (dem Schülerband beiliegend, für die Grundidee „Zahlen in der Umwelt")

Wie ersichtlich sind diese Materialien so ausgewählt worden, dass sie die arithmetischen Grundideen für das 1. Schuljahr voll abdecken (bis auf die Grundidee „Rechenverfahren", die im 1. Schuljahr noch keine Rolle spielt). Sie sind somit optimal auf den Stoff zugeschnitten.

Die Arbeitsmaterialien sollten für die Schüler stets greifbar sein. Eventuell kann man Kopien der (normalen) Zwanzigerreihe und des Zwanzigerfelds mit einer Klarsichtfolie auf jeden Arbeitstisch kleben (Kopiervorlage 8). Zur Aufbewahrung der Wendeplättchen bzw. Wendekarten empfehlen sich verschließbare Dosen (z. B. Filmdöschen) bzw. Schachteln (z. B. Seifendosen) oder Briefumschläge.

Wendeplättchen liegen dem Unterrichtswerk nicht bei, da sie z. T. an den Schulen bereits vorhanden oder preiswert zu beschaffen sind.

Im „programm mathe 2000" werden Wendeplättchen als preiswerter Klassensatz angeboten:
– 1500 St., Klett Nr. 199058

Im „programm mathe 2000" sind in besonders haltbarer Ausführung folgende Arbeitsmaterialien erhältlich:
– Wendekarten, fester Karton, im Zehner-Pack, Klett-Nr. 199060
– Wendekarten, fester Karton, im Zehner-Pack, SAS-Ausgabe, Klett-Nr. 199061
– 100 be-greifen!, Wendeplättchen und Zehnerstäbe im Hunderter-Rahmen aus Holz, Klett-Nr. 199055

Das zuletzt genannte Material, das auch im 2. Schuljahr verwendet werden kann, bietet zwei große Vorteile: Es erlaubt einen erheblich besseren haptischen Zugang zum Rechnen als Wendeplättchen, was für manche Kinder sehr wichtig ist, und unterstützt außerdem durch Zehnerreihen und Hunderterfeld die Grundidee „Zehnersystem".

Hilfreich für die Entwicklung einer strukturierten Zahlvorstellung ist es, aus einzelnen Wendeplättchen „Fünfer-Packs" herzustellen. Praktisch geht das folgendermaßen: Eine Person hält einen genügend langen Tesa-Film-Streifen mit der Klebeseite nach oben über einen Fünfer des Zwanzigerfeldes. Eine zweite Person drückt auf jeden der 5 Kreise ein Wendeplättchen mit der *gleichen Seite nach oben*. Die auf dem Klebestreifen festsitzenden Plättchen werden dann noch mit einem zweiten Streifen von oben beklebt. Überstehender Tesa-Film wird abgeschnitten (vgl. Abb.).

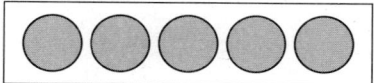

Pro Kind genügen 2–3 „Fünfer-Packs", die z. B. beim ersten Elternabend gemeinsam hergestellt werden können.

Zusatzausstattung: Demonstrationsmittel

Die Unterrichtsarbeit wird erleichtert, wenn einige oder im Idealfall alle Arbeitsmittel auch als Demonstrationsmittel im Großformat zur Verfügung stehen. Kinder können dann Arbeitsaufträge, Aufgabenstellungen und Erklärungen, die der Lehrer am Demonstrationsmaterial gibt, sofort am eigenen Material bruchlos nachvollziehen und auch ihre am eigenen Material erarbeiteten Lösungswege und Überlegungen mit Hilfe des Demonstrationsmaterials der ganzen Klasse vorstellen. Dies ist viel effektiver als eine rein verbale Präsentation.

Folgende genau auf die Arbeitsmittel der Kinder abgestimmte Demonstrationsmaterialien werden im „programm mathe 2000" des Klett-Verlages angeboten:
- Wendeplättchen (100 Stück), blau/rot, doppelseitig magnetisch, Ø 4 cm, inklusive Zwanzigerfeld und Zwanzigerreihe, Klett-Nr. 199059
- Wendekarten für die Zahlen 0 bis 20, doppelseitig magnetisch, Klett-Nr. 199069
- Einspluseins-Tafel, 84 cm x 119 cm, stabiles Kunststoffpapier, Klett-Nr. 188070

Diese Materialien sind sehr haltbar und können jahrelang verwendet werden.
Mit genügend breitem Tesa-Film kann man „magnetische Fünfer-Packs" herstellen.

Mit etwas Aufwand können diese Demonstrationsmaterialien auch selbst hergestellt werden. Hierzu folgende Hinweise:

Materialien aus Papier

Zwanzigerreihe und Zwanzigerfeld
Auf festes weißes Papier kann man ohne große Mühe die Zwanzigerreihe und das Zwanzigerfeld aufzeichnen, wobei folgende Maße zu beachten sind:
Zwanzigerreihe: Kreise: Ø 4 cm, Länge: 100 cm
Zwanzigerfeld: Kreise: Ø 4 cm, Länge: 50 cm
Falls Wendeplättchen mit dem Ø 5 cm vorhanden sind, muss man die Maße natürlich größer wählen. Die Zwanzigerreihe wird dann ca. 1,20 m lang und hat nicht mehr ganz auf einer 1 m x 1 m großen Magnettafel Platz.

Einspluseins-Tafel
Mit einem schwarzen Filzstift wird die Grundstruktur auf einen großen weißen Bogen Tonpapier aufgezeichnet. Die Farbgebung der Felder kann durch die Farbe der eingetragenen Aufgaben ersetzt werden (rote Felder werden rot beschriftet, …, weiße Felder schwarz). Wenn die Trennlinien nicht ganz gerade sind, spielt das keine Rolle. Ideal ist die Anbringung der Einspluseinstafel auf einer magnetischen Unterlage, weil man dann einzelne Felder mit Wendplättchen markieren kann.

Ggf. kann man diese Materialien auch durch Vergrößerung der beigefügten Kopiervorlagen erhalten, was einfacher ist.

Magnetmaterialien

Die Herstellung dieses Materialien macht einige Mühe. Wenn man sich jedoch auf einseitig magnetische Ausführungen beschränkt, vereinfacht sich die Herstellung erheblich. Einseitig haftende Magnetfolie oder selbstklebendes Magnetband ist im Handel in verschiedenen Farben preiswert erhältlich.

Plättchen
Aus roter bzw. blauer Magnetfolie schneidet man jeweils 20 magnetische Kreise, Ø ca. 4 cm (kreisförmige Schablone, z.B. Deckel einer Filmdose verwenden). Diese Plättchen kann man zwar nicht wenden, man kann aber viele Aufgaben legen.

Zahl-/Punktkärtchen
Mit der Magnetfolie kann man auch einseitige Zahl- bzw. Punktkärtchen herstellen, wobei Zahlkärtchen für viele Zwecke ausreichen. Durchaus brauchbar sind im Übrigen

auch Zahlkärtchen aus Karton, die man mit Tesaband auf jeder Tafel befestigen kann. Einen kaum vertretbaren Zeitaufwand erfordert die Herstellung beidseitig haftender Magnetwendekärtchen (s. „Handbuch produktiver Rechenübungen" Bd. 1). Als Format ist hier 5 cm x 8 cm empfehlenswert. Die Punktmusterstruktur auf der Rückseite sollte mit den Wendekarten der Schüler identisch sein.

Die Verwendung von Magnetmaterialien setzt natürlich voraus, dass magnetische Flächen vorhanden sind. Die Arbeit wird sehr erleichtert, wenn *unabhängig von der Wandtafel* eine mindestens 1 m x 1 m große Magnettafel fest installiert und für den Mathematikunterricht reserviert ist. Eine elegante und preiswerte Lösung besteht darin, als Magnettafel einfach Eisenblech (Stärke 0,5 mm) zu verwenden, das im Format 25 cm x 25 cm im Handel ist oder vom Schlosser bezogen werden kann. Vier solche Quadrate werden mit einem starken Kleber auf die Wand aufgeklebt und entweder mit einer abwaschbaren Farbe überstrichen oder mit einer abwaschbaren Tapete überklebt. Eine besonders pfiffige Lösung besteht darin, das Eisenblech (vielleicht sogar 2 oder mehr Quadratmeter) bei einer Routine-Renovierung des Klassenraumes unsichtbar unter einer Tapete verlegen zu lassen. Dann hat man Platz für operatives Arbeiten, nicht nur im Mathematikunterricht.

Konzeption der Inhaltsbereiche und der durchgehenden Kurse

Leader sollten führen, soweit sie können, und sich dann in Luft auflösen. Ihre Asche sollte nicht das Feuer ersticken, das sie entzündet haben.
H. G. Wells

Die langfristige Entfaltung der arithmetischen und geometrischen Grundideen wird dadurch unterstützt, dass die Themen der einzelnen Schülerbuchseiten einigen wenigen Rahmenthemen untergeordnet sind, die das ganze Schuljahr umgreifen und in den folgenden Schuljahren fortgesetzt werden.

Den weitaus größten Raum nehmen natürlich die Rahmenthemen zur Arithmetik ein, gefolgt von den Rahmenthemen zu Größen und Sachrechnen und zur Geometrie. Es ist aber zu beachten, dass die Geometrie die erstgenannten Bereiche vielfältig durchdringt. Z. B. kann man die Themen „Verdoppeln/Halbieren" und „Gerade/ungerade Zahlen" ohne Bezug auf geometrische Operationen und Formen kaum verständlich unterrichten und auch Übungen mit Plättchen und Punktmustern benötigen einen geometrischen Hintergrund. Im „Zahlenbuch" wird die Geometrie besonders gepflegt.

Als inhaltsunabhängiges Rahmenthema kommt noch eine Denkschule mit 10 schlichten, materialbezogenen Aufgaben hinzu (die in den späteren Klassen fortgesetzt wird und insgesamt 40 Aufgaben umfasst).

Auf den folgenden Seiten wird eine grobe Übersicht über die einzelnen Rahmenthemen des 1. Schuljahrs und ihre Behandlung im Unterricht gegeben.

Arithmetik im 1. Schuljahr

Es handelt sich im Wesentlichen um folgende Rahmenthemen:
– Orientierung im Zwanzigerraum und Vertiefung des Zahlbegriffs (S. 1–29)
– Addition und Subtraktion (Einspluseins) (S. 32–39, 42–57, 60–67, 78–79, 90)
– Zahlenmuster (S. 38, 45, 64, 72–77, 80–89)
– Ausblick auf den Hunderterraum (S. 94–97)

Zwanzigerraum

Das „Zahlenbuch" führt in den Zwanzigerraum *ganzheitlich* ein, d. h., die Zahlen von 1 bis 10 und von 11 bis 20 werden verhältnismäßig rasch vorgestellt (S. 1–15 und 16–19), wobei der Anzahl- und der Zählzahlaspekt sofort verknüpft werden. Dieses Vorgehen ist dadurch begründet, dass Schulanfänger bereits viel über diesen Zahlraum und teilweise auch darüber hinaus wissen, wie zahlreiche empirische Untersuchungen zeigen. Die Kenntnisse sind zwar unterschiedlich, teilweise lückenhaft und fehlerbehaftet, und es gibt auch Kinder mit schwachen Zahlvorstellungen, in manchen Klassen sogar gehäuft. Außerdem kommen bei Kindern, deren Muttersprache nicht Deutsch ist, noch sprachliche Schwierigkeiten dazu. Diese Fakten sprechen aber keineswegs gegen ein ganzheitliches Vorgehen, sondern im Gegenteil dafür, weil in diesem Rahmen eine bessere Förderung der schwächeren Kinder möglich ist, wie bereits aufgezeigt wurde.

Der Zwanzigerraum wird in den ersten acht Wochen von den verschiedenen Materialien (Plättchen, Zahlenreihe, Wendekärtchen, Zwanzigerfeld) her anhand reichhaltiger Aufgaben in mehreren Durchgängen bearbeitet. Nicht bei allen Durchgängen wird der Zwanzigerraum voll ausgeschöpft, viele Aktivitäten (S. 1–8, 10–15, 24–25) beschränken sich auf den Zehnerraum. Jedes Kind kann bei diesem Vorgehen an den eigenen Voraussetzungen anknüpfen und hat Zeit sein Wissensnetz von Durchgang zu Durchgang zu erweitern. Lücken im Wissensnetz sind keinesfalls ein Hindernis für sinnvolle Arbeit im nächsten Durchgang. Da der Lernprozess die Lernziele immer wieder neu und von einer anderen Seite anpeilt, gibt es genügend Möglichkeiten für die Kinder ihre Lücken allmählich zu schließen. Die arithmetischen Grundfertigkeiten werden außerdem im Blitzrechenkurs wiederholt, der sich kontinuierlich durch das ganze Schuljahr zieht. Es besteht kein Grund zur Sorge, dass Kinder „abgehängt" werden.

Dieser ganzheitliche Zugang unterscheidet sich grundlegend von der traditionellen Methode, bei der ein Stoff Abschnitt für Abschnitt behandelt wird und jeder Abschnitt erst dann „abgehakt" wird, wenn er bei (möglichst) allen Kindern (einigermaßen) „sitzt". Für Lehrer, die zum ersten Mal nach dem neuen Konzept unterrichten, kostet es daher Mut und Überwindung, trotz offenkundiger Lücken bei Kindern im Unterricht weiterzugehen, wie es das neue Konzept verlangt. Wenn dieser Mut nicht aufgebracht wird, sind Schwierigkeiten und Misserfolge vorprogrammiert: Ganzheitliche Themen sperren sich gegen eine traditionelle Behandlung.

Durch die Auswahl der Themen wurde dafür Sorge getragen, dass alle Zahlaspekte bis auf den Operatoraspekt, der erst auf S. 54 thematisiert wird, Berücksichtigung finden:
- Anzahlaspekt (S. 1–8, 10–14, 16–17)
- Zählzahlaspekt (S. 9, 18–19)
- Maßzahlaspekt (S. 15, 20–21)
- Ordnungszahlaspekt (S. 28–29)
- Rechenzahlaspekt mit Einführung des Pluszeichens (S. 14, 24–26)
- Codierungsaspekt (S. 20–21)

Parallel zur Orientierung im Zwanzigerraum wird auf den S. 4–13 ein *Ziffernschreibkurs* mitgeführt. Didaktische Hinweise zum Ziffernschreibkurs werden auf S. 60 ff. des Lehrerbands gegeben. Zur intensiven Übung finden sich dort auch Kopiervorlagen.

Bei der Orientierung im Zwanzigerraum ist folgender Punkt besonders wichtig: Erfahrungsgemäß sehen schwächere Kinder Zählobjekte zunächst nur einzeln und erfassen sie Stück für Stück durch Abzählen. Sie führen auch das Rechnen auf das Zählen zurück („zählendes Rechnen"). Es fällt diesen Kindern sehr schwer, kleine Gruppen von Objekten simultan zu sehen und beim Zählen und Rechnen größere Einheiten, insbesondere Fünfer, zu verwenden. Aber genau diese Fähigkeit ist für das effektive „denkende Rechnen" nötig.

Es gibt Kinder, die „von selbst" zum denkenden Rechnen gelangen. Es gibt aber auch einzelne Kinder, in manchen Klassen auch mehrere, die hartnäckig am „zählenden Rechnen" festhalten. Bei dem traditionellen klein- und gleichschrittigen Vorgehen fallen viele von ihnen im 1. Schuljahr gar nicht auf, sondern werden erst im 3. Schuljahr (Tausenderraum) zum Problem. Durch den ganzheitlichen Zugang des „Zahlenbuchs" dagegen werden „zählende Rechner" schneller erkannt, so dass bereits bei der Orientierung im Zwanzigerraum im 1. Halbjahr mit Fördermaßnahmen begonnen werden kann, was ein großer Vorteil ist.

Im „Zahlenbuch" wird von Anfang an und mit größter Sorgfalt auf die Entwicklung *einer strukturierten Zahlvorstellung* hingearbeitet, d.h. zur Fähigkeit Zahlen als Zusammensetzung anderer Zahlen zu sehen, z.B. 4 als 2 + 2, 6 als 3 + 3 oder 5 + 1, 12 als 10 + 2, 135 als 100 + 30 + 5 oder 100 + 35 usw. Im 1. Schuljahr ist dabei die Fünferstrukturierung des Zwanzigerraums (5, 10, 15, 20) das effektivste Strukturierungsprinzip. Diese „Kraft der Fünf" durchzieht fast alle Seiten. Den Zahlen 5 und 10 und der fundamentalen Beziehung 5 + 5 = 10 ist sogar eigens eine Doppelseite (12–13) gewidmet. Das in Fünfer untergliederte Zwanzigerfeld, „Fünfer-Packs" von Plättchen, die in Fünfer gegliederte Zwanzigerreihe, die entsprechende Punktmusterdarstellung auf der Rückseite der Wendekarten sowie Strichlisten mit Fünferbündelung stützen die Beziehungen der Zahlen zu den Stützpunkten 0, 5, 10, 15 und 20 und helfen dadurch, das denkende Rechnen vorzubereiten. Die Förderung einer strukturierten Zahlerfassung steht auch im „Blitzrechenkurs" im Zentrum.

Beispiele für die strukturierte Zahlerfassung gemäß der „Kraft der Fünf":

4 ist 1 weniger als 5	(4 = 5 – 1)	●●●●○
6 ist 1 mehr als 5	(6 = 5 + 1)	●●●●● ◐
7 ist 2 mehr als 5	(7 = 5 + 2)	●●●●● ◐◐
8 ist 3 mehr als 5 und	(8 = 5 + 3)	●●●●● ◐◐◐
2 weniger als 10	(8 = 10 – 2)	●●●●● ●●●○○
9 ist 4 mehr als 5 und	(9 = 5 + 4)	●●●●● ◐◐◐◐
1 weniger als 10	(9 = 10 – 1)	●●●●● ●●●●○ usw.

Die „Kraft der Fünf" wird auch durch die Stückelung unseres Geldes unterstützt, wodurch ein neuer Akzent gesetzt wird: Der Wert 5 Euro des 5-Euro-Scheins lässt sich nicht durch Zählen bestimmen. Der Schein bildet eine eigene Einheit höherer Ordnung, einen „Fünfer". Kinder zur subtilen Unterscheidung zwischen „Fünf (Einer)" und „ein Fünfer" – und entsprechend zwischen „Zehn (Einer)" und „ein Zehner" – unter Einsicht in deren Wertgleichheit zu führen ist ein wichtiges Element in der Entwicklung einer strukturierten Zahlerfassung. Natürlich ist diese Doppelbenennung nicht auf Geld beschränkt. Auch am Zwanzigerfeld lassen sich „Fünfer" ausmachen, bei denen die Einer allerdings nicht wie beim Geld „ausgelöscht" sind.

Bereits bei den Orientierungsübungen werden die Schüler mündlich rechnen und sie dürfen es auch. Es wird aber bewusst darauf verzichtet, das Rechnen schon zu thematisieren, mit bestimmten Sprechweisen zu verbinden oder gar schriftlich notieren zu lassen. Der Nachdruck liegt am Anfang ganz auf der Förderung sicherer Zahlvorstellungen unter den verschiedenen Zahlaspekten und auf vielseitigen anderen mathematischen Aktivitäten, wie schon bei der Diskussion der Grundkonzeption angemerkt wurde. Zwar wird auf der S. 14 das Pluszeichen eingeführt, es wird aber noch nicht zum formalen Rechnen benutzt. Vielmehr dient es an dieser Stelle lediglich zur Beschreibung der Zahlen in Bezug auf die Stützzahlen. Die formale Notation von Additions-/Subtraktionsaufgaben mit dem Gleichheitszeichen erfolgt erst auf den Seiten 34–35 bzw. 42–43.

Einspluseins (Addition und Subtraktion)
Auf der strukturierten Zahlerfassung bauen die umfangreichsten Rahmenthemen des Schuljahrs auf: das Einspluseins und seine Umkehrung. Die ganzheitliche Behandlung dieser Rahmenthemen erfolgt in mehreren Durchgängen, die sich grob folgendermaßen beschreiben lassen: Additive/subtraktive Sachsituationen als Einstieg, Zwanzigerfeld, gestützte Übungen (insbesondere Rechendreiecke), Einspluseinstafel, Automatisierung. Addition und Subtraktion werden dabei immer wieder verzahnt (S. 47–57, 60–67, 78–89).

Den Schlüssel für die Behandlung des Einspluseins bildet die bereits bei der Orientierung im Zwanzigerraum herausgearbeitete „Kraft der Fünf", die sich am Zwanzigerfeld optimal nutzen lässt (S. 36–37).

Beispiele für das Rechnen mit Hilfe der „Kraft der Fünf":

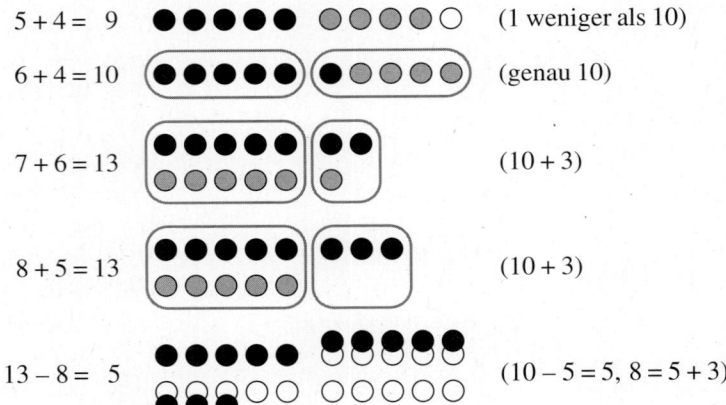

Natürlich kann man auch rechnen: $7 + 6 = (7 + 3) + 3 = 13$, $8 + 5 = (8 + 2) + 3 = 13$ und $13 - 8 = 13 - 3 - 5 = 5$. Aber dieser Zehnerübergang ist nur eine von mehreren Strategien und sehr oft nicht die einfachste. Ihn als einzige Methode, als *den* Zehnerübergang, vorschreiben zu wollen, widerspricht der im Fach liegenden Offenheit, denn die Rechengesetze (hier das Assoziativgesetz) dürfen grundsätzlich frei verwendet werden.

Die Kinder sollen am Zwanzigerfeld Aufgaben unterschiedlich legen und lösen. Wichtig ist, dass sie Aufgaben in Beziehung zueinander setzen und geschickt legen.

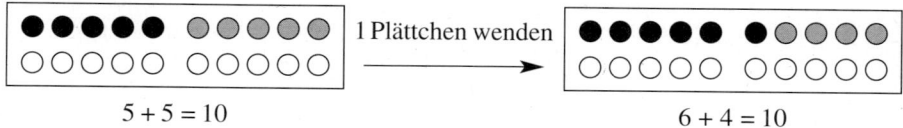

Durch geeignete Aufgabenstellungen werden sie explizit dazu aufgefordert, das geschickte Legen/Umlegen von Plättchen zu üben und anzuwenden (S. 37). Am Zwanzigerfeld kann auch sehr schön das Verdoppeln mit dem Spiegel nachgelegt werden, das auf S. 32–33 als wichtiger Spezialfall der Addition vorweggenommen wird.

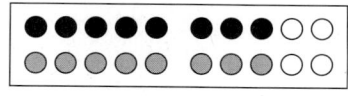

Nach dem Gleichheitszeichen erscheint sofort das „Kleiner"-Zeichen. Es wird genutzt um Additionsergebnisse bezüglich der Stützpunkte 5, 10, 15, 20 abzuschätzen.
Die Addition (S. 34–38) und Subtraktion (S. 42–47) werden zunächst getrennt eingeführt. Anschließend wird die Subtraktion als Umkehrung der Addition verdeutlicht (S. 47–48). Im Weiteren werden bei Übungen immer wieder Beziehungen zwischen Addition und Subtraktion hergestellt (z. B. bei Zahlenmauern und Rechendreiecken). Ebenso wie die Division als Umkehrung der Multiplikation zwei Aspekte aufweist, das Aufteilen und das Verteilen, hat die Subtraktion als Umkehrung der Addition zwei Aspekte, das „Wegnehmen" (oder „Zurückrechnen") und das „Ergänzen". Im „Zahlenbuch" werden beide Aspekte thematisiert: zuerst das „Wegnehmen" (S. 44), anschließend das „Ergänzen" (S. 49, 78–79). Beide Aspekte finden in der Folge beim Rechnen Verwendung.

Es ist wiederum typisch für den ganzheitlichen Ansatz, dass das gesamte Einspluseins (Addition und Subtraktion) am Ende des 1. Halbjahrs eingeführt ist. Für die Vertiefung, Konsolidierung, Übung und Automatisierung des Einspluseins steht jetzt noch ein volles Halbjahr zur Verfügung, denn neuer Stoff fällt nicht mehr an. Das Einspluseins kann sich somit im 2. Halbjahr in Ruhe „setzen". Die Kinder haben genug Zeit ihre Lücken zu schließen, das Gelernte zu festigen und die Geläufigkeit der gelernten Fertigkeiten zu steigern.

Als besonders ergiebig für die integrierte Übung von Addition und Subtraktion erweisen sich die Übungsformate „Zahlenmauern" (S. 52–53, 84) und „Rechendreiecke" (S. 56–57, 80–81). Sie ermöglichen es den Kindern, selbst Aufgaben zu stellen und gezielt abzuwandeln. Diese Übungsformate werden in den folgenden Schuljahren immer wieder aufgegriffen. Auf den S. 85–87 kommt das Übungsformat „Zauberquadrat" hinzu.

Ein ideales Arbeitsmittel für die operative Durcharbeitung von Addition und Subtraktion ist die Einspluseins-Tafel (S. 60–63), auf der alle Aufgaben des Einspluseins systematisch und nach didaktischen Aspekten farbig unterlegt dargestellt sind: Verdopplungsaufgaben sind rot, Additionen mit Summanden 5 gelb, die Zehnerergänzungen blau, die Ergänzungen zu 5 und 15 hellblau und die einfachen Aufgaben mit den Summanden 0 bzw. 10 grün unterlegt, wodurch die „Kraft der Fünf" erneut hervorgehoben wird. Die Einspluseins-Tafel fordert erneut dazu auf, benachbarte Aufgaben in Beziehung zueinander zu setzen, insbesondere weiß unterlegte zu benachbarten farbig unterlegten Aufgaben. Beispiele:
8 + 7 ist Nachbaraufgabe zur Verdopplungsaufgabe 7 + 7 = 14. Also 8 + 7 = 15.
9 + 3 ist ergebnisgleich zur leichten Aufgabe 10 + 2 = 12. Also 9 + 3 = 12.
4 + 6 ist ergebnisgleich zur Verdopplungsaufgabe 5 + 5 = 10. Also 4 + 6 = 10.

Ausschnitte der Plus-Tafel und das Übungsformat „Wege in der Plus-Tafel" erlauben ebenfalls beziehungsstiftende Aufgabenstellungen. Beispiele:

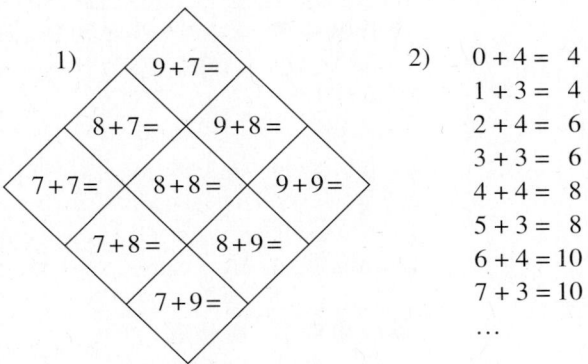

Als Umkehrung der Addition kommt die Subtraktion implizit in der Plus-Tafel vor: Aus 7 + 6 = 13 z. B. kann man 13 – 6 = 7 ableiten. Wenn man diese Ersetzungen systematisch vornimmt, entsteht die Einsminuseins-Tafel, die wir aber nur für Übungen verwenden. Als eigenes Material ist sie wegen der operativen Verknüpfung von Addition und Subtraktion überflüssig.

Zahlenmuster
Dieses Rahmenthema dient der Förderung der arithmetischen Grundidee 5 in Verbindung mit allgemeinen Lernzielen.
Zahlenmuster in Form „schöner" oder „gestörter Päckchen" durchziehen das ganze Buch, treten aber auf den S. 38, 45 und 64 besonders hervor. Auf den S. 72–77 und 80–89 geht es um kleine kombinatorische und zahlentheoretische Muster, welche die Kinder experimentierend oder auch mehr und mehr systematisch erforschen können. Die S. 76–77 dienen gleichzeitig zur Vorbereitung des Einmaleins im 2. Schuljahr.
Wie weit die Kinder bei der Erforschung der Muster kommen, ist nicht entscheidend. Sie sollen sich einfach zwanglos mit dem Angebot auseinander setzen. Vielleicht nutzen aber einige z. B. schon die Möglichkeit erste „Beweise" zu führen, etwa dafür, dass die Summe zweier ungerader Zahlen stets gerade ist. Dabei können sie sich in folgender Weise auf Plättchen stützen, wie durch Plättchenmuster im Buch nahe gelegt wird:

Gerade Zahlen werden durch eine glatte Doppelreihe von Plättchen dargestellt, ungerade Zahlen durch eine Doppelreihe plus einem überzähligen Plättchen. Beispiel:

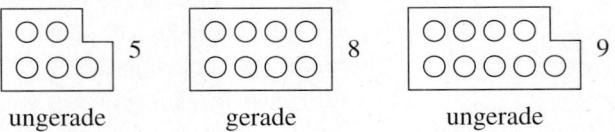

Beim Zusammensetzen der Punktmuster sieht man, ob die Summe gerade oder ungerade ist. Beispiel:

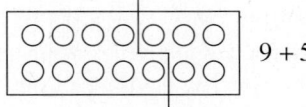

9 + 5 ist gerade, da sich die zwei überzähligen Plättchen von 9 bzw. 5 zu einem Zweier verbinden.

Am Beispiel gerade/ungerade Zahlen wird die langfristige Perspektive des „Zahlenbuchs" deutlich: Dieses Thema kehrt in den folgenden Schuljahren wieder und im 4. Schuljahr werden die Kinder explizit zu einem Punktmuster-Beweis der obigen Beziehungen angeleitet. Damit dieses Ziel im 4. Schuljahr erreicht werden kann, muss die Behandlung des Themas gerade/ungerade Zahlen bereits im 1. Schuljahr beginnen.

Als eine besondere Form der Erforschung von Zahlenmustern, auch in organisatorischer Hinsicht, werden in den Lehrerbänden (nicht im Schülerband) je sechs „Expeditionen ins Zahlenreich", jeweils am Ende eines größeren Lernabschnitts, vorgeschlagen. Sie sind so konstruiert, dass sie zusätzlich Folgendes leisten:
– Intensive Übung von Fertigkeiten des Blitzrechenkurses
– Natürliche Differenzierung
– Aufhebung des Konkurrenzdrucks

Die „Zahlen-Expeditionen" für das 1. Schuljahr zu den Themen „Anzahlerfassung", „Verdoppeln", „Zerlegen", „Addition", „Subtraktion", und „Zahlenmauern" werden als durchgehender Kurs im Lehrerband (S. 42 ff.) beschrieben.

Hunderterraum
Nach dem Prinzip „Zone der nächsten Entwicklung" ist der Zwanzigerraum immer wieder überschritten worden, so dass die Erweiterung bis Hundert für einige oder gar die meisten Kinder nicht ganz neu ist. Im Großen und Ganzen geht es um eine Orientierung über die Struktur des Hunderters (Hundertertafel, Hunderterfeld, Hunderterreihe), das Rechnen mit Zehnern (im Grunde nichts anderes als das Einspluseins mit der Einheit „Zehner") und eine Andeutung der Fünferstruktur des Hunderters, wie sie in der russischen Rechenmaschine verkörpert ist (S. 94–97, 100).
Die gründliche Durcharbeitung des Hunderterraums ist dem 2. Schuljahr vorbehalten.

Blitzrechnen
„Blitzrechnen" ist ein *in vollem Umfang verbindlicher Kurs* von 10 Automatisierungsübungen für das 1. Schuljahr, der diejenigen Wissenselemente und Fertigkeiten abdeckt, die später gedächtnismäßig sofort abrufbar sein müssen. Durchschnittlich ist dies eine Übung pro Schulmonat. Die Übungen können aber nicht starr auf die Monate verteilt werden, sondern sind je nach Verlauf der Lernprozesse anzusetzen.
Der Blitzrechenkurs steht in enger Verbindung mit dem Schülerband: Auf fast jeder arithmetischen Seite des Schülerbandes werden eine oder mehrere Blitzrechenfertigkeiten verwendet. Die eigentliche Übung dieser Fertigkeiten muss aber *zusätzlich zum Schülerband* organisiert werden. Praktische Hinweise hierzu finden sich im Lehrerband auf den Seiten 29 ff.
Die Beziehung des „Blitzrechenkurses" zum Schülerband kann man durch folgenden Vergleich mit dem Erlernen eines Musikinstruments beschreiben: Der „Blitzrechenkurs" entspricht den Finger- und Tonleiterübungen, das „Zahlenbuch" enthält die eigentlichen Musikstücke, von denen aber die meisten (wohlklingende) Etüden sind.

Die praktische Umsetzung des Blitzrechenkurses wird durch zwei Materialien des Programms „mathe 2000" erleichtert:
1. den Förderkurs „Mündliches Rechnen in Kleingruppen", der hauptsächlich der Grundlegung dient und sehr gut als Förderprogramm bei Lernschwierigkeiten eingesetzt werden kann;
2. die CD-ROM „Blitzrechnen", die in erster Linie auf die Automatisierung abzielt (Klett-Nr. 201000).

Mit beiden Materialien können die Kinder nach kurzer Einführung selbstständig arbeiten, so dass eine Kontinuität des Übens gewährleistet ist, wie sie anders kaum zu erreichen ist.

Geometrie im 1. Schuljahr
Bei diesem Bereich lehnen sich die Themen stärker als bei der Arithmetik an die im ersten Abschnitt aufgelisteten Grundideen an:
– Herstellen von Formen und Operieren mit Formen (S. 30–32, 55, 58)
  sowie Ornamentleisten

- Koordinaten (S. 92–93)
- Übersetzung in die Sprache der Geometrie (S. 91)

Die Grundidee 5 „Geometrische Gesetzmäßigkeiten und Muster" ist in die Grundideen 1 bis 3, die Grundidee 4 „Maße" in „Größen und Sachrechnen" integriert.

Herstellen von Formen, Operieren mit Formen

Auf S. 1 beginnend ziehen sich durch das Schülerbuch Ornamentleisten, die den Schülern Gelegenheit geben periodische Muster fortzusetzen. Dadurch werden die Erfassung und die umgangssprachliche Beschreibung geometrischer Formen sowie die Feinmotorik geschult. Weiter werden die Schüler angeleitet aus Ton Kugeln zu formen und damit eine Zwanzigerpyramide zu bauen (S. 58).
Ausgehend von der Grundform „Quadrat" stellen sie durch Falten und Schneiden 4 kleinere Quadrate bzw. 4 kleine Dreiecke her und setzen diese Teile möglichst verschiedenartig zu neuen Formen zusammen (S. 55, 84).
Mit Hilfe eines Spiegels verändern sie Formen und Punktmuster und machen dabei erste Erfahrungen darüber, „was der Spiegel kann" (S. 30–32).
Dieses Rahmenthema stellt Bezüge zum Sach- und Kunstunterricht her.

Koordinaten

Die Doppelseite „Eckenhausen" (S. 92–93) beinhaltet verschiedenartige Aufgaben, zu deren Lösung sich die Kinder in einem gitterartigen Straßennetz bewegen müssen. Bei der Wegbeschreibung werden Lagebeziehungen angesprochen (links, rechts, vor, hinter). Das Thema steht auch in Beziehung zum Rahmenthema „Praktische Geometrie" des Bereichs „Größen- und Sachrechnen", auch wenn der vorliegende Plan eines Dorfes sehr künstlich ist.

Übersetzung in die Sprache der Geometrie

Auf S. 91 wird die Beziehung einer räumlichen Situation zu einem Plan thematisiert, die in den folgenden Schuljahren an komplexeren Situationen weitergeführt wird. In die räumliche Situation sind Lagebeziehungen eingebaut (neben, links von …, rechts von …, gegenüber). Lagebeziehungen können auch schon auf der S. 6 mitbehandelt werden.

Größen- und Sachrechnen im 1. Schuljahr

Dieser Bereich ist wesentlich heterogener als die Inhaltsbereiche Arithmetik und Geometrie, weil die Wirklichkeitsbezüge der Mathematik sehr komplex sind. Trotzdem kann man folgende Rahmenthemen unterscheiden, die in den folgenden Schuljahren weiter ausgebaut werden:
- Zahlen und Formen in der Umwelt (S. 20–21, 40–41, 58, 100)
- Geld (S. 15, 27, 68–71, 98–99)
- Länge (S. 54)
- Zeit (S. 40, 82–83)
- Praktische Geometrie (S. 6, 7, 49, 72–73, 81, 91, 97)
- Text- und Sachaufgaben (S. 59)

Diese Rahmenthemen überschreiten vielfach die Fachgrenzen zum Sach- und Sprachunterricht und erlauben es, den Mathematikunterricht von anderen Fächern her zu unterstützen und zu bereichern.

Zahlen und Formen in der Umwelt

Die im Schülerbuch angesprochenen Beispiele für die Verwendung von Zahlen und geometrischen Formen in der Umwelt sind in allererster Linie Anregungen für Schüler in ihrer eigenen Umgebung Ausschau zu halten (S. 20–21, 58). Am Ende des Lehrerbandes (S. 223 ff.) finden sich Bilder mit Zähl- und Erzählmotiven aus der Umwelt als Kopiervorlagen.

Bei den fächerübergreifenden Mini-Projekten „Bald ist Weihnachten" (S. 40–41) und „Unsere Klasse" (S. 100) sind unterschiedliche mathematische Aktivitäten unter einem Sachthema zusammengefasst. Im Gegensatz zu „Projekten", wie sie von der Pädagogik propagiert werden, weisen sie klare Fachbezüge auf, was wir für einen Vorteil halten.

Geld

Der Größenbereich „Geld" lehnt sich jeweils eng an entsprechende Abschnitte des Bereichs „Arithmetik" an. Auf den S. 15 und 27 werden die Euro-Münzen und Scheine bis 20 Euro eingeführt, auf S. 68–71 werden sie in Sachsituationen verwendet. Die Doppelseite 98–99 führt in Verbindung mit dem Ausblick auf den Hunderter in die Cent-Münzen 1, 2, 5, 10, 20 und 50 Cent ein.

Länge

Das Thema „Messen mit dem Meterstab" (S. 54) ist eine erste Begegnung mit Längen und dient gleichzeitig zur Begründung des Operatoraspekts natürlicher Zahlen. Die Kinder sollen dabei ein Gefühl für die Längeneinheit 1 m erwerben und sie zu Normgrößen ihrer Umgebung in Beziehung setzen (Tafel, Tür, Spannweite der Arme).

Zeit

Der Größenbereich „Zeit" erscheint einmal auf S. 40 im Zusammenhang mit dem Weihnachtskalender, wo es um die Tage eines Monats geht, zum Zweiten auf der Doppelseite 82–83 bei der Einteilung des Tages in 24 bzw. 2 mal 12 Stunden. Das Verständnis für Stunden, Tage und Monate kann ganz unabhängig vom Mathematikunterricht dadurch gefördert werden, dass im Klassenzimmer eine Wanduhr, ein Abreißkalender für die einzelnen Tage und ein Monatskalender aufgehängt werden.

Praktische Geometrie

Im „Zahlenbuch" wird nicht nur die „reine", sondern auch die praktische Geometrie besonders gepflegt, wobei neue Wege eingeschlagen werden.

Knoten finden im täglichen Leben, in vielen Berufen und in der Freizeit (Basteln, Pfadfinden, Segeln, Angeln, Bergsteigen) vielfältige Anwendung. Sie sind daher kein exotisches Thema, wie es vielleicht auf den ersten Blick scheinen könnte. Die „Knotenschule" im „Zahlenbuch" beginnt im 1. Schuljahr mit dem einfachen Knoten (S. 7), dem Schlaufenknoten (S. 49), dem Freihandknoten (S. 81) und der Schuhschleife (S. 97) und wird bis zum 4. Schuljahr fortgesetzt.

Die Seiten „Bauen und zählen" (S. 6) und „Bald ist Ostern" (S. 72–73) enthalten nicht nur Übungen zum Zählen, sondern machen auch Lagebeziehungen bewusst (rechts von, links von, unter, neben, auf, außerhalb usw.).

Der Stuhlkreis (S. 91) ist ein einfaches, aber typisches Beispiel für die Verwendung eines Planes: Eine reale Situation (Stuhlkreis) wird durch einen Plan (Sitzplan) beschrieben. Zur Lösung verschiedener Aufgaben müssen Original und Plan ständig aufeinander bezogen werden.

Text- und Sachaufgaben

Als Textaufgaben werden im 1. Schuljahr nur ganz kurze Aufgaben gestellt. Sie sind überwiegend in das Schülerbuch eingestreut (Beispiele: S. 33, Aufg. 3, 4 und S. 45, Aufg. 7). Ein grundlegender Weg zur Lösung von Sachaufgaben, der erst im 2. Schuljahr voll ausgebaut werden kann, wird auf S. 59 eröffnet, wo zur Lösung kleiner Textaufgaben Plättchen herangezogen werden. Die erfolgreiche Lösung von Sachaufgaben beruht wesentlich darauf, dass die Kinder nicht einfach darauf losrechnen, indem sie oberflächlichen „Reizwörtern" folgen, sondern dass sie zuerst überlegen.

Dieses „Überlegen" wird durch das „Legen" und Operieren mit Plättchen unterstützt (Legen und Überlegen).

Da Textaufgaben Lesefähigkeiten erfordern, die im 1. Schuljahr im Allgemeinen noch nicht vorhanden sind, konnten in den ersten Band des „Zahlenbuchs" nur einzelne kleine Aufgaben eingestreut werden, die vorgelesen werden müssen. Damit sich die Kinder trotzdem in der Mathematisierung von Sachsituationen üben können, enthält der Lehrerband einen „Sach-Vorkurs", der wie der Blitzrechenkurs *zusätzliche Angebote* erfordert. Praktische Hinweise finden sich auf den S. 36–40 des Lehrerbandes. Die dort angegebenen und einfach zu variierenden Aufgaben werden mündlich gestellt und mit Plättchen, Geld, Wendekarten oder an der Zahlenreihe „nachgespielt". Die Verbindung von Handlung und Sprache schafft in besonderer Weise Bedeutung. Die Aufgaben eignen sich gut für einen Sitzkreis am Beginn einer Stunde. Wenn genügend Erfahrungen vorliegen, können sich die Kinder auch selbst Aufgaben stellen.

Denkschule im 1. Schuljahr

Die „Denkschule" des „Zahlenbuchs" umfasst pro Schuljahr 10 schlichte, materialbezogene Aufgaben, die zu den inhaltlichen Themen in nur losem Bezug stehen. Die einzelnen Aufgaben können der Reihe nach unter dem Motto „Denkaufgabe des Monats" in Randzeiten des Unterrichts vorgestellt werden. Es genügt dabei völlig, die Aufgabenstellung verständlich zu machen und die Kinder mit dem nötigen Material zu versorgen, was nicht viel Zeit kostet. Die Kinder werden sich dann in Freiarbeit und Freizeit selbstständig damit beschäftigen. Nach einiger Zeit kann man sie über ihre Lösungen und Erfahrungen berichten lassen, wofür wiederum Randzeiten des Unterrichts herangezogen werden können. Eigentliche Unterrichtszeit ist für die Denkschule nicht unbedingt erforderlich. Die Denkaufgaben werden von den Kindern sicherlich zu Hause vorgestellt werden, so dass sie eine soziale Funktion über die Klasse hinaus haben, was sehr erwünscht ist.

Bei der Auswahl der Denkaufgaben wurde einerseits darauf geachtet, dass ein möglichst breites Spektrum von Denkstrategien abgedeckt wird, andererseits, dass leistungsstärkere Kinder schwächere nicht dominieren können. Es handelt sich überwiegend um Aufgaben ohne Wettbewerbscharakter, die von einzelnen Schülern oder Gruppen bearbeitet werden können. Die vielfältigen Lösungswege garantieren dabei sehr hohe Erfolgschancen.

Die Spiele verlangen in der Regel, eine Folge zielgerichteter Operationen zu finden und sich diese einzuprägen. Bei wiederholter Durchführung spüren die Kinder, dass sie der Lösung immer näher kommen, und sie werden dadurch ermutigt, bis ans Ziel weiterzuarbeiten. Da bereits gefundene Lösungen bei jedem Durchgang neu rekonstruiert werden müssen und dabei viele Varianten möglich sind, haben die Denkspiele einen hohen Aufforderungscharakter zur wiederholten Durchführung.

Es ist kein Problem, wenn einige Kinder bei einzelnen Spielen zunächst unbeteiligt bleiben oder nur zuschauen. Spiele, auch Denkspiele, stecken auf Dauer an, und im Übrigen kann bereits das Zuschauen lehrreich sein.

Die „Denkschule" eignet sich nicht für eine durchgängige Präsentation im Schülerbuch. Lediglich eine Aufgabe konnte aufgenommen werden (S. 59, Aufg. 5). Die Aufgaben insgesamt finden sich auf S. 47 ff. des Lehrerbandes.

Im „programm mathe 2000" wird die Denkschule mit illustrierten Spielplänen samt Material und kindgemäßen Anleitungen in einer direkt für die Freiarbeit geeigneten Form angeboten: Spielen und Überlegen – Die Denkschule, Teil 1 für 1. und 2. Schuljahr, Klett-Nr. 199021.

Blitzrechenkurs
für das 1. Schuljahr

Didaktische Hinweise zum Blitzrechenkurs

Das Kopfrechnen schärft den Verstand, erhöht die Beurteilungskraft, stärkt das Gedächtnis, weckt den Scharfsinn und bringt Genauigkeit, Bestimmtheit, Ordnung und Gewohnheit im Denken hervor.
Johann Friedrich Köhler,
Anweisung zum Kopfrechnen, 1801

Wie im Elternbrief angemerkt hat die Automatisierung arithmetischer Grundfertigkeiten im „Zahlenbuch" einen sehr hohen Stellenwert, denn aktiv-entdeckendes Lernen und Kopfrechnen bedingen sich gegenseitig: Durch eigenaktives Lernen wird eine Verständnisgrundlage für das Kopfrechnen geschaffen. Umgekehrt bildet sicheres Kopfrechnen die Voraussetzung für die aktiv-entdeckende Erarbeitung nachfolgender Themenbereiche.

Da unser Gedächtnis nur eine beschränkte Kapazität hat und ständig aufgefrischt werden muss, ist es sinnvoll, im weiten und diffusen Bereich des „Kopfrechnens" einen Bereich von grundlegenden Wissenselementen und Fertigkeiten abzugrenzen und intensiv zu trainieren. Aus diesem Grund wurde ein systematischer und aufbauender „Blitzrechenkurs" entwickelt, der pro Schuljahr 10 Übungen umfasst. Jede Übung hat einen kurzen Namen, der, wenn er einmal eingeführt ist, eine rasche Einstimmung der Kinder ermöglicht.

Seiner Natur gemäß kann der Blitzrechenkurs nicht in den Schülerband integriert werden, sondern muss als zusätzliches, voll verbindliches Angebot parallel zum Buch mitgeführt werden. Im Lehrertext unten auf den Schülerbandseiten und auf den entsprechenden Seiten im Lehrerband ist lediglich angemerkt, auf welcher Seite die einzelnen Blitzrechenübungen eingeführt werden sollen. Inhaltlich steht fast jede Seite des Schülerbandes mit einer oder mehreren Blitzrechenübungen in Zusammenhang, so dass vom Blitzrechnen zum Schülerband und umgekehrt jederzeit bruchlose Übergänge möglich sind. Insbesondere kann eine Mathematikstunde mit Blitzrechnen beginnen oder enden.

Die Behandlung jeder Übung erfolgt in zwei Phasen:
Grundlegungsphase: Die Übung wird mit dem jeweiligen Stoff erarbeitet und im Folgenden unter ständigem Anschauungsbezug immer wieder durchgeführt.
Automatisierungsphase: Nach Abschluss des Lernprozesses werden die Kinder unter zunehmendem Verzicht auf äußere Hilfen zum „denkenden Rechnen", d. h. zum Rechnen an verinnerlichten Zahl-*Vor*stellungen geführt. Dabei werden sie ermutigt die Schnelligkeit ihrer Antworten immer mehr zu steigern.
Ein zu früher Übergang von der Grundlegung zur Automatisierung ist für den Lernprozess schädlich und muss unter allen Umständen vermieden werden.

Die Blitzrechenübungen können im Klassenverband zwar gut eingeführt, aber kaum so intensiv, systematisch und kontinuierlich geübt werden, wie es nötig ist. Erheblich effektiver ist es, wenn die Kinder in Gruppen oder allein eigenverantwortlich üben.
Zur Entlastung des Lehrers wurden im „programm mathe 2000" zwei Materialien entwickelt, die eine Übung in Gruppen bzw. in Partner- oder Einzelarbeit erlauben und nach kurzer Einführung von den Kindern selbstständig benutzt werden können:
1. der Förderkurs „Mündliches Rechnen in Kleingruppen" Teil 1: Zwanzigerraum, Klett-Nr. 201001
2. die CD-ROM „Blitzrechnen im 1. und 2. Schuljahr", Klett-Nr. 201000

Der Förderkurs bestehend aus 12 Operationsfeldern, ca. 400 Rechenkarten und 16 Aufgabenblättern, eignet sich besonders für die Grundlegungsphase und dient, wie der Name sagt, auch als Förderprogramm für Kinder mit Lernschwierigkeiten. Da mündlich und in Kleingruppen von ca. 3–4 Kindern geübt wird, können in einem bestimmten Zeitraum sehr viele Aufgaben gerechnet werden.
Die CD-ROM, für Windows und Macintosh geeignet, zielt hauptsächlich auf die Automatisierung, stellt aber auch den Bezug zu den grundlegenden Veranschaulichungen her. Das Medium Computer bietet besondere Vorteile. Z. B. können die Kinder auf verschiedenen Schwierigkeitsstufen üben und sie können ihre Rechnungen ausdrucken.

Die folgenden 10 Übungen bilden den Blitzrechenkurs im 1. Schuljahr. Im Schüler- und im Lehrerband ist angegeben, an welcher Stelle des Unterrichts die Übungen jeweils einzuführen sind (vgl. auch die nachfolgende Übersicht).

B 1 Wie viele?

Grundlegung
Auf der Magnettafel oder dem Tageslichtschreiber werden bis zu 10 Wendeplättchen in jeweils unterschiedlicher Lage angeordnet bzw. mit Kreide auf die Rückseite der Klapptafel aufgemalt. Dann wird der Blick auf die Magnettafel freigegeben, das Licht des Tageslichtschreibers eingeschaltet bzw. die Klapptafel umgedreht und die Kinder erhalten kurz Zeit um die Anzahl zu bestimmen.

Die Anordnung der Plättchen bzw. Punkte soll sowohl regellos als auch strukturiert sein (Würfelbilder, Punktmuster mit Fünferstruktur wie auf der Rückseite der Wendekärtchen, o. Ä.). Den Schülern soll dabei bewusst werden, dass sich die Anzahl strukturierter Mengen viel schneller bestimmen lässt als die unstrukturierter.

Automatisierung
Die Übung wird unter bewusster Steigerung der Schnelligkeit geführt. Hilfreich sind eine Folie mit dem „oberen" und eine Folie mit dem „linken" Zehner des Zwanzigerfeldes.

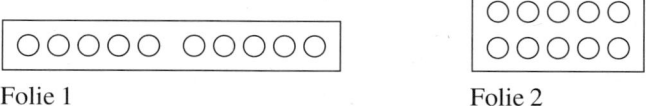

Folie 1   Folie 2

Durch Abdecken mit einem „Zahlwinkel" lassen sich leicht Zahlen vorgeben. Beispiele:

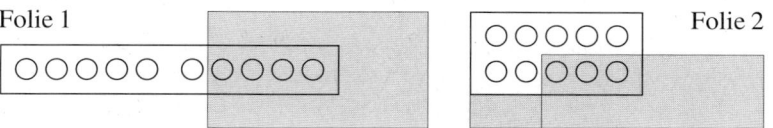

Je fünf Aufgaben kann man schnell hintereinander präsentieren. Die Kinder suchen die entsprechenden Wendekärtchen heraus oder notieren die Anzahlen im Heft oder auf einem Blatt Papier. Anschließend werden zum Vergleich die richtigen Zahlen genannt.

B 2 Zahlenreihe

Grundlegung
1. Die Felder der Zwanzigerreihe sind mit Plättchen abgedeckt. Es wird auf ein Plättchen gezeigt und die dahinter versteckte Zahl ist zu nennen.
2. Umgekehrt wird eine Zahl genannt und das entsprechende Plättchen ist zu nennen.

Automatisierung
Zählen vorwärts und rückwärts bis 20 in Einer- und Zweierschritten.

B 3 Zerlegen

Grundlegung
An der Magnettafel wird eine Reihe von bis zu 10 Plättchen aufgereiht bzw. an die Tafel eine entsprechende Zahl von Punkten gemalt. Man zerlegt sie mit dem Finger oder einem Zeigestab in zwei Teile und die Schüler nennen die entsprechende Zerlegungsaufgabe.

Beispiel: 8 ○○○○○ ○○○ 6 + 2

Automatisierung
Es wird eine Zahl des Zehnerraumes an die Tafel geschrieben (z. B. 7). Zu jedem vorgegebenen Summanden nennen die Kinder den zweiten:

L	5	4	1	6	.
S	2	3	6	1	.

B 4 Immer 10/Immer 20

Grundlegung

Man nennt Zahlen des Zehner- bzw. Zwanzigerraumes. Die Kinder ergänzen, gestützt auf das Zwanzigerfeld, bis 10 bzw. bis 20.

Automatisierung

Analog ohne Anschauung.

B 5 Verdoppeln

Grundlegung

Man nennt Zahlen zwischen 1 und 10 (hin und wieder auch ein wenig darüber hinaus). Die Schüler nennen unter Bezug auf das Zwanzigerfeld das Doppelte. Die Übung sollte sprachlich auch in der Form „2 mal 4?"… „2 mal 6?"… „2 mal 10?" usw. durchgeführt werden.

Automatisierung

Analog im Kopf, wobei sich eine systematische Abwandlung der Aufgaben empfiehlt. Beispiele:

L	2	7	6	5	10	9	8	.
S	4	14	12	10	20	18	16	.

B 6 Kraft der Fünf

Diese Übung ist für das denkende Rechnen von fundamentaler Bedeutung.

Grundlegung

Die Punktmusterseite eines Wendekärtchens wird gezeigt bzw. eine Zahl am Zwanzigerfeld gelegt. Die Kinder drücken die Zahl in Bezug auf die Stützpunkte 5, 10, 15, 20 aus. Beispiele:

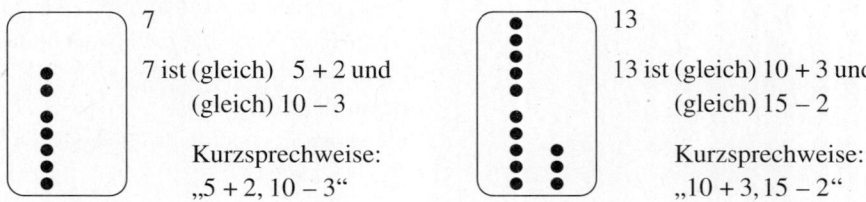

7

7 ist (gleich) 5 + 2 und
     (gleich) 10 – 3

Kurzsprechweise:
„5 + 2, 10 – 3"

13

13 ist (gleich) 10 + 3 und
      (gleich) 15 – 2

Kurzsprechweise:
„10 + 3, 15 – 2"

Automatisierung

Analog ohne Wendekärtchen bzw. ohne Zwanzigerfeld: Eine Zahl wird genannt. Die Kinder nennen die entsprechende Plus- und Minusaufgabe.

B 7 Einspluseins

Die Grundlegung erfolgt im Schülerbuch.

Automatisierung

Man nennt Einspluseinsaufgaben oder zeigt sie an der Plus-Tafel. Die Schüler nennen das Ergebnis. Hierbei empfiehlt es sich, zunächst die Aufgaben der farbigen Felder zu automatisieren, die als Stützen für die restlichen Aufgaben dienen. Durch vorhergehende Blitzrechenübungen („Ergänzen bis 10", „Verdoppeln", „Kraft der Fünf") sind die „farbigen" Aufgaben gezielt vorbereitet worden.

B 8 Halbieren

Grundlegung
Am Zwanzigerfeld wird mit dem Zahlwinkel eine gerade Zahl gezeigt und die Kinder nennen die Hälfte. Später wird eine gerade Zahl genannt und die Kinder bestimmen die Hälfte unter Anschauungsbezug auf die Zwanzigerreihe. Hierbei kann man ab und zu auch ungerade Zahlen einstreuen und offen lassen, ob die Kinder sagen „Geht nicht" (gemeint ist „geht nicht ganzzahlig") oder Halbe verwenden.

Automatisierung
Analog im Kopf.

B 9 Zählen in Schritten

Grundlegung
An der Zwanzigerreihe zählen die Kinder in Schritten zu 5, zu 4 und zu 3 vorwärts und rückwärts und prägen sich dadurch die entsprechende Gliederung der Zwanzigerreihe ein:

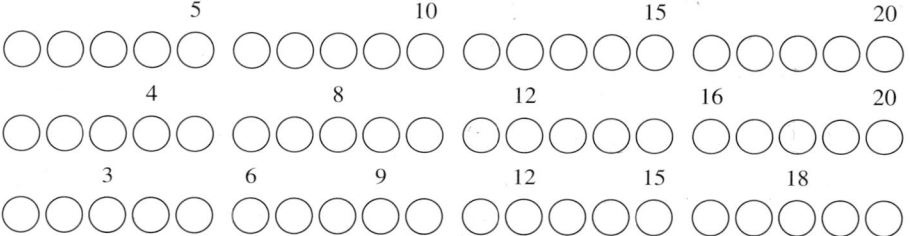

Automatisierung
Analog im Kopf.

B 10 Mini-Einmaleins

Unter dem Mini-Einmaleins werden die folgenden 25 „leichten" Einmaleinsaufgaben verstanden:

1·1	2·1	3·1	4·1	5·1
1·2	2·2	3·2	4·2	5·2
1·3	2·3	3·3	4·3	5·3
1·4	2·4	3·4	4·4	5·4
1·5	2·5	3·5	4·5	5·5

Grundlegung
An der Zwanzigerreihe, am Zwanzigerfeld und an Punktmustern werden die Aufgaben des Mini-Einmaleins gezeigt und gelöst. Da sie durch die Blitzrechenübungen „Verdoppeln" und „Zählen in Schritten" gut vorbereitet ist, passt diese Übung in das 1. Schuljahr.

Automatisierung
Analog ohne Hilfen. Die Automatisierung kann auch in das 2. Schuljahr verschoben werden.

Einordnung der Blitzrechenübungen in den Stoff

Über die Einordnung der Grundlegungsphase jeder Übung können genaue Angaben gemacht werden. Wann jedoch jeweils der Übergang zur Automatisierungsphase zu vollziehen ist, muss die Lehrerin aus dem Verlauf des Lernprozesses heraus selbst entscheiden. Im Interesse der Bewusstheit der Kinder für ihr Lernen ist es sehr empfehlenswert, mit ihnen zu Beginn und im Lauf des Schuljahrs über den Sinn des Blitzrechenkurses zu sprechen.

Blitzrechenübung	Grundlegung in Abschnitt	
B 1 Wie viele?	Orientierung im Zwanzigerraum	S. 3
B 2 Zahlenreihe		S. 18
B 3 Zerlegen	Vertiefung des Zahlbegriffs	S. 24
B 4 Immer 10/Immer 20		S. 26
B 5 Verdoppeln	Einführung der Addition	S. 32
B 6 Kraft der Fünf	und Subtraktion	S. 45
B 7 Einspluseins (Plusaufgaben)		S. 38
Einspluseins (Minusaufgaben)		S. 47
B 8 Halbieren	Zahlenmuster	S. 74
B 9 Zählen in Schritten		S. 77
B 10 Mini-Einmaleins		S. 77

# Sach-Vorkurs
für das 1. Schuljahr

Didaktische Hinweise zum Sach-Vorkurs

Das Spiel ist also, in seinen beiden wesentlichen Gestalten als sensomotorisches Üben und als Symbolik, eine Assimilation des Wirklichen an die eigene Aktivität, wobei es dieser ihren notwendigen Stoff liefert und die Wirklichkeit an Hand der mannigfachen Bedürfnisse des Ich transformiert. Deshalb erfordern alle aktiven Erziehungsmethoden, den Kindern ein angemessenes Material zu bieten, damit sie sich beim Spiel die geistigen Realitäten assimilieren können, die sonst für die kindliche Intelligenz rein äußerlich blieben.
Jean Piaget,
Theorien und Methoden
der modernen Erziehung

Wie der Blitzrechenkurs ist der Sach-Vorkurs ein durchgehender Kurs, der zwar in enger Verbindung mit dem Schülerband steht, jedoch parallel zu ihm durch zusätzliche Angebote mitgeführt werden muss. Die Aufgaben dieses Kurses sind für die *mündliche* Behandlung gedacht. Am besten eignet sich dafür die Organisationsform des Sitzkreises zu Beginn einer Stunde.

Man kann mit entsprechend einfachen Aufgaben des Sach-Vorkurses und entsprechend einfacher Sprache schon während der Orientierung im Zwanzigerraum beginnen. Es ist aber auch möglich zu warten, bis die Addition und Subtraktion eingeführt sind.

Worum geht es?

Grundidee des Sachrechnens ist das *Mathematisieren*, das folgende Schritte beinhaltet:
1. Mathematische Erfassung einer in der Regel durch einen Text beschriebenen realen Situation in einem theoretischen Modell,
2. Herleitung von Ergebnissen im Modell und
3. Interpretation der Ergebnisse für die reale Situation.

In vielen Fällen ist die Mathematisierung einer Sachsituation so stark vorgeprägt, dass das Modell mit der realen Situation verschmolzen scheint und die theoretischen Ergebnisse direkt verwendet werden können.
Beispielaufgabe: Die Klassen der Grundschule Rosenstraße haben folgende Stärke: Klasse 1a 27, 1b 28 Kinder, Klasse 2a 21, 2b 22, 2c 23 Kinder, Klasse 3a 27, 3b 29 Kinder, Klasse 4a 20, 4b 21, 4c 22 Kinder. Wie viele Kinder sind an der Schule?
Lösung: Die Summe $27 + 28 + 21 + 22 + 23 + 27 + 29 + 20 + 21 + 22 = 240$ liefert direkt die Anzahl aller Kinder.

In anderen Fällen bedarf das rechnerische Ergebnis unbedingt einer Interpretation.
Beispielaufgabe: Für die Kinder des 3. Jahrgangs der Grundschule Rosenstraße soll das Tausenderbuch aus dem „programm mathe 2000" angeschafft werden. Dieses Material wird im Zehnerpack angeboten.
Lösung: Man rechnet aus, dass die Klassen 3a und 3b zusammen 56 Kinder haben. Diese Zahl allein gibt aber noch keinen endgültigen Aufschluss über die tatsächlich aufzugebende Bestellung. Eine Möglichkeit wäre, 6 Zehnerpacks zu bestellen. Es könnte aber auch sein, dass vom letzten Jahr noch Exemplare übrig sind oder einzelne Kinder das Tausenderbuch von älteren Geschwistern übernehmen können.

Unabhängig davon, ob die Ergebnisse einer Modellrechnung direkt zu nutzen sind oder noch interpretiert werden müssen, sollte zwischen der „Sachebene" und der „Entwurfebene" immer unterschieden und die Übersetzung in die Sprache der Mathematik bewusst vollzogen werden.

Im 1. und 2. Schuljahr sind die Lesefähigkeiten in aller Regel noch nicht so weit entwickelt, dass die Kinder mit Sachtexten selbstständig umgehen können. Um die Kinder trotzdem möglichst früh mit der Übersetzung von Sprache in Mathematik und umgekehrt vertraut zu machen, ist der vorliegende „Sach-Vorkurs" entwickelt worden, der folgende Besonderheiten aufweist:
1. Einfache Sachsituationen werden *mündlich* vorgegeben.
2. Die Situationen lassen sich leicht *operativ variieren*. Die Fragestellungen und die zugrunde liegenden mathematischen Begriffe bleiben weitgehend gleich, so dass die sprachlichen Beschreibungen mathematischer Operationen und Beziehungen intensiv geübt werden.
3. Die Übersetzung erfolgt nicht direkt in die symbolische, sondern in die enaktive Form, d. h., die Situationen werden *nachgelegt und nachgespielt* („Legen und überlegen").
   Dabei lassen sich die wohlbekannten „Anschauungsmittel" verwenden: Plättchen, Zahlenreihe, Rechengeld. Der Grund dafür liegt in der „Amphibien-Natur" dieser

Materialien, die eine Zwischenwelt zwischen Realität und symbolischer Mathematik bilden.

Realität	Materialien und Diagramme	Symbolische Mathematik
	Zwischenwelt	

Verglichen mit den mathematischen Objekten (Anzahlen, Ordnungszahlen, Maßzahlen), die sie verkörpern, sind konkrete und bildliche Materialien „konkret" und stehen realen Objekten nahe; verglichen mit den realen Objekten, die sie darstellen können, sind sie „abstrakt" und stehen stellvertretend für mathematische Objekte.

Im 1. Schuljahr werden die Größenbereiche „Anzahlen", „Geld" und „Zeit" thematisiert. Daher kommen für den Sach-Vorkurs die folgenden Kontexte in Frage.

Textaufgaben mit Anzahlen
Zu Beginn treten immer zwei Kinder auf, z. B. Isa und Tim. Bei jeder Aufgabe hat jedes der beiden Kinder eine Anzahl von Muscheln (o. Ä., dargestellt durch Plättchen), die ggf. verändert wird. Die Anzahlen kann man addieren und vergleichen. Je nachdem, welche Daten gegeben und welche gesucht sind, ergeben sich unterschiedliche Typen von Aufgaben.
Im Weiteren sollte man den Kontext variieren und andere Situationen mit Anzahlen betrachten, z. B. die Anzahl der Spatzen und Meisen bei einem Futterhäuschen, die Anzahl der Jungen und Mädchen in einer Spielgruppe, die Anzahl der Tore zweier Mannschaften usw.

Textaufgaben mit Geld
Diese Aufgaben sind analog zu den Aufgaben mit Anzahlen konstruiert. Nur werden statt der Anzahlen Euro-Beträge (dargestellt durch Rechengeld) verwendet.

Textaufgaben über die Zeit
Jahre: Gegeben sind zwei Kinder unterschiedlichen Alters. Man kann den Altersunterschied berechnen, die Kinder älter werden lassen, fragen, in wie vielen Jahren sie ein bestimmtes Alter erreicht haben werden usw.
Tage: Gegeben ist ein Tag (z. B. der 17. eines Monats). Man kann berechnen, welches Datum z. B. in 3 Tagen sein wird oder vor 8 Tagen war usw.
Stunden: Gegeben ist eine Tageszeit, z. B. 8 Uhr. Wie spät wird es in 3 Stunden sein? Wie spät war es vor 2 Stunden? usw.

Was wird benötigt?
Plättchen, Zwanzigerreihe, Rechengeld, Monatskalender, Uhr

Wie kann man vorgehen?

Textaufgaben mit Anzahlen
Beschreibung von Situationen
Der Lehrer stellt die Kinder Isa und Tim durch Spielfiguren oder eine Zeichnung an der Magnettafel vor und teilt mit, dass diese beiden Kinder, die leidenschaftlich gerne schöne Muscheln sammeln, eines Tages Folgendes gefunden haben: Isa 3 Muscheln, Tim 5.

Der Lehrer legt zur Figur von Isa 3 rote Plättchen, zur Figur von Tim 5 blaue und stellt folgende Fragen:
Wer von den beiden Kindern hat *weniger* Muscheln, wer hat *mehr* gefunden?
Wie kann man das sehen?
(Wenn die Plättchen in zwei Reihen untereinander angeordnet werden, stehen 2 blaue über: Tim hat *2 mehr als* Isa. Bei Isa fehlen 2. Isa hat entsprechend *2 weniger als* Tim.)

Wie viele Muscheln haben Isa und Tim *zusammen* (oder *insgesamt*) gefunden?
(Die Plättchen werden näher zusammengerückt und es wird die Gesamtzahl bestimmt, insbesondere auch strukturiert: 5 + 3 ist per definitionem 8 [S. 14 des Schülerbandes]. An der unterschiedlichen Farbgebung erkennt man die beiden Summanden.)

Anschließend werden dieselben Fragen mit anderen Anzahlen gestellt, z. B. Isa 6, Tim 4 Muscheln. Natürlich können auch die Namen Isa und Tim wechseln, was im Folgenden unberücksichtigt bleibt.

Vielen Kindern fällt die Unterscheidung zwischen „Tim hat 4 Muscheln" und „Tim hat 4 Muscheln mehr als Isa" lange Zeit sehr schwer. Nur wenn diese beiden sprachlichen Ausdrücke immer wieder mit Handlungen verbunden werden, stellt sich im Lauf der Zeit Verständnis ein. Die ständige Wiederholung im morgendlichen Sitzkreis ist hierbei eine große Hilfe.

Die mehr beschreibende Bearbeitung von solchen Sachsituationen, bei denen beide Anzahlen vorgegeben sind, sollte einige Wochen fortgesetzt werden, wobei die Kinder das Legen und Manipulieren der Plättchen immer mehr selbst übernehmen können.

Beschreibung von Veränderungen
In einem zweiten Schritt können Veränderungen eingebaut werden: Man geht aus von bestimmten Anzahlen und verändert, nachdem die Ausgangssituation besprochen ist, die Anzahlen.
Beispiel: Isa hat 4 Muscheln, Tim hat 7. Tim gibt Isa 1 Muschel. Wie viele Muscheln hat Tim jetzt, wie viele hat Isa jetzt? (Die sprachlich beschriebene Veränderung wird zuerst an den Plättchen nachvollzogen. Dann wird die Antwort auf die Fragen „abgelesen".)

Legen und überlegen
In einem dritten Schritt kann man dann zu den eigentlichen Textaufgaben übergehen, bei denen gewisse Daten gegeben und gezielte Fragen gestellt sind. Die Lösung wird mit Plättchen gelegt. Auch Kinder, die eine Aufgabe im Kopf gerechnet haben, sollen ihre Lösung mit Plättchen nachlegen, da die „Plättchensprache" ein sehr wirksames Verständigungsmittel im Sitzkreis ist.

In der psychologisch-didaktischen Literatur werden folgende Typen von Textaufgaben unterschieden:

A Addition als Zusammenfügen, Subtraktion als Ergänzen
1. Isa hat 4 Muscheln. Tim hat 9. Wie viele Muscheln haben sie zusammen?
2. Isa und Tim haben zusammen 10 Muscheln. Isa hat 7 davon gefunden. Wie viele davon hat Tim gefunden?

B Addition als Hinzufügen, Subtraktion als Wegnehmen
1. Isa hat morgens 3 Muscheln gefunden, nachmittags noch 5. Wie viele hat sie insgesamt gefunden?
2. Tim hat 6 Muscheln gefunden. Davon gibt er Isa 4. Wie viele hat er noch?
3. Isa hat 2 Muscheln gefunden. Tim gibt ihr noch einige. Jetzt hat sie 9 Muscheln. Wie viele hat ihr Tim gegeben?
4. Tim hatte 8 Muscheln. Er gab Isa einige. Jetzt hat er noch 3. Wie viele Muscheln hat er Isa gegeben?
5. Isa hatte einige Muscheln. Dann hat sie 3 verloren. Jetzt hat Isa noch 9 Muscheln. Wie viele hatte sie zuerst?
6. Tim hatte einige Muscheln. Dann gab er Isa 2 Muscheln. Jetzt hat er noch 6. Wie viele Muscheln hatte er zuerst?
7. Isa hat 6 Muscheln. Tim hat doppelt so viele. Wie viele Muscheln hat Tim?
8. Tim hat 14 Muscheln. Isa hat halb so viele. Wie viele Muscheln hat Isa?

C Anzahlen vergleichen
1. Isa hat 5 Muscheln. Tim hat 8 Muscheln. Wie viele Muscheln hat Tim mehr als Isa?
2. Tim hat 6 Muscheln. Isa hat 2 Muscheln.
   Wie viele Muscheln hat Isa weniger als Tim?
3. Isa hat 3 Muscheln. Tim hat 4 Muscheln mehr als Isa. Wie viele Muscheln hat Tim?
4. Tim hat 5 Muscheln. Isa hat 3 Muscheln weniger als Tim.
   Wie viele Muscheln hat Isa?
5. Isa hat 9 Muscheln. Sie hat 4 Muscheln mehr als Tim. Wie viele Muscheln hat Tim?
6. Tim hat 4 Muscheln. Er hat 3 Muscheln weniger als Isa. Wie viele Muscheln hat Isa?

Diese Aufgabentypen erweisen sich als unterschiedlich schwer. Insbesondere die Vergleichsaufgaben 2 und 5 sind besonders schwer, weil sehr genau auf den Text geachtet werden muss.

Kinder, denen die verschiedenen Variationsmöglichkeiten vertraut sind, können im Sitzkreis anstelle des Lehrers Aufgaben stellen.

Im Anschluss an die Seiten 50 und 51 können an die Stelle der mündlichen Beschreibung von Sachsituationen auch Bilder treten.

Textaufgaben mit Geld

Aufgaben sind analog zu den Textaufgaben mit Anzahlen zu bilden. Man startet wieder mit Beschreibungen und geht dann zu Textaufgaben über. An Stelle von Plättchen wird jedoch Rechengeld verwendet. Durch die Verwendung von 1-Euro- und 2-Euro-Münzen und Scheinen ergeben sich neue Akzente, insbesondere beim Vergleich von Geldbeträgen. Wie viel mehr bzw. weniger Euro Isa bzw. Tim haben, kann jetzt nicht mehr durch einen 1-zu-1-Vergleich, sondern muss gedanklich bestimmt werden. Das „Legen und Überlegen" verläuft analog zum „Legen und Überlegen" mit Plättchen.

Textaufgaben über die Zeit

Lebensalter

Als Begleitfiguren kann man wieder zwei Kinder wählen, die unterschiedliches Alter haben. Die Summe der Lebensjahre hat keine reale Bedeutung, dafür aber umso mehr der Altersunterschied.

Einführungsbeispiel: Lisa ist 6 Jahre alt. Sven ist 4 Jahre alt. Wer von den Kindern ist älter? Wer ist jünger? Wie viele Jahre ist Lisa älter? Wie viele Jahre ist Sven jünger? Wie alt sind die Kinder in zwei Jahren?

Die Beschreibung der Aufgabe und die Beantwortung der Fragen erfolgt an der Zwanzigerreihe, indem man das Alter von Lisa mit einem roten und das Alter von Sven mit einem blauen Plättchen markiert und entsprechend verändert.

An diese Aufgabe sollten sich ähnlich strukturierte Aufgaben mit anderen Altersangaben anschließen, damit die Grundbegriffe klar erfasst werden. Folgende Typen können sich anschließen:
1. Lisa ist 5 Jahre alt. Wie alt ist Lisa in 3 Jahren?
2. Sven ist jetzt 8 Jahre alt. Wie alt war er vor 2 Jahren?
3. Lisa ist 9 Jahre alt. Sven ist 4 Jahre älter. Wie alt ist Sven?
4. Sven ist 7 Jahre alt. Lisa ist 3 Jahre jünger. Wie alt ist Lisa?
5. Lisa ist 13 Jahre alt. In wie viel Jahren ist sie 18 Jahre alt?
6. Sven ist jetzt 11 Jahre alt. Wie alt war er vor 3 Jahren?
7. In 3 Jahren ist Lisa 12 Jahre alt. Wie alt ist sie jetzt?
8. Vor 3 Jahren war Sven 6 Jahre alt. Wie alt ist er jetzt?

Die Aufgaben werden durch „Legen und überlegen an der Zwanzigerreihe" gelöst, wie an einigen Beispielen angedeutet sei.

Aufgabe 1: Das rote Plättchen (Lisas Alter) wird zuerst auf die 5 gelegt und dann 3 Plätze weitergeschoben: Lisa ist in 3 Jahren 8 Jahre alt.

Aufgabe 4: Das blaue Plättchen (Svens Alter) wird auf die 7 gelegt. Das rote Plättchen (Lisas Alter) 3 Felder unterhalb des blauen platziert: Lisa ist jetzt 4 Jahre alt.

Aufgabe 8: Das blaue Plättchen wird zuerst auf die 6 gelegt und dann 3 Jahre weitergeschoben: Sven ist jetzt 9 Jahre alt.

Tage im Monat

Im Rahmen des Mini-Projekts „Bald ist Weihnachten!" wird der Monatskalender eingeführt. Er kann als Material benutzt werden um Aufgaben folgender Art zu lösen: Heute ist der 14. (Dezember). Welcher Tag war gestern? Welcher Tag ist übermorgen? Wie viele Tage sind es noch bis zum 18. (vielleicht Geburtstag eines Kindes)? Welcher Tag war vor einer Woche? usw.

Anmerkung: Der Sprachgebrauch ist hier z. T. nicht schlüssig. Wir sagen z. B. „Heute in 14 Tagen" und meinen damit „zwei Wochen später". Wir sagen aber „Heute in 8 Tagen" und meinen „1 Woche später".

Stunden im Tagesverlauf

Auf S. 82–83 des Schülerbandes wird der Tageslauf, unterteilt in ganze Stunden, besprochen. Im Anschluss daran kann man analoge Textaufgaben stellen und mit Hilfe eines Uhrmodells oder einer an die Tafel gezeichneten Uhr, deren Zeiger durch ein Plättchen dargestellt wird, lösen.

Beispielaufgabe: Wenn es jetzt 9 Uhr ist. Wie viel Uhr war es vor 2 Stunden? Wie viel Uhr ist es in 4 Stunden? Wie viel Stunden sind es noch bis 12 Uhr? usw.

Hinweis: Die Kinder können bei solchen Aufgaben nicht nur addieren oder subtrahieren, sondern müssen die Periodizitäten der Tageszeiten im 24-Stunden-Tag (0 Uhr, 1 Uhr, 2 Uhr, …, 12 Uhr, 13 Uhr, …, 15 Uhr, …, 23 Uhr, 24 Uhr = 0 Uhr) bzw. im 12-Stunden-Tag (0 Uhr, 1 Uhr [nachts], …, 11 Uhr, 12 Uhr, 1 Uhr [mittags], 2 Uhr [nachmittags], …, 11 Uhr [nachts], 12 Uhr [Mitternacht]) einbeziehen. Das Uhrenmodell ist daher unentbehrlich.

Forschen und Finden:
Expeditionen ins Zahlenreich

Didaktische Hinweise zu den Zahlen-Expeditionen

Die Zahlen-Expeditionen bieten Kindern unterschiedlichen Lernstandes einen besonderen Gestaltungsspielraum, den sie in ganz individueller Weise für „Eigenproduktionen" nutzen können. Es handelt sich um produktive Übungen unter einer inhaltlich unterschiedlich zu konkretisierenden Fragestellung. Die Übung von Grundfertigkeiten ist dabei mit der Förderung allgemeiner Lernziele verbunden.

Die Expeditionen ins Zahlenreich bilden für die Kinder eine Art Schutzzone für „unzensierte" Aktivitäten und müssen daher völlig frei von Bewertungen bleiben. Der Lehrer mischt sich inhaltlich nicht ein. Er schaut sich im Wesentlichen nur an, was die Kinder machen, und achtet darauf, dass sie die Regeln der Aufgabe einhalten. Die Kinder dürfen sich während der Expeditionen natürlich untereinander austauschen.

Bei dem Abschlussbericht haben die Kinder das Wort. Von Seiten des Lehrers werden keine „offiziellen" Ergebnisse mitgeteilt.

Vor der ersten „Expedition ins Zahlenreich" muss darüber gesprochen werden, worum es sich überhaupt handelt. Man kann dabei an das Vorwissen der Kinder anknüpfen, z. B. über „Expeditionen ins Tierreich", Expeditionen in ferne Länder oder in den Weltraum. Es kommt dabei zur Sprache, dass es bei einer Expedition Forscher gibt, die in bestimmter Weise ausgerüstet sind und ganz bestimmte Sachen herausfinden möchten. Auf dieser Grundlage erklärt man den Kindern, dass *sie* jetzt Forscher sein werden, und zwar bei einer Expedition ins Zahlenreich, und die Aufgabe haben etwas über Zahlen herauszufinden.

Die Zahlen-Expeditionen eignen sich am besten als Abschluss eines bestimmten inhaltlichen Themas. Da in ihnen bestimmte Fertigkeiten des Blitzrechnens (Anzahlerfassung, Verdoppeln, Zerlegen, Addition, Subtraktion, Zerlegen/Addieren/Ergänzen bei Zahlenmauern) immanent geübt werden, kann man sie auch als eine echte Alternative zu Übungen mit vorgebenen oder enger eingegrenzten Aufgaben sehen (passend zu den Schülerbandseiten 24, 32, 48, 57, 79 und 84).

E 1 Muster unterschiedlich mit roten und blauen Plättchen legen (zu S. 24)

Worum geht es?

In der Erfahrungswelt der Kinder treten bestimmte Muster von Kreisen bzw. Punkten auf (Würfelaugen, mathe-2000-Logo, Abschnitte des mathe-2000-Logos mit 3 bzw. 6 Punkten). Beim Nachlegen eines Musters mit einer bestimmten Anzahl blauer und einer bestimmten Anzahl roter Plättchen ergeben sich verschiedene kombinatorische Möglichkeiten. Diese sollen die Kinder so weit wie möglich bestimmen. Dadurch, dass es verschiedene Muster gibt und die Anzahl der roten und blauen Plättchen verschieden gewählt werden kann, kann jedes Kind seinen persönliche Präferenzen folgen.

Bei dieser Zahlen-Expedition wird die Anzahlerfassung intensiv geübt: Die Kinder müssen Muster genau vergleichen und übertragen sowie die Anzahl der gefundenen Muster bestimmen. Diese Expedition eignet sich daher als Abschluss der Orientierung im Zwanzigerraum.

Den mathematischen Hintergrund bilden Kombinationen ohne Wiederholung: Wenn das Muster n Punkte aufweist und mit k roten und n − k blauen Plättchen nachgelegt werden soll, gibt es $\binom{n}{k} = \frac{n \cdot (n-1) \cdot \ldots \cdot (n-k+2) \cdot (n-k+1)}{k \cdot (k-1) \cdot \ldots \cdot 2 \cdot 1}$ Möglichkeiten.

Was wird benötigt?

Wendeplättchen, kariertes Papier, roter und blauer Farbstift

Wie kann man vorgehen?

Als Ausrüstung werden Plättchen, Karopapier und je ein roter und blauer Farbstift bereitgelegt. Dann erklärt man den Kindern an einem Beispiel, was sie finden sollen:

Man wählt 2 rote und 2 blaue Plättchen und zeigt ihnen, dass man damit eine Würfelvier unterschiedlich legen und jede Möglichkeit auf kariertem Papier festhalten kann. Beispiel:

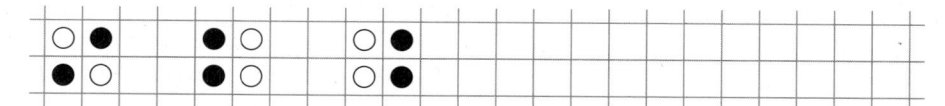

Daraus ergibt sich die Aufgabe möglichst viele verschiedene Möglichkeiten zu finden, wenn möglich alle.

Anschließend weist man die Kinder dann auf andere Muster und die Möglichkeit hin die Farbverteilung unterschiedlich zu wählen. Man sagt ihnen auch, dass sie sich selbst ein Muster ausdenken dürfen.
Dann erhalten sie völlig freie Hand für ihre Forschungen – das ist das Wesen der „Zahlen-Expeditionen". Kinder, die die Aufgabenstellung noch nicht ganz verstanden haben oder Schwierigkeiten haben, ihre Muster in kariertes Papier einzupassen, müssen selbstverständlich Hilfe erhalten.
Erst wenn die Kinder schon viele Muster eines bestimmten Typs gefunden haben, kann man ihnen verraten, wie viele Muster es insgesamt gibt. Dies ist dann ein Ansporn für sie, alle zu finden.

E 2 Erzeugung unterschiedlicher Punktanzahlen aus einem Muster mit Hilfe eines Spiegels (zu S. 32)

Worum geht es?
Auf S. 31– 32 des Schülerbandes lernen die Kinder aus einem vorgegebenen Punktmuster Muster mit unterschiedlichen Punktzahlen zu erspiegeln. Im Anschluss daran können sie selbst Muster entwerfen und versuchen mit Hilfe eines Spiegels möglichst viele Anzahlen zu erzeugen.
Diese Expedition schult erneut die Anzahlerfassung und das Verdoppeln als Vorstufe zur Addition.

Was wird benötigt?
Kariertes Papier, Stift, Taschenspiegel, evtl. ablösbarer Klebstoff

Wie kann man vorgehen?
Man zeigt den Kindern, wie man mit dem Stift auf kariertem Papier 5 benachbarte Kreise zeichnen kann, indem man für jeden Kreis 2 x 2 = 4 Kästchen verwendet. Dabei sind unterschiedliche Muster möglich, z. B.:

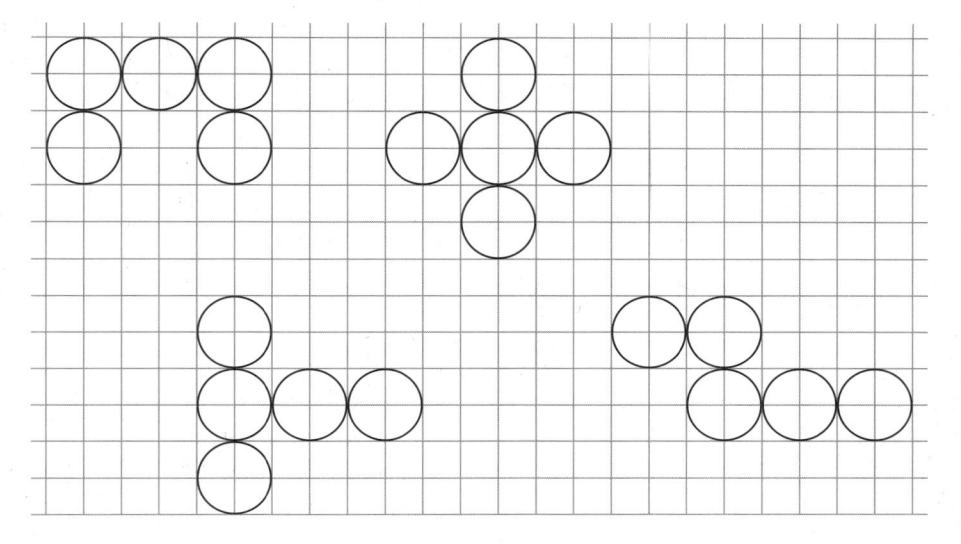

Alternativ kann man aus 5 Plättchen ein Muster auch kleben. Damit die Plättchen hinterher wieder verwendbar sind, muss man aber ablösbaren Klebstoff verwenden. Anschließend wird versucht an jedem Muster alle Zahlen von 1 bis 10 zu erspiegeln. Da viele Kinder manuell noch ungeschickt sind, werden die Kreise z. T. sehr unbeholfen sein. Das spielt bei dieser Aufgaben aber keine Rolle.

Selbstverständlich können sich die Kinder selbst eigene Muster mit mehr oder weniger Punkten ausdenken und diese spiegelnd erforschen.

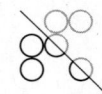

Motiv: 5 Plättchen, erspiegelt: 6 Plättchen

E 3   Bestimmung der verschiedenen Partitionen (Zerlegungen) einer Zahl in 3 Summanden (zu S. 48)

Worum geht es?

Unter einer Partition einer Zahl n versteht man eine Zerlegung von n in Summanden ≥ 1, die der Größe nach geordnet sind. Die Anzahl der Summanden ist frei.
Beispiel: Partitionen von 8

In 1 Summanden: 8
In 2 Summanden: 7 + 1, 6 + 2, 5 + 3, 4 + 4 (Die Zerlegungen 3 + 5, 2 + 6 usw. bleiben außer Acht, da die Summanden geordnet sein müssen.)
In 3 Summanden: 6 + 1 + 1, 5 + 2 + 1, 4 + 3 + 1, 4 + 2 + 2, 3 + 3 + 2
In 4 Summanden: 5 + 1 + 1 + 1, 4 + 2 + 1 + 1, 3 + 3 + 1 + 1, 3 + 2 + 2 + 1, 2 + 2 + 2 + 2
In 5 Summanden: 4 + 1 + 1 + 1 + 1, 3 + 2 + 1 + 1 + 1, 2 + 2 + 2 + 1 + 1
In 6 Summanden: 3 + 1 + 1 + 1 + 1 + 1, 2 + 2 + 1 + 1 + 1 + 1
In 7 Summanden: 2 + 1 + 1 + 1 + 1 + 1 + 1
In 8 Summanden: 1 + 1 + 1 + 1 + 1 + 1 + 1 + 1
Insgesamt gibt es für 8 also 22 Partitionen,
wenn man die triviale Partition 8 weglässt, 21.

Damit es für die Kinder nicht zu unübersichtlich wird, beschränken wir uns darauf, Partitionen von Zahlen in 3 Summanden zu finden.
Intensiv geübt wird bei dieser Expedition das Zerlegen.

Was wird benötigt?

Plättchen, Papier und Stift zum Schreiben

Wie kann man vorgehen?

Man legt 6 Plättchen auf die Magnettafel und zerlegt sie in unterschiedlicher Weise in 3 Gruppen. Jede Zerlegung wird in einem Zahlenhaus notiert, wobei auf die Größe der Summanden geachtet wird. Man findet z. B.
4 + 1 + 1, 2 + 2 + 2, 3 + 2 + 1
Die Kinder erhalten dann die Aufgabe selbst eine Anzahl von Plättchen zu wählen, Zerlegungen in 3 Summanden zu finden und diese unter Beachtung der Größe in einem Zahlenhaus aufzuschreiben.
Kinder, die gleiche Zahlen gewählt haben, können ihre Ergebnisse vergleichen.

E 4   Darstellung von Zahlen als Summen (zu S. 57)

Worum geht es?

Aus den Wendekarten 1 bis 20 sollen möglichst wenige Karten ausgewählt werden, so dass sich die restlichen Zahlen additiv zusammensetzen lassen. Beispiel: Mit Hilfe der Karten 1, 2, 4, 6, 14 lassen sich z. B. alle anderen Zahlen darstellen:

3 = 2 + 1	8 = 6 + 2	11 = 6 + 4 + 1	15 = 14 + 1	18 = 14 + 4
5 = 4 + 1	9 = 6 + 2 + 1	12 = 6 + 4 + 2	16 = 14 + 2	19 = 14 + 4 + 1
7 = 4 + 2 + 1	10 = 6 + 4	13 = 6 + 4 + 2 + 1	17 = 14 + 2 + 1	20 = 14 + 6

Die Auswahl ist minimal: Wenn auch nur eine Zahl weggelassen wird, kann man nicht mehr alle anderen Zahlen erreichen.

Die obige Auswahl ist nicht die einzig mögliche. Es gibt weitere minimale Lösungen mit ebenfalls 5 Karten.

Bei dieser Expedition wird die Addition intensiv geübt.

Was wird benötigt?
Wendekarten von 1 bis 20

Wie kann man vorgehen?
Man reiht die Wendekarten von 1 bis 20 an der Magnettafel auf und erklärt das Prinzip. Die Kinder müssen dann selbst überlegen, welche Karten sie übrig behalten müssen. Es kommt dabei nicht unbedingt darauf an, dass minimale Lösungen gefunden werden. Viel ist schon gewonnen, wenn die Kinder überhaupt flexibel mit Summen umgehen können.

Leistungsstarke Kinder, die schnell eine Lösung gefunden haben, erhalten die Aufgabe weitere Lösungen zu finden, und sie können versuchen zu begründen, dass ihre Lösungen minimal sind.

E 5 Abbau von Zahlen (zu S. 79)

Worum geht es?
Auf folgende Weise lassen sich „schöne Päckchen" konstruieren: In der ersten Zeile wird eine bestimmte Zahl subtrahiert, vom Ergebnis die um 1 größere Zahl, vom neuen Ergebnis die erneut um 1 größere Zahl usw. Dieser Prozedur folgt man so lange, bis die Null noch nicht unterschritten wird. Aufgabe ist es, in Abhängigkeit von der ersten subtrahierten Zahl diejenigen Zahlen ausfindig zu machen, bei welchen die Subtraktionskette bei 0 endet. Beispiel: Zuerst immer minus 5:

14 − 5 = 9   19 − 5 = 14   18 − 5 = 13
 9 − 6 = 3   14 − 6 = 8   13 − 6 = 7
                 8 − 7 = 1   7 − 7 = 0 ! Die Zahl 18 wird eingekreist.

Dadurch, dass die zuerst subtrahierte Zahl beliebig gewählt werden kann, entsteht eine große Mannigfaltigkeit von Rechnungen. Die Kinder kommen sich dabei nur wenig ins Gehege, was den Konkurrenzdruck reduziert.

Bei dieser Expedition wird die Subtraktion intensiv geübt.

Was wird benötigt?
Papier und Bleistift

Wie kann man vorgehen?
An einem Beispiel wird das Prinzip erklärt und es wird gezeigt, wie die Kinder die Ergebnisse ihrer Forschungen aufschreiben können: Auf jedem Blatt wird oben vermerkt, welche Zahl immer zuerst subtrahiert wird. Dann werden mit verschiedenen Zahlen verschiedene Päckchen gerechnet. Wenn es aufgeht, wird die Ausgangszahl eingekreist.

Kinder, die mit gleichen Subtraktionszahlen starten, können ihre Ergebnisse vergleichen. Die Eigenart der Aufgabenstellung bringt es mit sich, dass Rechnungen von vorher oft übernommen werden können. Je länger die Kinder „auf Expedition" sind, desto mehr werden sie in die Struktur der Aufgabe eindringen und passende Zahlen immer gezielter finden.

E 6 Zahlenmauern finden (zu S. 84)

Worum geht es?

Das Übungsformat „Zahlenmauern" zieht sich durch die zweite Hälfte des Schülerbandes. Es gibt Anlass für folgende Expedition: Der Deckstein einer dreistöckigen Mauer wird vorgegeben und es werden *alle* Mauern gesucht, die mit diesem Deckstein enden. Beispiel mit Deckstein 2:

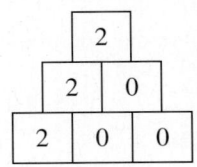

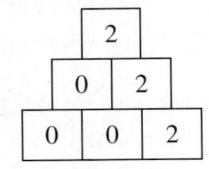

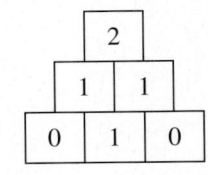

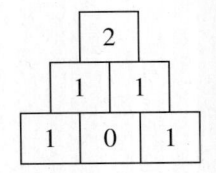

```
    2              2              2              2
  2   0          0   2          1   1          1   1
2   0   0      0   0   2      0   1   0      1   0   1
```

Die systematische Lösung dieser Aufgabe führt auf eine interessante Zahlenfolge, in der sich Quadrat- und Rechteckszahlen abwechseln:

Deckstein	0	1	2	3	4	5	6
Anzahl der Mauern	1·1	1·2	2·2	2·3	3·3	3·4	4·4

Die Anzahl der Mauern bei Deckstein n berechnet sich

für gerades n mit $\frac{n+2}{2} \cdot \frac{n+2}{2}$ und für ungerades n mit $\frac{n+1}{2} \cdot \frac{n+3}{2}$

Falls die Zahl 0 als Stein ausgeschlossen wird, ergibt sich die Anzahl der Mauern mit Deckstein n, indem man in die obigen Formeln statt n die Zahl n – 4 einsetzt.

Für die Kinder ist diese Systematik völlig belanglos. Sie finden ihre Mauern durch mehr oder weniger systematisches Probieren.
Geübt wird bei dieser Zahlen-Expedition das Zerlegen, Addieren und Ergänzen.

Was wird benötigt?
Papier und Bleistift

Wie kann man vorgehen?
An der Tafel wird an einem Beispiel (Deckstein 5) gezeigt, wie dazu unterschiedliche Mauern konstruiert werden können. Die Kinder sehen auch, wie man Mauern zeichnen kann.
Anschließend wählen sie selbst einen (nicht zu großen) Deckstein und versuchen, dazu verschiedene Mauern zu finden. Es gibt dafür viele Möglichkeiten, so dass alle Kinder leicht fündig werden können.

Denkschule
für das 1. Schuljahr

Didaktische Hinweise zur Denkschule

Es ist nicht so,
dass wir es nicht wagen,
weil es schwer ist,
sondern umgekehrt:
Weil wir es nicht wagen,
ist es schwer.
Seneca

Um die folgenden Denkspiele verstehen und in ihrem pädagogisch-didaktischen Wert richtig einschätzen zu können, muss man sie unbedingt selbst handelnd durchführen.

D 1 Schiebespiele (Typ: Platzwechsel)

Spielpläne und Spielmaterial
Auf jedem der folgenden vier Spielpläne ist eine bestimmte Anordnung von quadratischen Feldern vorgegeben, von denen einige mit „blauen", andere mit „roten" Spielsteinen (Wendeplättchen, Damesteine …) belegt sind. Einige Felder sind frei.

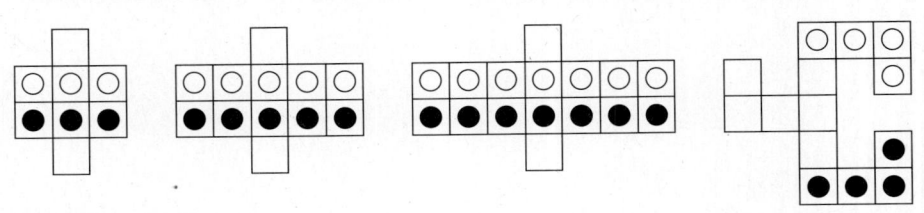

Spielregeln
Das Ziel besteht darin, die Steine so zu verschieben, dass am Ende „blaue" und „rote" die Plätze ausgetauscht haben. Dabei darf man Steine nur auf Nachbarplätze bewegen ohne zu überspringen. Damit die Kinder das Ziel nicht aus den Augen verlieren, empfiehlt es sich, die Felder, auf denen am Anfang die „blauen" Steine liegen, „blau", entsprechend die Felder der „roten" Steine „rot" zu färben.
Die Lösung ist bei den drei ersten Spielplänen unproblematisch. Auch wenn die Kinder umständlich vorgehen, werden sie schließlich zum Ziel gelangen. Beim vierten Spielplan muss man erst lernen den freien Haken auszunutzen und etappenweise vorzugehen.

Lösung: Drei weiße Steine wandern in den freien Haken. Die vier schwarzen ziehen möglichst weit nach oben, so dass der Weg für die drei weißen in die Endposition frei wird. Jetzt ist noch der „eingeklemmte" weiße Stein zu befreien. Dazu ziehen drei der vier schwarzen Steine in den freien Haken, der vierte schwarze zieht mit dem vierten weißen am freien Haken vorbei und gibt für die schwarzen im Haken den Weg in die Endposition frei. Schließlich rückt der vierte weiße Stein in den Haken, so dass der vierte schwarze nach oben ziehen kann, womit der Weg zur Endposition auch für den vierten weißen Stein offen ist.

D 2 Dreiecksmemory (Typ: Gedächtnistraining)

Spielpläne
Benötigte Spielfelder:

Feld mit 4 Reihen	… mit 5 Reihen	… mit 6 Reihen

Spielmaterial
Bis zu 21 Wendeplättchen.
Benötigt werden jeweils 4 Kinder: der Spielleiter, zwei Assistenten und der „Kandidat". Zuschauer sind in beliebiger Zahl zugelassen und willkommen.

Spielregeln

Der Spielleiter sitzt an der Spitze des (hinreichend großen) Spielfeldes und achtet darauf, dass die Regeln eingehalten werden. Ihm gegenüber sitzt mit verbundenen Augen der Kandidat. Die beiden Assistenten sitzen vom Kandidaten aus gesehen links (l) bzw. rechts (r) an der Seite und legen abwechselnd ein Plättchen nach dem anderen auf die Felder, und zwar in der obersten Reihe beginnend, jeder von seiner Seite aus von außen nach innen. Sie gehen erst dann zur nächsttieferen Reihe über, wenn eine Reihe voll belegt ist. Zu legen beginnt der (vom Kandidaten aus gesehen) links sitzende Assistent mit Feld 1.

Für das Spielfeld mit 5 Reihen ergibt sich daraus folgende Reihenfolge der Felder:

1	3	2	6	4	5	7	10	8	9	11	15	12	14	13
l	r	l	r	l	r	l	r	l	r	l	r	l	r	l

Die Assistenten legen aber ihr Plättchen erst, wenn der Kandidat die Nummer des Feldes vorher genannt hat. Aufgabe des Kandidaten ist es also, die Reihenfolge der Felder richtig vorzusagen. Sobald er einen Fehler macht, hat er die Prüfung nicht bestanden, und ein anderer Kandidat kommt zum Zuge.

Zur Demonstration der Regeln werden die Kinder um einen Tisch versammelt, zwei von ihnen werden zu Assistenten ernannt und lernen vor den Augen der Klasse die Legeregel. Am günstigsten ist es, wenn der eine Assistent die Wendeplättchen mit der roten Seite, der andere mit der blauen Seite nach oben legt. Auf diese Weise lassen sich die schwierigen Lagebeziehungen „links"/„rechts" durch die Farbbezeichnungen „rot" und „blau" ersetzen. Wenn 15 erreicht ist, werden die Legeregeln ein zweites Mal demonstriert, indem die Plättchen (von 1 beginnend) wieder weggenommen werden. Man erspart sich dadurch das „Abräumen" der Plättchen nach jedem Spiel. Anschließend werden die Plättchen noch ein paarmal gelegt bzw. weggenommen, wobei zusätzlich die Feldnummern laut genannt werden.

Wenn die Legeregeln verstanden sind, können die ersten „mutigen" Kinder bereits als Kandidaten antreten. Für das Spielfeld mit 6 Reihen ergibt sich für die Lege-Reihenfolge der 6. Zeile in Fortsetzung der Reihenfolge des Spielfelds mit fünf Reihen:

(...	14	13)	21	16	20	17	19	18
(...	r	l)	r	l	r	l	r	l

Lehrerinnen, die das Spiel nicht kennen, scheuen leicht davor zurück, es einzusetzen, weil sie Unruhe befürchten. Die Erfahrung zeigt aber, dass die kleinen Zuschauer dem Geschehen sehr interessiert und diszipliniert folgen und durch das Spiel beruhigt werden.

D 3 Die springenden Steine (Typ: Solitärspiel)

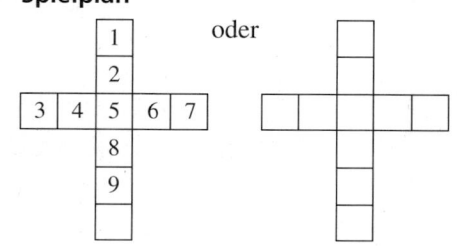

Spielmaterial
9 Spielsteine (Plättchen, Münzen ...)

Spielregeln
Die Steine werden auf die Felder des Spielplans gelegt, so dass das unterste Feld frei bleibt. Jeder Spielzug besteht darin, mit einem Stein genau einen anderen zu überspringen, so dass man auf einem freien Feld landet. Der übersprungene Stein wird entfernt. Das Ziel besteht darin, alle Steine bis auf einen einzigen „abzuräumen" (daher der Name „Solitärspiel").

Lösung: Die Platznummern der jeweils entfernten Steine sind der Reihe nach:
9, 5, 4, 8, 9, 6, 5, 2 oder 9, 5, 6, 8, 9, 4, 5, 2

Spielplan

D 4 Ko-No oder Pong-Hau-Ki (Typ: Strategiespiel)

Dieses unscheinbare, aber die Aufmerksamkeit der Spieler sehr fordernde Spiel stammt aus dem indonesisch-chinesischen Kulturkreis und ist unter verschiedenen Namen bekannt.

Spielplan und Spielmaterial
Fünf kreisförmige Felder sind in bestimmter Weise miteinander verbunden. Die oberen beiden Felder sind am Beginn mit „blauen", die unteren mit „roten" Spielsteinen belegt.

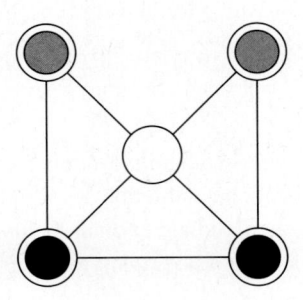

Spielregeln
Den beiden Spielern gehören jeweils die Steine einer Farbe. Abwechselnd ziehen die Spieler eine ihrer Marken entlang einer Linie auf ein Nachbarfeld. Das Ziel ist den Gegner zu blockieren, so dass er nicht mehr ziehen kann.

Wenn beide Spieler aufpassen, können sie eine Blockade vermeiden. Wenn einer der Spieler aber in der Konzentration nachlässt, kann die folgende Konstellation eintreten (Fig. 1), bei welcher der Spieler, dessen Steine sich links unten und rechts oben befinden, am Zug ist.

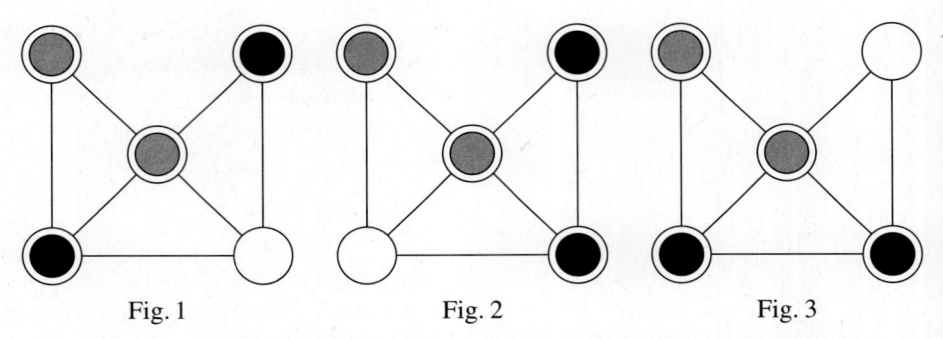

Fig. 1   Fig. 2   Fig. 3

Er muss dann entweder den Stein links unten oder den Stein rechts oben auf das freie Feld ziehen: Im ersten Fall (Fig. 2) braucht sein Gegner nur von links oben nach unten zu ziehen und hat eine Blockade aufgerichtet. Im zweiten Fall (Fig. 3) ist dies nicht möglich.

D 5 9er-Uhr (Typ: Anordnungsspiel)

Spielmaterial
Chips (Zahlseite der Wendekarten) mit den Zahlen von 1 bis 9.
Spielfeld: „mathe-2000"-Logo, in dem benachbarte Kreise durch Striche verbunden sind.

Spielregeln
Der erste Spieler legt die Chips an der Spitze beginnend der Reihe nach im Uhrzeigersinn außen ab (Fig. 1). Der zweite Spieler „zerstört" die „9er-Uhr", indem er die Chips beliebig umlegt (Fig. 2). Das mittlere Feld bleibt frei.

Fig. 1   Fig. 2

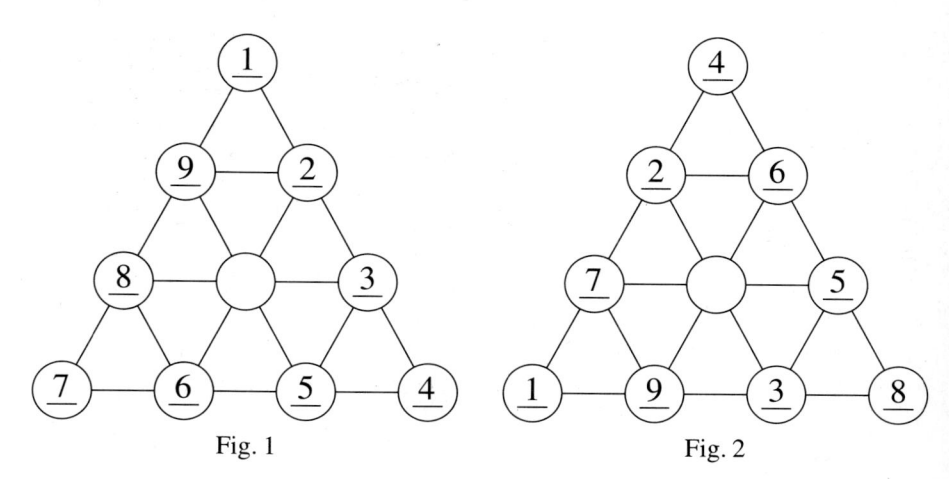

Der erste Spieler muss nun die 9er-Uhr wiederherstellen. Dabei darf er jeweils einen Chip auf ein freies Nachbarfeld schieben. Das mittlere Feld dient zur „Zwischenlagerung".

Das Spiel verlangt vorausschauendes Arbeiten, wobei die Felder insgesamt im Auge behalten werden müssen.

D 6   Lege schlau (Typ: Legespiel)

Spielmaterial
In Anlehnung an das bekannte Legespiel Tangram wird ein quadratisches Stück Karton (10 cm Kantenlänge) nach folgendem Plan (Kopiervorlage) in 6 Formen zerschnitten: 2 große Dreiecke, 1 mittleres Dreieck, 2 kleine Dreiecke, 1 Rechteck.

Spielregeln
Mit einigen oder allen 6 Formen sollen die folgenden 14 Umrisse ausgelegt werden, wobei stets mehr als eine Form benutzt werden muss. Die Zeichnungen dienen gleichzeitig als Kopiervorlagen.

Dreiecke

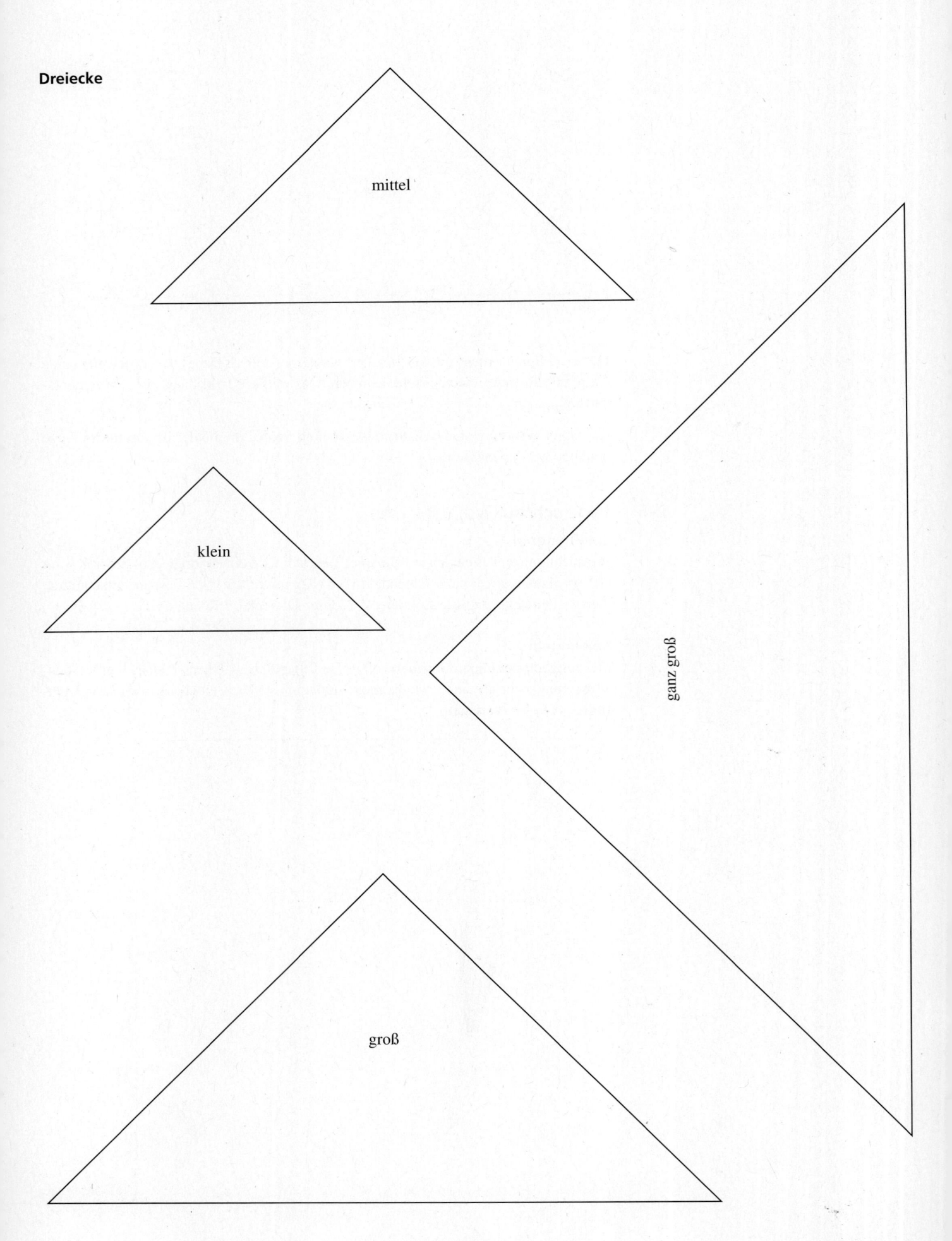

mittel

klein

ganz groß

groß

52

Rechtecke

klein

mittel

groß

Häuser

groß

klein

mittel

Quadrate

klein

ganz klein

mittel

groß

54

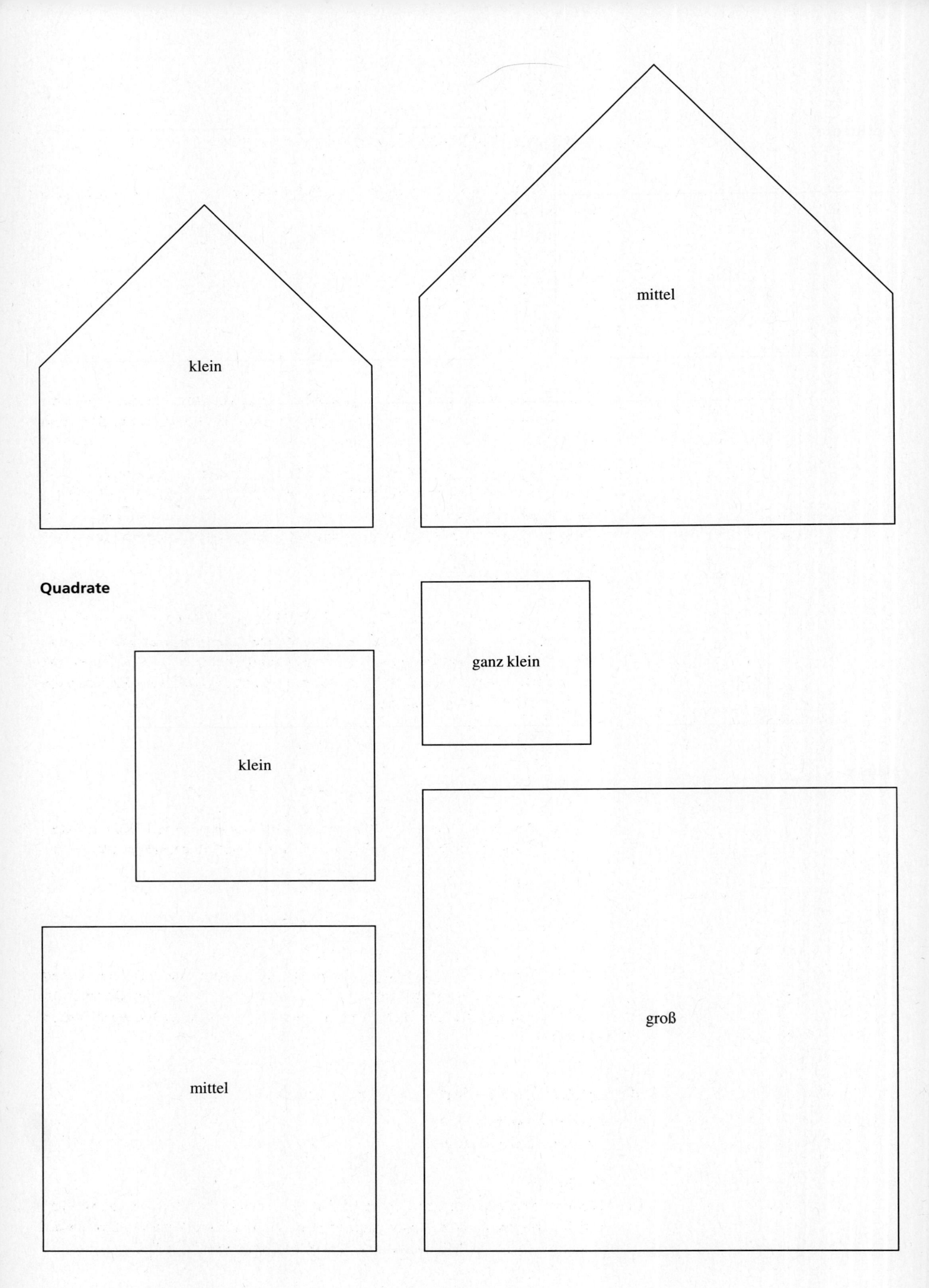

D 7 Ausgleich der Felder (Typ: Umordnungsspiel)

Spielmaterial
12 bzw. 24 Plättchen, kreisförmiger Spielplan mit drei gleich großen, verschieden gefärbten Feldern

Spielregeln
Zu Beginn liegen die 12 Plättchen folgendermaßen in den Feldern:

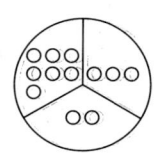

Ziel ist es, in jedem Feld gleich viele, also 4 Plättchen zu haben, wobei man bei jedem Zug von einem Feld so viele Plättchen zu einem anderen schieben muss, wie dort schon sind (d. h., in letzterem wird die Anzahl verdoppelt!).

Eine Lösung geht z. B. so: 2 Plättchen vom linken zum unteren Feld. Dann sind dort 4. Nun 3 vom linken Feld in das rechte. Dann sind dort 6 und im linken 2. Schließlich 2 vom rechten Feld in das linke.
Bei 24 Plättchen ist die Ausgangssituation folgendermaßen: 12 Plättchen im linken, 7 im rechten, 5 im unteren Feld.
Ziel sind 8 in jedem Feld.

Man kann das Spiel erweitern, indem man beliebige Anfangsverteilungen der Plättchen in den drei Feldern zulässt. Damit aber das Ziel „Ausgleich der Felder" immer erreichbar ist, muss man eine zweite Zugregel zulassen, die im Notfall angewandt werden darf: Wenn in zwei Feldern gleiche Zahlen auftreten, darf man 1 Plättchen von einem Feld in das andere schieben.

Beispiel: Die Ausgangsverteilung (6, 3, 3)

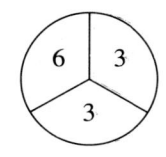

würde bei Anwendung der „Verdopplungsregel" immer wieder zu 6, 3, 3, nur in unterschiedlicher Reihenfolge, führen. Die zweite Regel erlaubt, überzugehen zu:

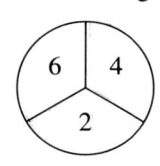

(6, 4, 2)

Das führt dann durch Schieben von 2 Plättchen aus dem linken Feld in das untere sofort zur Lösung. Die Zulassung beider Regeln hat den Vorteil, dass sich die Kinder selbst beliebige Aufgaben stellen können ohne sich bestimmte Anfangsverteilungen merken zu müssen.

D 8 Spitze nach unten (Typ: Münzenspiel)

Spielmaterial
10 Münzen oder Plättchen

Spielregel
Die 10 Münzen werden zu Beginn in Form des „mathe-2000"-Logos angeordnet. Durch Verlagerung möglichst weniger Münzen soll ein Dreieck mit der Spitze nach unten entstehen. Die Aufgabe steht auch im Schülerbuch (S. 77, Nr. 5).

Aus ⬡ mache ▲

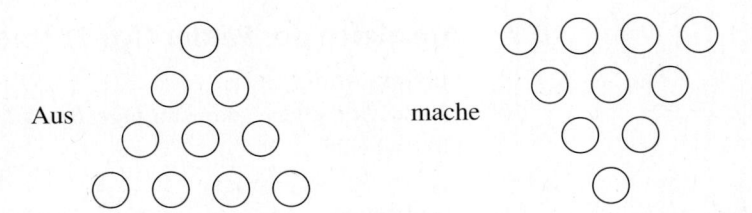

Bei der minimalen Lösung werden die drei Eckplättchen folgendermaßen verlagert:

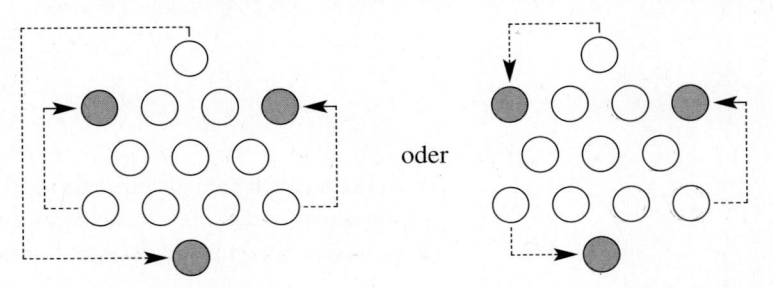

(Abbildungen)   oder   (Abbildungen)

Man sollte die Minimalzahl 3 nicht sofort vorgeben, sondern lieber „möglichst wenige" fordern, weil die schrittweise Verbesserung der Zahl spannender ist. Beispiel:

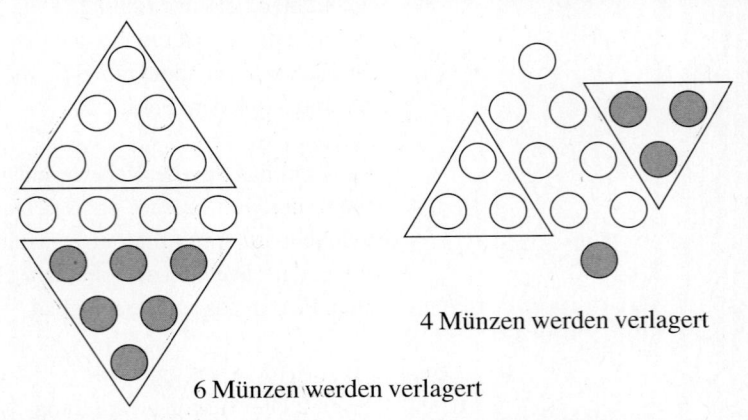

6 Münzen werden verlagert

4 Münzen werden verlagert

Die Aufgabe lässt sich übertragen auf Muster mit 15 und 21 Münzen:

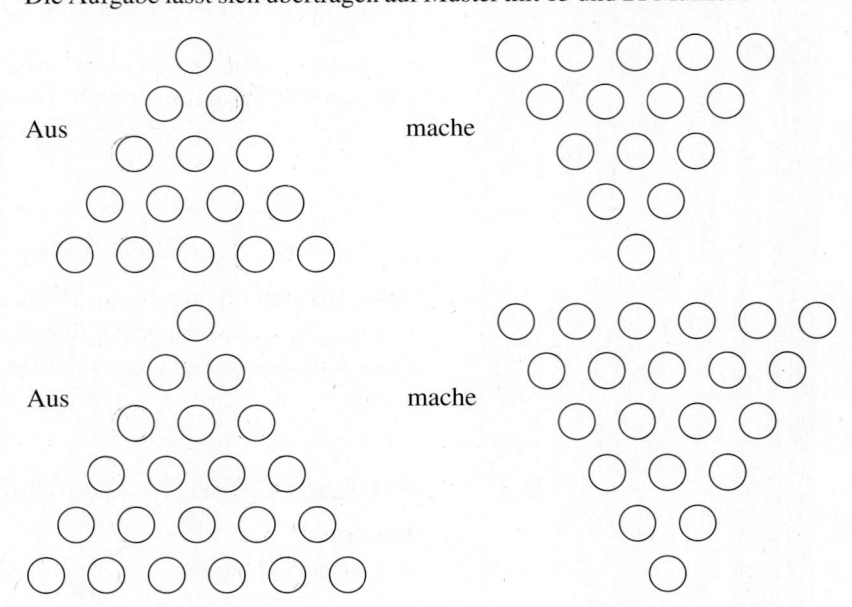

Aus (Dreieck mit 15) mache (Sechseck mit 15)

Aus (Dreieck mit 21) mache (Sechseck mit 21)

Die minimalen Lösungen bestehen in der Verlagerung von 5 bzw. 7 Münzen, jeweils von den Ecken weg (3, 1, 1 bzw. 3, 3, 1 Münzen).

Anmerkung: Das Legen der Aufgaben wird für die Schüler einfacher, wenn sich beim Legen die Plättchen gegenseitig berühren (vgl. Abb. im Schülerbuch S. 77, Nr. 5).

D 9 Enge Straße (Typ: Rangierspiel)

Spielplan, Spielmaterial und Spielregel
Der Spielplan zeigt eine enge einspurige Straße mit einem Ausweichplatz für genau ein Auto.

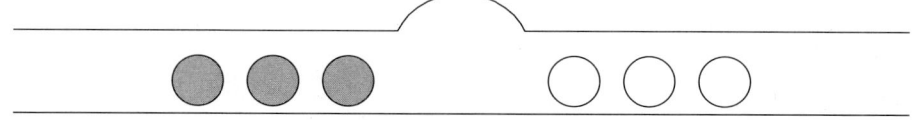

Von links und von rechts kommen je drei Autos. Wie müssen die Autos rangieren um ihren Weg fortsetzen zu können?

Zur Lösung fährt man beispielsweise das erste rechte Auto auf den Ausweichplatz, setzt die restlichen rechten Autos zurück, passiert mit den drei linken Autos den Ausweichplatz, so dass das abgestellte Auto freie Fahrt hat. Dann werden die drei linken Autos zurückgesetzt, das zweite rechte Auto fährt auf den Ausweichplatz usw.
Es gibt aber auch andere Lösungen.

Als Autos kann man Spielzeugautos, auf Karton aufgemalte Autos oder einfach, wie in der Zeichnung oben angedeutet, Wendeplättchen (links rot, rechts blau) verwenden.

D 10 Wanderer am Fluss (Typ: Überfahrt)

Spielplan
Der Spielplan zeigt einen Fluss (blau) eingerahmt von zwei Ufern (grün).

Ufer	Fluss	Ufer

Spielmaterial
Auf Karten aufgemalt sind 2 erwachsene Wanderer und 3 Kinder sowie ein Boot. Statt der Karten kann man auch 2 große Münzen für die Erwachsenen und 3 kleine Münzen für die Kinder verwenden.

Spielregeln
Die Wandergruppe erreicht den Fluss und findet ein Boot vor, in das entweder ein Erwachsener, ein Kind oder 2 Kinder passen. Wie kann die Gruppe übersetzen?

Zur Lösung setzen erst zwei Kinder über. Eines bringt das Boot zurück. Dann fährt ein Erwachsener auf die andere Seite und das zurückgebliebene Kind bringt das Boot zurück. Analog wird der zweite Erwachsene auf das andere Ufer gebracht. Schließlich setzen zwei Kinder über, eines bringt das Boot zurück und nimmt das letzte Kind auf die andere Seite. Das Schöne an der Aufgabe ist, dass die Kinder bei der Lösung die Hauptrolle spielen. Ohne Kinder wären die Erwachsenen hilflos.

Wenn die Schüler die Lösung gefunden haben und sicher reproduzieren können, kann man ihnen eine Zusatzaufgabe stellen: Wie oft muss das Boot den Fluss überqueren? Lösung: Da für jeden Erwachsenen 4 Überquerungen und für alle drei Kinder 3 Überquerungen erforderlich sind, ergeben sich 4 + 4 + 3 = 11 Überquerungen.
Natürlich kann man die Anzahlen der Erwachsenen und der Kinder variieren. In jedem Spezialfall ist es interessant, die Zahl der notwendigen Überquerungen zu bestimmen.

Die Denkschule liegt im „programm mathe 2000" mit illustrierten Spielplänen samt Material und kindgemäßen Anleitungen in einer direkt für die Freiarbeit geeigneten Form vor: Spielen und Überlegen – Die Denkschule, Teil 1 für 1. und 2. Schuljahr, Klett-Nr. 199021.

**Ziffernschreibkurs
für das 1. Schuljahr**

Didaktische Hinweise zum Ziffernschreibkurs

Chaos ist Kreativität
auf der Suche nach Form.
John Welwood

Parallel zu den ersten Seiten des Schülerbuches läuft ein Ziffernschreibkurs. Da die Form unserer Ziffern eine Konvention ist, brauchen die Kinder eine klare Anleitung, wie sie die Ziffern formklar und bewegungsrichtig schreiben sollen. In der Lateinischen Ausgangsschrift haben die Ziffern eine andere Form als bei der Vereinfachten Ausgangsschrift, bei der üblichen Druckschrift wieder eine andere. In der Grundschule darf die Entscheidung für eine Schrift nicht dogmatisch gehandhabt werden. Alle diese Schriften sind ja nur Durchgangsstadien zu einer persönlichen Handschrift. Ob die Null und die Acht ein Häkchen haben oder nicht, ob gewisse Striche bei der Zwei, Fünf und Sieben mehr oder weniger gebogen sind oder nicht, ist nicht nur unerheblich, sondern macht – wie im professionellen Schriftsatz – den Reiz unterschiedlicher Schriften aus. Worum sich die Kinder aber in jedem Fall bemühen müssen, ist ihre Ziffern sauber und gut lesbar zu schreiben. Dies bedarf fortgesetzter Anstrengung.

Die folgenden Seiten enthalten einen Kurs für die Schulausgangsschrift. Genauso gut kann aber ein anderer Kurs verwendet werden.

Alle Schreibbewegungen müssen während des Kurses in der Bewegungsabfolge häufig vorgemacht werden.

1. Zuerst wird die zu lernende neue Ziffer grobmotorisch, d.h. mit ganz großen Bewegungen, sogar des ganzen Arms geübt, damit die Bewegungsabfolge erfasst wird:
   – mit dem Finger in der Luft
   – mit verschiedenen farbigen Kreiden an der Tafel
   – mit verschiedenen Stiften auf großen Papierflächen (z. B. alten Tapeten, Rückseiten von Plakaten), wobei die Ziffern hierbei mehrmals mit verschiedenen Farben nachgespurt werden können.

2. Die Bewegungen werden dann feinmotorisch geübt:
   – mit dem Finger auf dem Tisch
   – mit dem Finger auf einem Buch, auf einem nicht zu kleinen Radiergummi, auf der Innenseite der anderen Hand.

3. Erst wenn die Bewegungen klar sind und die Schreibrichtungsänderungen deutlich ausgeführt werden, sollten die Ziffern im Heft oder Buch geübt werden. Hierzu finden sich auf den folgenden Seiten Kopiervorlagen, die am besten zu einem Heft („Mein Zahlenheft") ausgestaltet werden:
In ein leeres DIN-A4-Heft ohne Linien wird jeweils auf der linken Seite die jeweilige Kopiervorlage eingeklebt. Auf der rechten Seite ist Platz für Zählbilder aus Katalogen, Zeitschriften, Zeitungen, für Fotos oder für selbst gemalte Zählbilder. Auf die Seiten nach der Zahl 10 (Ziffer 0) können Zählbilder mit größeren Anzahlen eingeklebt werden.

Zu den Kopiervorlagen empfehlen wir folgendes Vorgehen:
   – mit dem Finger die große Ziffer mehrere Male bewegungsrichtig nachspuren
   – mit einem Stift ohne Aufsetzen nachspuren
   – große Ziffer mit Stiften in mehreren Farben nachspuren
   – vorgedruckte Ziffern in verschiedenen Größen nachspuren
   – in die Kästchen des Rahmens und auf freie Plätze eigenständige Ziffern schreiben (ganz große – ganz kleine).

Unten sind Dinge aus der Wirklichkeit skizziert, die die jeweilige Ziffer häufig repräsentieren. Die Kinder können herausfinden, was die Zeichnungen mit der Ziffer zu tun haben, evtl. die Zeichnungen anmalen und ergänzen.

4. Weitere Übungen:
   – Ziffern kneten
   – Ziffern aus Draht, Wolle, Pfeifenputzern, Streichhölzern formen
   – Ziffern mit geschlossenen Augen schreiben

- Ziffern auf Karton vorzeichnen, mit Klebstoff bestreichen und dann mit unterschiedlichen Materialien (Sand, kleine Steinchen, Lochpunkte) bestreuen
- Sand in eine Blechschachtel (Plätzchendose etc.) füllen. Die Kinder können immer wieder gut in diesen Sand schreiben, die Fläche dann glatt streichen und wieder neu beschreiben
- aus Sandpapier hergestellte Ziffern nachspuren und fühlen (Schleifpapiere gibt es in jeder Art in Heimwerkermärkten)
- Ziffern einem Partner auf den Rücken schreiben. Der Partner nennt die geschriebene Zahl.

5. Für die Förderung der Schreibmotorik sind Schwungübungen mit beiden Händen sehr geeignet (vgl. Fig. 1–7). Sie können in mehreren Durchgängen eingeführt und bei Bedarf wiederholt werden. Die Bewegungen beginnen immer in der Mitte und führen wieder zur Mitte zurück. Sprechverse können den motorischen Ablauf unterstützen.

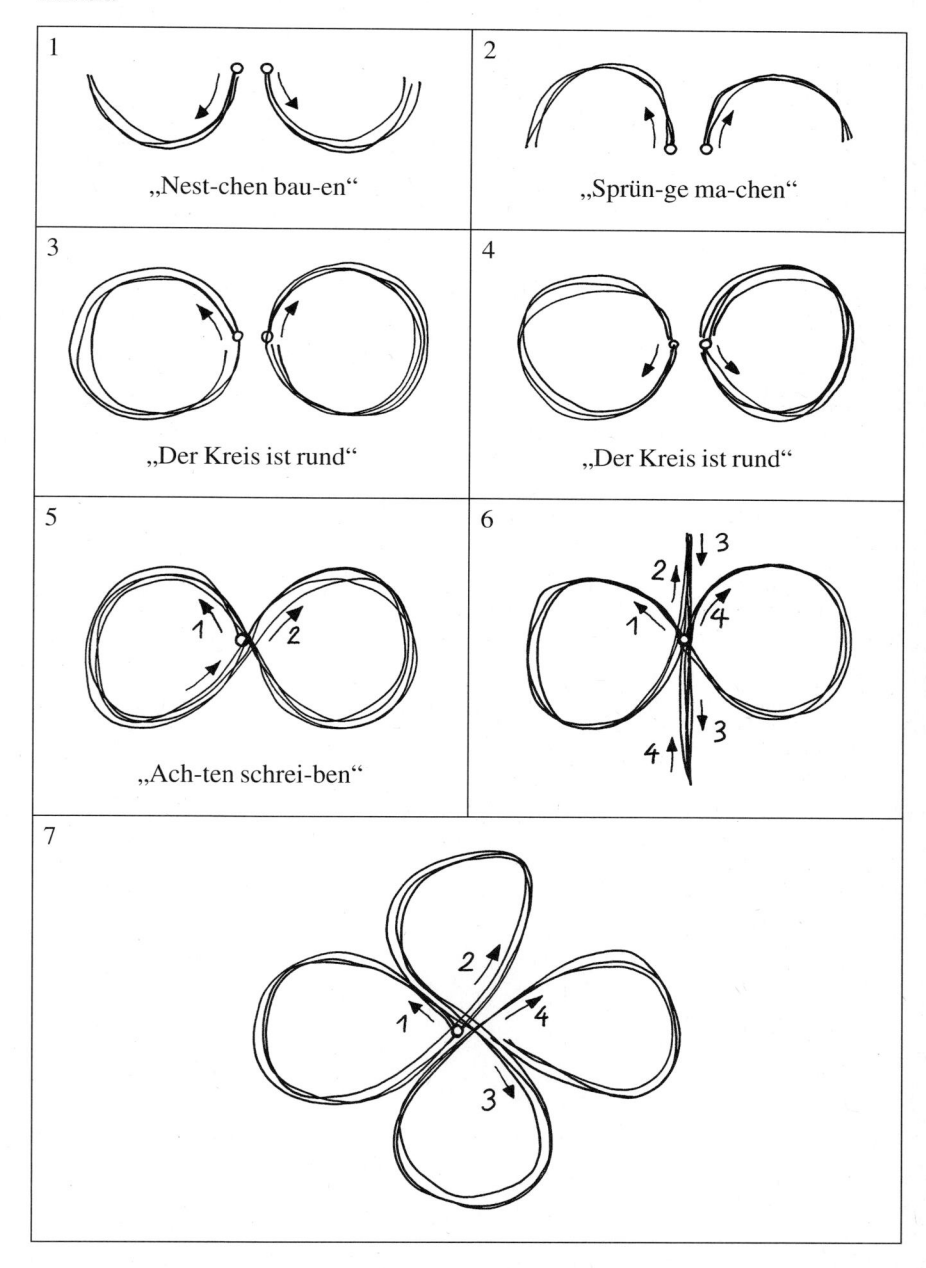

1 „Nest-chen bau-en"	2 „Sprün-ge ma-chen"
3 „Der Kreis ist rund"	4 „Der Kreis ist rund"
5 „Ach-ten schrei-ben"	6
7	

Klassische Musik unterstützt den Fluss der Bewegungsabläufe. Beispiel für Übung 7 „Kleeblatt": Maurice Ravel, Bolero.

Material: DIN-A3-Blätter (oder Tapetenrollen), Klebestreifen, dicke und gut gleitende Wachsmalkreiden.

Ein DIN-A3-Blatt wird mit Klebestreifen auf dem Tisch fixiert, damit die Kinder die Schwungübungen mit beiden Händen gleichzeitig durchführen können.

Von Übung 5 an können die Kinder variieren:
– den Stift mit beiden Händen gleichzeitig führen,
– nur mit der linken oder nur mit der rechten Hand schwingen.

Anfangs ist es für einige Kinder ungewohnt, beide Hände, also auch die Nicht-Schreibhand zu gebrauchen. Nach einer Eingewöhnungszeit spüren die Kinder aber, wie gut ihnen diese Übungen tun.

Literatur
Dennison, P./G.: Das Handbuch der Edu-Kinestetik für Eltern, Lehrer und Kinder jeden Alters. VAK Verlag, Freiburg 1995

eins

Das Zahlenbuch 1. Schuljahr

© ERNST KLETT GRUNDSCHULVERLAG GmbH, Leipzig 2000. Von dieser Kopiervorlage ist die Vervielfältigung für den eigenen Unterrichtsgebrauch gestattet.

Ziffernschreibkurs

zwei

Das Zahlenbuch 1. Schuljahr　　　　　　　　　　　　　　　　　　　　　　　　　**Ziffernschreibkurs**
© ERNST KLETT GRUNDSCHULVERLAG GmbH, Leipzig 2000. Von dieser Kopiervorlage ist die Vervielfältigung für den eigenen Unterrichtsgebrauch gestattet.

drei

Das Zahlenbuch 1. Schuljahr

Ziffernschreibkurs

© ERNST KLETT GRUNDSCHULVERLAG GmbH, Leipzig 2000. Von dieser Kopiervorlage ist die Vervielfältigung für den eigenen Unterrichtsgebrauch gestattet.

vier

Das Zahlenbuch 1. Schuljahr

Ziffernschreibkurs

© ERNST KLETT GRUNDSCHULVERLAG GmbH, Leipzig 2000. Von dieser Kopiervorlage ist die Vervielfältigung für den eigenen Unterrichtsgebrauch gestattet.

fünf

Das Zahlenbuch 1. Schuljahr

Ziffernschreibkurs

© ERNST KLETT GRUNDSCHULVERLAG GmbH, Leipzig 2000. Von dieser Kopiervorlage ist die Vervielfältigung für den eigenen Unterrichtsgebrauch gestattet.

sechs

Das Zahlenbuch 1. Schuljahr

© ERNST KLETT GRUNDSCHULVERLAG GmbH, Leipzig 2000. Von dieser Kopiervorlage ist die Vervielfältigung für den eigenen Unterrichtsgebrauch gestattet.

Ziffernschreibkurs

sieben

Das Zahlenbuch 1. Schuljahr

© ERNST KLETT GRUNDSCHULVERLAG GmbH, Leipzig 2000. Von dieser Kopiervorlage ist die Vervielfältigung für den eigenen Unterrichtsgebrauch gestattet.

Ziffernschreibkurs

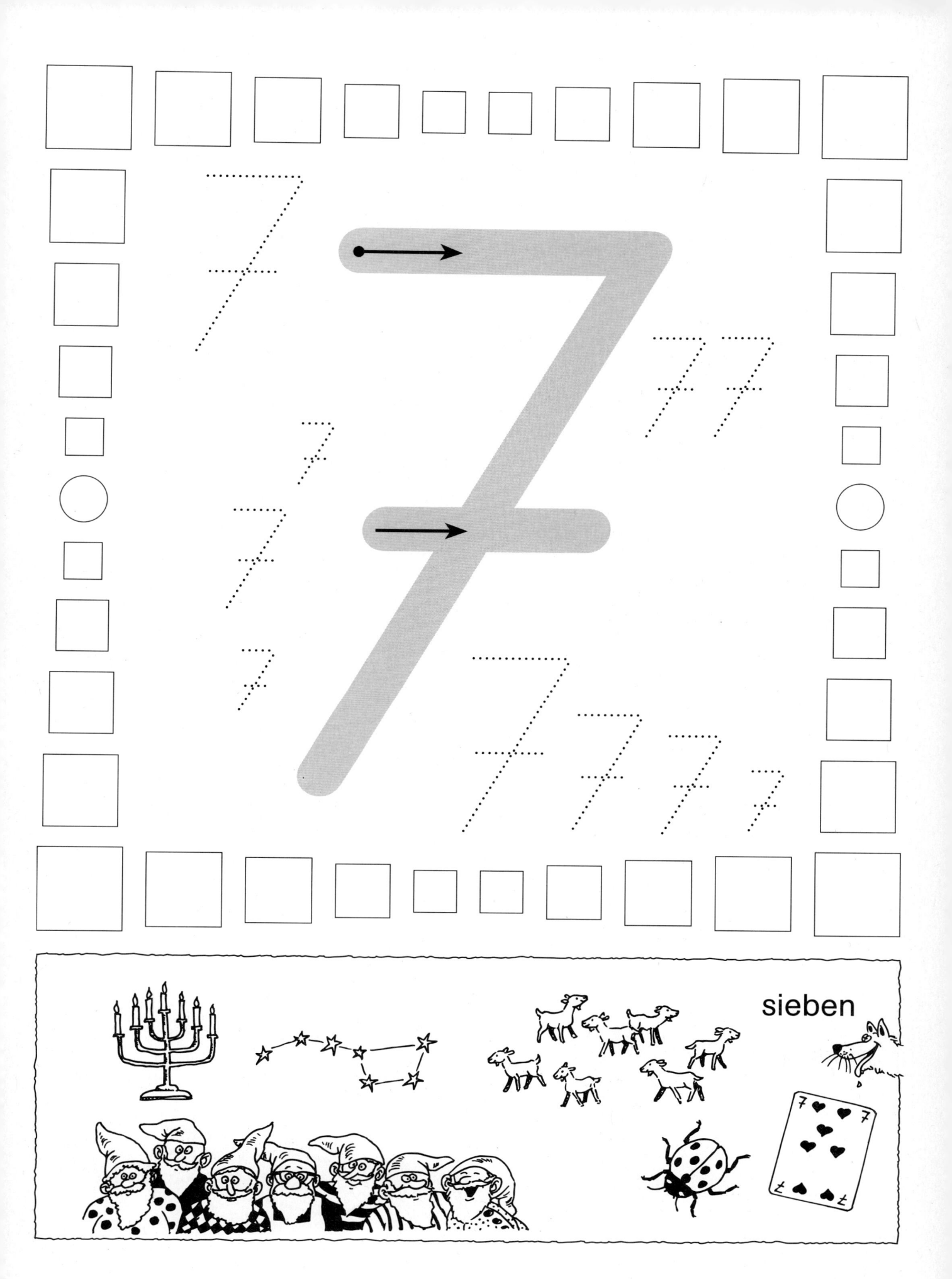

acht

Das Zahlenbuch 1. Schuljahr

© ERNST KLETT GRUNDSCHULVERLAG GmbH, Leipzig 2000. Von dieser Kopiervorlage ist die Vervielfältigung für den eigenen Unterrichtsgebrauch gestattet.

Ziffernschreibkurs

neun

Das Zahlenbuch 1. Schuljahr **Ziffernschreibkurs**
© ERNST KLETT GRUNDSCHULVERLAG GmbH, Leipzig 2000. Von dieser Kopiervorlage ist die Vervielfältigung für den eigenen Unterrichtsgebrauch gestattet.

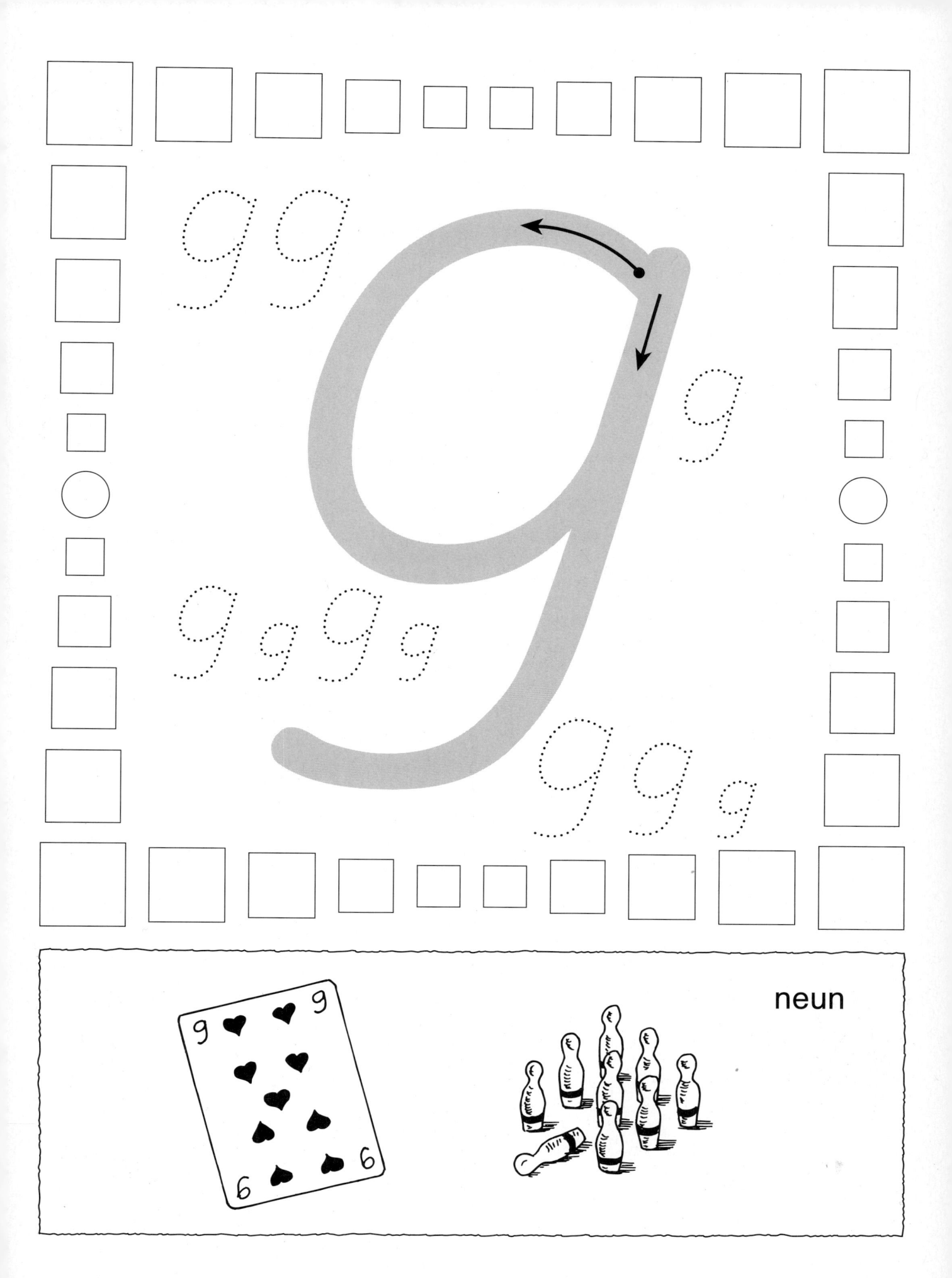

null

Das Zahlenbuch 1. Schuljahr

© ERNST KLETT GRUNDSCHULVERLAG GmbH, Leipzig 2000. Von dieser Kopiervorlage ist die Vervielfältigung für den eigenen Unterrichtsgebrauch gestattet.

Ziffernschreibkurs

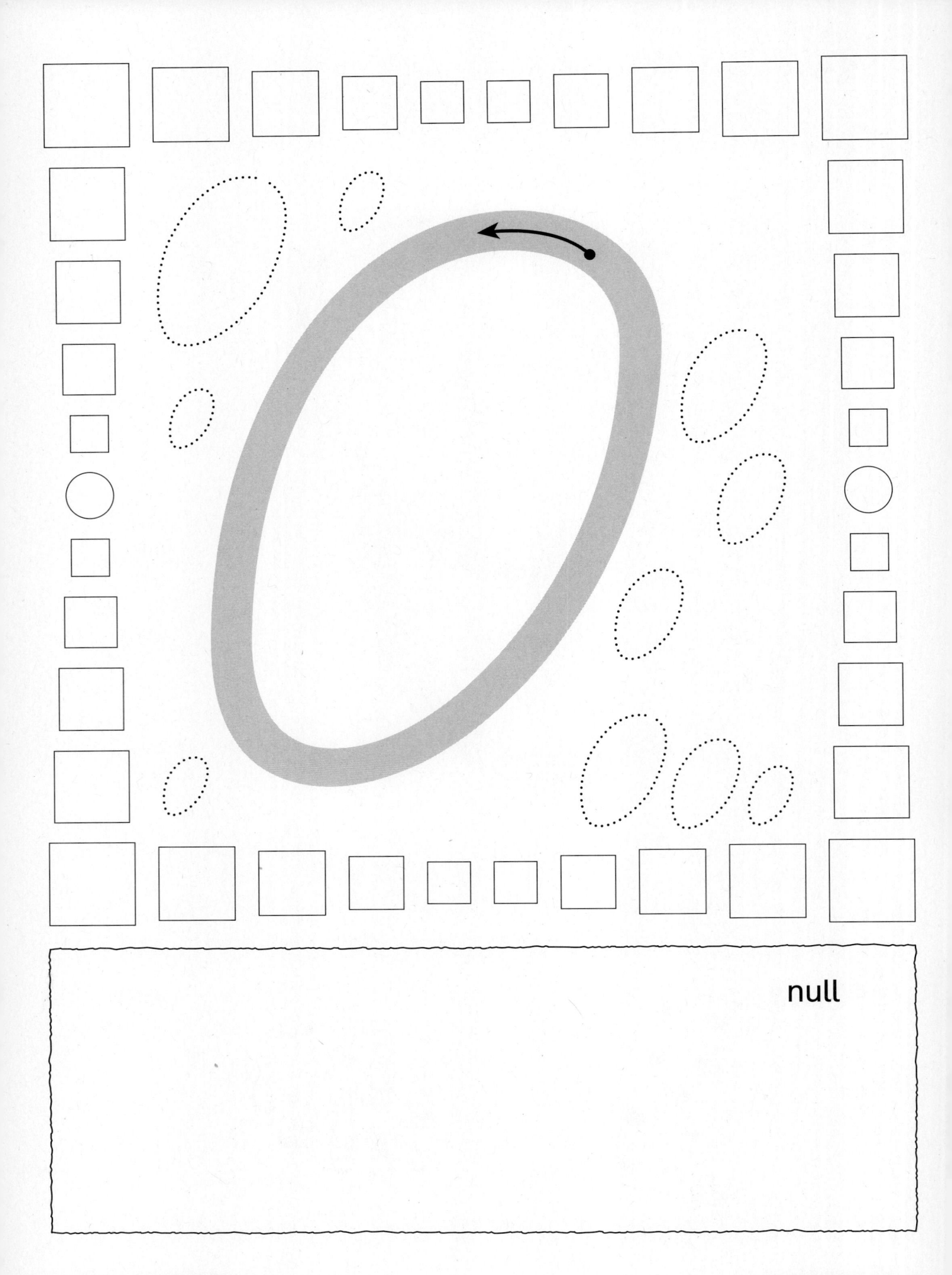

Didaktische und praktische Hinweise zu den Schülerbandseiten

0 Erklärung der Symbole
Hinweise zur Arbeit mit dem Buch

Erklärung der Symbole

- Diese Aufgabe kann farbig gestaltet werden.
- Diese Aufgabe soll vorgelesen werden.
- Diese Aufgabe wird im Heft gerechnet.
- Schnüffel-Aufgaben!

Wie kann man vorgehen?

1. Die Lehrerin erklärt den Kindern, dass sie in das Buch mit Blei- und Buntstiften, aber nicht mit Filzstiften (!) hineinmalen und hineinschreiben dürfen.
2. Die Kinder werden auf das besondere Geschick und die Ausdauer des Igels bei der Nahrungssuche und beim Schutz vor Feinden hingewiesen und ermuntert bei Aufgaben, die sie nicht auf Anhieb lösen können, genauso schlau, so hartnäckig und so unermüdlich wie ein Igel die Lösung zu „erschnüffeln".

Was wird benötigt?
Arbeitsmaterial: Buntstifte für die Kinder

Worum geht es?
Die Kinder sollen die Symbole zur Bearbeitung der Aufgaben, insbesondere das „Igelsymbol" für Schnüffelaufgaben kennen lernen.
Das Ausmalen der Schultüte erfolgt am besten in Verbindung mit der nachfolgenden Seite.
Weshalb die Autoren den Igel als Symbol für das „Zahlenbuch" ausgewählt haben, ergibt sich aus folgendem Text:

Der schnüffelnde Igel
In der Abenddämmerung verlässt der Igel sein Wohnnest aus trockenem Laub und erkundet schnüffelnd seine Umgebung. Die Nahrungssuche ist selbst bei völliger Dunkelheit recht erfolgreich, denn der Igel hat nicht nur ein gutes Gehör, er kann auch dank seiner vorgestreckten Schnauze mit langen Haaren sehr gut tasten und riechen.
Er findet dabei Insekten, junge Mäuse, Vogeleier und Echsen. Die Igelkinder tippeln dabei wie im Gänsemarsch schnüffelnd hinter ihrer Mutter her. Wenn sich ein Igel bedroht fühlt, rollt er sich zusammen um seinen Kopf mit der empfindlichen Schnauze und seine flinken Füße unter Stacheln zu schützen.

1 Schulanfang

Beschreiben eines Bildes, Wiedererkennen von Gegenständen, erstes Zählen, Muster fortsetzen

nach Gruppierung, nach Haarfarbe … angesprochen werden. Gemeinsam können die Kinder Unterschiede und Übereinstimmungen im Vergleich mit ihrer eigenen Einschulung finden.

2. Erste Zählaufgaben (Lösung im Klassengespräch):
   – Wie viele Kinder sind auf dem Schulhof?
   – Wie viele Erwachsene sind auf dem Schulhof?
   – Wie viele Schultüten siehst du? Wie sehen die Tüten aus? (Formen, Farben)
   – Wie viele Treppenstufen sind an der Schule?
   – Wer kennt das Hüpfspiel in der Mitte? Wer kann es nachzeichnen?
   – Welche Zahlen sind darauf zu sehen?
   – Wer kann die Schuluhr ablesen? Die Kinder sollen genau hinschauen und ihre Ergebnisse mitteilen. Gemeinsam könnte dann noch einmal nachgezählt werden.

3. Einzelarbeit:
   – Die Schultüten finden sich in Umrissen unten auf der Seite wieder und werden von den Kindern entsprechend farblich ausgemalt.
   Wer genau hinschaut, wird feststellen, dass in der Schultüte ganz links noch ein Streifen in der Spitze fehlt.
   – In der Ornamentleiste wird die Zahl Vier mit 4 Strichen IIII dargestellt.
   – Die Ziffern auf der Schultüte Seite 0 werden ausgemalt. Wer seinen Namen schon schreiben kann, trägt ihn auf dem Namensschildchen ein.

Was wird benötigt?
Arbeitsmaterial: Buntstifte für die Kinder

Worum geht es?
Schon bei der Einschulung kann sich die Lehrerin ein erstes Bild über die sprachlichen Ausdrucksfähigkeiten der Kinder und ihre mathematischen Vorkenntnisse, insbesondere über Zahlen, verschaffen. Das Einschulungsbild soll die Kinder zum Sprechen bringen. Neben eigenen Empfindungen bei der Einschulung können auch mathematische Fertigkeiten zwanglos angesprochen werden:
1. Anzahlen: Kinder, Erwachsene (Mütter, Väter), Schultornister, Schultüten
2. Lagebegriffe: vorn, hinten, unter der Uhr, rechts, links …
3. Grundformen: Streifen, Dreieck, Kreis, Herz
4. Grundfarben: Rot, Gelb, Grün, Blau
5. Evtl. Zeit: Schuluhr ablesen.

Wie kann man vorgehen?
Vor der Arbeit mit dem Buch:
Die Kinder erzählen frei (ohne Buch) über ihre Erlebnisse bei der Einschulung.

Zur Arbeit mit dem Buch:
1. Im Unterrichtsgespräch wird das Bild auf der Buchseite gemeinsam betrachtet und beschrieben. Man sollte sich die Zeit nehmen bei Einzelheiten zu verweilen und diese möglichst genau beschreiben zu lassen. Die Personen können nach Art der Kleidung,

Wie könnte es weitergehen?
– Übungsheft, S. 1
– Die Kinder können ihre eigene Schultüte malen.
– Die Kinder können versuchen herauszufinden, wie oft der Igel im Buch vorkommt. (Lösung: Angefangen mit dem Igel auf dem Umschlag findet man insgesamt 28 Igel. Einige sind sehr versteckt, z. B. auf S. 2 und 3.)
Vollständige Übersicht:
Umschlag, Titelseite, Seite 0, 2, 3, 8, 9, 23, 31, 32, 33, 43, 47 (2 Igel), 52, 59, 63 (3 Igel), 65, 72, 77, 78, 81 (2 Igel), 83, 91, 98.

2/3 Unsere Klasse

Einführung der Zahlen von 1 bis 10, Grundlegung der Blitzrechenübung 1 „Wie viele?"

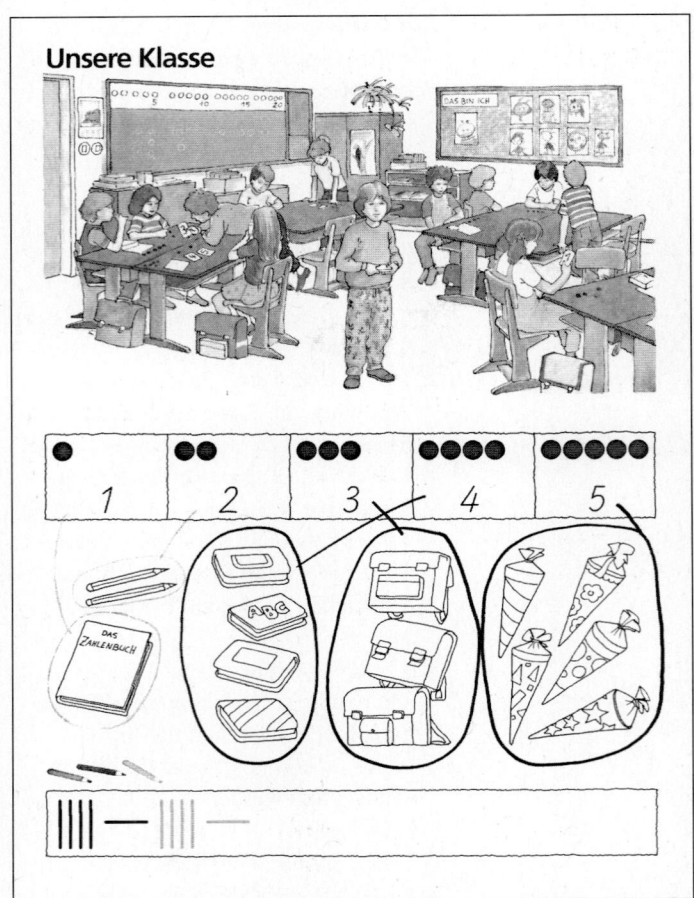

Was wird benötigt?

Arbeitsmaterial: Wendeplättchen oder Zahlenkärtchen, Buntstifte, Bleistifte
Demonstrationsmaterial: Wendeplättchen für die Magnettafel, bunter Karton oder Reifen, Wendekarten, Gegenstände, die verschiedene Anzahlen repräsentieren

Worum geht es?

Die Seiten 2/3 kann man als Doppelseite zur Einführung in den Zahlenraum bis 10 in einem Zug oder als Einzelseiten zur Einführung in die Zahlenräume 1 bis 5 bzw. 6 bis 10 verwenden. Im Folgenden wird der ganzheitliche Zugang beschrieben.
Die Einführung erfolgt in Form eines Einblicks in ein Klassenzimmer. Die abgebildeten Kinder sind mit verschiedenen Zahlaktivitäten befasst (Zahlen legen, Zahlen zeigen, Zahlen schreiben, Aufgaben schreiben usw.).
Auch die im Verlauf des Schuljahres noch auftauchenden Unterrichtsmaterialien (Wendekarten, Wendeplättchen, Zwanzigerfeld, Zwanzigerreihe, Würfel, 1+1-Tafel, Kalender) sind schon zu sehen und dienen als erste Orientierung für den weiteren Unterricht.
Im jeweils unteren Teil dieser beiden Seiten werden Zuordnungen getroffen von Mengen zu den gehörigen Anzahlen, die durch Zahlzeichen und Plättchenmengen dargestellt werden.
Bei Zahlen größer 5 wird erstmals die „Kraft der Fünf" ausgenutzt, die später noch ganz intensiv behandelt wird. Entsprechend dem ganzheitlichen Konzept des „Zahlenbuchs" geht es hier um die *erste Einführung* in den Zahlenraum bis 10, der weitere Behandlungen folgen werden. Die sichere Beherrschung des Zahlenraums ergibt sich im Lauf der Zeit.

Wie kann man vorgehen?

Vor der Arbeit mit dem Buch:
Aktiv-entdeckende Lehr-/Lernformen erfordern die Einbeziehung der Zahlvorkenntnisse der Kinder. Bevor die Seiten 2/3 aufgeschlagen werden, muss daher eine Standortbestimmung über die Vorkenntnisse der Kinder durchgeführt werden. Dazu stellt die Lehrerin Aufgaben über Zahlen und die Kinder arbeiten nach ihren Fähigkeiten an der Lösung mit.

1. Verschiedene Gegenstände im eigenen Klassenzimmer (Fenster, Tische, Stühle, Tafeln, Bilder usw.) oder sonstige eventuell vorher aufgebaute Gegenstände zählen.
2. Kinder in der Klasse zählen (vielleicht finden sich hier schon unterschiedliche Zählmethoden).
3. Zu mündlich vorgegebenen Anzahlen (z. B. 4) jeweils die entsprechende Anzahl von Wendeplättchen legen.
4. Die Lehrerin nennt Zahlen, die sich die Kinder zum Merken irgendwie aufschreiben. Jede Zahl darf dabei verschieden aufgeschrieben werden, z. B. ••••, ||||, 4.
5. Gezielte Vorgabe von Aufgaben, die auf den Seiten 2/3 im Buch vorkommen. Dabei kann ein Tafelbild entstehen, das Elemente der Buchseiten enthält und diese dadurch vorbereitet.
   – Zahlzeichen anschreiben:
   Wer kann es lesen?

– Zahlnamen nennen:
Wer kann die Zahl schreiben?
– Kleine Plättchenmengen, Mengen von Gegenständen und Zahlen zeichnen bzw. anschreiben:
Welche Zahl passt zu welcher Menge? (Einkreisen und Verbinden wie auf S. 2/3 verlangt vormachen.)
– Wer kann eine „Zahlaufgabe" an die Tafel malen?

Zur Arbeit mit dem Buch:
1. Die eigenen Aktivitäten können mit denen der Schulklasse auf dem Bild verglichen werden. Welche Zahlen, Zahlkarten haben diese Kinder gelegt und aufgeschrieben?
Die Kinder an den Tischen können ebenfalls gezählt und mit der eigenen Tischgruppe verglichen werden. (Wo sind mehr, wo weniger?)
Wie viele Kinder sind auf dem Bild?
Auch die Organisation des Unterrichtes, insbesondere der Umgang mit den Arbeitsmaterialien, kann an Hand des Bildes besprochen werden.
2. Zur Vorbereitung der Aufgaben auf den unteren Buchseiten werden Schulgegenstände aus dem neuen Tornister zusammengelegt (oder auf Karton oder in einen Reifen), gezählt und entsprechende Zahlkarten zugeordnet.
Bei den Wendekarten haben die Kinder die Möglichkeit, die Zahlen durch Wenden zu „entziffern".
In Einzelarbeit werden die Gegenstände im Buch benannt, eingekreist und den Wendekarten zugeordnet.
3. Auf der linken Seite wird zur Vorbereitung der 5er-Strichliste das Muster
IIII — IIII — (vier Striche längs, ein Strich quer) geübt. Es schematisiert eine Hand mit vier Fingern und einem abgespreizten Daumen.
Auf der rechten Seite wird die 5er-Strichliste in der üblichen Form geübt. Eine Kinderhand (vier Finger mit angelegtem Daumen) kann zur Erklärung und als Denkstütze dienen. Die Kinder können dann die Zahlen 1, 2, 3, 4, 5 als Strichlisten I, II, III, IIII, IIII — schreiben.

Beginn des Blitzrechenkurses
Grundlegung der Übung 1 „Wie viele?" (vgl. S. 31)
Anzahlen z. B. ⋮ • werden strukturiert auf dem Overheadprojektor gelegt, mit einem Blatt abgedeckt und für kurze Zeit den Kindern gezeigt. Die Kinder müssen dann die Anzahl nennen.

Wie könnte es weitergehen?
– Übungsheft S. 2 und 3
– Kopiervorlagen „Erzähle und zähle" (S. 223 ff.)
– Weitere Übungen zur Anzahlerkennung: Ich sehe was, was du nicht siehst – und das sind 3!
Die Kinder suchen im Klassenraum dann Gegenstände, die dreimal vorhanden sind.

Literatur
Zur systematischen Ermittlung der Zahlvorkenntnisse von Schulanfängern:
Spiegel, H. (1992): Was und wie Kinder zu Schulbeginn schon rechnen können. – Ein Bericht über Interviews mit Schulanfängern. In: Grundschulunterricht 39 (1), 21–23
Selter, Ch./Spiegel, H. (1997): Wie Kinder rechnen. Klett, S. 113–120 (mit Kopiervorlagen)
Fragnière, N./Jost, N./Nickel, A./Weishaupt, R./Hengartner, E. (1999): Arithmetische Fähigkeiten im Kindergartenalter. In: Hengartner, E. (Hg.) (1999): Mit Kindern lernen. Standorte und Denkwege im Mathematikunterricht. Klett, S. 133–146 (mit Kopiervorlagen)

Man hält ein Kind sehr leicht für unbegabt, wenn sich seine ersten Zahlkenntnisse nicht glatt einstellen. Nach meiner Überzeugung ist das ein gründlicher Irrtum, wie schon die sehr langsame Zahlbegriffsentwicklung bei den Naturvölkern zeigt. Alle motorischen und geistigen Fertigkeiten des Menschen benötigen zu ihrer Entfaltung ihre Zeit. Dies wird besonders an der Sprachentwicklung deutlich. Es dauert sehr lange, bis ein Kleinkind einen einzigen artikulierten Laut hervorbringen kann und die ersten Versuche sind noch sehr unvollkommen. Die Erwachsenen müssten dieselbe Nachsicht und dieselbe Bewunderung, mit der sie die Sprachentwicklung von Kindern gewöhnlich begleiten, auch für die Entwicklung des mathematischen Denkens aufbringen. Aber leider ist dies oft nicht der Fall. Die ersten Versuche des Kleinkindes, „Papa" und „Mama" auszusprechen, werden jubelnd begrüßt, als wenn sich darin eine viel versprechende Rednerbegabung ausdrückte. Die ersten Versuche des kleinen Zahlenrechners dagegen, der überlegt, ob „6 plus 5" das Ergebnis 13, 8, 7 oder 10 haben könnte und nicht gleich zielgerichtet auf die 11 zusteuert, erwecken bei Erwachsenen oft ganz und gar nicht die Vision auf einen späteren Nobelpreisträger und werden keineswegs mit Sympathie verfolgt. Im Gegenteil, das Kind erntet mehr oder weniger leisen Tadel, weil es angeblich unaufmerksam ist und sich dumm anstellt. Bei der Sprachentwicklung lernt das Kind selbst gesteuert. Es nimmt die *beiläufigen* Verbesserungen seiner Sprechversuche von den Erwachsenen produktiv auf und gelangt so unfehlbar zum Erfolg. Bei der mathematischen Entwicklung lassen sich die Erwachsenen dazu verleiten das Kind zu belehren, und zwar mit Methoden, die keineswegs immer Erfolg versprechend sind. Irritiert oder gar genervt durch offensichtliche Misserfolge ihrer Belehrung neigen die Erwachsenen dazu ungeduldig zu werden und ihre anfangs wohlwollende Haltung aufzugeben. Das Kind, das solche atmosphärischen Veränderungen außerordentlich sensibel registriert, wird dadurch gründlich verunsichert und entmutigt. Es gewinnt schließlich den Eindruck, die Schuld für den fehlenden Lernfortschritt liege bei ihm, anstatt in der didaktischen Unfähigkeit der Erwachsenen.

A. de Morgan: On teaching Arithmetic, 1833(!)
(Übers. E. Ch. Wittmann)

4/5 In der Pause

Zahlen und Anzahlen von 1 bis 10, Zehnerreihe, unterschiedliche Darstellung von Zahlen, Beginn des Ziffernschreibkurses

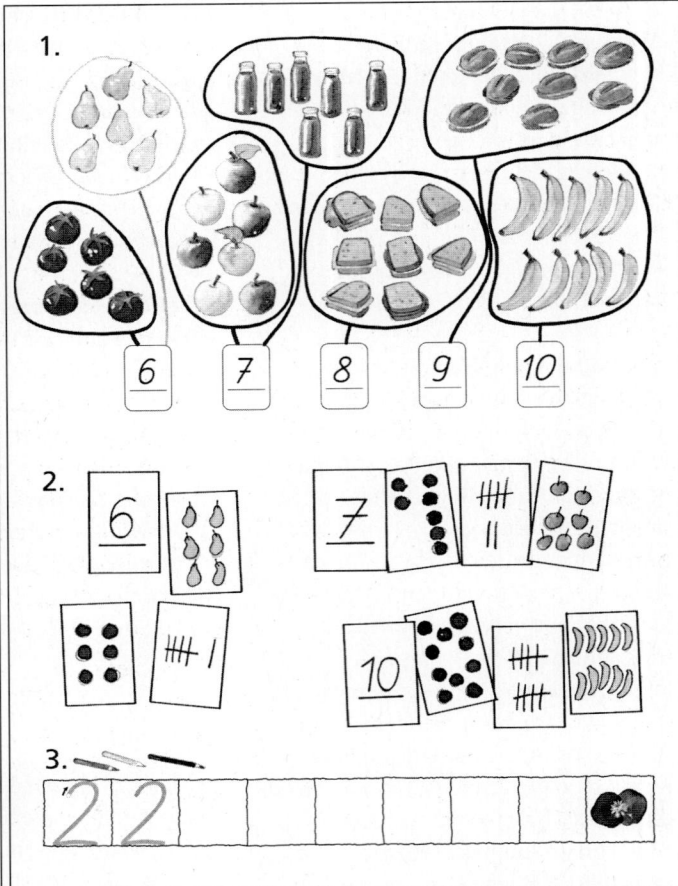

Was wird benötigt?

Arbeitsmaterial: Plättchen, Wendekarten, Quartettkarten (Kopiervorlage 3)
Demonstrationsmaterial: große Quartettkarten beschrieben bzw. bemalt mit Zahlen, Strichlisten, Punktmustern und Mengen von Gegenständen, Wendekarten, evtl. farbiger Karton zur Zusammenfassung von Gegenständen zu einer Menge

Worum geht es?

Anzahlen können auf vier Weisen dargestellt werden:
a) durch Zahlsymbole, b) durch Mengen von Gegenständen, c) durch Plättchenmengen, d) durch Strichlisten:
I für 1, II für 2, III für 3, IIII für 4,
IIII für 5, IIII I für 6, IIII II für 7, IIII III für 8,
IIII IIII für 9, IIII IIII für 10.
Diese vier Darstellungen werden auf der Doppelseite in der Spielform „Quartett" verknüpft, die den meisten Kindern sicherlich bekannt ist.
Auf Seite 4 unten beginnt der Ziffernschreibkurs, der auf Seite 13 mit 0 bzw. 10 endet (vgl. meth. Hinweise S. 60 ff.).

Wie kann man vorgehen?

Die Seiten 4/5 können wieder als Doppelseite (ganzheitliche Betrachtung des Zahlenraums bis 10) oder als Einzelseiten (Zahlenraum 1 bis 5 bzw. 6 bis 10) behandelt werden.

Vor der Arbeit mit dem Buch:
1. Im Sitzkreis werden Mengen realer Gegenstände gelegt. Die Kinder bestimmen die Anzahl und legen die vorbereiteten Karten mit verschiedenen Darstellungen von Zahlen dazu. Anschließend werden zu einer vorgegebenen Zahl verschiedene Darstellungen gefunden.
Die Anzahl kann unterschiedlich notiert sein, z. B. die 6: als Symbol **6**, als Punkte eines Würfelbildes ⋮⋮, als Punktmuster ●●●●● ● mit der Kraft der Fünf, als Strichliste.
Die Kinder sollen zu einer vorgegebenen Zahl selbstständig die Darstellungen finden. Zahl, Menge, Strichliste und Punktmuster werden dann als Quartett zusammengestellt. Den Kindern wird der Vorteil der Fünfer-Bündelung bei Strichlisten besonders bewusst gemacht. Es ist nicht tragisch, wenn einzelne Kinder diesen Vorteil am Anfang noch nicht nutzen. Strichlisten treten auch bei den folgenden Seiten noch oft auf, so dass Kinder Zeit haben sie zu lernen.

2. Die Kinder ordnen die gefundenen Anzahlen. Frage: Wo stehen sie in der Zehnerreihe?

Zur Arbeit mit dem Buch:

Aufgabe 1:
Die Gegenstände werden benannt und erklärt. Die Kinder kreisen die einzelnen Mengen ein, zählen die Elemente und ordnen die passenden Wendekarten (als Anzahlen) dazu.

Aufgabe 2:
Die im Buch vorgegebenen Quartette („Zahl", „Menge von Dingen", „Plättchenmuster", und „Strichliste") werden besprochen. Anschließend können die Kinder eigene Zahlenquartette herstellen und ausgestalten (Kopiervorlage 3) und damit in Einzelarbeit die Quartette legen oder in kleinen Gruppen „Zahlenquartett" spielen.

Aufgabe 3:
An dieser Stelle beginnt der Ziffernschreibkurs mit den Ziffern 1 und 2.

Wie könnte es weitergehen?
– Übungsheft S. 4–6
– Kopiervorlagen zum Ziffernschreibkurs 1 und 2 bearbeiten
– Die Kinder malen ein Bild, in dem die Zahlen von 1 bis 10 vorkommen, z. B. „Bauernhof"
– Zahl und Bewegungsspiele, z. B. „Stille Post mit Zahlen": Kinder stehen im Kreis und fassen sich an. Ein Kind wählt eine kleine Zahl (1 bis 5) und gibt diese Zahl durch entsprechend oftmaligen Händedruck „still" weiter, das nächste Kind gibt die gleiche Zahl weiter usw. Welche Zahl kommt am Ende an?
– Zahlengedichte und Reime, Abzählverse (auch als rhythmische Bewegungsübungen zur Auflockerung und als Fingerübungen)

Beispiel 1:
Eins, zwei, drei, vier, fünf, sechs, sieben,
eine alte Frau kocht Rüben,
eine alte Frau kocht Speck,
und du bist weg!

Beispiel 2:
Eins, zwei, drei, vier, fünf und sechs,
einmal fing ich eine Hex,
sieben, acht, neun und zehn,
doch ich ließ sie wieder geh'n.

Beispiel 3:
Morgens früh um sechs
kommt die kleine Hex,
morgens früh um sieben
schabt sie gelbe Rüben,
morgens früh um acht
wird Kaffee gemacht,
morgens früh um neune
geht sie in die Scheune,
morgens früh um zehne
holt sie Holz und Späne,
feuert an um elfe,
kocht dann bis um zwölfe,
Fröschebein und Krebs und Fisch,
hurtig, Kinder, kommt zu Tisch!

6 Bauen und zählen
Bauwerke nachbauen, unterschiedliche Bauklötze mit Strichlisten zählen

Wie kann man vorgehen?
Vor der Arbeit mit dem Buch:
Die Kinder bekommen Zeit zum freien Spielen und Bauen mit den vorhandenen Klötzen.

Zur Arbeit mit dem Buch:
Aufgabe 1:
Im Klassengespräch wird zuerst über das Bild gesprochen:
Wo spielen die Kinder?
Wie sehen sie aus?
Wie haben sie ihr Gebäude von unten beginnend gebaut?
Welche Bauklötze haben sie benutzt?
Wie viele Bauklötze von einer Form (Farbe)? ...
Aufgabe 2:
Die linke Tabelle wird an die Tafel gezeichnet. Im Klassengespräch wird die Strichliste erarbeitet.
Anschließend füllt jedes Kind die Tabelle nochmals im Buch aus.
Anschließend wird die rechte Tabelle in Einzelarbeit ausgefüllt.
Abschließende Fragen (Klassengespräch):
Welche Farbe wurde beim rechten (linken) Turm am häufigsten verwendet?
Welche Form?
Bei welchem Gebilde benötigte man mehr Bauklötze? Wie viele mehr? ...
Aufgabe 3:
Fortsetzung des Ziffernschreibkurses mit der Ziffer 3. Geeignete Vorübungen:

Schwungübungen: Von der Decke hängende Luftschlangen malen

Fische mit Schuppen ausmalen

Wie könnte es weitergehen?
– Übungsheft S. 7 und 8
– Kopiervorlage für Ziffer 3 des Ziffernschreibkurses

Was wird benötigt?
Arbeitsmaterial: diverse Bauklötze

Worum geht es?
Viele Kinder haben bereits im Elternhaus oder Kindergarten vielfältige Erfahrungen beim Legen, Ordnen, Bauen mit verschiedenen Materialien gemacht. Durch das Betasten der Körper werden Unterschiede deutlich: Der Zylinder hat zwei Kanten, aber keine Ecke, er kann rollen. Die zwei weiteren im Buch abgebildeten Körper (Quader, Prisma) haben mehrere Kanten und Ecken und rollen nicht.
Jetzt sollen die Kinder über das freie Bauen hinaus lernen vorgegebene Bauwerke nachzubauen. Das Nachbauen verlangt ein genaues Erfassen der Körper, der Farben und der Anzahlen gleicher Bauteile sowie der Lage. Selbstverständlich müssen die Kinder noch nicht die Fachbegriffe lernen. Es genügt, wenn sie ihre eigenen Sprechweisen verwenden (z. B. die „runden", die „viereckigen", die „dreieckigen" Klötze). Der Schwerpunkt liegt auf dem handelnden Umgang mit den Materialien.

7 Knoten

Beginn der Knotenschule, Knotenschnüre für die Zahlen 1 bis 10 nach dem Vorbild der Inkas knüpfen und fühlen

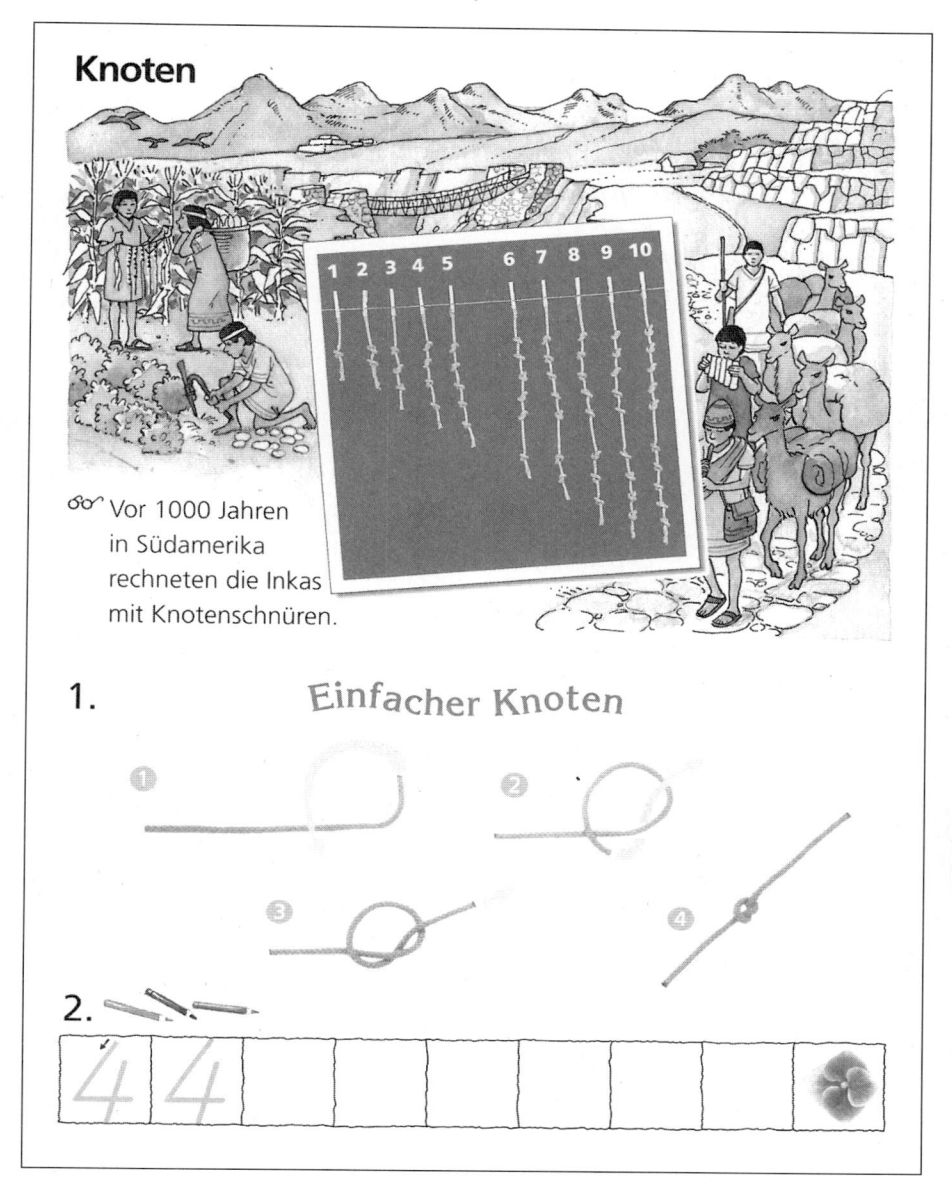

Knoten

Vor 1000 Jahren in Südamerika rechneten die Inkas mit Knotenschnüren.

1. Einfacher Knoten

2.

Was wird benötigt?
Hanfseil mit 8 mm Durchmesser, ca. 10 m lang, Gartenschere, Wäscheleine (oder dicke Schnur) ca. 1,50 m lang, 10 Wäscheklammern

Worum geht es?
Knoten finden im täglichen Leben, in vielen Berufen (Feuerwehr) und in der Freizeit (Basteln, Segeln, Angeln, Bergsport) vielfältige Anwendungen. Auf dieser Seite wird als erster Knoten der „einfache Knoten" eingeführt und anschließend zur Herstellung von Knotenschnüren für die Zahlen von 1 bis 10 benutzt.
Historischer Hintergrund:
Von 1200–1500 n. Chr. existierte auf dem Gebiet der heutigen Staaten Bolivien, Ecuador und Peru das Reich der Inkas, das seine wirtschaftliche und kulturelle Blüte dem Aufbau einer leistungsfähigen Verwaltungsstruktur verdankte.
In der staatlichen Buchhaltung der Inkas wurde ein ausgeklügeltes System verknoteter Schnüre (quipus) zur Darstellung von Zahlen verwendet, das bei den Indios in Bolivien und Peru noch heute in Gebrauch ist (vgl. Ifrah, G.: Universalgeschichte der Zahlen, Campus 1991, Frankfurt/Main, S. 121 ff.).
Die Inkas stellten die 1 durch einen einfachen, die Zahlen 2 bis 9 durch einen zweifachen, dreifachen usw. Knoten dar. Bei einem einfachen Knoten wird die Schnur einmal durch eine Schlinge geführt und dann festgezogen, bei einem zweifachen Knoten zweimal, bei einem dreifachen Knoten dreimal usw. Auf einem quipu, der immer vertikal aufgehängt wurde, waren dem dekadischen System entsprechend ganz unten die Einer, darüber in deutlichen Abständen die Zehner, die Hunderter usw. dargestellt. Da die dargestellte Zahl auch bei sorgfältig geknüpften mehrfachen Knoten nur bei ganz genauem Hinschauen zu erkennen ist und keine strukturierte Zahldarstellung vorliegt, werden Knotenschnüre im „Zahlenbuch" bewusst anders als bei den Inkas geknüpft: Wir knüpfen für die Zahl 2 zwei einfache Knoten nebeneinander, für 3 drei einfache Knoten nebeneinander usw. und lassen bei Zahlen über 5 eine der „Kraft der Fünf" entsprechende Gestaltlücke. Die Knotenschnüre werden hier eingeführt und können im Folgenden zur Anzahlbestimmung und zum Rechnen mit der „Kraft der Fünf" immer wieder herangezogen werden. Beispiel:

$7 + 6 = (5 + 2) + (5 + 1) = (5 + 5) + (2 + 1)$
$= 10 + 3 = 13$

Auch der Größenvergleich von Zahlen (z. B. 6 < 7) kann durch die Knotenschnüre unterstützt werden.

Wie kann man vorgehen?
Das einführende Bild dient als Illustration für einige Informationen über die Kultur der Inkas: Ihr Reich lag in einem Hochland mit vielen Bergen und Tälern. Zugtiere und Wagen waren ihnen nicht bekannt. Ihre Lasten beförderten sie mit einem Tragtier, dem Lama, das ihnen auch Wolle gab. Die Inkas hatten großes Geschick im Bau von großen Steingebäuden (Palästen, Festungen), in der Bearbeitung von Metall für Werkzeuge und im Ackerbau. Wir verdanken ihnen die Kulturpflanzen Mais und Kartoffel, die erst spät in Europa bekannt wurden. Das Reich der Inkas wurde nach der Entdeckung Amerikas (um 1500) von den spanischen Eroberern brutal zerstört.
Die Inkas kannten kein Papier und keine Schrift. Sie merkten sich Zahlen mit Hilfe von Knotenschnüren.

Aufgabe 1:
Die Lehrerin führt den einfachen Knoten vor und die Kinder schauen zu. Die bildliche Anleitung finden sie im Buch wieder. Sie versuchen dann selbst, den Knoten (mit Schnur oder Band) nachzubilden.
Anmerkung: Der einfache Knoten kann auch spiegelsymmetrisch zu der im Buch angebenen Anleitung geknüpft werden, indem man in Bild 1 die Schnur gegen den Uhrzeigersinn biegt. Gewöhnlich bevorzugt jeder Mensch eine der beiden Formen.

Anschlussaufgabe:
Herstellung von Knotenschnüren für die Zahlen 1 bis 10 gemäß Abbildung.
Anleitung: Das 10 m lange Hanfseil wird für die 10 Knotenschnüre folgendermaßen in Stücke zerschnitten:

Für die Zahl	Länge
10	1,70 m Länge
9	1,55 m
8	1,40 m
7	1,25 m
6	1,10 m
5	0,90 m
4	0,75 m
3	0,60 m
2	0,45 m
1	0,30 m

Als Schneidwerkzeug eignen sich Gartenscheren.

Für einen einzelnen Knoten wird bei einem Seil von 8 mm Stärke ein Stück Schnur von ca. 10 cm „verbraucht".

Wenn der einfache Knoten eingeführt und geübt worden ist, können manuell geschickte Kinder die Knotenschnüre selbst herstellen. Als Vorlage sollte die Lehrerin die Zehnerschnur selbst herstellen: Der erste der 10 Knoten wird nach ca. 15 cm, die weiteren Knoten im Abstand von je zwei Fingern (5 cm) geknüpft. Für die Fünferlücke sollte man einen Abstand von vier Fingern (10 cm) lassen.

Den Kindern muss man zeigen, wie sich ein Knoten nach beiden Seiten verschieben lässt, solange er noch nicht festgezogen ist. Dadurch kann man die Abstände leicht regulieren.

Die Enden der Schnüre werden am Schluss mit Tesafilm umwickelt (oder vorsichtig erwärmt bzw. verklebt), damit sie nicht ausfransen.

Die nach diesen Anweisungen geknüpfte Knotenschnur für die Zahl 1 ist ca. 20 cm lang: Der Knoten „verbraucht" ca. 10 cm der ursprünglich 30 cm langen Schnur und trennt das ca. 15 cm lange Anfangsstück vom ca. 5 cm langen Ende. Analog wird für die 10 Knoten der Zehnerschnur ca. 1 m (= 10 x 10 cm) des Seils verbraucht. Die verbleibende Länge von ca. 0,70 m verteilt sich auf 8 Lücken von ca. 5 cm zwischen je zwei Knoten, die Fünferlücke von ca. 10 cm, das Anfangsstück von ca. 15 cm und das Ende von ca. 5 cm.

Die fertigen Knotenschnüre werden im Abstand von 10 cm mit Wäscheklammern an einer ca. 1,50 m langen Wäscheleine aufgehängt.

Aufgabe 2:
Fortsetzung des Ziffernschreibkurses mit der Ziffer 4

Wie könnte es weitergehen?
- Im Unterricht (und in den Regenpausen) können die Kinder mit verbundenen Augen Knotenzahlen erfühlen.
  Durch die „Fünferlücke" sollen die Kinder für die „Kraft der Fünf" sensibilisiert werden. Die Kinder sollen die ersten 5 Knoten mehr und mehr ganzheitlich als einen „Fünfer" (statt als 5 Einer) auffassen und damit zu einer strukturierten Zahlauffassung gelangen.
  Beispiel Siebener-Schnur:
  „Bis zur großen Lücke sind es 5 und noch 2 dazu, also 7."
- Kopiervorlage für die Ziffer 4 des Ziffernschreibkurses
- *Standortbestimmung* für Knoten: Wer kennt noch andere Knoten? Wo braucht man Knoten?
  Die Schuhschleife (Seite 97) kann ggf. auch vorgezogen werden.

8 Spielen, erzählen, zählen

Situation beschreiben („Erzählen"), Dinge zählen, Beginn der Denkschule mit Denkspiel 1 „Schiebespiele"

Was wird benötigt?
Evtl. Gegenstände zum Nachspielen der Buchsituation (Streichholzschachteln, Bauklötze, Playmobilfiguren)

Worum geht es?
Zu der Wortfamilie von „zählen" gehören auch „aufzählen" und „erzählen". Damit wird eine wechselseitige Beziehung zwischen Mathematik und Sprache sichtbar, die man im Unterricht besonders pflegen sollte.
Eine Bildergeschichte, in der sich ein Mann vergeblich bemüht den letzten Apfel von einem Baum zu pflücken, regt zum Erzählen an, das in natürlicher Weise mit dem Zählen von Gegenständen (Äpfel, Kisten) verbunden ist.

Wie kann man vorgehen?
1. Die Kinder betrachten die Bilderserie. Wenn sie den Witz verstanden haben, werden sie bei den Bildern 5 und 6 schmunzeln. Sie erzählen dann die ganze Geschichte der Abfolge der Bilder entsprechend.
Dann wird jedes Bild einzeln betrachtet und ggf. mit den Streichholzschachteln oder pantomimisch nachgespielt. Es wird immer eine Kiste dazugenommen um die Treppe aufzubauen. Den ersehnten letzten Apfel erreicht der Mann auch vom Viererstapel nicht, so sehr er sich auch reckt. Dabei verliert er das Gleichgewicht. Schließlich verliert er die Lust und geht mit den zwei gepflückten Äpfeln nach Hause. In der Nacht – es ist inzwischen dunkel geworden und der Mond steht am Himmel – kommt Wind auf und schüttelt den letzten Apfel vom Baum. Der schnüffelnde Igel findet ihn und freut sich über die leckere Mahlzeit.
Die Kinder sollen beim Erzählen besonders das Wegnehmen der Kisten vom Stapel und den schrittweisen Aufbau einer Treppe versprachlichen: „Zuerst steigt er nur auf eine Kiste, die 5 anderen liegen daneben. Dann baut er eine Treppe mit 3 Kisten. 3 Kisten liegen daneben" usw.
2. Fortsetzung des Ziffernschreibkurses mit der Ziffer 5

Beginn der Denkschule
Denkspiel 1 „Schiebespiele" vorstellen (vgl. S. 48)

Wie könnte es weitergehen?
- Kopiervorlage für Ziffer 5 des Ziffernschreibkurses
- Durch die Kopiervorlage 4 wird die Bildergeschichte nochmals von einer anderen Seite aufgegriffen: Die Bilder sind in der falschen Reihenfolge angeordnet. Die Kinder müssen sie ausschneiden, in der richtigen Reihenfolge aufkleben und können sie dann ausmalen.

Literatur
Interessante Zähl- und Erzählbücher für die Klassenbibliothek:

Crowther, R.: Die höchst verwunderlichen Klapp-, Zieh- und Drehzahlen von 1 bis 100, Bertelsmann, München 1985

Carle, E.: 1, 2, 3, ein Zug zum Zoo, Gerstenberg, Hildesheim 1985

de Häen, W.: Zähl mal, Ravensburger Nr. 30359

Pacovska, K.: eins, fünf, viele, Ravensburger Nr. 33569, 1990

Rettich, R./M.: Zehn Finger hab ich, Ravensburg 1986

Duden: Mein erstes Zahlenbuch, Dudenverlag, Mannheim 1992

9 Räuber und Goldschatz
Orientierungsübungen an der Zwanzigerreihe

Was wird benötigt?
Arbeitsmaterial: für je zwei Schüler ein Spielwürfel und ein Spielstein als „Goldschatz"
Demonstrationsmaterial: Schaumstoffwürfel, Magnetplättchen, großer Spielplan gemäß Abbildung im Buch als Poster oder als Zeichnung auf der Magnettafel, ersatzweise ausführliche Zwanzigerreihe auf Tonpapier gezeichnet

Worum geht es?
Es handelt sich um eine ganzheitliche Einführung in die Zwanzigerreihe (und auch schon in die Addition und Subtraktion) in Form eines Spiels, das ein abwechselndes Vorwärts- und Rückwärtsziehen erfordert. Das Spiel kann wie „Mensch ärgere dich nicht" schon mit sehr geringen Zahlvorkenntnissen durch Vorwärts- bzw. Rückwärtsrücken der Spielsteine, und sei es nur Feld für Feld, gespielt werden. Die Kenntnis der Zahlenreihe ist nicht erforderlich, wird aber zwanglos gefördert. Im Sinne einer natürlichen Differenzierung können Kinder mit unterschiedlichen Vorkenntnissen sehr gut gemeinsam spielen. Kinder mit geringen Vorkenntnissen lernen dabei von fortgeschritteneren Kindern, die schon Felder benennen und mehr als ein Feld in einem Zug weiterziehen können. Im Laufe des Spiels kommt es immer wieder zu Situationen, die in arithmetischer Hinsicht lehrreich sind. Beispiele:
1 Wenn der Schatz auf 10 („zehn") steht und der Plusräuber 4 („vier") würfelt, darf er auf 14 („vierzehn") ziehen.
2 Wenn der eine Räuber dieselbe Zahl würfelt wie der andere zuvor, zieht er auf das Feld zurück, das der andere vorher verlassen hat (Aufgabe und Umkehraufgabe).

Die Fülle solcher möglichen „Lernziele" ist übergroß. Sie stellt aber für das einzelne Kind kein Problem dar, weil es diese Fülle gar nicht wahrnimmt, sondern sein Wissensnetz individuell so weit ausbaut, wie es das verkraften kann.
Die Spieldauer hängt vom Zufall ab. In der Regel beträgt sie ca. 5–10 Minuten. Manchmal kann das Spiel aber sehr schnell beendet sein oder sehr viel länger dauern und muss ggf. abgebrochen werden.

Wie kann man vorgehen?
Vor der Arbeit mit dem Buch:
1. Die Lehrerin betrachtet mit den Kindern den Spielplan und erzählt dabei folgende Geschichte:
„In einem wilden tiefen Wald lebten vor langer, langer Zeit zwei Räuber, die gute Freunde waren. Deshalb hatten sie zwischen ihren Höhlen einen Weg aus Steinen gelegt und darauf die Zahlen von 1 bis 20 geschrieben. In ihrer Freizeit machten sie auf diesem Steinweg lustige Spiele. Einmal entdeckten sie unter Baumwurzeln und Steinen versteckt einen Sack mit glitzernden Goldtalern. Natürlich behauptete jeder, er habe den Schatz zuerst entdeckt. Es begann ein furchtbarer Streit und Kampf. Aber beide Räuber waren gleich stark, keiner konnte den anderen besiegen. Schließlich fielen beide erschöpft zu Boden. Nach einiger Zeit sagte der eine Räuber: ‚Lass uns doch auf dem Weg zwischen unseren Höhlen um den Schatz würfeln. Wir stellen den Schatz auf die 10, würfeln abwechselnd und tragen den Schatz so viele

Felder zu unserer Höhle, wie der Würfel zeigt. Wer den Schatz so zuerst in seine Höhle bekommt, darf ihn behalten. Weil die 10 etwas näher an meiner Höhle ist, darfst du anfangen.' Sie trugen den Schatz auf den Weg und begannen das Spiel."
Hinweis: Zur Höhle des einen Räubers gehören die Steine „1 und darüber", zu der des anderen die Steine „20 oder darunter".

2. Die Klasse wird in zwei Gruppen aufgeteilt, die stellvertretend für die beiden Räuber stehen. Kinder aus jeder Gruppe würfeln abwechselnd mit einem großen Schaumstoffwürfel. Auf dem Spielplan (Zwanzigerreihe) an der Magnettafel lässt sich der Spielverlauf festhalten, so dass alle Kinder folgen können.
Abschließend wird verabredet, dass der eine Räuber „Plus-Räuber" heißt, weil er immer vorwärts ziehen muss, und der andere „Minus-Räuber", weil er immer rückwärts ziehen muss.

Zur Arbeit mit dem Buch:
1. Partnerspiel mit Rollentausch anhand des Spielplans oder auch an der mit Plättchen abgedeckten 20er-Reihe
2. Fortsetzung des Ziffernschreibkurses mit der Ziffer 6

Wie könnte es weitergehen?
– Übungsheft S. 9 und 10 (schriftliche Übungen zur Vertiefung der Würfelbilder)
– „Räuber und Goldschatz" spielen und Spielverlauf von Kindern, die schon Zahlen schreiben können, notieren lassen, z. B. 10, 14, 11, 16, 12 …
Anmerkung: Nach der Einführung der Addition und Subtraktion wird das Spiel erneut aufgegriffen und für Rechenübungen eingesetzt, indem die Spielzüge in Form von Plus- und Minusaufgaben rechnerisch dargestellt werden (vgl. hierzu Seite 49 des Schülerbuchs).

Der Zahlbegriff ist ein theoretischer, kein sinnlich erfassbarer Begriff. Die bloße Tatsache, dass eine Menge von Objekten vorliegt und angeschaut werden kann, beweist nicht, dass damit eine Anzahl gegeben sei. Einem Kind oder Erwachsenen etwa 5 Objekte vorzulegen und seine Aufmerksamkeit auf diese Objekte zu lenken, heißt nicht, ihm damit die Idee der Zahl 5 zu vermitteln. Die Zahl ist keine Eigenschaft von Dingen, die durch den bloßen Gebrauch der Sinne erfasst oder dem Geist von außen aufgeprägt werden könnte. Dinge (und Größen) unterstützen den Geist zwar bei der Konstruktion des Zahlbegriffs, aber ihre bloße Wahrnehmung konstituiert diesen Begriff nicht.
J. McLellan und J. Dewey: The Psychology of Number, 1908

10 Schöne Muster
Kleine Anzahlen, Übungen zur Anzahlerfassung

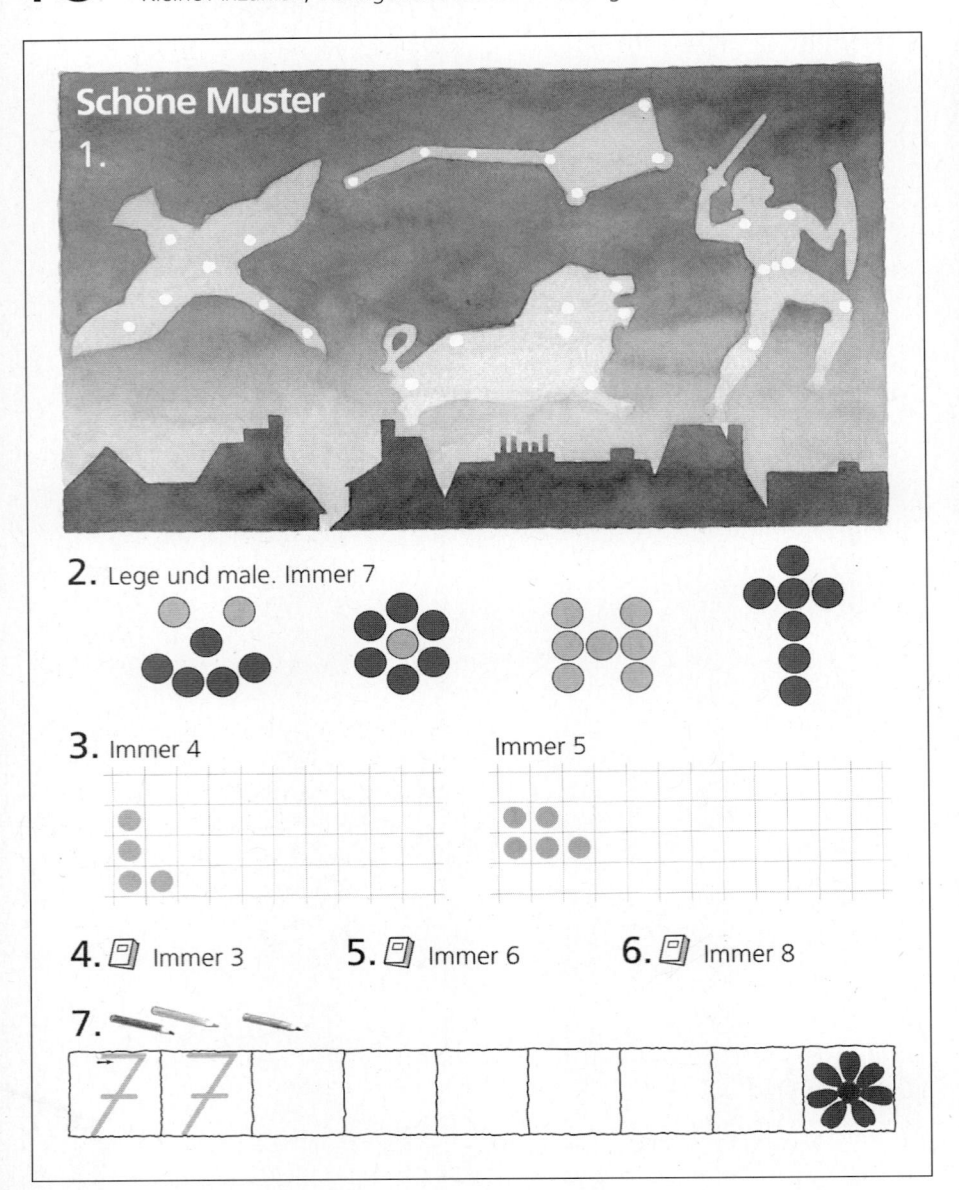

Schöne Muster

1.

2. Lege und male. Immer 7

3. Immer 4   Immer 5

4. 📖 Immer 3   **5.** 📖 Immer 6   **6.** 📖 Immer 8

7.

Was wird benötigt?
Arbeitsmaterial: Wendeplättchen

Worum geht es?
Zu vorgegebenen Zahlen sollen verschiedene Plättchenmuster gelegt und gezeichnet werden. Sternbilder dienen dabei als Anregung.
Das Zusammenfassen einer Anzahl von Sternen an der Himmelskugel zu einprägsamen Mustern (Sternbild) ist in allen Kulturen der Erde bekannt und hat die Menschen immer angeregt über den Kosmos und ihre Existenz nachzudenken. Dazu ein Auszug aus J. W. von Goethe: Wilhelm Meisters Wanderjahre. Erstes Buch. Zehntes Kapitel:

„Nach einigen Stunden ließ der Astronom seinen Gast die Treppen zur Sternwarte sich hinaufwinden, und zuletzt allein auf die völlig freie Fläche eines runden Turmes heraustreten. Die heiterste Nacht, von allen Sternen leuchtend und funkelnd, umgab den Schauenden, welcher zum ersten Mal das hohe Himmelsgewölbe in seiner ganzen Herrlichkeit zu erblicken glaubte. Denn im gemeinen Leben, abgerechnet die ungünstige Witterung, die uns so oft den Glanzraum des Äthers verbirgt, hindern uns zu Hause bald Dächer und Giebel, auswärts bald Wälder und Felsen, am meisten aber überall die inneren Beunruhigungen des Gemüts, die uns alle Umwelt mehr als Nebel und Misswetter zu verdüstern sich hin und her bewegen.
Ergriffen und erstaunt hielt er sich beide Augen zu. Das Ungeheure hört auf erhaben zu sein, es übersteigt unsere Fassungskraft, es droht uns zu vernichten. Was bin ich denn gegen das All? sprach er zu seinem Geiste: Wie kann ich ihm gegenüber, wie kann ich in seiner Mitte stehen? …"

Bei den im Buch abgebildeten Sternbildern handelt es sich um einige der markantesten Sternbilder des nördlichen Sternhimmels:

1. Der Große Wagen (auch Großer Bär genannt) ist ganzjährig sichtbar. Er umkreist den Himmelsnordpol (Polarstern) während eines Tages einmal entgegen dem Uhrzeiger. Die Position des Polarsterns (und damit die Nordrichtung) lässt sich leicht bestimmen, wenn man die Strecke der beiden „letzten" Sterne des Wagens um etwa das Fünffache „nach oben" verlängert (vom Wagen aus betrachtet). Wenn die Seite im Herbst besprochen wird, befindet sich der Wagen gegen 20.00 Uhr etwa in horizontaler Lage (Ost-West-Richtung) und ist daher leicht zu identifizieren. Da ein Sterntag (die Zeit zwischen zwei Höchstständen jedes Sterns) etwas kürzer ist als ein Sonnentag (die Zeit zwischen zwei Höchstständen der Sonne), verschiebt sich die Position aller Sterne bei einer festen Tageszeit im Verlaufe eines Jahres stetig. Das hat zur Folge, dass manche Sternbilder nicht das ganze Jahr über sichtbar sind.
2. Der Schwan steht im Sommer und Herbst gegen 20.00 Uhr hoch am Südsternhimmel („Flugrichtung" Ost-West). Sein Hauptstern Deneb bildet mit zwei anderen hellen Sternen, der Wega (im Sternbild Leier) und dem Atair (im Sternbild Adler), das berühmte Sommerdreieck.
3. Der Orion (Himmelsjäger, leicht identifizierbar an den 3 Gürtelsternen) steht im Januar/Februar gegen 20.00 Uhr am Südoststernhimmel und ist das Wintersternbild.
4. Der Löwe ist im Frühjahr (April bis Juni) gegen 20.00 Uhr am Südoststernhimmel zu sehen.

Großer Wagen

Polarstern

Oberseite des Wagens

September/Oktober
20.00 Uhr

Dezember/Januar
20.00 Uhr

Sommerdreieck

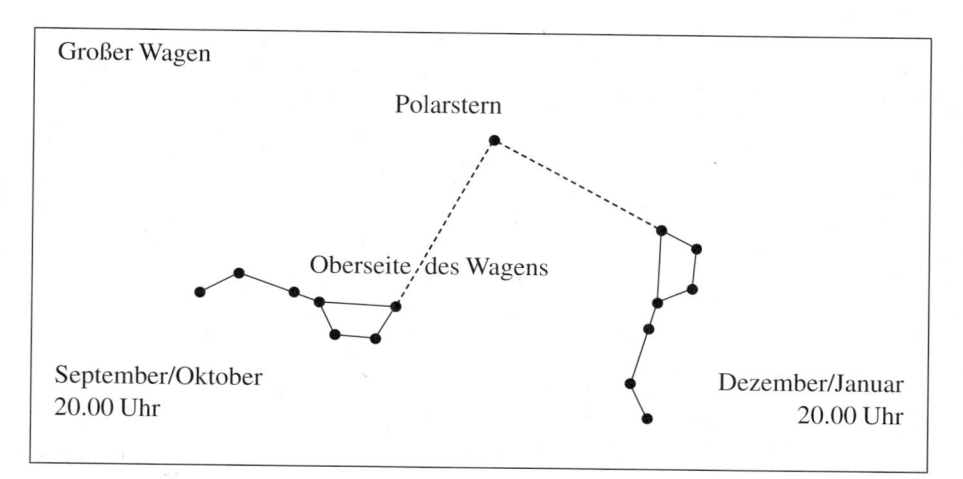

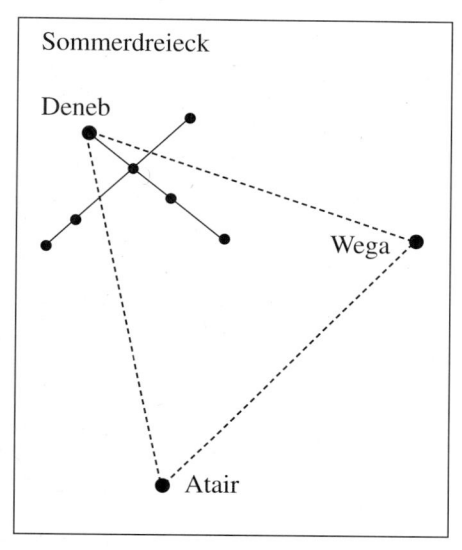

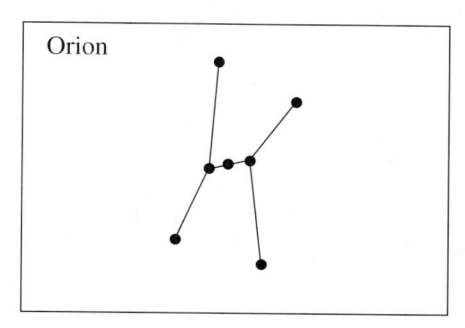

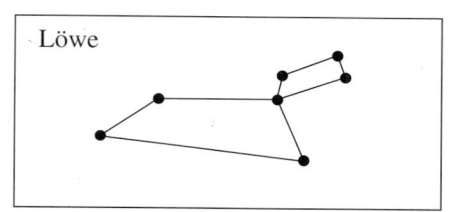

Deneb

Wega

Atair

Orion

Löwe

Anmerkung: In Wirklichkeit sind die Fixsterne riesige Kugeln. Sie werden daher in der Astronomie als Punkte gezeichnet. Himmelskörper, die besonders funkeln und Licht nach außen streuen (z. B. Kometen), werden als gezackte Figuren wiedergegeben und sind in den Alltagserfahrungen die eigentlichen „Sterne".

Wie kann man vorgehen?

Vor der Arbeit mit dem Buch:
Ein möglicher Einstieg ist ein Gespräch mit den Kindern über ihre Sternhimmelerfahrungen, evtl. ergänzt durch das Vorlesen der Märchen „Sterntaler" oder „Peterchens Mondfahrt" (darin die „Sternenwiese").
Die Sternbilder können auch auf dem Lichtschreiber gezeigt werden. Hierzu werden die Sternbilder auf einer großen Pappe, die die Leuchtfläche des Projektors abdeckt, gezeichnet und die Sternpunkte mit einer Nadel durchstochen.

Zur Arbeit mit dem Buch:
Aufgabe 1:
Die (Haupt-)Sterne der Sternbilder Schwan, Wagen, Löwe, Orion können im Bild gezählt werden. Die Kinder legen diese mit Plättchen nach.
Aufgabe 2:
Hier werden Muster (Clown, Blume, Buchstabe „H" bzw. Reck, Kreuz) mit Plättchen zunächst nachgelegt und dann ins Heft gezeichnet.
Aufgabe 3–6:
Zu vorgegebenen Anzahlen sollen die Kinder nun eigene Muster im Rechenheft zeichnen. Kinder, denen es noch schwer fällt, kleine Kreise zu malen, können auch Sternchen malen. Das Finden und Zeichnen von Mustern wird erleichtert, wenn die Kindern mit Plättchen vorarbeiten.
Aufgabe 7:
Fortsetzung des Ziffernschreibkurses: Passend zu den Siebener-Mustern schreiben die Kinder nun die Ziffer 7.

Wie könnte es weitergehen?
– Übungsheft S. 9 und 10
– Kopiervorlage zum Ziffernschreibkurs 7
– Legen von Mustern mit Plättchen, Kieselsteinchen, Muscheln usw.
– Lied: „Weißt du wie viel Sternlein stehen"
– Anregung der Kinder zu gezielten Sternbeobachtungen an Tagen, an denen lt. Wettervorhersage mit sternklarem Himmel zu rechnen ist

Literatur
„Was ist was" Band 99: Sternbilder und Sternzeichen, Tesloff 1995
Hermann, J.: Meyers Großes Sternbuch für Kinder, Mannheim 1981
Märchen Sterntaler (Brüder Grimm), z. B. in Kunterbunt Lesebuch 2, Klett-Verlag, Stuttgart 1990
Peterchens Mondfahrt, Märchen von Gerdt von Bassewitz
Weitere Literatur (z. B. Sternkarte für Einsteiger) findet sich im Themenheft der Grundschulzeitschrift „Mit Kindern den Weltraum entdecken", Heft 129, Nov. 1999

11 Plättchen werfen
Übungen zur Anzahlerfassung

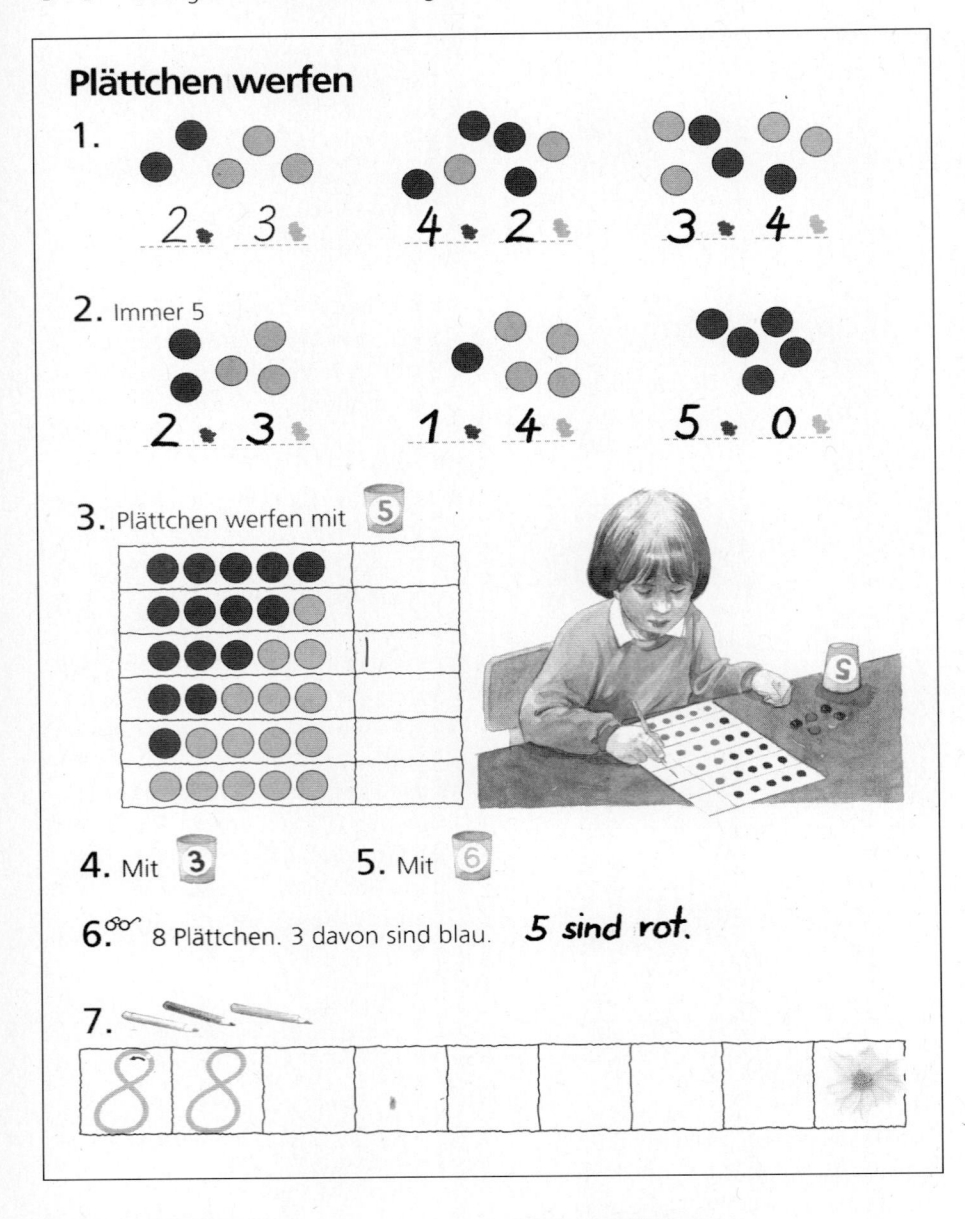

Plättchen werfen

1. 2 , 3   4 , 2   3 , 4

2. Immer 5
   2 , 3   1 , 4   5 , 0

3. Plättchen werfen mit [5]

4. Mit [3]   5. Mit [6]

6. 8 Plättchen. 3 davon sind blau.   5 sind rot.

7.

Was wird benötigt?
Arbeitsmaterial: Wendeplättchen, Würfelbecher, Unterlage zum geräuschgedämpften Aufsetzen des Bechers (Rückseite des Zeichenblocks, Filzstücke, Bierdeckel, kleines Stück Teppichboden etc.), Kopiervorlagen zu Aufgabe 4–6
Demonstrationsmaterial: an der Tafel oder auf einem großen Blatt vorbereitete Tabelle, Wendeplättchen, Würfelbecher (notfalls Jogurtbecher)

Worum geht es?
Eine vorgegebene Gesamtzahl von Wendeplättchen wird in eine Anzahl roter und eine Anzahl blauer Plättchen zerlegt. Solche Zerlegung werden zunächst an vorgebenen Beispielen geübt. Dann werden Zerlegungen durch „Plättchenwerfen" zufällig erzeugt. „Plättchenwerfen mit 5" ist ein Zufallsexperiment mit 6 unterschiedlichen Zerlegungen, die mit unterschiedlichen Wahrscheinlichkeiten vorkommen. Der Wurf „Alle Plättchen rot" kommt z. B. sehr viel seltener vor als der Wurf „3 Plättchen rot und 2 Plättchen blau". Dass unterschiedliche Wahrscheinlichkeiten entstehen, zeigt schon das Zufallsexperiment „Plättchenwerfen mit 2", das man an folgendem Baumdiagramm simulieren kann. Das erste Plättchen fällt mit 50 % auf die rote und mit 50 % auf die blaue Seite (erste Verzweigung). Unabhängig vom ersten Plättchen fällt auch das zweite Plättchen mit 50 % auf die rote und mit 50 % auf die blaue Seite.

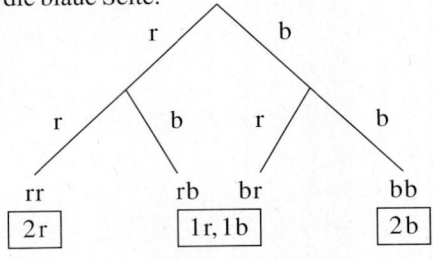

```
        r           b
       / \         / \
      r   b       r   b
      rr  rb      br  bb
     [2r]    [1r,1b]    [2b]
```

Alle vier Kombinationen (r, r), (r, b), (b, r) und (b, b) haben die gleiche Wahrscheinlichkeit 50 % von 50 % = 25 % (ein Viertel). Die beiden Fälle (r, b) und (b, r) müssen aber zusammengefasst werden zu „1 Plättchen rot, das andere blau", denn es spielt für den Ausgang keine Rolle, ob das erste oder zweite Plättchen rot ist. Dieser Fall ist daher mit einer Wahrscheinlichkeit von 25 % + 25 % = 50 % vertreten.
Bei einem Wurf mit 3 Plättchen wird die Unsymmetrie noch deutlicher:

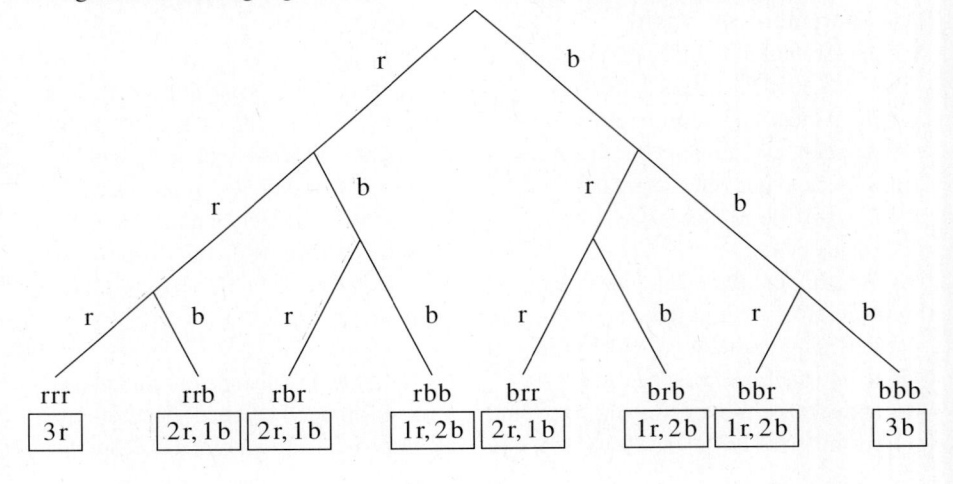

```
              r                  b
            /   \              /   \
           r     b            r     b
          / \   / \          / \   / \
         r  b  r  b         r  b  r  b
        rrr rrb rbr rbb    brr brb bbr bbb
       [3r][2r,1b][2r,1b][1r,2b][2r,1b][1r,2b][1r,2b][3b]
```

Jeder Weg vom Anfang des Baumdiagramms bis zu seiner Spitze beschreibt, wie das erste, zweite und dritte Plättchen fällt, und kommt mit der gleichen Wahrscheinlichkeit 1/8 vor. Während sich die Würfe „3 rote" bzw. „3 blaue" jeweils nur auf einem einzigen Weg erreichen lassen, also bei „Plättchenwerfen mit 3" mit der Wahrscheinlichkeit 1/8 vorkommen, führen zu „2 rote, 1 blaues" sowie zu „1 rotes, 2 blaue" jeweils 3 Wege, was zur Wahrscheinlichkeit 3/8 führt. Die „Mitte" wird also jeweils bevorzugt: Der Wurf „2 rote, 1 blaues" kommt dreimal so häufig vor wie die Würfe, bei denen alle Plättchen die gleiche Farbe haben.

Bei „Plättchenwerfen mit 5" führt von den $32 = 2 \cdot 2 \cdot 2 \cdot 2 \cdot 2$ Wegen jeweils nur ein einziger Weg zu „5 rote" bzw. „5 blaue" (Wahrscheinlichkeit je 1/32), dagegen je 5 Wege zu „1 rotes, 4 blaue" bzw. „4 rote, 1 blaues" (Wahrscheinlichkeit je 5/32) und 10 Wege zu „2 rote, 3 blaue" bzw. „3 rote, 2 blaue" (Wahrscheinlichkeit je 10/32). Die „Mitte" wird hier noch deutlicher bevorzugt. „Plättchenwerfen" gehört zur Klasse der sog. Bernoulli-Experimente, die in der elementaren Stochastik bis hinauf zur Oberstufe eine fundamentale Rolle spielen.

Wie kann man vorgehen?
Vor der Arbeit mit dem Buch:
An der Magnettafel werden am Beispiel von 7 Plättchen verschiedene Zerlegungen in zwei Farben gelegt und besprochen.

Zur Arbeit mit dem Buch:
Aufgabe 1 und 2:
Es ist die Anzahl der roten und die Anzahl der blauen Plättchen einzutragen. Die Plättchen liegen teilweise ungeordnet, teilweise geordnet. Den Kindern sollte bewusst werden, dass eine gute Ordnung (Strukturierung) die Anzahlbestimmung erleichtert. Im Vorgriff auf Aufgabe 3 sollte schon die Ordnung in der Tabelle angesprochen werden.
Aufgabe 3:
Plättchenwerfen mit 5: In einem Jogurt- oder Würfelbecher werden 5 Plättchen geschüttelt (gemischt) und durch schnelles Umdrehen des Bechers auf eine geräuschdämpfende Unterlage geworfen. Wenn der Boden des Würfelbechers mit Filz ausgeklebt ist, wird auch das Schüttelgeräusch deutlich vermindert. Bei jedem Wurf trennen die Kinder rote und blaue Plättchen und ordnen sie so an, dass sie deren Anzahl möglichst simultan erfassen können. Sie notieren den betreffenden Wurf (z. B. „3 rote, 2 blaue") in der vorgegebenen Tabelle als Strich.

Zur Einführung in die Aufgabe wird mit der ganzen Klasse gespielt. Die Kinder überlegen zuerst, welche Würfe auftreten können. Gemeinsam wird an der Tafel oder auf einem großen Blatt Papier die Tabelle entwickelt. Die Lehrerin trägt Ergebnisse fortlaufend als Striche ein und weist dabei nochmals auf den Vorteil der Fünferbündelung hin. Anschließend werfen die Kinder die Plättchen selbst und notieren die Ergebnisse. Danach bietet sich eine statistische Auswertung an: Welche Ergebnisse (Würfe) treten häufig, selten (z. B. „alle blau" kommt fast nie vor) auf?

Aufgabe 4 und 5:
Analog mit 3 und 6 Plättchen werfen (Tabellen s. Kopiervorlage 5)
Aufgabe 6:
Lösung durch Nachlegen mit Wendeplättchen
Aufgabe 7:
Fortsetzung des Ziffernschreibkurses mit der Ziffer 8

Wie könnte es weitergehen?
– Übungsheft S. 11
– Kopiervorlage zum Ziffernschreibkurs für Ziffer 8
– „Plättchenwerfen" kann mit verschiedenen Anzahlen weitergespielt werden (Kopiervorlage 5, 6)
– Der Münz- oder Plättchenwurf lässt sich in der Klasse oft als salomonische Entscheidungshilfe einsetzen. Beispiel: Morgenkreis. Beginnt die Erzählrunde rechts herum oder links herum? Der Wurf mit einem Wendeplättchen (oder einer Münze) entscheidet.

12 Zahlen am Körper
Zahlen am eigenen Körper erfahren

Zahlen am Körper

1.

Sag mir doch, wo hast du **eins**?
Eine Nase hab ich,
einen Mund dazu,
habe **einen** Kopf,
schau, den hast auch du.

Sag mir doch, wo hast du **zwei**?
Zum Hören **zwei** Ohren,
zum Schauen **zwei** Augen,
zum Schaffen **zwei** Arme,
zum Laufen **zwei** Beine,
zwei Füße dazu, genauso wie du.

Sag mir doch, wo hast du **fünf**?
Oh, das sag ich dir geschwind.
An jeder Hand **fünf** Finger sind,
an jedem Fuß **fünf** Zehen sind,
das weiß doch jedes kleine Kind.

2.

3.

Was wird benötigt?
Arbeitsmaterial: –

Worum geht es?
Mathematik ist keineswegs nur eine Angelegenheit für den Kopf, sondern hat ihren Ursprung auch entscheidend in realen Handlungen und Körpererfahrungen, die daher im Anfangsunterricht besonders betont werden müssen. Sogar bei der Grobgliederung des menschlichen Körpers treten einige Zahlen markant in Erscheinung, wie in einem Gedicht der Waldorflehrerin Hélène Hummes aus Wuppertal sehr schön in Rhythmus und Reim umgesetzt ist.

Wie kann man vorgehen?
Aufgabe 1:
Die Lehrerin wählt ein Kind aus und bittet es, sie der Reihe nach zu fragen: „Sag mir doch, wo hast du eins?", „Sag mir doch, wo hast du zwei?" und „Sag mir doch, wo hast du fünf?" Die Lehrerin beantwortet jede dieser Fragen dem Gedicht entsprechend und zeigt dabei auf ihre entsprechenden Körperteile und am Schluss auf die entsprechenden Körperteile des Kindes. Dies kann mit einigen anderen Kindern wiederholt werden.
Anschließend versuchen je zwei Kinder selbst, das Gedicht entsprechend vorzutragen.

Aufgabe 2:
Hier können bei den Tieren Zahlen entdeckt werden.
Marienkäfer: 7 Punkte, 6 = 3 + 3 Beine, 2 Fühler, 1 Kopf, 2 Flügel.
Kohlmeise: 2 Beine, 8 = 4 + 4 Zehen, 1 Schnabel, 1 Kopf, 2 Flügel, 2 Augen, 1 Schwanz.
Ameise: 2 Fühler, 6 = 3 + 3 Beine, 3 Körperglieder (Kopf, Rumpf, Hinterleib).
Wollhandkrabbe: 8 = 4 + 4 Beine, 2 Scheren, 2 Augen …
Kuh: 2 Hörner, 2 Ohren, 2 Augen, 1 Zunge, 1 Kopf, 4 Beine (mit je 2 Klauen, Paarhufer!), 1 Schwanz, 1 Euter mit 4 Zitzen zum Melken.

Aufgabe 3:
Fortsetzung des Ziffernschreibkurses mit der Ziffer 9.

Wie könnte es weitergehen?
– Kopiervorlage Ziffernschreibkurs für Ziffer 9
– Kinder können Zählbilder aus Zeitungen, Katalogen, Werbematerial usw. sammeln. Interessante Zählbilder verlocken die Kinder immer wieder zum Anschauen.
– Partnerarbeit mit wechselnden Rollen: „Zahlen drücken"
Kind tippt Partner mit Händen und Fingern eine Zahl auf den Rücken. Der Partner muss die Zahl nennen. Regeln: Beide Hände auf einmal bedeutet einen Zehner, eine Hand einen Fünfer. Die verbleibenden Einer werden mit dem Zeigefinger in die Mitte des Rückens getippt.

– Spiel: „Alle Finger zeigen …"
Das Spiel dient zur Übung der Feinmotorik der Finger und zur Festigung der strukturierten Anzahlerfassung auf einen Blick.
Alle Kinder „trippeln" mit ihren Fingern auf der Tischplatte. Diese Bewegungen bereiten einigen Kindern anfangs durchaus einige Mühe. Der Spielleiter sagt: „Alle Finger zeigen …" und nennt eine Zahl, die mit den 10 Fingern darstellbar ist. Dabei sind unterschiedliche Darstellungen erlaubt: z. B. für die Sechs eine Hand und einen Finger oder jeweils drei Finger pro Hand oder auch eine Hand vier und die andere Hand zwei Finger. Bei null wird kein Finger gezeigt.
Nach einiger Zeit lieben es die Kinder, auch größere Anzahlen bis 20, bis 50 oder auch bis 100 darzustellen. Für die Zehner werden jeweils beide Hände gleichzeitig geöffnet und gezeigt.
– Spiel: „Zahlen hören"
Auf dem Glockenspiel werden Anzahlen strukturiert angespielt. Beispiel: 7 – ein „Ritsch" mit dem Schlegel und zwei Einzelschläge. Das unstrukturierte Erzeugen und Hören von Schlägen sollte nicht durchgeführt werden, weil es dem zählenden Rechnen Vorschub leistet.

13 Zwei Fünfer sind Zehn
Die Zehn als Doppelfünfer

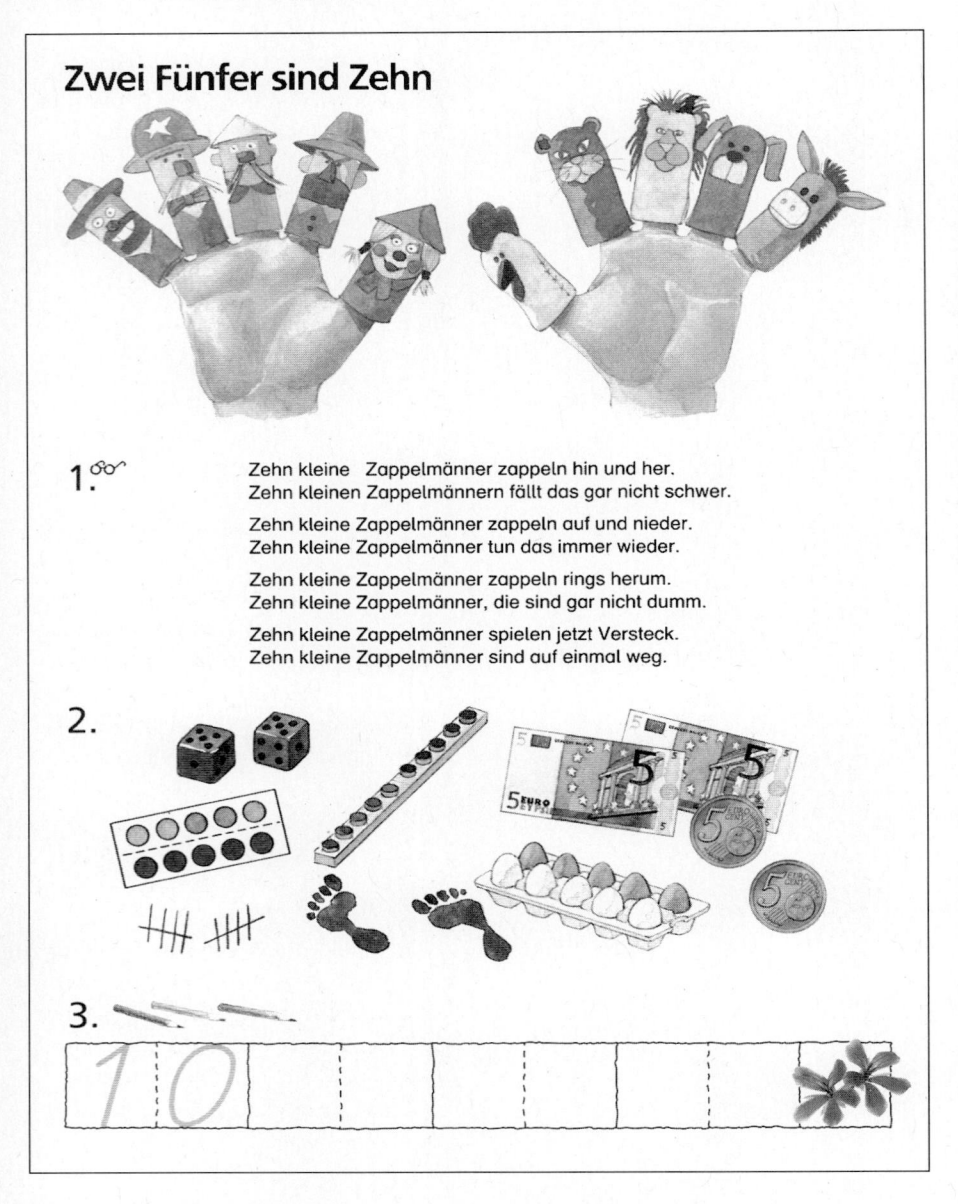

Zwei Fünfer sind Zehn

1.
Zehn kleine Zappelmänner zappeln hin und her.
Zehn kleinen Zappelmännern fällt das gar nicht schwer.

Zehn kleine Zappelmänner zappeln auf und nieder.
Zehn kleine Zappelmänner tun das immer wieder.

Zehn kleine Zappelmänner zappeln rings herum.
Zehn kleine Zappelmänner, die sind gar nicht dumm.

Zehn kleine Zappelmänner spielen jetzt Versteck.
Zehn kleine Zappelmänner sind auf einmal weg.

2.

3.

Was wird benötigt?
Arbeitsmaterial: Tonpapier, Glanzpapier, Wollreste, Scheren, Kleber zum Herstellen von Fingerpuppen

Worum geht es?
Die Kinder sollen auf vielfältige Weise erfahren und dabei verinnerlichen, dass zwei Fünfer einen Zehner ergeben: „Zehner als Doppelfünfer".
Die Fünf als größte noch simultan zu erfassende Anzahl wird als eine „Kraft" bewusst, die hilft größere Anzahlen geschickt zu strukturieren und zu erfassen.

Wie kann man vorgehen?
Vor der Arbeit mit dem Buch:
Der Kinderreim ist den meisten Kindern schon aus dem Kindergarten als Fingerspiel bekannt und sollte als Lockerungs- und Konzentrationsübung gesprochen und gespielt werden.
Selber Fingerpuppen zu basteln macht den Kindern viel Freude und lässt sich fächerübergreifend mit dem Kunst- und Sprachunterricht verbinden.
Vorschlag: Einen ca. 7 cm x 5 cm Tonpapierstreifen um den Zeigefinger zur Röhre kleben, Gesicht aufmalen, mit Glanzpapier und Wollresten verzieren.

Zur Arbeit mit dem Buch:
Aufgabe 1:
Das Bild über dem Kinderreim wird betrachtet. Die Kinder erzählen, zählen, vergleichen mit den eigenen Puppen, sprechen und spielen den Reim.
Aufgabe 2:
Hier sind Dinge der Umwelt gegeben, bei denen zwei Fünfer in unterschiedlicher Weise Zehn ergeben:
Zwei Fünfer beim Würfelspiel, zwei Fünf-Euro-Scheine, zwei Fünf-Cent-Münzen, zweimal fünf Eier in einer Eierschachtel, zweimal fünf Zehen, zwei Fünfer als Strichlisten und zwei Fünfer im Zwanzigerfeld (untereinander und nebeneinander). Abweichend von den anderen Beispielen und besonders wichtig ist die Zusammenfassung von zwei Fünfern bei Geld, da sowohl der 5-Euro-Schein als auch die 5-Cent-Münze die dargestellte 5 nicht als Zusammensetzung von 5 Einern erkennen lassen, sondern als eigene Einheit „Fünfer" wahrgenommen werden müssen.
Aufgabe 3:
Abschluss des Ziffernkurses mit der Ziffer 0, die sofort zum Schreiben der Zahl 10 verwendet wird.

Wie könnte es weitergehen?
– Übungsheft S. 12
– Kopiervorlage Ziffernschreibkurs für Ziffer 0
– Übungen zum Erkennen von geschriebenen Ziffern (Kopiervorlagen 1 und 2)
– Bewegungsspiel: Die Kinder bewegen sich frei im Raum, vielleicht nach Musik, oder auf dem Schulhof. Auf ein vereinbartes Zeichen hin fassen sich immer fünf Kinder an, zwei Fünfergruppen stellen sich dann schnell zu einem Zehner zusammen.

14 Kraft der Fünf

Strukturierung von Mengen mit Hilfe von Fünfern, Einführung des Pluszeichens bei der additiven Zusammensetzung

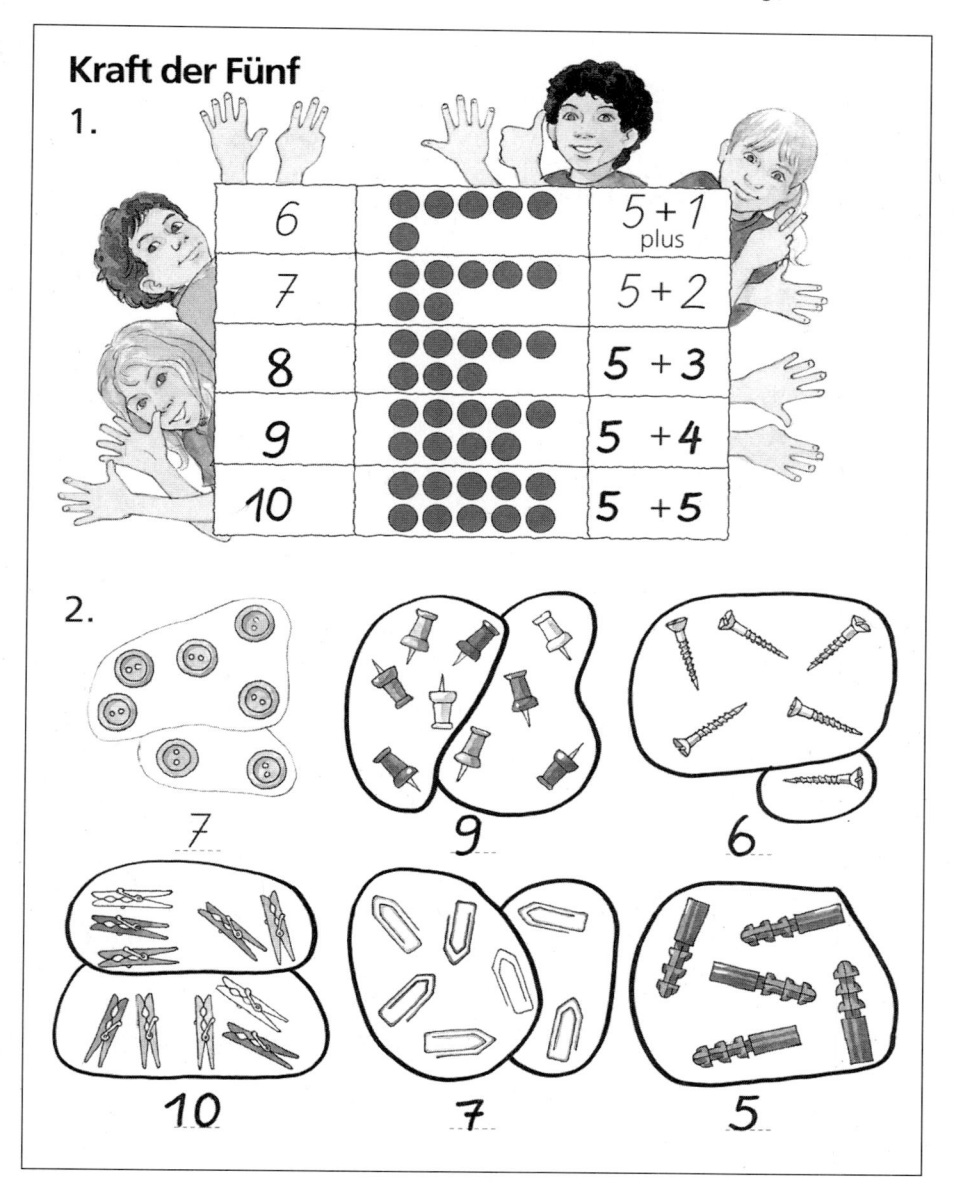

Kraft der Fünf

1.

6	●●●●● ●	5 + 1 plus
7	●●●●● ●●	5 + 2
8	●●●●● ●●●	5 + 3
9	●●●●● ●●●●	5 + 4
10	●●●●● ●●●●●	5 + 5

2. 7, 9, 6, 10, 7, 5

Was wird benötigt?
Arbeits- und Demonstrationsmaterial: Wendeplättchen, gleichartige Zählobjekte aus der Umwelt, z. B. Murmeln, Steine, Kastanien, Büroklammern, Wäscheklammern usw.

Worum geht es?
Fast alle Schulanfänger können Anzahlen bis 10 durch Auszählen Stück für Stück fehlerfrei bestimmen. Hier soll gelernt werden, Anzahlen zwischen 5 und 10 strukturiert, also nicht durch Auszählen, zu erfassen. Auf S. 13 wurde 10 als 5 + 5, d. h. als Doppelfünfer, eingeführt. Nun soll 6 als 5 + 1, 7 als 5 + 2, 8 als 5 + 3 und 9 als 5 + 4 verstanden und verinnerlicht werden.

Für die additive Zusammensetzung wird hier erstmals das Pluszeichen „+", allerdings ohne das Gleichheitszeichen, benutzt. Es handelt sich dabei noch nicht um eine Additionsaufgabe, sondern um eine Beschreibung (Definition) von Zahlen, z. B. 8 als 5 + 3. Um mit den Fingern Anzahlen zwischen 5 und 10 anzugeben, muss man nicht einzeln abzählen, sondern man kann eine Hand (5) und einige weitere Finger angeben. Beispiel: 8 ist 1 Hand plus 3 Finger. Dies sollen die Kinder auf der Buchseite andeuten. Natürlich gibt es für alle Zahlen weitere wichtige Zerlegungen, z. B. 8 = 4 + 4 = 6 + 2 = 7 + 1. Aber die Fünferzerlegung ist die für das Rechnen effektivste und daher wichtigste.

Viele Kulturvölker benutzten die Kraft der Fünf in der einen oder anderen Form für die Darstellung von Zahlen. Beispiele:

1. Die Römer benutzten die Zahlzeichen I (1), V (5) und X (10), wobei die obere und untere Hälfte des Zeichens X als 2 V anzusehen sind (das untere V umgekehrt). Aus diesen Zeichen wurden die Zeichen für die anderen Zahlen zusammengesetzt: II (2), III (3), IV (4 = 5 – 1, d. h. 1 weniger als 5), VI (6 = 5 + 1), VII (7 = 5 + 2), VIII (8 = 5 + 3), IX (9 = 10 – 1, d. h. 1 weniger als 10), XI (11 = 10 + 1), XII (12), XIII (13), XIV (14), XV (15), XVI (16), XVII (17), XVIII (18), XIX (19, d. h. 1 weniger als 2 Zehner).

2. Die gebräuchlichste Darstellung der ersten neunzehn Zahlen bei den Maya (300 bis 900 n. Chr. auf der Halbinsel Yucatan/Mittelamerika, heute zu Mexiko gehörend):

Die Zahl 20 war die Basis des Positionssystems der Maya. Mit den Stufenzahlen 1, 20, 400 (= 20 · 20), 8000 (= 20 · 20 · 20) usw. und den obigen Darstellungen der Zahlen 1–19 konnten die Maya beliebig große Zahlen darstellen.

Es handelt sich dabei aber nicht um das Ziffernsystem mit der Basis 20, da die Zahlen 1–19 nicht durch je eine eigene Ziffer, sondern mit Hilfe der zwei Zeichen • (für 1) und — (für 5) dargestellt werden.

3. Auch heute gibt es in manchen Sprachen noch Zahlwörter, die die Kraft der Fünf widerspiegeln, z. B. ein afrikanischer Dialekt in Mozambique:

1 mo	6 sanumo
2 ili	7 sanuili
3 tatu	8 sanutatu
4 me	9 sanume
5 sanu	10 kuni

Wie kann man vorgehen?
Vor der Arbeit mit dem Buch:
Im Stuhlkreis werden verschiedene Anzahlen zwischen 5 und 10 immer nach Fünfern strukturiert und so die Gesamtanzahl bestimmt.

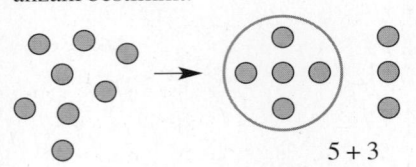

5 + 3

Die Strukturierung kann durch Verschieben bzw. Zusammenschieben von Plättchen geschehen oder aber, indem man die Plättchen in ein Zehnerfeld anordnet bzw. legt.

5 + 3   5 + 3

Die Rückseite der Wendekarten zeigt diese Darstellung.

Zur Arbeit mit dem Buch:
Aufgabe 1:
Nach der gemeinsamen Bewusstmachung der Fünferstrukturierung wird die Tabelle ausgefüllt.

Aufgabe 2:
Mengen (Büroklammern, Wäscheklammern, Dübel usw.) werden nach Fünfern strukturiert und die Anzahl wird bestimmt „ohne zu zählen". (Wortspiel: „Wer kann zählen ohne zu zählen?")

Wie könnte es weitergehen?
– Übungsheft S. 13, 14, 40
– Eier können geschickt gezählt werden, indem man sie in einen Zehnerkarton einordnet. Analog Jogurtbecher durch Einordnung in eine „Fünfer"palette.
– Plättchenwerfen mit 10 (Kopiervorlage 6):
  Die geworfenen Plättchen werden zunächst nach Farben (Blau, Rot) sortiert, dann jede Farbe durch „Abspalten von möglichen Fünfern" strukturiert. Dadurch lässt sich auch bei größeren Anzahlen (z. B. 6 rote, 4 blaue) die Zerlegung „ohne zu zählen" erfassen.
– An der Tafel werden mit „Fünfer-Packs" und Plättchen Zahlen bis 10 gelegt und die Kinder müssen sie bestimmen. Umgekehrt müssen die Kinder vorgegebene Zahlen bis 10 mit „Fünfer-Packs" und Plättchen legen.

15 Geld

Kennenlernen der 1-Euro- und 2-Euro-Münzen sowie des 5-Euro-Scheins, Bestimmen von ganzen Eurobeträgen bis zu 10 Euro

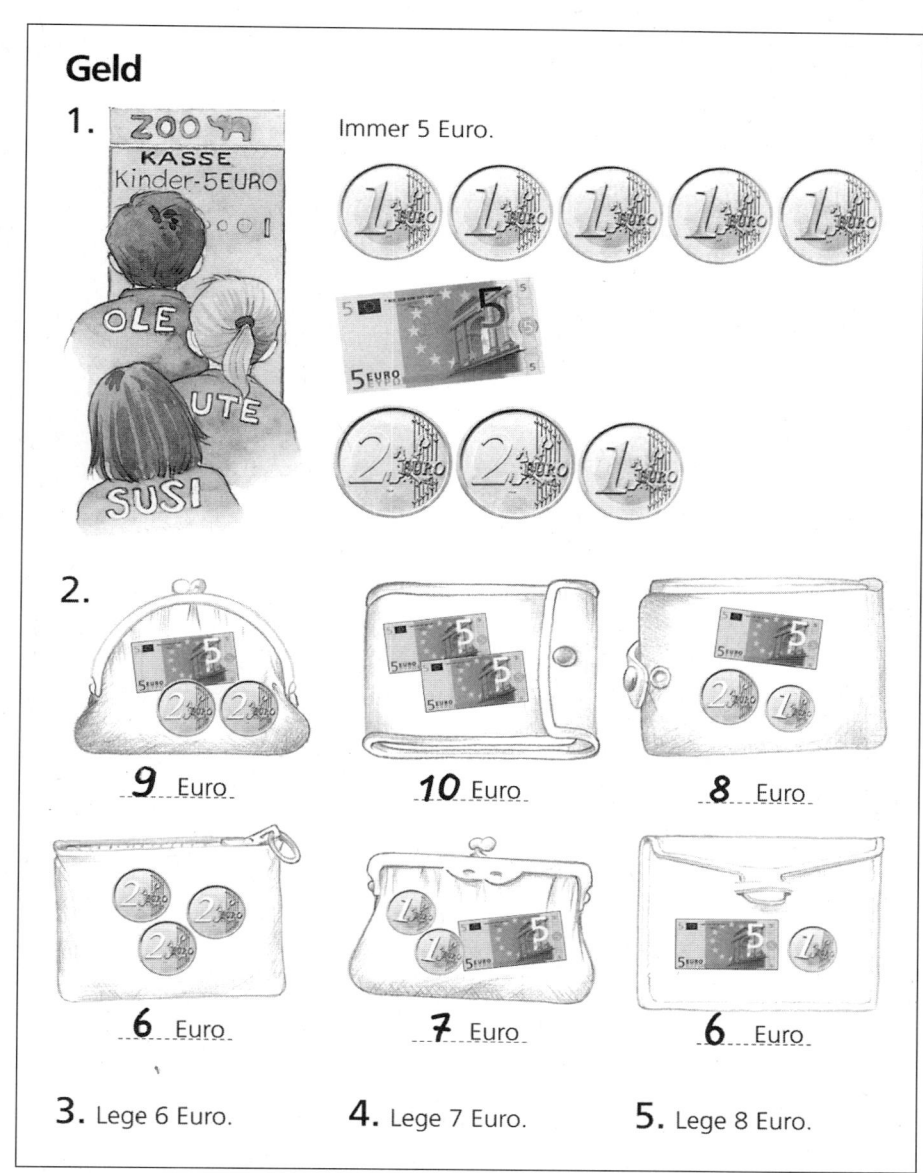

Geld

1. Immer 5 Euro.

2.
9 Euro   10 Euro   8 Euro
6 Euro   7 Euro   6 Euro

3. Lege 6 Euro.   **4.** Lege 7 Euro.   **5.** Lege 8 Euro.

Was wird benötigt?
Arbeitsmaterial: Rechengeld: 1-Euro-Münzen (10 Stück), 2-Euro-Münzen (5 Stück), 5-Euro-Scheine (2 Stück)
Demonstrationsmaterial: Rechengeld, echte Euromünzen und -scheine verschiedener Sorten, Geldbeutel

Worum geht es?
Die meisten Kinder kennen heute schon Münzen und kleine Geldscheine aus ihrer Umwelt. Da sie im Vorschulalter aber seltener als früher mit Geld in Berührung kommen, sind diese Vorkenntnisse z. T. sehr lückenhaft. Es ist Aufgabe der Schule, den praktischen Umgang mit realem Geld zu thematisieren, damit Kinder mit Aussehen und Größe der Münzen bzw. Geldscheinen vertraut werden.
Wichtig ist vor allem, dass die Kinder Geldwerte richtig bestimmen können.
Besonderheit: Geldbeträge lassen sich in der Regel *nicht* durch Auszählen bestimmen. Bei ganzzahligen Eurobeträgen zwischen 1 und 10 Euro können 1-Euro- und 2-Euro-Münzen sowie 5-Euro-Scheine verwendet werden.

Der Betrag von z. B. 6 Euro lässt sich damit unterschiedlich legen:

5 1,
2 2 2,
2 2 1 1,
2 1 1 1 1,
1 1 1 1 1 1

Bei der Bestimmung der Eurobeträge müssen also die verschiedenen Geldwerte, nicht nur die Anzahlen der Münzen und Scheine berücksichtigt werden.
Hinweis: Mit 1, 2 und 5 Euro lässt sich jeder Eurobetrag zwischen 1 und 12 Euro mit höchstens 3 Münzen bzw. Scheinen legen.

Wie kann man vorgehen?
Aufgabe 1:
Im Sitzkreis kann die Lehrerin verschiedene Euro- und Cent-Münzen sowie verschiedene Euroscheine vorstellen und anschließend benennen und ordnen lassen. Danach werden die 1- und 2-Euro-Münzen und die 5-Euro-Scheine näher betrachtet.
Gemeinsam wird erarbeitet, dass sich ein Betrag von 5 Euro (Eintritt in den Zoo) auf verschiedene Weise bezahlen lässt:

5,
2 2 1,
2 1 1 1,
1 1 1 1 1

Auch weitere Euro-Beträge, wie z. B.

5 2 1

lassen sich durch Wechseln bestimmen.

1 1 1 1 1 1 1 1

Einfacher und schneller kann man dies jedoch durch „Rechnen" erreichen. Analog werden weitere Eurobeträge (6 Euro, 7 Euro ...) bearbeitet.

Als Vorübung zu Aufgabe 2 legt die Lehrerin anschließend an der Tafel Eurobeträge, z. B.

[5] (2),

die von den Kindern zu bestimmen sind.

Aufgabe 2:
Die Kinder bestimmen nun selbstständig die Eurobeträge in den schematisierten Geldbeuteln.

Aufgabe 3:
6 Euro lassen sich legen als

[5] (1),
(2)(2)(2),
(2)(2)(1)(1),
(2)(1)(1)(1)(1),
(1)(1)(1)(1)(1)(1)

Aufgabe 4:
7 Euro lassen sich legen als

[5] (2),
[5] (1)(1),
(2)(2)(2)(1),
(2)(2)(1)(1)(1),
(2)(1)(1)(1)(1)(1),
(1)(1)(1)(1)(1)(1)(1)

Aufgabe 5:
8 Euro lassen sich legen als

[5] (2)(1),
[5] (1)(1)(1),
(2)(2)(2)(2),
(2)(2)(2)(1)(1),
(2)(2)(1)(1)(1)(1),
(2)(1)(1)(1)(1)(1)(1),
(1)(1)(1)(1)(1)(1)(1)(1)

Wie könnte es weitergehen?
– Übungsheft S. 15
– Für die Freiarbeit kann mit den Kindern eine „Geldkartei" erstellt werden: Auf DIN-A6-Karten werden nach dem Vorbild der Schülerbuchseite Münzen/Scheine aufgemalt oder mit Rechengeld beklebt. Auf der Rückseite können die Beträge zur Kontrolle angeben werden.

16/17 Die Zahlen von 11 bis 20
Einführung der Zahlen von 11 bis 20 in Analogie zur Reihe von 1 bis 10

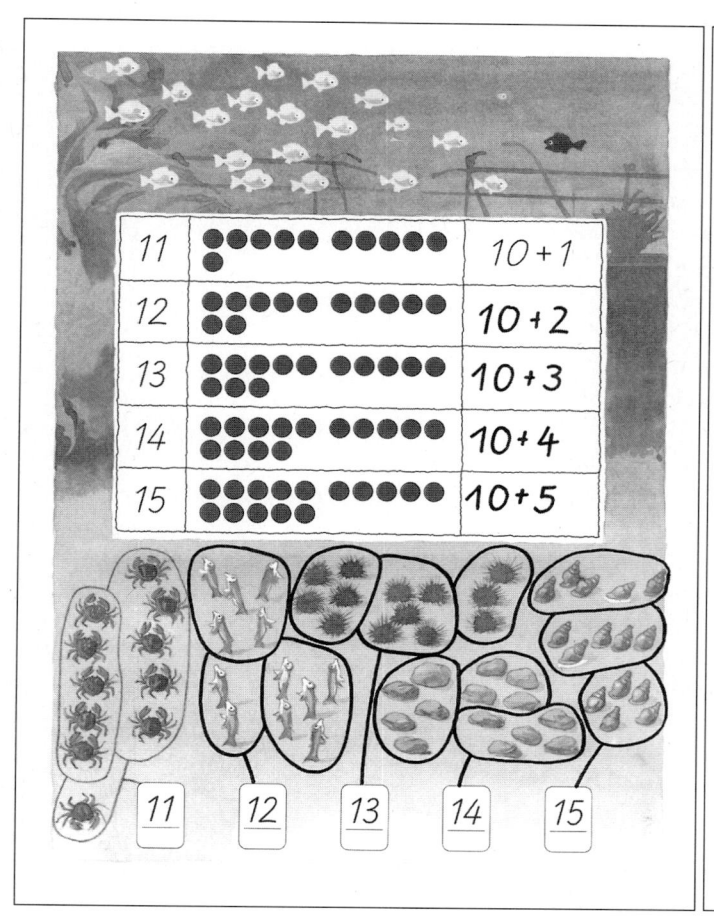

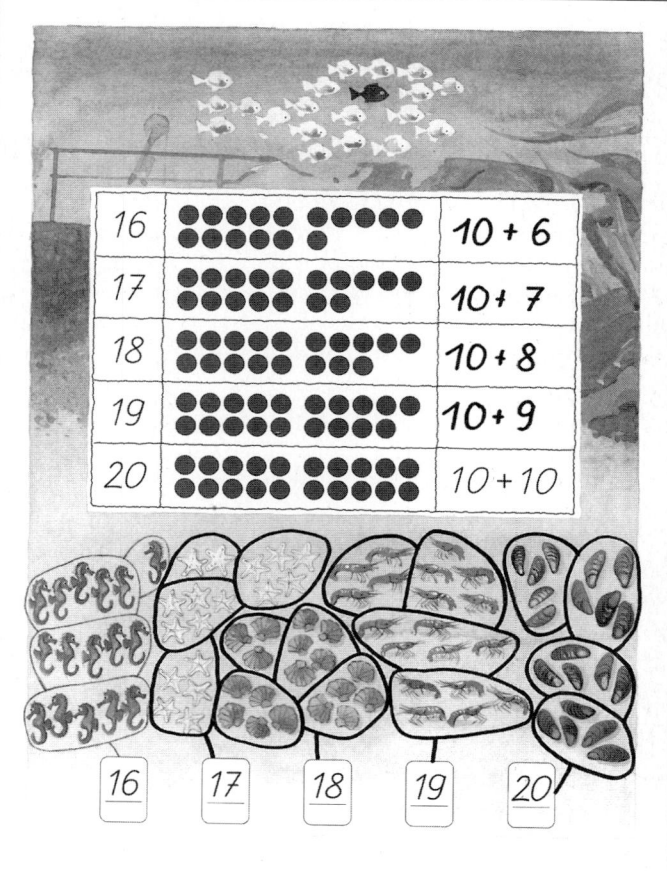

11	●●●●● ●●●●●	10 + 1
12	●●●●● ●●●●● ●	10 + 2
13	●●●●● ●●●●● ●●●	10 + 3
14	●●●●● ●●●●● ●●●●	10 + 4
15	●●●●● ●●●●● ●●●●●	10 + 5

16	●●●●● ●●●●● ●●●●● ●	10 + 6
17	●●●●● ●●●●● ●●●●● ●●	10 + 7
18	●●●●● ●●●●● ●●●●● ●●●	10 + 8
19	●●●●● ●●●●● ●●●●● ●●●●	10 + 9
20	●●●●● ●●●●● ●●●●● ●●●●●	10 + 10

Was wird benötigt?

Arbeitsmaterial: Wendeplättchen, Wendekarten, Zwanzigerfeld an der Tafel, wenn möglich von den Kindern selbst erstellte Fische, ersatzweise Plättchen
Demonstrationsmaterial: evtl. Buch von Leo Lionni: Swimmy

Worum geht es?

Die auf den vorhergehenden Seiten gewonnene Erkenntnis der Fünfer- und Zehnerstruktur wird jetzt genutzt und übertragen auf die Erweiterung des Zahlenraums bis 20. Die bereits bekannten Zahlbilder bis 10 werden in einer Doppelreihe weiter bis zum vollen Zwanzigerfeld ausgebaut.
Die neuen Zahlen werden als Anzahlen verwendet. Dabei wird die Fünferstruktur erneut als „Kraft der Fünf" (vgl. S. 93) genutzt. Den Kindern soll dabei deutlich werden, dass größere Anzahlen in dieser Strukturierung leichter und sicherer zu bestimmen sind.
Die Fische stehen hier symbolisch für das die ersten Schulwochen bestimmende Thema „Vom Ich zur Gruppe". So bilden in der Natur viele Tiere Gruppen. Z.B. vereinigen sich einzeln schwimmende Elritzen leicht zu Schwärmen in dieser Form um gemeinsam besser überleben zu können.
Wichtiger Hinweis: Nach der Behandlung dieser Doppelseite haben die Kinder eine erste grobe Übersicht über den gesamten im 1. Schuljahr zu thematisierenden Zahlenraum, die im Folgenden durch weitere Orientierungsübungen verfeinert und gefestigt wird. Die Kinder können dabei differenziert vorgehen. Einige werden sich zunächst vorwiegend im Zahlenraum bis 10 aufhalten und sind bei größeren Zahlen noch unsicher, andere werden sich schon im vollen Zwanzigerraum bewegen. Da der Zwanzigerraum von verschiedenen Seiten her noch mehrfach behandelt wird, haben auch langsamere Kinder die Chance ihre Lücken im Laufe der Zeit zu schließen.

Wie kann man vorgehen?

Vor der Arbeit mit dem Buch:
Zu Beginn des Unterrichts sollte eine kleine Erzählung über das Zusammenschließen von Tieren zu Gruppen stehen oder das Buch „Swimmy" vorgelesen werden.
Anschließend könnte jedes Kind einen Fisch mit seinem Namen aus buntem Papier ausschneiden und diese Fische könnten dann zur Demonstration im Sitzkreis genutzt werden. Wenn immer 5 Fische zusammengelegt werden, kann die Anzahl der Fische leicht bestimmt werden.

Zur Arbeit mit dem Buch:
Die Bearbeitung ist wieder als Doppelseite (Zahlen von 11 bis 20) oder separat möglich und sollte durch ein Klassengespräch vorbereitet werden.
Tabelle: Die Zahlen von 11 bis 20 werden am Zwanzigerfeld (Tafel) der Reihe nach mit Plättchen aufgebaut und als Zusammensetzungen von 10 und einer zweiten Zahl notiert:
11 als 10 + 1, 12 als 10 + 2 usw.

Die Zahlennamen müssen entsprechend bewusst gemacht werden:
Warum heißt die „13" „drei-zehn"?
Antwort: Weil sie aus einer 10 und einer 3 besteht.
Die Kinder werden dabei Unregelmäßigkeiten entdecken: 11 müsste eigentlich „eins-zehn" und 12 „zwei-zehn" heißen. Etymologisch kommt „elf" von „ein-lif", „zwölf" von „zwei-lif". Das althochdeutsche „lif" bedeutet „über". 11 und 12 drücken also 1 über bzw. 2 über 10 aus. Der Zahlenname „zwanzig" bedeutet „zweimal zehn" (althochdeutsch „zweinzug").
Anschließend füllt jedes Kind die Tabelle im Buch aus.

Anzahlbestimmung der Tiere am Meeresboden: Hier werden gemäß der „Kraft der Fünf" immer 5 eingekreist, solange dies möglich ist. Zwei Fünfer ergeben einen Zehner. Die Kinder bestimmen die Gesamtanzahl und verbinden sie mit der zugehörigen Zahl in der Tabelle.

Wie könnte es weitergehen?
– Übungsheft S. 16 und 17
– Lehrer oder Schüler stellen Aufgaben:

Welche Zahl ist es?

Zwei Fünfer und eins,
vier Fünfer,
drei Fünfer,
zwei Zehner,
ein Zehner und zwei
…
– Zahlen klopfen (Fünfer „laut", Einer „leise") oder am Glockenspiel (Fünfer „tiefer Ton", Einer „hoher Ton")
– Verknüpfungen mit dem Lernbereich Sprache: Gespräche über das Finden von Freunden,
zu dem Buch „Swimmy" erzählen,
aus dem Buch vorlesen

Literatur
Bartnitzky, H.: Der gelbe Fisch. In: Kunterbunt, Lesebuch für die Klasse 2, Klett-Verlag, Stuttgart 1990
Lionni, L.: Swimmy, Köln 1970

18/19 Zwanzigerreihe

Zählen nach Regeln, Rangplatz und Zahlnamen koordinieren, Grundlegung der Blitzrechenübung 2 „Zahlenreihe"

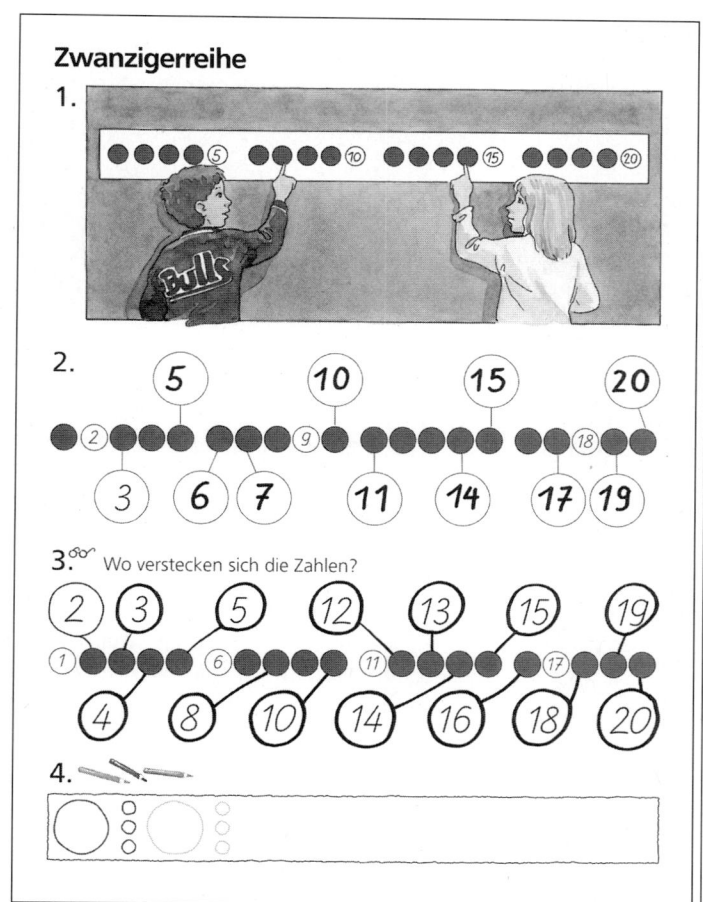

Zwanzigerreihe

1.
2.
3. Wo verstecken sich die Zahlen?
4.

1.
2.
3.

Was wird benötigt?
Arbeitsmaterial: Zwanzigerreihe (s. Beilage zum Schülerbuch), Wendeplättchen für die Kinder
Demonstrationsmaterial: Zwanzigerreihe, Wendeplättchen für die Magnettafel

Worum geht es?
Die Zwanzigerreihe besteht aus 20 linear angeordneten Kreisen, wobei nach jeweils fünf Kreisen eine Gestaltlücke eingefügt ist.
Bei der „ausführlichen" Zwanzigerreihe stehen in allen Kreisen die Zahlen. Bei der „normalen" Zwanzigerreihe stehen im 5er-Rhythmus die Zahlen außerhalb der Kreise (s. unten).
Durch Belegung der Kreise mit Wendeplättchen lassen sich Zahlen markieren. Dabei wird der ordinale Zahlaspekt betont.
Die Zwanzigerreihe ist ein fundamentales Arbeitsmittel, das nicht nur zu dieser Doppelseite benötigt wird, sondern im Unterricht mehrere Wochen täglich eingesetzt werden sollte.
Wiederholte kurze Übungen wie
– „vorwärts/rückwärts zählen",
– „Vorgänger/Nachfolger benennen",
– „Rangplatz und Zahlnamen koordinieren"
sind effektiver als das einmalige ausgedehnte Behandeln der Zwanzigerreihe.

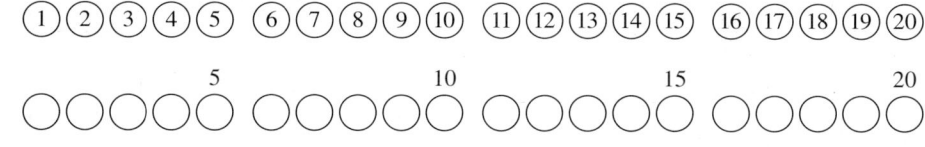

Wie kann man vorgehen?
Vor der Arbeit mit dem Buch:
An der Magnettafel hängt die ausführliche Zwanzigerreihe. Folgende Übungen bieten sich an:
1. Ein Kind nennt eine Zahl und deckt diese mit einem Wendeplättchen an der Tafel zu.
2. Wenn alle Zahlen mit Plättchen verdeckt sind, nennt die Lehrerin oder ein Kind eine Zahl. Ein anderes Kind muss das Plättchen, welches auf der genannten Zahl liegt, entfernen. Kleine Irrtümer können dabei schnell korrigiert werden.
3. Die Lehrerin nennt die ersten Zahlen einer von ihr ausgedachten Folge, die zugedeckt werden. Kinder müssen die Regel erraten und die Folge fortsetzen. Beispiele:
2, 4, 6 … (immer 2 weiter),
1, 4, 7 … (immer 3 weiter).

99

4. An der verdeckten Zwanzigerreihe werden nach Regeln Zahlen aufgedeckt. Beispiele:
20, 18, 16 ... (immer 2 zurück) oder
1, 20, 2, 19 ... (abwechselnd von oben und unten aufdecken).
Hinweis: Diese Aktivitäten sollten später mehrfach wiederholt werden. Sie eignen sich gut als Einstieg in eine Stunde.

Zur Arbeit mit der Buchseite 18:
Im Klassengespräch oder in Gruppenarbeit werden die Aufgaben der Seite gelegt und besprochen. Die Lehrerin sollte die Kinder immer wieder auffordern die gefundenen Regeln zu verbalisieren.
Aufgabe 1 (mündlich):
Welche Zahlen zeigen die beiden Kinder? (7 und 14)
Aufgabe 2:
Die Zahlen unter den angegebenen Plätzen werden gesucht und in die eingekreisten Plätze im Buch eingetragen. Durch Vergleich mit der Zwanzigerreihe kann die Lösung überprüft werden.
Aufgabe 3:
Der Platz der angegebenen Zahlen wird gesucht und durch Einkreisen zugeordnet. Überprüfung mit Zwanzigerreihe.
Aufgabe 4:
Muster von kleinen und großen Kreisen fortsetzen.

Zur Arbeit mit der Buchseite 19:
Aufgabe 1:
Die Kinder ordnen die Strichlisten der entsprechenden Zahl der aufgedeckten Zwanzigerreihe zu.
Aufgabe 2:
Die Kinder ordnen die vorgegebenen Terme wie z. B. 5 + 2 oder 10 + 3 den Zahlen der Zwanzigerreihe zu.
Hier ist der Gedanke der Orientierung auf der Reihe besonders wichtig, z. B. 5 + 2 muss zwei Zahlen weiter als die 5 angeordnet sein und bedeutet die 7. 10 + 3 bedeutet 13 und muss 3 Kreise weiter als 10 liegen.
Aufgabe 3:
„10 gewinnt" (Partnerspiel, bekannt unter dem Namen „Nim"). Die Lehrerin stellt das Spiel im Stuhlkreis vor. Man braucht zwei Spieler (Rot und Blau) mit roten bzw. blauen Plättchen (Wendeplättchen).

Der Spielplan wird bei Feld **1** (Start) beginnend lückenlos mit Plättchen belegt. Die Spieler dürfen abwechselnd aber nur ein oder zwei Plättchen ihrer Farbe legen. Gewonnen hat derjenige Spieler, der den letzten Platz **10** belegt.
Das Spiel wird einige Male „vor"-gespielt, bis die Regeln verstanden sind. Dann können die Kinder in Partnerarbeit allein spielen. Mit wachsender Erfahrung werden sie folgende Gesetzmäßigkeit entdecken: Wer bis zur **7** legt, kann gewinnen. Begründung: Legt z. B. Blau bis zur **7**, so muss Rot im nächsten Zug 1 oder 2 rote Plättchen legen. Im ersten Fall bleiben die Felder **9** und **10** frei, die Blau mit 2 Plättchen belegen kann. Im zweiten Fall bleibt das Feld **10** frei, das Blau mit 1 Plättchen belegen kann. In beiden Fällen erreicht also Blau den Sieg.
Wer bis zur **7** legt, kann also sicher gewinnen, wenn er geschickt weiterspielt. Man sagt: **7** ist eine Gewinnposition. Analog schließt man weiter: Wer bis **4** legt, kann sicher auf die **7** gelangen, von der aus man, wie schon bekannt, auf die **10** kommt und gewinnt: **4** ist somit ebenfalls eine Gewinnposition. Analog sieht man, dass auch **1** eine Gewinnposition ist.
Damit ist erklärt, dass der 1. Spieler eine Gewinnstrategie hat, die ihm, wenn er sie sorgfältig beachtet, immer den Sieg sichert, unabhängig davon, was der 2. Spieler tut.
Diese Gewinnstrategie sieht folgendermaßen aus: Der 1. Spieler legt zuerst 1 Plättchen und gelangt zur **1**. Legt nun der 2. Spieler 1 Plättchen, so legt der 1. Spieler 2 Plättchen und gelangt bis zur Gewinnposition **4**. Legt der 2. Spieler aber 2 Plättchen, so begnügt sich der 1. Spieler mit 1 Plättchen und gelangt wieder auf die **4**. Analog gelangt der 1. Spieler auf die **7** und auf die **10**.
Wenn der 1. Spieler diese Strategie verlässt, kann der zweite Spieler in sie einspringen und gewinnen, falls er sie einhält.
Da die Kinder diese Strategie nur langsam durchschauen und ihr, wenn sie „eigentlich" verstanden zu sein scheint, sehr oft nicht streng folgen, bleibt „10 gewinnt" lange Zeit für die Kinder reizvoll.

Blitzrechenkurs
Die Behandlung der Doppelseite endet mit der Grundlegung der Übung 2 „Zahlenreihe" (vgl. S. 31)

Wie könnte es weitergehen?
– Übungsheft S. 18 und 19
– Das Strategiespiel mit gleichen Legeregeln bis zur Zielzahl 12 spielen, also „12 gewinnt". Nun hat der 2. Spieler eine Gewinnstrategie, indem er immer dann, wenn der 1. Spieler 1 Plättchen legt, selbst 2 Plättchen legt und, wenn der 1. Spieler 2 Plättchen legt, selbst 1 Plättchen. **3**, **6**, **9** und **12** sind die Gewinnpositionen.

Literatur
Unterrichtsbeispiel „Eine elementare Variante von Nim". In: Müller, G. N./ Wittmann, E. Ch.: Der Mathematikunterricht in der Primarstufe. Braunschweig, Wiesbaden 1984, S. 72–75

20 Zahlen in der Umwelt
Unterschiedliche Zahlschreibweisen und Zahlaspekte kennen lernen

Wie kann man vorgehen?
Vor der Arbeit mit dem Buch:
Für diese Unterrichtseinheit bietet sich eine vorbereitende Hausaufgabe an. Die Kinder sollen Gegenstände, Prospekte und Zeitungen mit Zahlenangaben sammeln, mitbringen und erzählen, woher sie die Gegenstände haben, wie sie benutzt und wozu sie benötigt werden, welche Funktion die Zahlenangaben haben. Dabei kommen die veränderten Schreibformen von Ziffern zwanglos zur Sprache.

Zur Arbeit mit dem Buch:
Im Buch sollen die Kinder dann die abgebildeten Dinge betrachten, beschreiben und mit den mitgebrachten vergleichen. Dabei können Unterschiede und Gemeinsamkeiten herausgearbeitet werden, z. B.: „Unser Thermometer ist rund, das Thermometer im Buch ist länglich. Die Zahlen sind anders aufgeschrieben." „Auf unserer Uhr sind nur die Zahlen 3, 6, 9 und 12 eingetragen, die Uhr im Buch zeigt alle Zahlen von 1 bis 12."

Die Weiterführung erfolgt auf der folgenden Seite.

Was wird benötigt?
Demonstrationsmaterial: Geldscheine, Münzen, Kassenbons, Taschenrechner, TV-Fernbedienung, Prospekte, Lottoscheine, Kalender, Waagen, Uhren, Thermometer und andere Gebrauchsgegenstände mit Zahlen

Worum geht es?
Die Kinder sollen in ihrer Lebenswelt Gegenstände mit Zahlenangaben ausfindig machen. Dabei soll ihnen bewusst werden, dass Zahlen unterschiedlich geschrieben werden können, in unterschiedlichen Zusammenhängen auftreten und unterschiedliche Informationen beinhalten. Dadurch wird ihre Aufmerksamkeit für Zahlen in ihrer Umwelt über 20 hinaus sensibilisiert.

21 Zahlen in der Umwelt
Fehlende Zahlen einsetzen

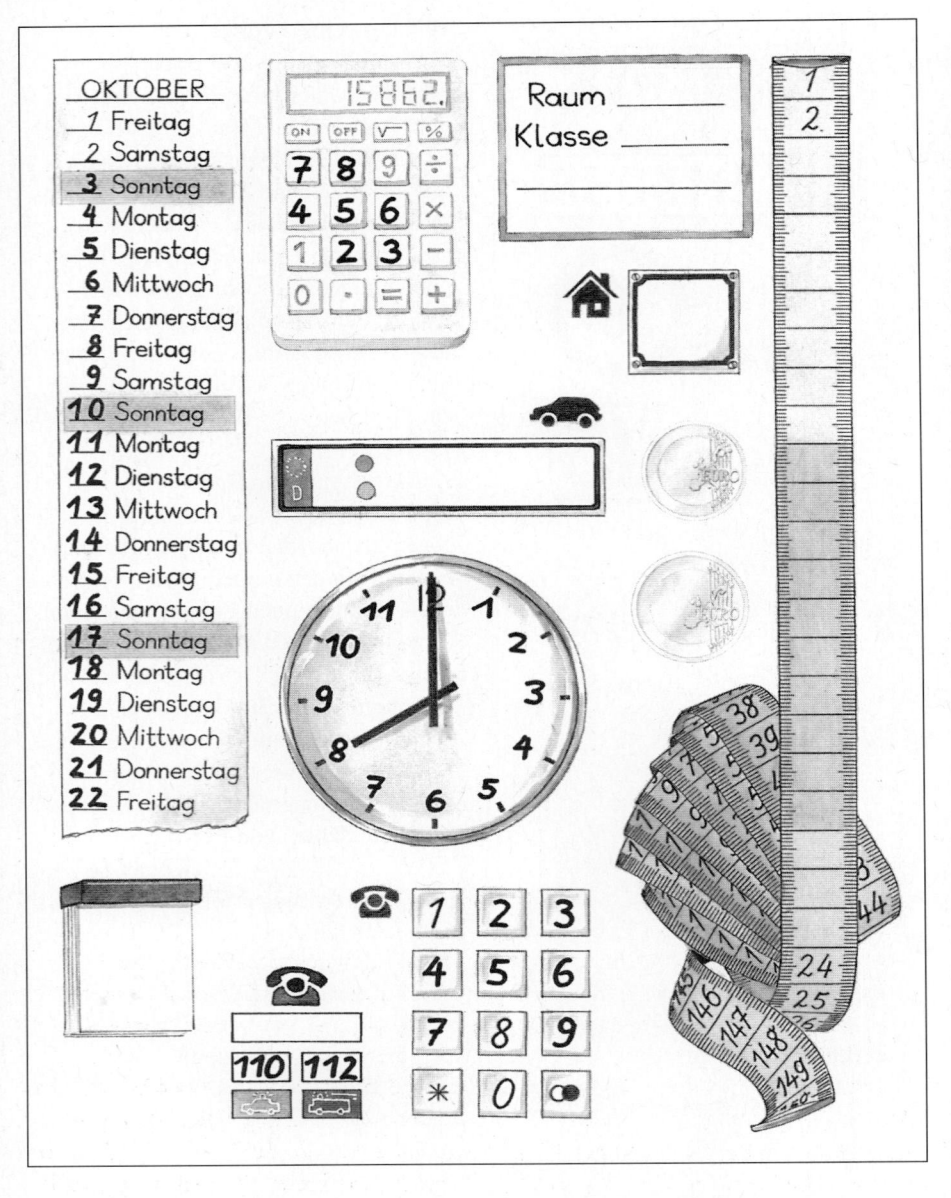

Was wird benötigt?
Demonstrationsmaterial: von den Kindern mitgebrachte Gegenstände mit Zahlenangaben

Worum geht es?
Die Kinder sollen ihr Wissen über die unterschiedlichen Aufgaben und Anordnungen der Zahlen anwenden und vertiefen. Durch das Eintragen der Zahlen wird ihnen der Gebrauch der Zahlen und der Gegenstände nochmals deutlich.

Wie kann man vorgehen?
Vor der Arbeit mit dem Buch:
Die mitgebrachten Dinge dienen als Wiederholung von Seite 20 und als Einstieg in diese Stunde (Kreisgespräch). Anschließend zeichnet die Lehrerin eine Uhr ohne Ziffern an die Tafel. Die Kinder tragen die Ziffern ein. Danach wird ein Maßband an die Tafel gezeichnet. Die Kinder können die Zahlen so weit eintragen, wie sie ihnen bekannt sind. Erfahrungsgemäß reizt es viele von ihnen, auch Zahlen größer als 20 aufzuschreiben.

Zur Arbeit mit dem Buch:
Die Kinder beschreiben die abgebildeten Dinge auf der Buchseite. Die Originalgegenstände und die Abbildungen auf Seite 20 helfen mit die fehlenden Zahlen in der richtigen Anordnung einzusetzen (Einzel- oder Partnerarbeit).
Beim Maßband und beim Kalender dürfen die Kinder die Zahlen eintragen, soweit sie es können.
Bei Hausnummer, Autokennzeichen und Schulraum setzen sie ihre persönlich wichtigen Zahlen ein (geeignete Hausaufgabe).

Wie könnte es weitergehen?
– Übungsheft S. 20
  Dort werden Anzahlen in der Umwelt gezählt. (Für Kinder interessant ist, dass der braune Steinläufer, umgangssprachlich Tausendfüßler genannt, nicht etwa 1000, sondern 30 Beine [15 Beinpaare] hat.)
– Unterrichtsgang mit Beobachtungsauftrag: Wo können wir Zahlen entdecken? (auch als Einstieg möglich)
  Die Kinder nehmen für Erinnerungsskizzen Heft und Bleistift mit. Hinweise auf Hausnummern, Autokennzeichen, Verkehrsschilder, Zahlen auf dem Schulhofpflaster, Angebotsschilder in Geschäften, Telefonzelle, Hinweisschilder auf Gas- und Wasserleitungen …
  In der Klasse werden die Ergebnisse zusammengetragen und besprochen.
– Collagen herstellen: Ausgeschnittene Zahlen und Dinge können in Gemeinschaftsarbeit zu Collagen zusammengestellt werden.
– Rätsel: Was ist das?
  Kreis mit Zahlen von 1 bis 12 (Uhr)
  Schmaler Papierstreifen mit vielen Zahlen untereinander (Kassenbon)
  Ich wähle 1 1 0 (Notruf Polizei)
  Ich wähle 1 1 2 (Notruf Feuerwehr)
  Damit findet die Polizei den Besitzer des Autos (Autokennzeichen)

22/23 Wendekarten
Zahlen von 0 bis 20 als Menge, Koordination des ordinalen und des kardinalen Zahlaspektes, Denkspiel 2 „Dreiecksmemory"

Was wird benötigt?
Arbeitsmaterial: Wendekarten (Buchbeilage)
Demonstrationsmaterial: evtl. magnetische Wendekarten oder Wendekarten der Beilage und kleine Magnete (bzw. Tesastreifen) zum Fixieren (verwendbar sind auch die Karten aus dem „Kartenspiel zum 1+1", Klett-Nr. 199010)

Worum geht es?
Der Wendekartensatz besteht aus den 21 Karten für die Zahlen 0 bis 20, d. h. insbesondere, dass auf dieser Seite mit den Wendekarten die Zahl Null eingeführt wird. Auf der Vorderseite einer jeden Karte steht das Zahlsymbol, auf der Rückseite befindet sich das dazugehörige Punktmuster. Die Muster sind in Anlehnung an das Zwanzigerfeld entstanden und haben daher auch die entsprechenden Gestaltlücken. Die Zwanzigerreihe betont den ordinalen Aspekt. Plättchenmengen und das Zwanzigerfeld betonen den kardinalen Aspekt der Zahlen. Die Wendekarten integrieren die beiden Aspekte.

Auf dem Zwanzigerfeld können die Kinder nach ihren individuellen Vorlieben Zahlen legen. Damit jedoch ein sicheres und schnelles Einprägen und Wiedererkennen der Punktmuster gefördert wird, sind die Muster auf der Rückseite der Wendekarten normiert: Beginnend bei 1 werden bis 10 die Punkte in einer Reihe angeordnet. Bei der Zahl 11 liegt das 11. Plättchen in der 2. Reihe und es wird analog zur ersten Zehnerreihe aufgefüllt. Dadurch wird wieder die „Kraft der 5" zur Geltung gebracht (zwei Fünfer sind zehn). Beispiel:
Die Zahl 6 kann als 5 + 1 gesehen werden. Sobald auch in der zweiten Reihe Punkte auftauchen, muss die Zahl größer als 10 sein. Man braucht dann nur noch die Punktezahl in der zweite Reihe zu bestimmen.
Wenn die Wendekarten von 1 bis 10 in eine Reihe gelegt werden und die Wendekarten von 11 bis 20 darunter (11 unter 1, 12 unter 2 usw.), wird der dekadische Aufbau deutlich. Es erscheint daher sinnvoll, die Kinder bereits an dieser Stelle einen ersten Blick auf die Hundertertafel auf Seite 95 werfen zu lassen (Zone der nächsten Entwicklung, vgl. die didaktischen Hinweise zu dieser Seite).
Die Zahldarstellung auf den Wendekarten steht in sehr enger Beziehung zur Zahldarstellung der Maya (vgl. Text zu Schülerbuchseite 14). Daher empfiehlt es sich, letztere zu thematisieren. Der Vorteil der Maya-Darstellung ist, dass der Fünfer durch einen Strich dargestellt wird und daher von den Kindern als neue Einheit („ein Fünfer") aufgefasst werden *muss*.

103

Wie kann man vorgehen?

Vor der Arbeit mit dem Buch:
Die Kinder führen (angeregt durch die Illustration zur Aufgabe 1 im Buch) mit ihren Karten verschiedene Legeaktivitäten aus:
– Aus einem ungeordneten Satz der Ziffernreihe wird Karte für Karte herausgegriffen und der Größe nach in einer Reihe angeordnet. Dabei können verschiedene Strategien auftreten:
a) Die Kinder bauen die Reihe von unten her auf, indem sie bei 0 beginnen und dann jeweils die nächste Karte „herauskramen".
b) Die Kinder ordnen die Karten als gedachte Reihe und lassen geschätzte Lücken.
c) Die Kinder bauen die Reihe von 10 oder 20 her auf.
In der Regel treten weitere Strategien und auch Mischformen auf.

Ist die Zahlenreihe komplett, so wird aus einem zweiten Satz (Punktmuster nach oben) Karte für Karte herausgegriffen und passend unter die fertige Zahlenreihe gelegt. Am Ende steht eine Doppelreihe von 0 bis 20 (oben in Zahlen, unten in Punktmustern).
– Die Doppelreihe kann umgekehrt zur vorherigen Übung aufgebaut werden: Zuerst die Punktmusterreihe oben, dann die Zahlenreihe unten.
– Zahlen und Punktmuster können jeweils im Wechsel gelegt werden.

Zur Arbeit mit der Buchseite 22:
Aufgabe 2 (Partnerspiel):
Ein Kind legt eine Zahl (Ziffernseite) auf den Tisch und sagt: „Ich lege die 8."
Der Partner sucht aus seinem Wendekartensatz die 8 heraus und legt sie mit der Punktseite nach oben auf den Tisch. Liegen einige Paare auf dem Tisch, wird die Regel verändert. Die Kinder suchen abwechselnd „Paare" (Punkt- und Ziffernkarte) heraus. Wer einen Fehler macht, muss einmal aussetzen.
Im Buch müssen die zusammengehörenden Karten miteinander verbunden werden.
Aufgabe 3:
Muster fortsetzen

Zur Arbeit mit der Buchseite 23:
Aufgabe 1 (Einzelarbeit):
Das Kind muss zur vorgegebenen Wendekarte (Punktseite) die passende Zahl schreiben. Die Selbstkontrolle erfolgt durch Wenden der Karten.
Aufgabe 2 (Einzelarbeit):
Das Kind muss umgekehrt zur vorgegebenen Wendekarte (Zahlseite) das entsprechende Punktmuster malen (möglichst „Kraft der Fünf" beachten).
Aufgabe 3:
Hier werden Ausschnitte aus der geordneten Zahlenreihe betrachtet. Die Kinder sollen den Vorgänger und den Nachfolger bestimmen. Diese Aufgabe beinhaltet eine kindgerechte individuelle Differenzierung, da die Teilaufgaben verschieden schwierig sind.
Aufgabe 4:
Es sollen Quartette gelegt werden, die der Regel „Immer 5 mehr" folgen.
Lösung: 2, 7, 12, 17/1, 6, 11, 16/4, 9, 14, 19/3, 8, 13, 18. Die Gemeinsamkeit der Karten eines Quartetts lässt sich als Muster (Immer 5 mehr) auf der Punktmusterseite erkennen.
Die Zusatzaufgabe trägt einen Igel, weil aus den verbleibenden 5 Zahlen entweder das Quartett 0, 5, 10, 15 oder das Quartett 5, 10, 15, 20 gebildet werden kann. Im ersten Fall bleibt 20, im zweiten 0 übrig.
Aufgabe 5:
Muster fortsetzen

Fortsetzung der Denkschule

Denkspiel 2 „Dreiecksmemory" bis 10 oder 15 vorstellen (vgl. S. 48)

Wie könnte es weitergehen?

– Übungsheft S. 21
– Die Lehrerin heftet nach einer bestimmten Regel Wendekarten an die Magnettafel, die Kinder legen mit ihren Wendekarten nach und setzen das Muster fort. Beispiele: gerade Zahlen; ungerade Zahlen; Vermischung der aufsteigenden (1, 2, 3) und absteigenden (20, 19, 18) Zahlenfolge (1, 20, 2, 19, 3, 18 …) usw.
– Die Lehrerin heftet Wendekarten mit der Punktseite an die Magnettafel, die Kinder legen mit ihren Wendekarten (Zahlseite) nach, und umgekehrt.
– Spiel: „Welche Zahl fehlt?" (für 2 oder mehr Spieler)
Spielregel: Die Wendekarten liegen der Reihe nach geordnet auf dem Tisch (Ziffernseite nach oben), ein Kind wird kurz weggeschickt oder schließt die Augen, 1 oder 2 Karten werden aus der Reihe herausgenommen, die Reihe wird lückenlos zusammengeschoben, das Kind wird zurückgerufen und soll die fehlende(n) Zahl(en) bestimmen.
– Die Kinder legen die Karten von 1 bis 10 in eine Reihe und die Karten von 11 bis 20 genau darunter. Sie machen sich die Sprechweisen bewusst („drei"- „dreizehn", „sechs"- „sechzehn" usw.) und vergleichen dies mit der Hundertertafel auf Seite 95.
– Die Lehrerin zeigt den Kindern an einigen Beispielen, wie die Maya vor 1000 Jahren Zahlen geschrieben bzw. gemalt haben (vgl. Lehrertext zu Seite 14, Kraft der Fünf):

1 •   10 ═══
3 •••   15 ≡≡≡
6 ─•─   17 ≡≡⋮

Im Klassengespräch wird gemeinsam überlegt, wie die Maya die anderen Zahlen geschrieben haben. Zu jeder Maya-Darstellung wird dann die entsprechende Wendekarte gelegt. Am Beginn der folgenden Stunden kann immer wieder auf die Maya-Darstellung eingegangen werden, durch welche die strukturierte Zahldarstellung sehr unterstützt wird.

24 Zerlegen

Notation von Zerlegungen unter Verwendung des Pluszeichens, Grundlegung der Blitzrechenübung 3 „Zerlegen"

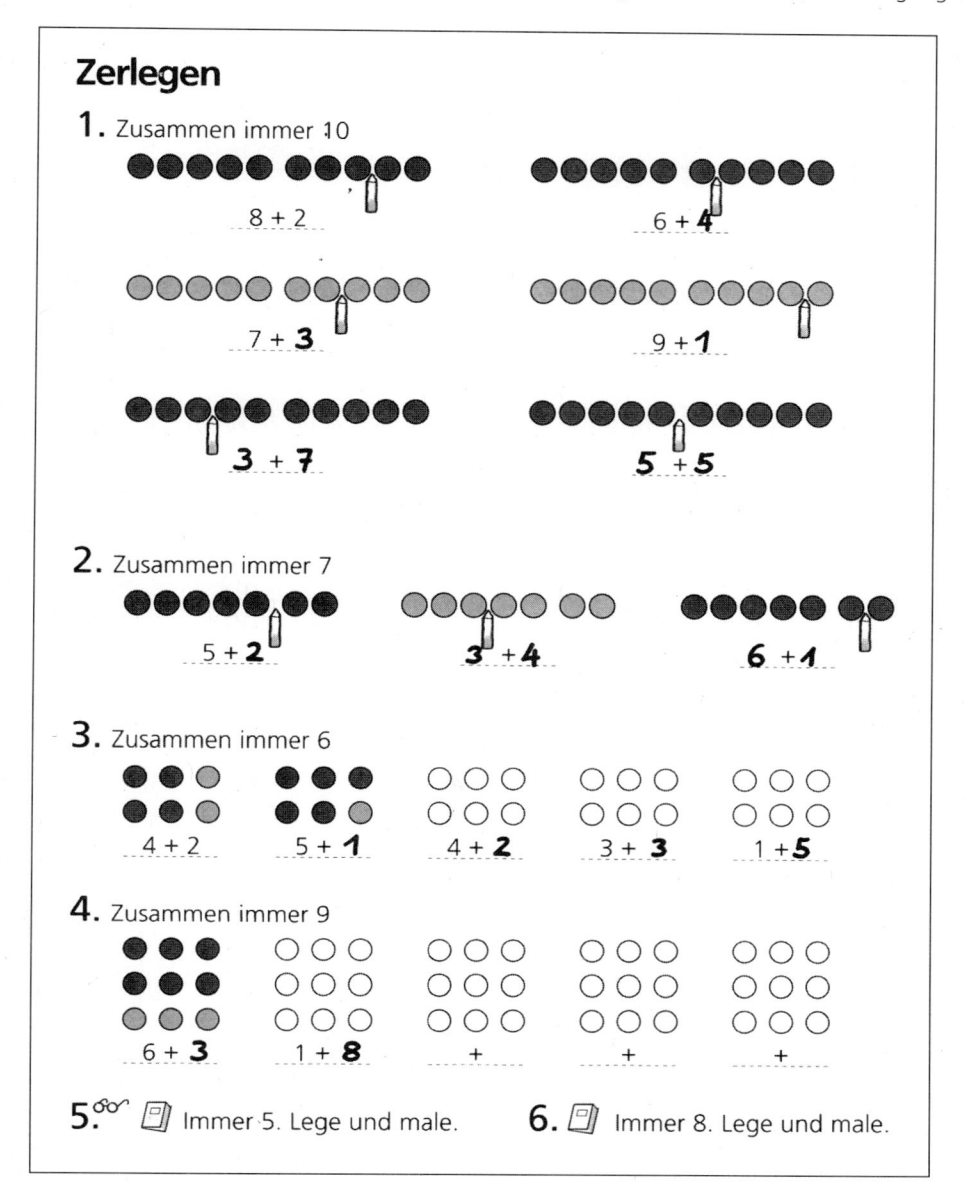

Zerlegen

1. Zusammen immer 10

8 + 2   6 + 4
7 + 3   9 + 1
3 + 7   5 + 5

2. Zusammen immer 7

5 + 2   3 + 4   6 + 1

3. Zusammen immer 6

4 + 2   5 + 1   4 + 2   3 + 3   1 + 5

4. Zusammen immer 9

6 + 3   1 + 8   +   +   +

5. Immer 5. Lege und male.   **6.** Immer 8. Lege und male.

Wie kann man vorgehen?

Vor der Arbeit mit dem Buch:
Die Aufgaben im Buch können im Klassenverband vorbereitet werden.

1. Mit roten Plättchen wird ein bestimmtes Muster der Zahl 6 an der Magnettafel mehrfach gelegt. Die Kinder zerlegen dieses Muster dann unterschiedlich in zwei Teile, indem sie einige Plättchen auf die blaue Seite drehen.
Die entsprechenden Zerlegungen werden mit dem Pluszeichen notiert (z. B. 3 + 3).
Entsprechend können weitere Muster mit anderen Ausgangszahlen zerlegt werden. Dabei wird deutlich, dass die Gesamtanzahl immer gleich bleibt, jedoch die Summanden unterschiedlich sind.

2. Die Lehrerin zerlegt an der Magnettafel eine Zehnerreihe von Plättchen mit dem Zeigestock oder einer anderen Trennmarke in zwei Summanden. Die Kinder notieren die entstandene Zerlegung in Form einer Plusaufgabe. Die Kinder stellen sich nun gegenseitig eigene Aufgaben an der Zehnerreihe und schreiben die Plusaufgaben auf.

Zur Arbeit mit dem Buch:
Aufgabe 1:
Zerlegungen an der Zehnerreihe. Durch den Stift ist die Zerlegung vorgegeben, die Kinder schreiben die Zerlegung als Plusaufgabe darunter.
Aufgabe 2:
Analog Zerlegungen an der Siebenerreihe.
Aufgabe 3 und 4:
Die Zahlen 6 und 9 sind als Rechteckmuster vorgegeben und sollen von den Kindern wie vorgegeben oder auch frei zerlegt werden. Die Muster sind entsprechend zu färben.
Aufgabe 5 und 6:
Für die angegebenen Anzahlen legen die Kinder mit Plättchen eigene Farbmuster nach und finden die passenden Zahlzerlegungen dazu. Die dazugehörige Plusaufgabe wird notiert.

Blitzrechenkurs
Grundlegung der Übung 3 „Zerlegen" (vgl. S. 31)

Was wird benötigt?

Arbeitsmaterial: Plättchen, Stifte als Trennmarken
Demonstrationsmaterial: Wendeplättchen für die Magnettafel
Tipp: Als Trennmarke auf der Magnettafel kann man einen auf einen Magneten geklebten Strohhalm oder einen Zeigestock benutzen.

Worum geht es?

Als Vorübung zur Addition werden Zahlen unter Verwendung des Pluszeichens additiv zerlegt. Das Pluszeichen wurde auf Seite 14 eingeführt um den Zahlenraum mit der Kraft der Fünf zu strukturieren. Nun sollen beliebige Zerlegungen von Zahlen als Summe geschrieben werden. Da die zerlegte Zahl jeweils vorgegeben ist (z. B. „Immer 10"), brauchen hier noch keine Gleichungen geschrieben zu werden.
Punktmuster lassen sich durch Farben zerlegen oder mit Hilfe eines Stabes. Wichtig ist, dass die Zerlegungen nicht nur auf formaler Ebene, sondern immer wieder an konkretem Material und auf zeichnerischer Ebene, also an Plättchen und Punktmustern, konkret durchgeführt werden.
Sprache und Schrift sollen die Handlungen und Zeichnungen zunehmend begleiten. Zerlegungen mit mehr als zwei Summanden sind zugelassen, jedoch noch nicht verbindlich.

**Beginn der Expeditionen
ins Zahlenreich**

Expedition 1: Muster unterschiedlich
mit roten und blauen Plättchen legen
(vgl. S. 42)

Wie könnte es weitergehen?
– Übungsheft S. 22 und 23
– Weitere Plättchenmuster mit zwei
  Farben legen und die passende Aufgabe dazu notieren
– Plättchenwerfen – wie Seite 11 – und
  Plusaufgaben notieren
– Partnerarbeit an der 8 oder 5 dargestellt als Plättchenreihe: Ein Kind zerlegt die Reihe mit einem Stift in zwei
  Summanden, das andere Kind nennt
  die Aufgabe und schreibt sie auf.

Eine wichtige Frage ist noch zu erörtern, die nämlich, wie weit wir auf dieser Stufe zählen dürfen. Aus langjähriger Erfahrung und aus herzlichem Mitgefühl wie auch aus psychologischer Beobachtung der Kindesnatur schlagen wir vor: ohne jede Grenze. Welchem Elementarlehrer hätte es nicht jedesmal einen Stich ins Herz gegeben, wenn ein frisches Kindesgesicht erklärte, es könne bis 20 zählen oder bis 30 – und er doch nur bis zur 10 rechnen lassen durfte, weil der Lehrplan es so vorschrieb! In der Tat, wer die Grenzen der Zahlenräume für den elementaren Rechenunterricht bis 10 oder bis 20 abgesteckt hat, ist gewiss ein logischer Kopf, vielleicht auch ein wohlmeinender Mann gewesen, aber ein Psycholog oder Kinderfreund nicht; oder er hat nicht bedacht, dass die Bestimmung Zahlenraum bis 10 nun vom Schulmeister so ausgelegt werden würde, dass es verboten sei, darüber hinauszugehen, wenigstens offiziell. Nur privatim durften Kinder des 1. Schuljahres ihre Zahlbegriffe zwischen 10 und 100 erweitern; im 2. Schuljahre „lernten" sie beispielsweise an geeigneter Stelle die 19 „kennen", vorher kannten sie nur die Zahlen bis 18. Welche Unnatur zeigt sich in all dem! Unsere Erfahrung ist die, dass eine solche Begrenzung deutlich die Wirkung hat, das Interesse des Kindes am Rechnen und seine Lust am Fortschritt stark abzuschwächen.

Johannes Kühnel: Neubau des Rechenunterrichts

25 Zahlenhäuser
Zu einer gegebenen Zahl alle Zerlegungsmöglichkeiten finden

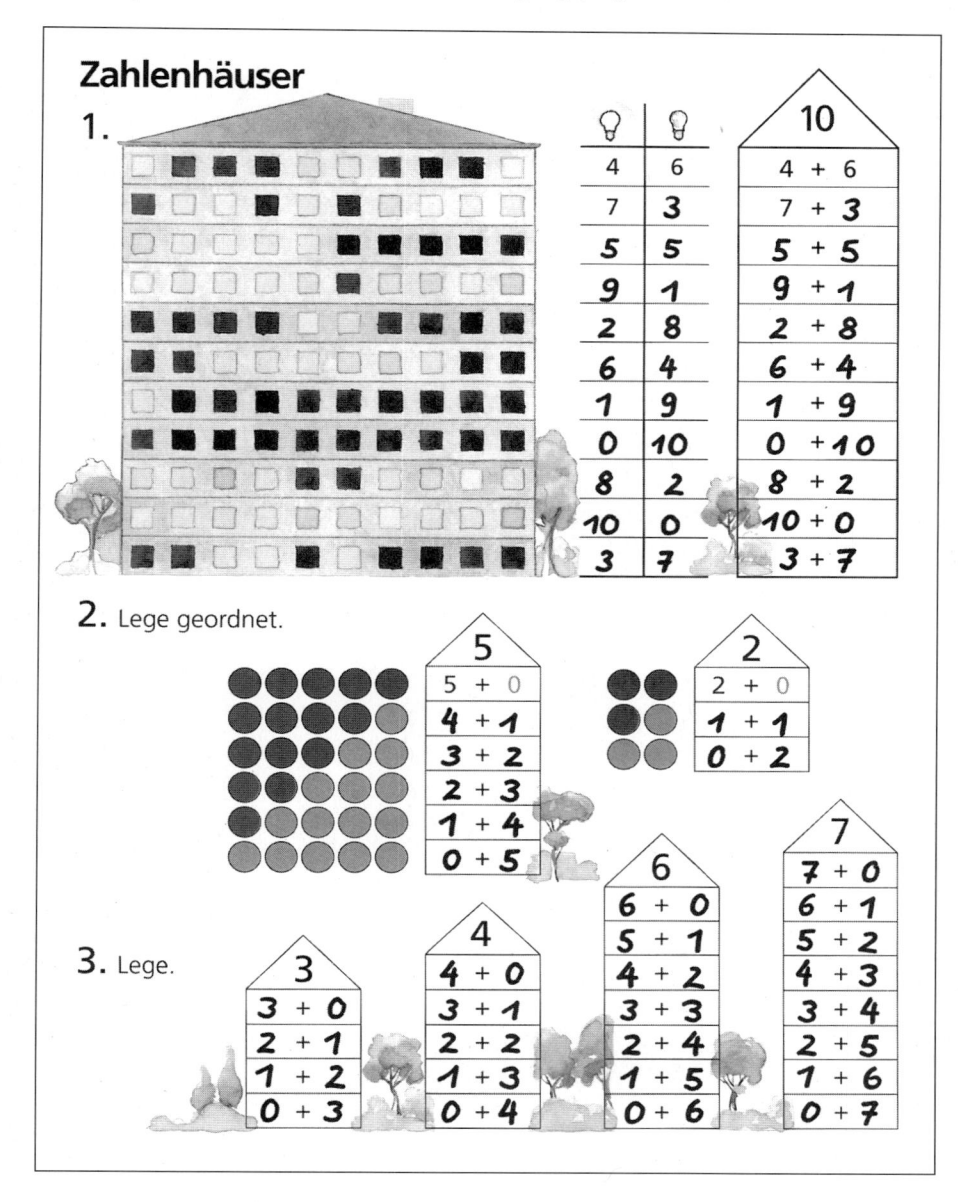

Zahlenhäuser

1.

💡	💡	10
4	6	4 + 6
7	3	7 + 3
5	5	5 + 5
9	1	9 + 1
2	8	2 + 8
6	4	6 + 4
1	9	1 + 9
0	10	0 + 10
8	2	8 + 2
10	0	10 + 0
3	7	3 + 7

2. Lege geordnet.

5
5 + 0
4 + 1
3 + 2
2 + 3
1 + 4
0 + 5

2
2 + 0
1 + 1
0 + 2

3. Lege.

3
3 + 0
2 + 1
1 + 2
0 + 3

4
4 + 0
3 + 1
2 + 2
1 + 3
0 + 4

6
6 + 0
5 + 1
4 + 2
3 + 3
2 + 4
1 + 5
0 + 6

7
7 + 0
6 + 1
5 + 2
4 + 3
3 + 4
2 + 5
1 + 6
0 + 7

Was wird benötigt?
Arbeitsmaterial: Wendeplättchen
Demonstrationsmaterial: Wendeplättchen an Magnettafel, evtl. Folienkopie der Buchseite für OHP

Worum geht es?
Zahlenhäuser setzen das Thema „Plättchen werfen" fort. Bei Zahlenhäusern geht es darum, zu einer vorgegebenen Zahl möglichst alle Zerlegungsmöglichkeiten zu finden und aufzuschreiben.

Wie kann man vorgehen?
Aufgabe 1:
Übertragung der Tabelle und des Zahlenhauses auf die Tafel oder Demonstration mit OHP.
Zu Beginn beschreiben die Kinder das Hochhaus mit dunklen und hellen Fenstern. Sie stellen fest, dass das Haus 11 Stockwerke mit je 10 Fenstern hat. Etage für Etage werden die Anzahlen der hellen und dunklen Fenster in der Tabelle festgehalten. Im Zahlenhaus wird die entsprechende Zerlegungsaufgabe notiert.
Danach können die Kinder im Buch Aufgabe 1 lösen. Sie zählen etagenweise die Anzahl der hellen und dunklen Fenster und schreiben die Zerlegungsaufgabe in das Zahlenhaus.

Aufgabe 2:
Bei Aufgabe 1 treten die Zerlegungen ungeordnet auf. Damit den Kindern der Vorteil der Ordnung deutlich wird, sollten vor der Bearbeitung der Aufgabe 2 die Zerlegungen von 5 ohne Beachtung der Ordnung gefunden und notiert werden.
Die Kinder erhalten den Arbeitsauftrag: „Lege Reihen mit 5 Wendeplättchen. Welche verschiedenen Reihen kannst du legen?"
Pro gelegte Reihe zählen die Kinder die Anzahl der roten und die Anzahl der blauen Plättchen und tragen sie als Zerlegungsaufgabe in das nebenstehende Zahlenhaus ein.

Vorschlag für Tafelbild:

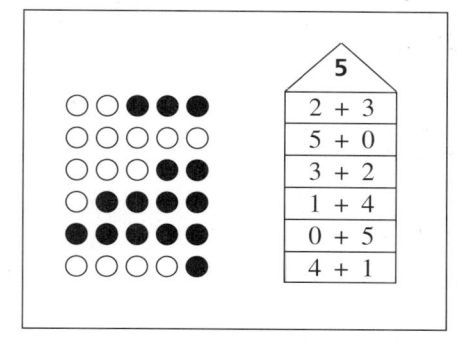

5
2 + 3
5 + 0
3 + 2
1 + 4
0 + 5
4 + 1

Anschließend wird über den Vorteil der Ordnung gesprochen.
Die Kinder vergleichen mit der Tabelle im Buch und tragen die Zerlegungen ein.

Aufgabe 3:
Eine der Aufgaben, z. B. das Viererhaus, wird zuerst gemeinsam an der Tafel bearbeitet.
Die Kinder legen pro Reihe 4 Plättchen und tragen die Zerlegungsaufgabe in das Zahlenhaus ein.
Bevor die Aufgaben im Buch bearbeitet werden, muss den Kindern klar sein, dass die Zahl im Dach des Zahlenhauses angibt, wie viele Plättchen pro Reihe sie immer legen müssen.
Hinweis: Zahlenhäuser treten hier zum ersten Mal auf. Es kann nicht erwartet werden und ist auch nicht notwendig, dass bei diesem ersten Durchgang alle Kinder alle Zerlegungen finden und systematisch aufschreiben. Zahlenhäuser treten später immer wieder auf, so dass die Kinder Zeit haben mit ihnen vertraut zu werden.

Wie könnte es weitergehen?
- Übungsheft S. 23, Aufgabe 3
- In einem weiteren Schritt sollen die Kinder befähigt werden selbst Zahlenhäuser ins Heft zu zeichnen. Die Verwendung eines Lineals ist möglich, aber nicht nötig. Die Lehrerin muss die Kinder darauf hinweisen, dass sie im Heft weit genug oben mit dem Zeichnen beginnen, damit sie genug Stockwerke nach unten „bauen" können. Die Vollständigkeit der Stockwerke ist noch nicht zwingend!
- Die Lehrerin gibt ein unvollständiges Zahlenhaus vor. Die fehlenden Zahlen werden ergänzt. Beispiele:

3
2 +
+ 0
+ 2
+ 3

5
+ 0
+ 3
4 +
0 +
+ 2
1 +

10
7 +
+ 8
8 +
0 +
9 +
+ 7
1 +
+ 0
6 +
+ 6
+ 5

Für solche Aktivitäten mit Zahlenhäusern lässt sich Kopiervorlage 7 verwenden.

26 Immer 10, immer 20
Zerlegung der Zahlen 10 und 20, Kennenlernen des Zwanzigerfeldes, Grundlegung der Blitzrechenübung 4 „Immer 10/Immer 20"

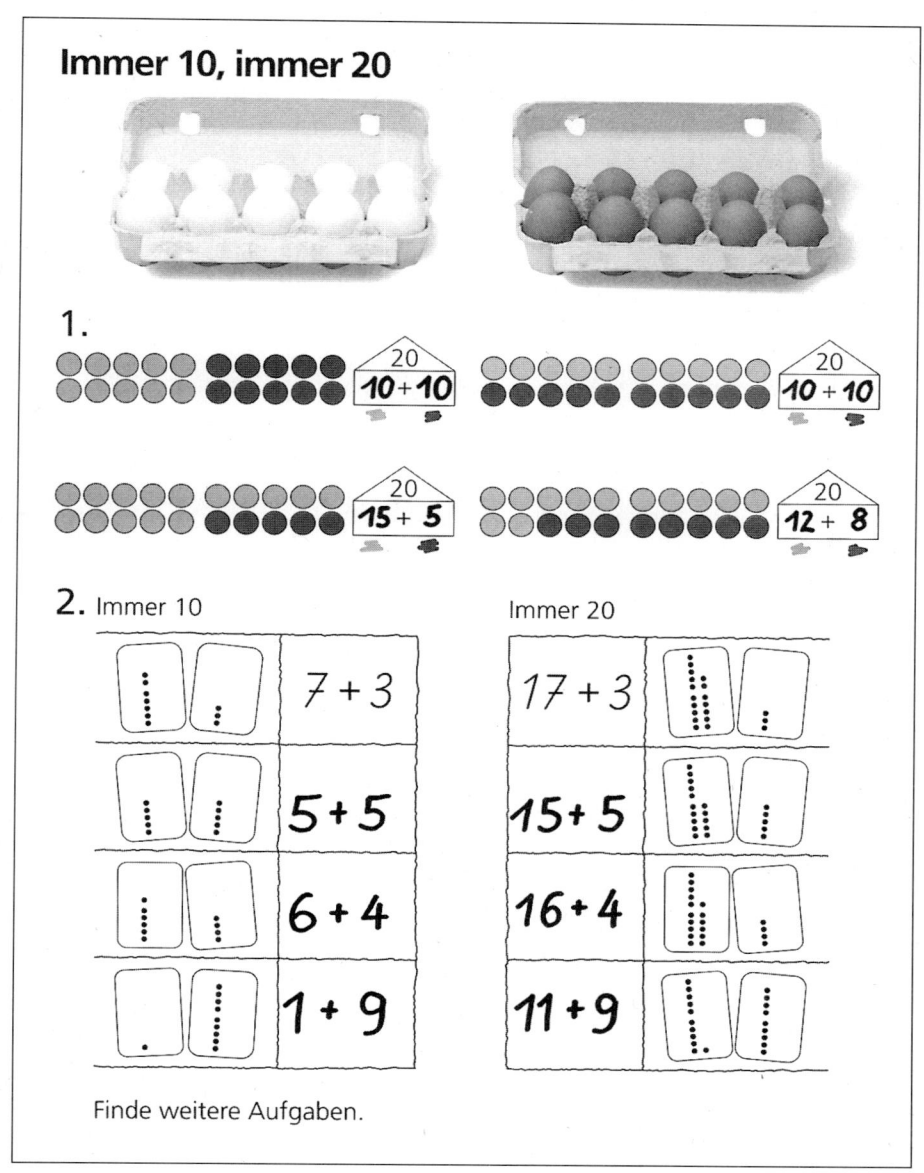

Immer 10, immer 20

1.

10 + 10   10 + 10

15 + 5   12 + 8

2. Immer 10

7 + 3

5 + 5

6 + 4

1 + 9

Immer 20

17 + 3

15 + 5

16 + 4

11 + 9

Finde weitere Aufgaben.

Worum geht es?
Am Zwanzigerfeld (2 Eierkartons nebeneinander) und am Zehnerfeld (1 Eierkarton) werden die Zahlen 10 und 20 zerlegt und als Summe aufgeschrieben. Legt man 20 rote Plättchen auf das Zwanzigerfeld und dreht dann systematisch ein Plättchen nach dem anderen um auf die blaue Seite, so ergeben sich systematisch alle Zerlegungen von 20, als 20 + 0, 19 + 1, 18 + 2, 17 + 3, …, 2 + 18, 1 + 19, 0 + 20.

Entsprechend kann man am Zehnerfeld die Zerlegungen der Zahl 10 systematisch behandeln. Diese Zerlegungen können auch mit den Wendekarten veranschaulicht werden. 7 als 5 + 2 ergibt zusammen mit 3 einen vollen Zehner, 8 als 5 + 3 ergibt zusammen mit 2 einen vollen Zehner usw.

Das Operieren mit Plättchen auf dem Zwanzigerfeld, ob am Arbeitsplatz oder an der Magnettafel, hat für den Lernprozess eine große Bedeutung, da es die Grundlage für denkendes, flexibles Rechnen ist und die Kommunikation erleichtert. Manche Kinder bringen von zuhause die Auffassung mit, Plättchen seien „Kinderkram" und ihre Verwendung sei ein Zeichen für mindere Fähigkeiten. Dieser schädlichen Einstellung tritt die Lehrerin am besten dadurch entgegen, dass sie die Kinder über den großen Nutzen der Plättchen informiert, Plättchen an der Tafel und im Gespräch mit einzelnen Kindern selbst ungezwungen verwendet und immer wieder Aufgaben legen, abwandeln und vor allem Rechenwege mit Hilfe von Plättchen begründen lässt. So entsteht eine „Plättchenkultur", in die auch leistungsstarke Kinder einbezogen sind, die Plättchen zum Rechnen längst nicht mehr brauchen. Natürlich darf kein Kind gezwungen werden Plättchen beim Rechnen zu verwenden. Die Kinder müssen – im Sinne der natürlichen Differenzierung – schon selbst entscheiden, wie sie rechnen wollen.

Was wird benötigt?
Arbeitsmaterial: Zwanzigerfeld (Buchbeilage), Wendeplättchen, evtl. Kopiervorlage 8, Wendekarten
Demonstrationsmaterial: Zwanzigerfeld, magnetische Wendeplättchen, zwei Eierkartons, weiße und braune gekochte oder ausgepustete Eier oder als Eierersatz entsprechend gefärbte Tischtennisbälle, Papier-, Styroporkugeln o. Ä., evtl. magnetische Wendekarten

Tipp: Wenn es die Umstände erlauben, kann auf jeden Arbeitsplatz eine Kopie des Zwanzigerfeldes geklebt werden (selbstklebende Folie). So ist dieses fundamentale Arbeitsmittel ständig verfügbar. Das Original aus dem Schülerbuch können die Kinder mit nach Hause nehmen, so dass sie es auch für Hausaufgaben ständig zur Verfügung haben. Wenn Zehnerstäbe und Wendeplättchen aus Holz vorhanden sind, kann man daraus ein Zwanzigerfeld bauen, bei dem die Plättchen wegen der Bohrungen in den Stäben nicht verrücken. Aus dem Arbeitsmaterial „Hundert be-greifen" (Klett-Nr. 199055) lassen sich fünf Zwanzigerfelder zusammenstellen, die Kindern mit einer groben Motorik zur Verfügung gestellt werden können.

Wie kann man vorgehen?

Vor der Arbeit mit dem Buch:
Im Sitzkreis steht ein Korb mit 10 braunen und 10 weißen Eiern. Die Lehrerin fragt nach der Anzahl, die schwer zu bestimmen ist. Dann zeigt sie zwei Eierkartons: „Passen hier die Eier rein? Helfen uns die Kartons beim Zählen?" Nachdem sich die Kinder spontan geäußert haben, legt ein Kind Eier in die Kartons. Die anderen Kinder sollen möglichst schnell, ohne zu zählen, die Anzahl nennen und begründen, wie sie die Anzahl 20 als zwei Zehner oder 10 + 10 gefunden haben.

*Zur Arbeit mit dem Buch:
Aufgabe 1:
Wenn man zwei Eierkartons mit braunen und weißen Eiern auffüllt, erhält man immer eine Zerlegung der Zahl 20. Dies können die Kinder mit ihren roten und blauen (Wende-)Plättchen am Zwanzigerfeld durchführen und in einem „Minizahlenhaus" notieren.

Aufgabe 2:
Als Vorübung werden die 11 Wendekarten von 0 bis 10 mit der Punktseite nach oben auf den Tisch gelegt und es werden Paare mit zusammen je 10 Punkten gebildet. Die Punktseite hilft zu erkennen, dass auch wirklich zwei volle Fünfer vorhanden sind, ein Umdrehen auf die Zahlseite erleichtert das Aufschreiben der Zerlegung.
Anmerkung: Bei einem Satz Wendekarten können die Zerlegungen 10 + 0, 9 + 1, 8 + 2, 7 + 3, 6 + 4 gelegt werden. Zu 5 + 5 braucht man eine zweite 5er-Wendekarte.
Analog werden die 21 Wendekarten (von 0 bis 20) dazu benutzt, die Zerlegungen von 20 + 0, 19 + 1, …, 11 + 9 zu bilden. Für 10 + 10 wird wieder eine zusätzliche 10er-Karte benötigt.
Bei der schriftlichen Bearbeitung der Aufgabe 2 wird die Verwandtschaft zwischen den Zerlegungen von 10 und 20 deutlich: 7 + 3 ist verwandt mit 17 + 3 usw. Diese Analogie ist von fundamentaler Bedeutung und muss abschließend im Klassengespräch betont und bewusst gemacht werden.

Blitzrechenkurs
Grundlegung der Übung 4 „Immer 10/Immer 20" (vgl. S. 32)

Wie könnte es weitergehen?
Im Übungsheft S. 24 sehen die Kinder, wie eine zuvor gelegte Aufgabe auf Karopapier gezeichnet werden kann. Nach dieser Seite können die Schüler sich selber oder gegenseitig Aufgaben stellen, im Zwanzigerfeld legen und dann ins Heft übertragen.
Vielfältige Aufgabenstellungen durch die Lehrerin sind möglich, z. B.:
– Immer 18/Immer 15 …
– Wer findet zu den Zahlen viele verschiedene Lösungen?
– Suche weitere Zerlegungen, bewege dabei möglichst wenig Plättchen; beim Zusammentragen der Ergebnisse die unterschiedlichen Lösungen und Vorgehensweisen besprechen
– Kopiervorlage 9
  (kleines Zwanzigerfeld)

Hinweis: Die Materialien sollten zur späteren Einführung der Addition am Zwanzigerfeld aufbewahrt werden.

27 Geld

Kennenlernen der 10-Euro- und 20-Euro-Scheine, Bestimmen von ganzen Eurobeträgen bis 20 Euro

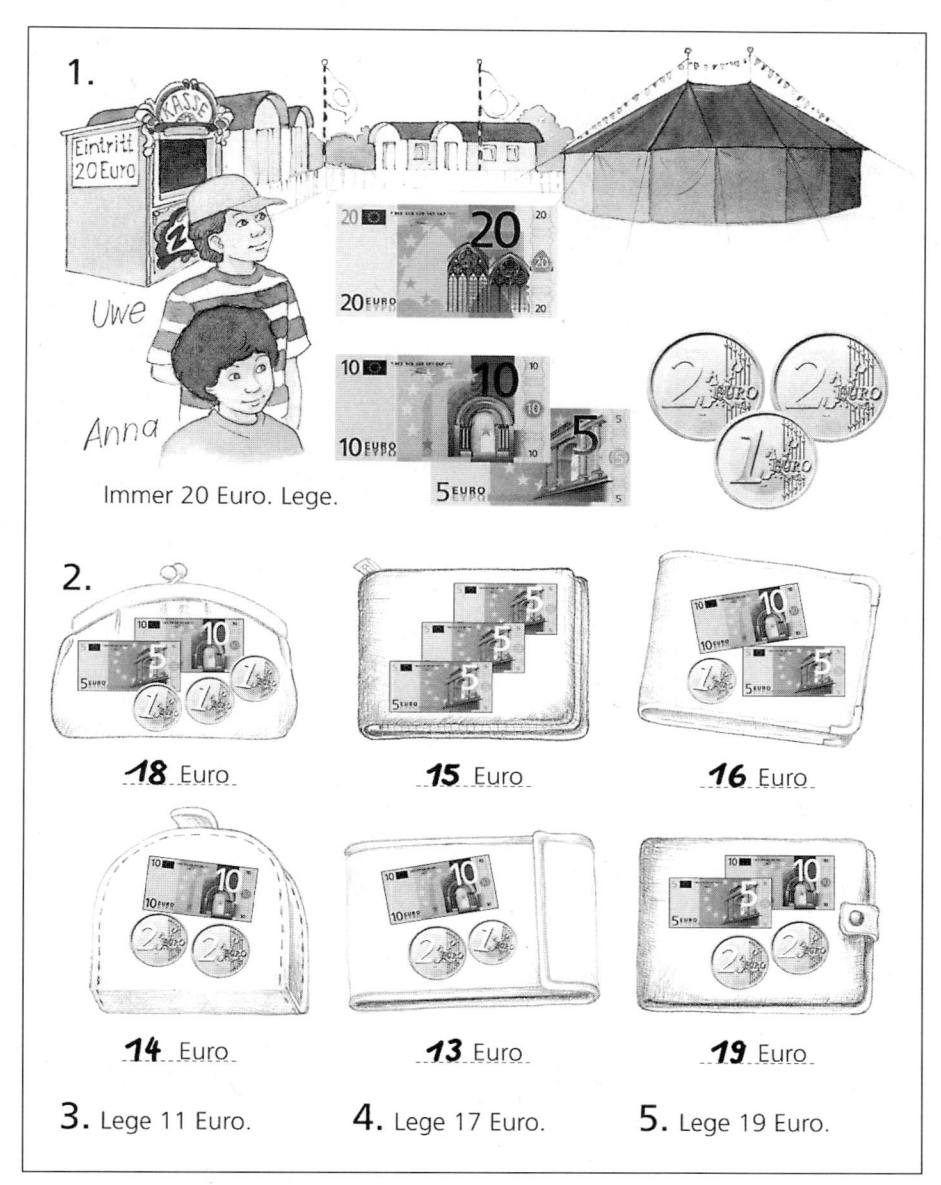

1. Immer 20 Euro. Lege.

2. _18_ Euro, _15_ Euro, _16_ Euro, _14_ Euro, _13_ Euro, _19_ Euro

3. Lege 11 Euro.
4. Lege 17 Euro.
5. Lege 19 Euro.

Wie kann man vorgehen?

Aufgabe 1:
Im Sitzkreis kann die Lehrerin den 10-Euro- und den 20-Euro-Schein vorstellen und beide in 1-Euro-Münzen wechseln. Danach wird bearbeitet, wie der Eintritt von 20 Euro bezahlt werden kann. Hierfür ergeben sich sehr viele Möglichkeiten.

Aufgabe 2:
Weitere Eurobeträge werden bestimmt.

Aufgabe 3–5:
Eurobeträge werden gelegt.

Wie könnte es weitergehen?

– Übungsheft S. 25
– Ein Betrag wird mit Rechengeld (Magnetmaterial) an der Tafel gelegt und bestimmt. Dann legt die Lehrerin vor den Augen der Kinder 1, 2, 5 oder 10 Euro dazu oder nimmt sie weg und lässt den Betrag neu bestimmen. Dabei kann auch das Wechseln von Beträgen einbezogen werden.

Was wird benötigt?

Arbeitsmaterial: Rechengeld
Demonstrationsmaterial: Rechengeld, echte Euroscheine (10 Euro, 20 Euro), Geldbeutel mit Rechengeld

Worum geht es?

In Fortsetzung von Seite 15 werden nun auch Eurobeträge bis 20 Euro bestimmt. Es wird herausgearbeitet, dass sich Geldbeträge unterschiedlich legen lassen.

Beispiel 20 Euro (Eintritt in den Zirkus):

| 20 |
10	10
10	5	5
5	5	5	5
10	5	2	2	1
10	2	2	2	2	2	usw.

28 Zahlen als Ordnungszahlen

Erweiterung des Zahlbegriffs (Ordinalzahl), Denkspiel 3 „Springende Steine", Erweiterung des Denkspiels 2 bis 21

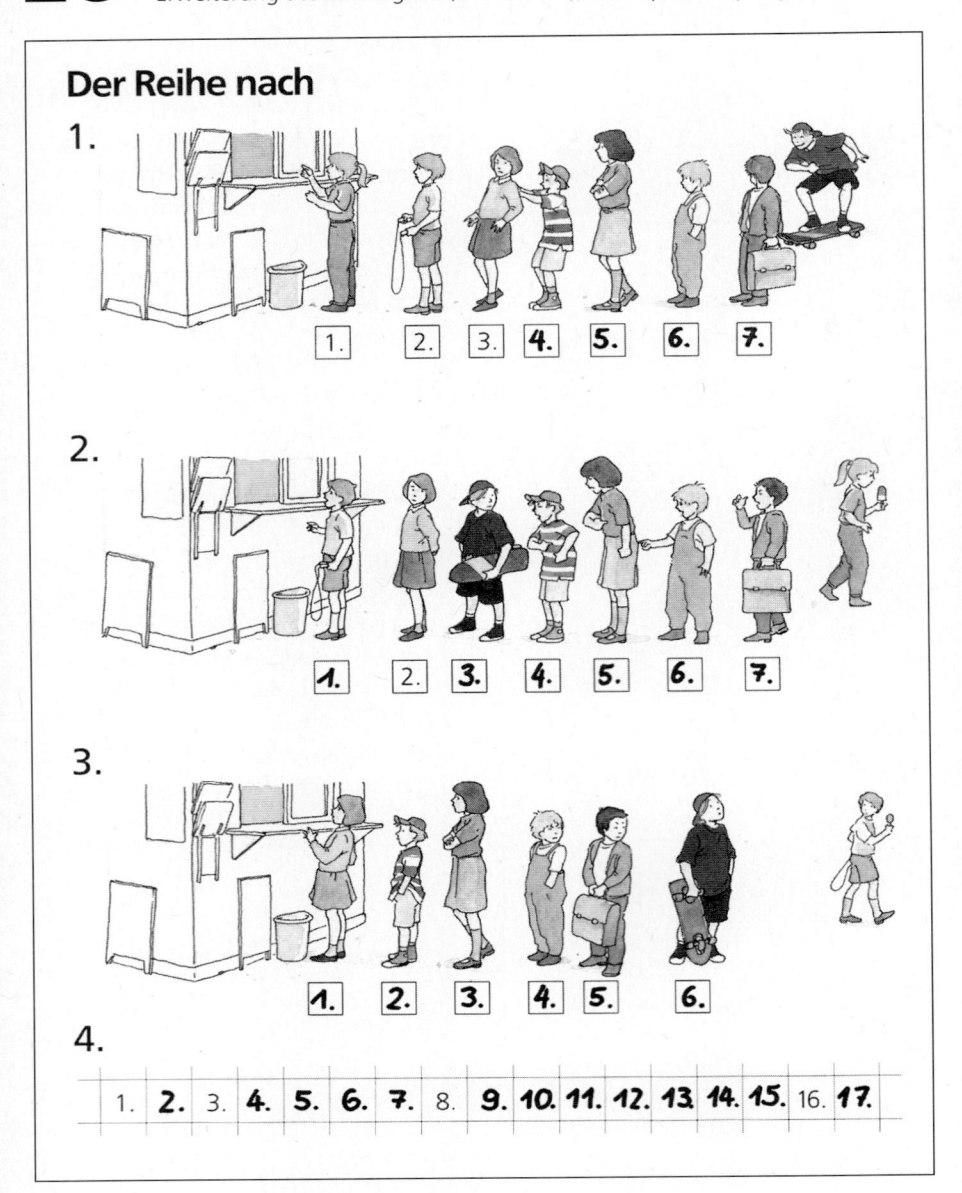

Der Reihe nach

1.

[1.] [2.] [3.] [4.] [5.] [6.] [7.]

2.

[1.] [2.] [3.] [4.] [5.] [6.] [7.]

3.

[1.] [2.] [3.] [4.] [5.] [6.]

4.

| 1. | 2. | 3. | 4. | 5. | 6. | 7. | 8. | 9. | 10. | 11. | 12. | 13. | 14. | 15. | 16. | 17. |

Was wird benötigt?
Demonstrationsmaterial: evtl. Folienkopie der Seite für den Tageslichtschreiber, Zahlenkarten mit Ordnungszahlen von 1 bis 7 (etwa Postkartengröße)

Worum geht es?
Die Kinder sollen die eingeführten Zahlen als Ordinalzahlen kennen lernen und benutzen. Die meisten Kinder benutzen bereits in ihrer Umgangssprache Zahlbeziehungen wie „Erster", „Dritter" oder „Letzter", an die angeknüpft werden kann. Die Schreibweise „1., 3. oder 7." (Zahl mit Punkt) ist zumeist nicht bekannt und muss daher neu eingeführt werden.

Wie kann man vorgehen?
Vor der Arbeit mit dem Buch:
1. Besprechung der dargestellten Situation (evtl. Folie): Sieben Kinder stehen in der Reihe vor dem Kiosk. Nach jedem Verkaufsvorgang rücken die Wartenden normalerweise um einen Platz auf. Plötzlich kommt ein Junge, der sich vordrängeln will. Die anderen Kinder lassen sich das nicht gefallen und schicken ihn zurück an das Ende der Schlange.
2. Die Situation kann in der Klasse nachgespielt werden. Am Anfang und nach jeder Veränderung wird die Reihenfolge festgestellt und durch Ordnungszahlkärtchen festgehalten.

Zur Arbeit mit dem Buch:
Aufgabe 1–3:
Die jeweilige Reihenfolge wird im Kästchen unter der Aufgabe notiert. Hier ist auf die richtige Schreibweise der Ordnungszahlen (Zahl mit Punkt) zu achten.
Aufgabe 4:
Hier ist die Reihe der Ordnungszahlen bis 17 einzutragen. Am Schluss wird die Folge der Ordnungszahlen vorgelesen.

Fortsetzung der Denkschule
Denkspiel 3 „Springende Steine" vorstellen (vgl. S. 49)
Das Denkspiel 2 „Dreiecksmemory" kann bis 21 ausgedehnt werden, so dass es den gesamten Zwanzigerraum überspannt.

Wie könnte es weitergehen?
– Übungsheft S. 26
– Weitere Situationen vor dem Kiosk können vorgespielt und mit Ordnungszahlen beschrieben werden
– Wettspiele oder Wettläufe mit der anschließenden Siegerehrung in richtiger Reihenfolge
– Weitere Anwendungen der Ordnungszahlen (Turnunterricht, Autos im Stau vor der Ampel, Plätze in Bundesligatabelle etc.), evtl. Tafelskizze dazu mit Zuordnen der Ordnungszahlen
– Die Wendekarten von 1 bis 10 (11–20 oder 0–20) werden an Kinder verteilt. Die Kinder müssen sich dann in der entsprechenden Reihenfolge aufstellen.
– Die Wendekarten von 0 bis 20 werden verteilt. Dabei werden einige ausgelassen. Wieder müssen sich die Kinder entsprechend aufstellen. Wenn die Reihe steht, muss herausgefunden werden, welche Zahlen fehlen.
– Geschichte zum Schmunzeln und Nachdenken (oder Spielen):

Drei Kranzkuchen und ein Kringel
Ein russischer Bauer hatte einen Wolfshunger. Er kaufte einen großen Kranzkuchen und aß ihn auf. Er hatte immer noch Hunger. Er kaufte noch einen Kranzkuchen und aß auch den. Und immer noch hatte er Hunger. Er kaufte einen dritten und aß ihn ebenfalls. Und auch jetzt war sein Hunger nicht gestillt. Da kaufte er sich Kringel. Und kaum hatte er den ersten gegessen, war er satt. Der Bauer schlug sich an den Kopf und sagte: „Was bin ich doch für ein Narr! Nun habe ich ganz umsonst das Geld für die Kranzkuchen hinausgeworfen. Mit dem Kringel hätte ich anfangen sollen!"
Leo N. Tolstoj

29 Ordnen
Situationen nachbauen und Gegenstände dabei ordnen, Gegenstände passend einander zuordnen

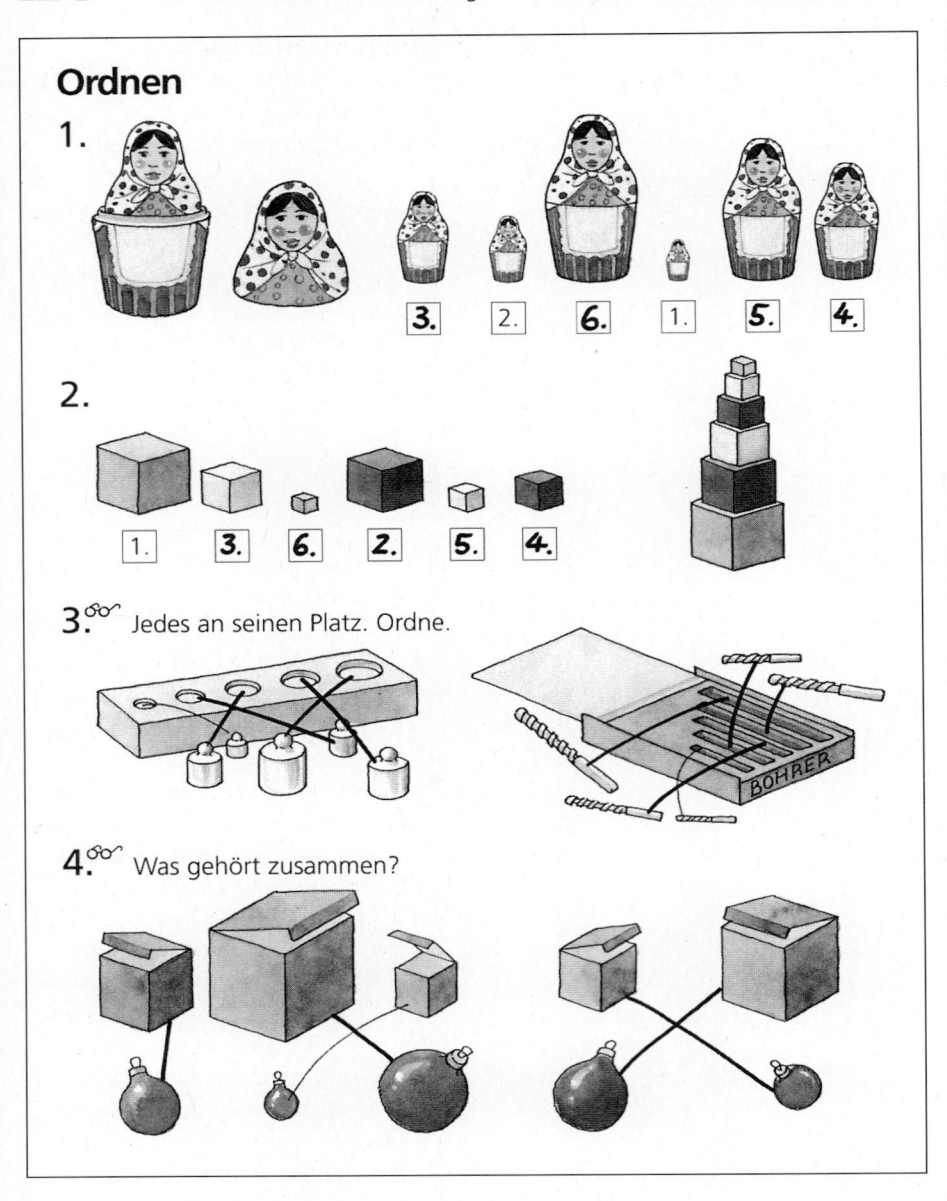

Ordnen

1. [Russische Puppen mit Nummerierung 3. 2. 6. 1. 5. 4.]

2. [Würfel mit Nummerierung 1. 3. 6. 2. 5. 4.]

3. Jedes an seinen Platz. Ordne.

4. Was gehört zusammen?

Was wird benötigt?
Dinge, die nach einem vorgegebenen System zusammengebaut oder zugeordnet werden (vgl. Buch)

Worum geht es?
Auf der Seite 28 wurden Ordnungszahlen zur Kennzeichnung des Rangplatzes in einer sich verändernden Reihenfolge verwendet. Auf dieser Seite geht es um die Ordnung von Elementen kleiner Mengen nach ihrer Größe, die durch Ordnungszahlen beschrieben werden kann, sowie um ordnungstreue Zuordnungen, ausgedrückt durch Verbindungslinien.

Wie kann man vorgehen?
Vor der Arbeit mit dem Buch:
Als vorbereitende Hausaufgabe sollen die Kinder Dinge mitbringen wie die ineinander steckbaren russischen Puppen, den Würfelturm oder ähnliche Spiele. Sie sollen erzählen, wie sie die Dinge benutzen, und dabei die Reihenfolge des Vorgehens versprachlichen.

Zur Arbeit mit dem Buch:
Aufgabe 1:
Die Nummerierung der Puppen bezieht sich auf die Handlungsschritte von Klein nach Groß. Als erste Puppe wählt man die kleinste und steckt sie in die zweitkleinste Puppe usw. Die Kinder kennzeichnen die weitere Reihenfolge mit den Ordnungszahlen von 3. bis 6. Vielleicht ergänzen die Kinder die links stehenden Teile: Die Puppe, die im Unterteil steht, erhält die Nummer 7. Wenn das Oberteil aufgesteckt wird, erhält man die größte Puppe mit Nummer 8.
Aufgabe 2:
Ein sehr bekanntes und beliebtes Spielzeug für Kindergartenkinder ist der Würfelturm in seinen unterschiedlichsten Variationen. Beim Turmbau ist der größte Würfel der erste und der kleinste Würfel der sechste. Beim Ineinanderstecken ist die Reihenfolge umgekehrt.
Aufgabe 3 und 4:
Die Zuordnungsübung „Jedes an seinen Platz" verlangt visuelle Differenzierungsfähigkeit der Kinder. Die Länge, die Breite und die Höhe der Gegenstände müssen erfasst und als Ordnungskriterien koordiniert werden. Für konkrete Einführungsbeispiele eignen sich die in Schulen häufig vorhandenen Gewichtssätze. Als Beispiel aus dem häuslichen Bereich eignen sich Bohreraufbewahrungskassetten mit den passenden Bohrern.

Wie könnte es weitergehen?
– Übungsheft S. 27

30 Was der Spiegel alles kann
Handelnder Umgang mit dem Spiegel, Vorerfahrungen zur Symmetrie

Was der Spiegel alles kann!

1. Mache ganz.

2. Mache lang, mache kurz.

3. Lies.

OTTO Lisa mit

Wie kann man vorgehen?
Vor der Arbeit mit dem Buch:
Die Kinder erhalten Gelegenheit frei mit dem Spiegel zu experimentieren.

Zur Arbeit mit dem Buch:
Die Seite ist so konzipiert, dass die Kinder zunächst frei auf der ganzen Seite mit dem Spiegel probieren können. Spielerisch werden sie Erfahrungen sammeln und Spiegelachsen finden, ohne dass sie es schon verbalisieren können.
In einer nachfolgenden Reflexionsphase wird besprochen, was der Spiegel alles kann, z. B. Torten ganz machen, Leitern verlängern, Pfützen vergrößern oder verkleinern ...

Aufgabe 1:
Durch geschicktes Spiegeln (an der Spiegelachse) erscheinen die beschädigten Gegenstände wieder ganz.

Aufgabe 2:
Durch Bewegen des Spiegels wird aus einer kurzen Leiter eine lange (Spiegelachse waagerecht), aus einer schmalen Leiter eine breite (Spiegelachse senkrecht). Ebenso kann die Anzahl der Kleidungsstücke an der Leine variieren. Frage: Wie viele Kleidungsstücke gibt es maximal? Antwort: 16 (8 Teile werden verdoppelt). Wie viele gibt es minimal? Lösung: 0. Eine kurze Leine ist leer. Oder 1 Hose (senkrechte Spiegelachse). Achtung: 1 Socken ist dagegen nicht möglich – er hat keine Spiegelachse! Analog kann die Pfütze vergrößert und verkleinert werden.

Aufgabe 3:
Bei den Namensschildern muss der Spiegel längs oder quer hingestellt werden. Es fällt auf, dass man zwei Namen ohne Spiegel nicht lesen kann. Bei dem Namen Otto ist es anders: Sowohl ohne als auch mit Spiegel kann man ihn lesen. Der Spiegel kann nicht nur rechts und links, er kann sogar in die „Mitte" gestellt werden: OT|TO. Woran liegt das? Da jeder Buchstabe des Namens OTTO eine vertikale Symmetrieachse hat, gibt es hier verschiedene Lösungen.
Durch mittiges Platzieren des Spiegels mit der spiegelnden Seite nach links oder rechts lässt sich erreichen, dass die Krake ein fröhliches bzw. trauriges Gesicht macht.

Was wird benötigt?
Arbeitsmaterial: Taschenspiegel für die Hand der Kinder
Hinweis: Spiegel, die als Sachunterrichtsmaterialien zur Optik in vielen Schulen vorhanden sind, sind als Arbeitsmittel für diese Unterrichtseinheit gut geeignet.
Im „programm mathe 2000" werden unzerbrechliche Handspiegel mit abgerundeten Ecken im 10er-Pack angeboten, Format 10 cm x 15 cm (Klett-Nr. 19907).

Worum geht es?
Die Kinder machen in ihrer Umwelt ständig Erfahrungen zur Symmetrie, z. B. wenn sie morgens in den Spiegel schauen, regelmäßige Muster zeichnen, Schmetterlinge betrachten oder eine Papierschwalbe falten. Dieser häufig unbewusste Umgang mit der Symmetrie soll auf dieser Seite bewusster gemacht werden, ohne dass schon eine formale Beschreibung der Symmetrie angestrebt wird. Durch den handelnden Umgang mit dem Spiegel können die Kinder entdecken, dass
– ein Spiegel einen Gegenstand „verdoppelt",
– die Kombination Bild-Spiegelbild sich verändert, wenn der Spiegel bewegt wird (Pfütze),
– die Abstände von Gegenständen (Wäsche) im Spiegel unverändert bleiben,
– eine Schrift im Spiegel immer als Spiegelschrift erscheint.

Wie könnte es weitergehen?
- Die Kinder malen selbst Objekte/ Muster und spiegeln sie (z. B. Raupe, Wolke, Haus …)
- Die Kinder versuchen ihren Namen in Spiegelschrift zu schreiben, d. h. so, dass man ihn im Spiegel lesen kann
- Die Kinder versuchen Ziffern in Spiegelschrift zu schreiben
- Die Lehrerin malt auf Arbeitskarten weitere Gegenstände (Regenwurm, Herz, Drachen …), an denen die Kinder mit dem Spiegel experimentieren können

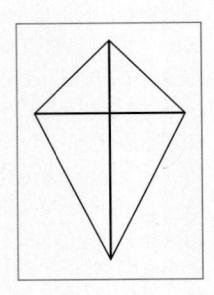

Literatur
Spiegel, H.: Spiegeln mit dem Spiegel. Klett-Nr. 199072. Ein Spiegelknobelbuch für die Freiarbeit aus dem Programm „mathe 2000".

31 Viel und wenig
Experimente mit dem Spiegel zur Bestimmung verschiedener Anzahlen in Punktmustern

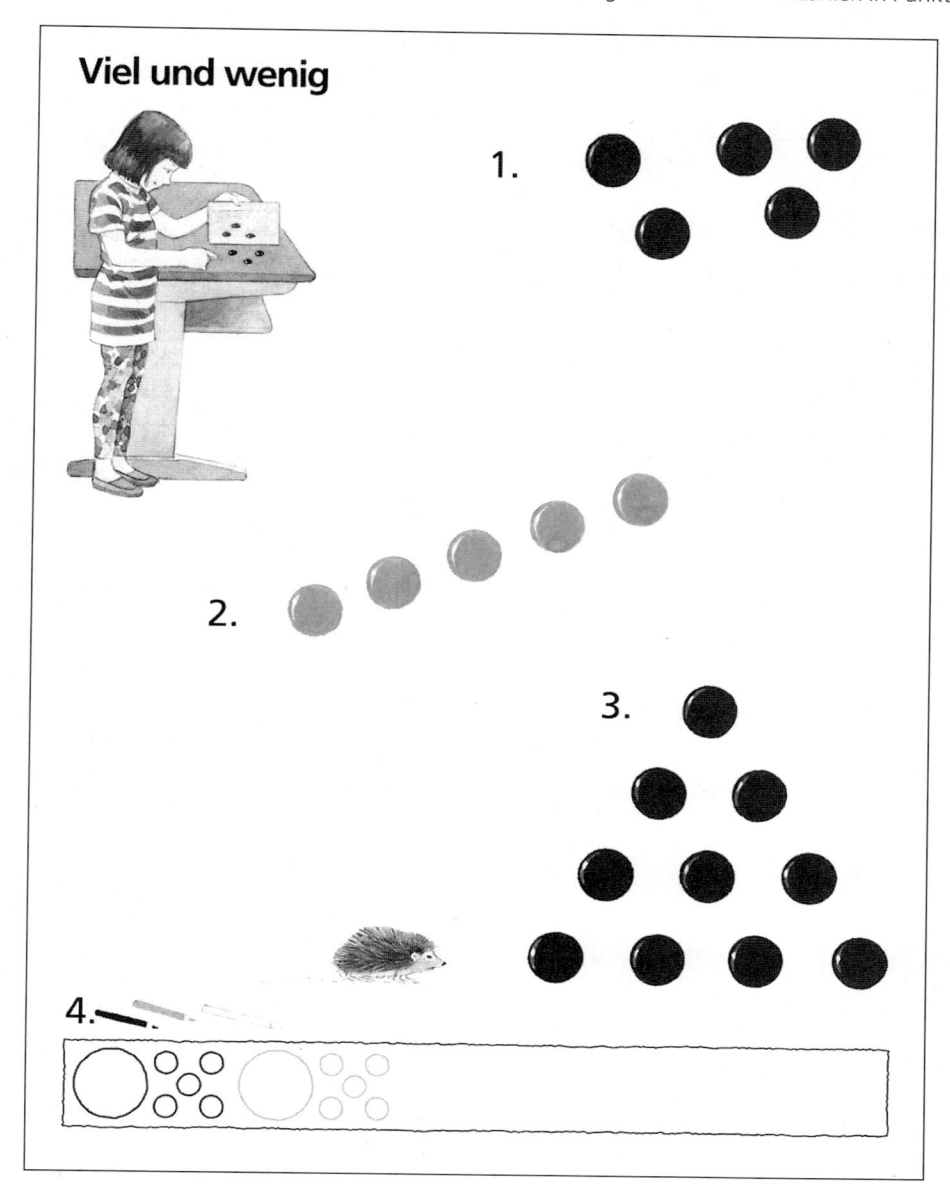

Viel und wenig

1.

2.

3.

4.

Was wird benötigt?
Arbeitsmaterial: Taschenspiegel ohne Rahmen
Demonstrationsmaterial: größerer Spiegel ohne Rahmen, Plättchen, OHP, Folienkopie der Seite

Worum geht es?
Die auf Seite 30 mit dem Spiegel gemachten Erfahrungen werden nun zur Bearbeitung von Punktmustern genutzt. Dabei sollen die Kinder vom bloßen Probieren zu einer gedanklichen Vorwegnahme möglicher zu erreichender Muster und Anzahlen gelangen.
Da im Spiegel jeweils die gleiche Anzahl von Punkten erscheint, wie vor dem Spiegel liegen, handelt es sich hier um eine geometrische Verkörperung der arithmetischen Operation des Verdoppelns, einen sehr wichtigen Spezialfall der Addition.

Wie kann man vorgehen?
Vor der Arbeit mit dem Buch:
Die Kinder sitzen im Halbkreis, vor ihnen liegen einige Plättchen. Die Kinder bestimmen die Anzahl. Dann wird der große Spiegel so angelegt, dass sich ein Teil der Plättchen spiegelt. Die Anzahl der Plättchen vor dem Spiegel, im Spiegel und insgesamt wird festgestellt. Die Lage des Spiegels wird geändert: Wann sieht man viele, wann wenige Plättchen? Kann man den Spiegel auch so halten, dass man insgesamt nur ein einziges Plättchen sieht?

Zur Arbeit mit dem Buch:
Hinweis: Bei dem Bearbeiten einer Aufgabe können die Punktmuster der beiden anderen Aufgaben durch weißes Papier abgedeckt werden, so dass sie nicht stören.
Die Kinder erhalten für die Aufgaben 1–3 den Arbeitsauftrag:
„Wie kannst du ganz viele oder ganz wenige Punkte bekommen? Welche Punktzahlen kannst du mit dem Spiegel bekommen? Ist es möglich, alle Zahlen bis zur größtmöglichen zu erhalten?"
Während und nach ihren Aktivitäten mit dem Spiegel müssen die Kinder gezielt angeregt werden über ihre Versuche, Beobachtungen und Ergebnisse zu berichten.
Lösungshinweis: Bei den Aufgaben 1 und 2 können alle Zahlen von 0 bis 10, bei der Aufgabe 3 alle Zahlen von 0 bis 20 „erspiegelt" werden.

Wie könnte es weitergehen?
– Die Kinder arbeiten mit dem Spiegel am Zwanzigerfeld/an der Zwanzigerreihe
– Die Kinder legen einfache Muster, spiegeln und übertragen die Bilder in ihr Heft, z. B.:

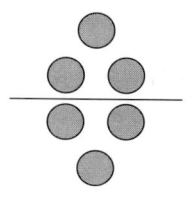

32 Verdoppeln mit dem Spiegel
Verdoppeln als Spezialfall der Addition, Grundlegung der Blitzrechenübung 5 „Verdoppeln"

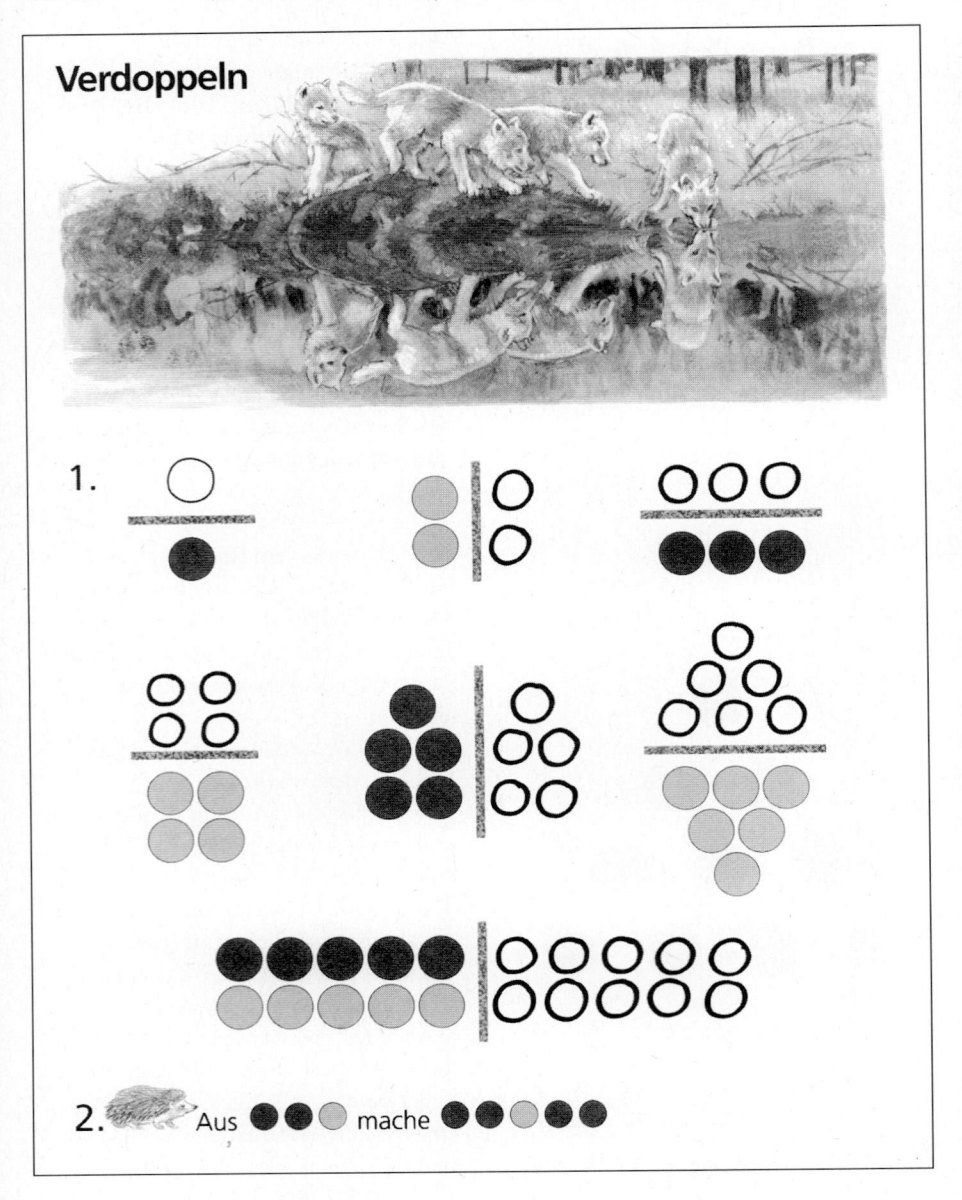

Verdoppeln

1.

2. Aus ●●● ●●● mache ●●●●●● ●●●●●●

„Im Spiegel sieht man genau das Gleiche wie vor dem Spiegel, also insgesamt doppelt so viel." Sprachlich wird die Verdoppelung von 5 auch mit „2 mal 5" beschrieben.
Beispielsweise ergibt das Verdoppeln von 7 (= 5 + 2) zwei Fünfer und zwei Zweier, also 10 + 4 = 14. Diese Strategie des Zehnerübergangs, wie sie bei Kindern oft beobachtet werden kann, lässt sich als Rechenweg für die Aufgabe 7 + 7 am Zwanzigerfeld nachlegen („Kraft der Fünf").

Wie kann man vorgehen?
Vor der Arbeit mit dem Buch:
Im Gesprächskreis erzählt die Lehrerin die Geschichte von den vier Wolfsjungen, die sich eines Tages, als die Mutter zur Jagd fort ist, neugierig aus der Höhle schleichen und im Wald auf Entdeckungen gehen. Vorsichtig schleichen sie hintereinander her, bis sie an einen Teich kommen. Dort entdecken sie vier andere kleine Wölfe (nämlich ihre Spiegelbilder). Die vier im Wasser gefallen ihnen und sie möchten gerne mit ihnen spielen. Mutig springen sie in das Wasser. Aber seltsam: Die vier anderen sind verschwunden. Erschrocken und verwundert kommen die vier Wolfsjungen wieder ans Ufer und schütteln sich das Wasser aus dem Fell. Warum haben sie die anderen vier nicht finden können?
An die Erklärung mit den Spiegelbildern im Wasser schließt sich das Problem an, genauer zu studieren, wie der Spiegel wirkt.
Die Lehrerin legt das Plakat mit der vorbereiteten Spiegelachse in die Mitte und auf die eine Seite z. B. fünf Plättchen als Würfelmuster. Die Schüler vermuten, was im Spiegel zu sehen sein wird. Dann wird der Spiegel auf die Achse gestellt und die Vermutung überprüft. Vor dem Spiegel liegen fünf Plättchen, im Spiegel sieht man das gleiche Muster, also auch fünf, zusammen sind es doppelt so viele, also zehn. Nach Entfernen des Spiegels wird das Spiegelbild auf das Blatt gezeichnet.

Zur Arbeit mit dem Buch:
Aufgabe 1:
Hier kommt es nicht auf die exakte achsensymmetrische Abbildung an,

Was wird benötigt?
Arbeitsmaterial: Spiegel, Plättchen
Demonstrationsmaterial: großer Spiegel, Plakat mit einer eingezeichneten Geraden als Spiegelachse

Worum geht es?
Im operativen Rechenunterricht gehören die Verdoppelungsaufgaben 1 + 1, 2 + 2, …, 10 + 10 zu den Kernaufgaben, auf die sich viele andere Additionsaufgaben zurückführen lassen. Beispiel:

$$4 + 5 = 9 \qquad 5 + 4 = 9$$
$$4 + 6 = 10 \quad - \quad 5 + 5 = 10 \quad - \quad 6 + 4 = 10$$
$$6 + 5 = 11 \qquad 5 + 6 = 11$$

Deshalb ist für das Erlernen des Einspluseins eine sichere Beherrschung der Verdopplungsaufgaben unerlässlich. Während es auf S. 31 darum ging, große und kleine Anzahlen aus Punktmustern mit Hilfe des Spiegels zu erzeugen, wird nun die dort angebahnte Erkenntnis bewusst gemacht und formuliert:

sondern auf das Verdoppeln der Punktmenge in der gleichen Anordnung wie im Bild. Ziel ist das Einprägen der Verdopplungsaufgaben mit Hilfe des Spiegels.

Aufgabe 2:
Bei dieser Aufgabe regt der Igel zum „Heranschnüffeln" an die Lösung an:

◯ ◯ ◐

Die Anregung zu der einführenden Geschichte wurde dem Kinderbuch „Wolfskinder" von Günter Spang/Josef Wilkon, München, Parabelverlag 1975 entnommen.

Blitzrechenkurs
Grundlegung der Übung 5 „Verdoppeln" (vgl. S. 32)

Expeditionen ins Zahlenreich
Expedition 2: Erzeugung unterschiedlicher Punktanzahlen aus einem Muster mit Hilfe eines Spiegels (vgl. S. 43)

33 Verdoppeln von Anzahlen

1.

Zahl		das Doppelte	
1	•	•	2
2	• •	• •	4
3	• • •	• • •	6
4	• • • •	• • • •	8
5	• • • • •	• • • • •	10
6	• • • • • •	• • • • • •	12

2.

Zahl	1	2	3	4	5	7	8	10
das Doppelte	2	4	6	8	10	14	16	20

3. Axel hat 5 Murmeln. Ina hat doppelt so viele.
Ina hat 10 Murmeln.

4. Paola hat 6 Bonbons. Sie teilt mit Fabian.
Jeder bekommt 3 Bonbons.

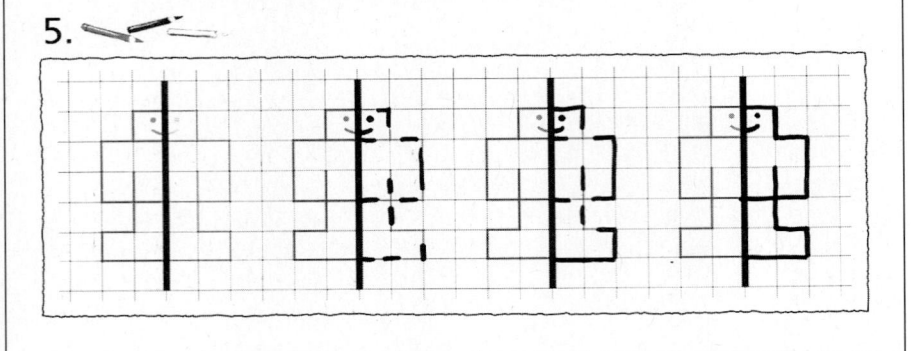

5.

Was wird benötigt?
Arbeitsmaterial: Spiegel
Demonstrationsmaterial: Tafelbild mit Tabelle wie in Aufgabe 1

Worum geht es?
Die auf Seite 32 begonnene Arbeit wird auf bildlicher und symbolischer Ebene mit dem Ziel einer Verinnerlichung der Verdopplungsaufgaben fortgesetzt.

Wie kann man vorgehen?
Aufgabe 1:
Die Lehrerin zeigt den Kindern die Tabelle an der Tafel und erklärt, wie die Punktmuster der rechten Spalte durch Verdoppeln mit dem Spiegel entstehen. Die dritte Zeile wird gemeinsam erarbeitet.
Danach können die Kinder im Buch die Aufgabe 1 bearbeiten. Auf jeden Fall sollen Spiegel und Plättchen zur Verfügung stehen, damit die Kinder ihre Vermutungen überprüfen oder die Aufgaben zunächst legen können, bevor sie gezeichnet werden (Selbstkontrolle).
Aufgabe 2:
Hier tritt zum ersten Mal eine Tabelle auf, bei der die Wertepaare vertikal angeordnet sind. Das Begriffspaar, „Zahl/das Doppelte", und der einzutragende zweite Wert müssen durch Handlungen an der Tafel geklärt und deutlich zugeordnet werden, ehe die Kinder die Lösungen selbstständig im Buch eintragen.
Aufgabe 3 und 4:
Die Aufgaben werden von der Lehrerin vorgelesen. Die Kinder können die Aufgaben handelnd in Partnerarbeit lösen. Vielleicht sind die Verdopplungsaufgaben aber auch schon so weit verinnerlicht, dass die Lösung nur noch mündlich erfolgt.
Aufgabe 5:
Das Männchen wird spiegelbildlich ergänzt. Die Kinder erhalten den Hinweis, beim Zeichnen die Kästchen genau zu zählen, damit beide Seiten des Männchens wirklich gleich aussehen.

Wie könnte es weitergehen?
– Übungsheft S. 28

34/35 Einführung der Addition
Einführung der Addition an Sachsituationen

(Bildseite mit verschiedenen Sachsituationen:)

- 3 + 2 = 5 — 3 plus 2 gleich 5
- 2 + 1 = **3**
- 5 + 5 = **10**
- 5 + 4 = **9**
- 4 + 2 = 6
- 3 + **1** = 4
- 3 + 4 = 7
- 1 + 3 = 4
- 2 + 2 = 4
- 4 + 1 + 3 = 8

1. 4 + 4 **8**   5 + 5 **10**   3 + 2 **5**
   3 + 3 **6**   5 + 4 **9**   5 + 3 **8**

2. Finde selbst Aufgaben.

Hinweis: Auf den folgenden zehn Seiten werden die Addition und die Subtraktion eingeführt, die in etwa bis zum Ende des 1. Halbjahrs abgeschlossen sein sollen. Die Doppelseite „Bald ist Weihnachten" (Seite 40/41) muss in die Behandlung der Addition und Subtraktion zeitlich passend eingeschoben werden.

Was wird benötigt?
Arbeitsmaterial: Plättchen als Lösungshilfe

Worum geht es?
Die Addition erfasst das zahlenmäßige Zusammenfassen zweier Mengen bzw. die zahlenmäßige Vergrößerung einer Menge durch Hinzufügen einer zweiten. Umgangssprachlich wird die Addition durch zahlreiche Verben beschrieben: dazukommen, dazulegen, zusammenfügen, anfügen, vergrößern usw. An der Zahlenreihe bedeutet die Addition „Weiterzählen". Das Pluszeichen ist bereits auf Seite 14 eingeführt worden. Neu ist nun, dass additive Zahlzerlegungen mit dem Gleichheitszeichen verbunden werden: in Schriftform 4 + 4 = 8, mündlich „vier plus vier gleich acht". Da das Rahmenthema Addition hier zum erstenmal auftritt, sollte am Ende der Doppelseite unbedingt eine Standortbestimmung über die schon vorhandenen Kenntnisse der Kinder vorgenommen werden, da diese für die nachfolgende systematische Behandlung des Einspluseins sehr wertvolle Informationen liefert.

Wie kann man vorgehen?
Vor der Arbeit mit dem Buch:
Zuerst sollte eine additive Situation vor der Klasse gespielt werden. Beispiel: 4 Kinder stehen an der Haltestelle, 4 Kinder kommen dazu. Die informell schon bekannte Aufgabe wird in der formalen Schreib- und Sprechweise an der Tafel notiert. Ähnliche Situationen können mit anderen Zahlen nochmals gespielt werden. Die Kinder benennen die Anzahlen und begleitend schreiben die Lehrerin und später mehr und mehr die Kinder die passende Gleichung an die Tafel.

Zur Arbeit mit dem Buch:
Im Buch können dann am Bild verschiedene Sachsituationen zur Addition gefunden und die entsprechenden Gleichungen direkt im Buch notiert werden. Dabei ist wichtig, dass jede Sachsituation genau verstanden wird.
Erste Situation: Die Aufgabe ist bereits dazu notiert, die richtige Sprechweise steht noch einmal zum Vorlesen für alle deutlich darunter.

Bei den anderen Situationen sollen die Kinder nun die Gleichung selber finden und richtig eintragen. Als Hilfe sind noch Teile der Gleichungen notiert.
Aufgabe 1 und 2 (Buchseite 35):
Die Kinder üben das Schreiben von Additionsgleichungen im Heft und rechnen sie aus.

Standortbestimmung:
Man verteilt leere Blätter an die Schüler und bittet sie Plusaufgaben aufzuschreiben und ggf. aufzumalen, die sie schon rechnen können.
Die bearbeiteten Blätter werden eingesammelt und nachher durchgesehen.
Es ist zu erwarten, dass sich ein breites Spektrum von Leistungen ergibt. Einige Kinder werden über den Zwanzigerraum hinausgehen und möglicherweise auch andere Rechenzeichen benutzen. Andere werden sich auf ganz einfache Aufgaben beschränken. Natürlich werden auch Fehler und eigenwillige Schreibweisen vorkommen.
Insgesamt ergeben sich aber wichtige Aufschlüsse über die Voraussetzungen für das weitere Lernen.

Wie könnte es weitergehen?
– Übungsheft S. 29
– Mit kleinen Autos oder Spielsteinen Situationen nachspielen und legen
– Aufgaben an die Tafel schreiben, mit Plättchen legen
– Plättchenwerfen mit verschiedenen Anzahlen, passende Additionsaufgaben dazu finden und als Gleichung aufschreiben
– Muster in zwei Farben mit Plättchen legen (immer 9, immer 10), passende Additionsaufgaben als Gleichungen schreiben

---

Was den Rechenunterricht zu meiner Schulzeit anlangte, so war er rein mechanisch. Er unterschied sich kaum von dem, wie er Jahrhunderte vorher von Rechenmeistern erteilt worden war. Er begann damit, dass unser Lehrer sagte: So, schaut her, jetzt lernen wir das Rechnen. Ich schreibe an die Wandtafel 1. – Wie heißt das, Hans? – Eins. – Und jetzt schreibe ich „und". Das sieht aus wie ein Kreuzlein: +. – Wie heißt das, Michel? – Eins. – Nein, Michel, das heißt „und". Also! – Und. – Was ich jetzt schreibe, könnt ihr alle schon lesen, schaut her! Lest alle! – Eins. – Wir lesen jetzt das ganze Sätzlein! – Eins und eins. – Und jetzt kommt noch was, schaut her! Das heißt „ist" (=). Georg, lies! – Eins und eins ist. – Dann fragte er: Weiß schon jemand, wie viel eins und eins ist? – Eins und eins ist zwei, sagte ich, weil ich das ja von meinen vielen Schwestern, die alle älter waren als ich, längst wusste.
So lernten wir rein verbal, abstrakt und mechanisch den gesamten Rechenstoff der ersten Klasse.
Friedrich Gärtner: Didaktische Erinnerungen hinsichtlich des Erstrechenunterrichts 1910–1970

36 Rechenwege

Verschiedene Rechenwege bei der Addition kennen lernen, einfache Aufgaben bei der Addition rechnen, „Kraft der Fünf" beim Zehnerübergang besprechen

Rechenwege

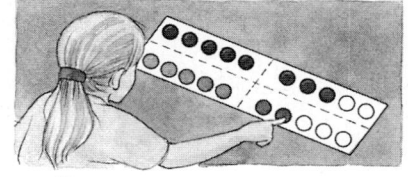

1. 8 + 7 = **15**

Ilka   Marc

Dana   Georg

Wie rechnest du?

2. Einfache Aufgaben

1 + 1 = **2**	10 + 3 = **13**
7 + 1 = **8**	10 + 7 = **17**
9 + 1 = **10**	10 + 4 = **14**
12 + 1 = **13**	10 + 6 = **16**
18 + 1 = **19**	10 + 10 = **20**

3.

0 + 0 = **0**	1 + 1 = **2**
2 + 2 = **4**	3 + 3 = **6**
4 + 4 = **8**	5 + 5 = **10**
6 + 6 = **12**	7 + 7 = **14**
8 + 8 = **16**	9 + 9 = **18**

4.

3 + 2 = **5**	8 + 2 = **10**
4 + 1 = **5**	9 + 1 = **10**
2 + 3 = **5**	7 + 3 = **10**
1 + 4 = **5**	6 + 4 = **10**
0 + 5 = **5**	5 + 5 = **10**

5.

5 + 4 = **9**	5 + 9 = **14**
5 + 1 = **6**	5 + 6 = **11**
5 + 3 = **8**	5 + 8 = **13**
5 + 5 = **10**	5 + 10 = **15**
5 + 2 = **7**	5 + 7 = **12**

Was wird benötigt?
Arbeitsmaterial: Zwanzigerfeld, Wendeplättchen, Rechengeld
Demonstrationsmaterial: Zwanzigerfeld, Wendeplättchen, Rechengeld

Worum geht es?
Das Zwanzigerfeld wird bewusst als grundlegendes Arbeitsmittel für die systematische Behandlung des Einspluseins benutzt, weil seine Struktur die strukturierte Zahlerfassung und das denkende Rechnen (im Gegensatz zum „zählenden Rechnen") stützt.

An der Beispielaufgabe 8 + 7 wird verdeutlicht, dass verschiedene Rechenwege möglich sind.

Ilka legt die Summanden getrennt untereinander:

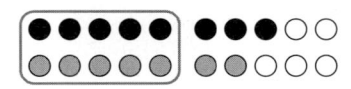

Das Ergebnis kann leicht abgelesen werden, weil die übereinander liegenden Fünfer einen Zehner ergeben („Kraft der Fünf").

Marc legt die Summanden „hintereinander", was der üblichen Zehnerergänzung entspricht:

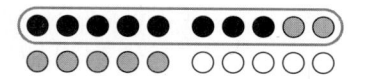

Dana löst die Aufgabe 8 + 7 mit Geld und nützt dabei ebenfalls die „Kraft der Fünf".

Georg löst die Aufgabe, indem er eine einfache Aufgabe zu Hilfe nimmt. Er weiß, dass 7 + 7 = 14 gilt. Das Ergebnis von 8 + 7 muss um 1 größer sein, d. h. 8 + 7 = 15. Dieser Weg der Zurückführung schwerer Aufgaben auf einfache erweist sich als besonders günstig.

Die freie Wahl der Lösungswege und der Hilfsmittel ermöglicht es jedem Schüler, seine individuellen Lösungsstrategien anzuwenden, was zu erfolgreicheren Lernprozessen führt als verbindlich vorgegebene Normalverfahren (z. B. der Zehnerübergang im Teilschrittverfahren).

Alle angegebenen Lösungswege beruhen auf einer strukturierten Zahlerfassung, wie am Beispiel von Ilka algebraisch folgendermaßen erklärt werden kann:

$\quad 8 + 7$
$= (5 + 3) + (5 + 2)$
$\quad$ Definition der 8 und 7
$\quad$ („Kraft der Fünf")
$= (5 + 5) + (3 + 2)$
$\quad$ Assoziativität der Addition
$= 10 + 5 = 15$
$\quad$ Zwei Fünfer ergeben zehn
$\quad$ („Kraft der Fünf")

Die Aufgaben des Einspluseins werden damit auf Aufgaben von Summanden kleiner als 5 (Mini-Einspluseins) zurückgeführt.

Wie kann man vorgehen?
Vor der Arbeit mit dem Buch:
Die Lehrerin legt komplexe Aufgaben, z. B. 8 + 7 oder 9 + 6 oder 7 + 5, in unterschiedlicher Weise am Zwanzigerfeld. Die Kinder bestimmen das Ergebnis und zeigen, wie sie gerechnet haben. Dabei sollten zur besseren Orientierung die vollen Zehner jeweils mit dem Finger umfahren werden.

Zur Arbeit mit dem Buch:
Aufgabe 1:
Im Klassengespräch wird erarbeitet, wie die Kinder gelegt und gerechnet haben.
Aufgabe 2–5:
Damit die Kinder auf schwere Aufgaben vorbereitet werden, vergewissern sie sich, welche einfachen Aufgaben sie schon können. Dabei wird die „Kraft der Fünf" als Rechenhilfe erkannt.

2. 1 + 1   „Plus 1"-Aufgaben
   9 + 1
   12 + 1
   …
   10 + 3   „10 plus …"-Aufgaben
   10 + 7
   …

3. 2 + 2   Verdopplungsaufgaben
   3 + 3
   4 + 4
   …

4. 3 + 2   „Fünferzerlegungs"-
   4 + 1   Aufgaben
   …
   9 + 1   „Zehnerzerlegungs"-
   8 + 2   Aufgaben
   …

5. 5 + 4   „5 plus …"-Aufgaben
   5 + 3
   5 + 6
   …

Die Kinder rechnen die Aufgaben nach eigenen Strategien am Zwanzigerfeld, mit Geld oder im Kopf.

Wie könnte es weitergehen?
– Übungsheft S. 30

37 Von einfachen zu schweren Aufgaben
Aus einfachen Plusaufgaben schwere Plusaufgaben erschließen

Von einfachen zu schweren Aufgaben

1. Aus ●●●●●●●●○○ mache ●●●●●●●○○○
   7 + 7 = **14**   7 + 6 = **13**

2. Aus ●●●●●●●●●● mache ●●●●●●●●●●○
   8 + 2 = **10**   8 + 3 = **11**

3. Aus ●●●●●●●●●●○○○ mache ●●●●●●●●●○○○
   10 + 3 = **13**   9 + 4 = **13**

4. Lege, rechne, vergleiche.

3 + 3 = **6**	6 + 4 = **10**
4 + 3 = **7**	6 + 3 = **9**
4 + 4 = **8**	7 + 2 = **9**
5 + 4 = **9**	7 + 3 = **10**
5 + 5 = **10**	7 + 4 = **11**

5.
6 + 6 = **12**	4 + 1 = **5**
7 + 5 = **12**	4 + 2 = **6**
8 + 5 = **13**	3 + 3 = **6**
8 + 6 = **14**	3 + 2 = **5**
7 + 7 = **14**	2 + 2 = **4**

6.
4 + 4 = **8**	5 + 5 = **10**
8 + 2 = **10**	8 + 8 = **16**
10 + 2 = **12**	10 + 6 = **16**
8 + 4 = **12**	9 + 7 = **16**
8 + 5 = **13**	9 + 6 = **15**

7.
3 + 2 = **5**	10 + 10 = **20**
5 + 2 = **7**	10 + 9 = **19**
9 + 2 = **11**	9 + 9 = **18**
7 + 2 = **9**	9 + 8 = **17**
11 + 2 = **13**	8 + 9 = **17**

8. ○ ✳ ▢ ○ ✳ ▢

Was wird benötigt?

Arbeitsmaterial: Zwanzigerfeld, Wendeplättchen, auch in Fünfer-Packs
Demonstrationsmaterial: Zwanzigerfeld, Wendeplättchen, auch in Fünfer-Packs

Worum geht es?

Durch das Legen und Umlegen von Plättchen werden aus einfachen Aufgaben oder aus bekannten Aufgaben schwere Aufgaben erschlossen.
Beispiele:
– Aus der Aufgabe 7 + 7 = 14 entsteht durch Wegnehmen eines Plättchens aus der zweiten Reihe die Aufgabe 7 + 6. Das Ergebnis beträgt folglich 1 weniger, also 7 + 6 = 13.
– Aus der klassischen Zehnerzerlegungsaufgabe 8 + 2 = 10 wird durch Hinzulegen eines Plättchens in der zweiten Reihe 8 + 3, das Ergebnis muss zwangsläufig um 1 größer sein, also 8 + 3 = 11.
– Aus der einfachen Aufgabe 10 + 3 = 13 wird durch Wenden eines Plättchens die Aufgabe 9 + 4. Da sich die Anzahl der Plättchen nicht geändert hat, bleibt das Ergebnis gleich.

Anstatt jede Aufgabe neu und für sich zu legen, sollte man bereits gelegte Aufgaben verändern (Umlegen, Wenden, Wegnehmen, Hinzufügen eines Plättchens), damit operative Beziehungen zwischen Aufgaben deutlich werden, die das flexible Rechnen unterstützen.

Wie kann man vorgehen?

Die ersten drei Aufgaben werden gemeinsam erarbeitet.

Aufgabe 1:
An der Tafel ist die Aufgabe 7 + 7 gelegt und notiert. Das Ergebnis wird abgelesen und eingetragen. Die Lehrerin gibt nun den Arbeitsauftrag, daraus ohne „viel Arbeit" die Aufgabe 7 + 6 zu bilden. Die geschickteste Lösung einfach ein Plättchen wegzunehmen wird hervorgehoben, die Aufgabe neben der vorhergehenden notiert.

Aufgabe 2:
An der Tafel wird wieder eine einfache Aufgabe, diesmal 8 + 2 = 10 gelegt. Die Lehrerin gibt den Arbeitsauftrag, daraus ohne „große Mühe" die Aufgabe 8 + 3 zu machen. Geschickte Lösungen:

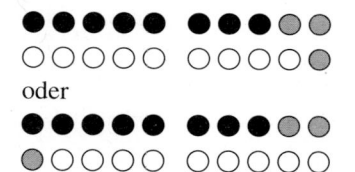

●●●●● ●●●●
○○○○○ ○○○●

oder

●●●●● ●●●●
○○○○○ ●○○○○

In beiden Fällen wurde in der zweiten Reihe jeweils ein Plättchen hinzugelegt.

Aufgabe 3:
Schließlich soll aus der einfachen Aufgabe 10 + 3 die Aufgabe 9 + 4 gelegt werden. Am geschicktesten erfolgt dies durch Wenden eines Plättchens:

○●●●● ●●●●●
●●●○○ ○○○○○

oder

●●●●● ●●●●○
●●●○○ ○○○○○

Das Ergebnis bleibt, da die Anzahl nicht verändert wurde, gleich. Bei allen drei Aufgaben werden die Schüler aufgefordert den Zusammenhang jeweils zu begründen. Sie werden ihre eigenen Formulierungen verwenden:

„Da kommt das Gleiche raus."
„Vorn ein Plättchen mehr, dafür hinten ein Plättchen weniger."
„Wir haben nur ein Plättchen umgedreht."
„Wir haben kein Plättchen weggenommen" usw.

Aufgabe 4–7:
Anschließend rechnen die Kinder in Eigenarbeit die Aufgaben. Man sollte die Kinder anleiten in jedem Päckchen zuerst nur die als leicht empfundenen Aufgaben zu rechnen. Beispiel:
Aufgabe 4.

3 + 3 = 6	6 + 4 = 10
4 + 3 =	6 + 3 =
4 + 4 = 8	7 + 2 =
5 + 4 =	7 + 3 = 10
5 + 5 = 10	7 + 4 =

Die anderen Aufgaben lassen sich dann aus den bereits gerechneten Aufgaben erschließen.

Aufgabe 8:
Muster fortsetzen

Wie könnte es weitergehen?
– Übungsheft S. 31. Auch hier sollte über die Rechenwege gesprochen werden.

38 Tauschaufgaben

Tauschaufgaben als Aufgaben mit gleichem Ergebnis erkennen, „schöne Päckchen" (operative Aufgaben) rechnen, Grundlegung der Blitzrechenübung 7 „Einspluseins-Plusaufgaben"

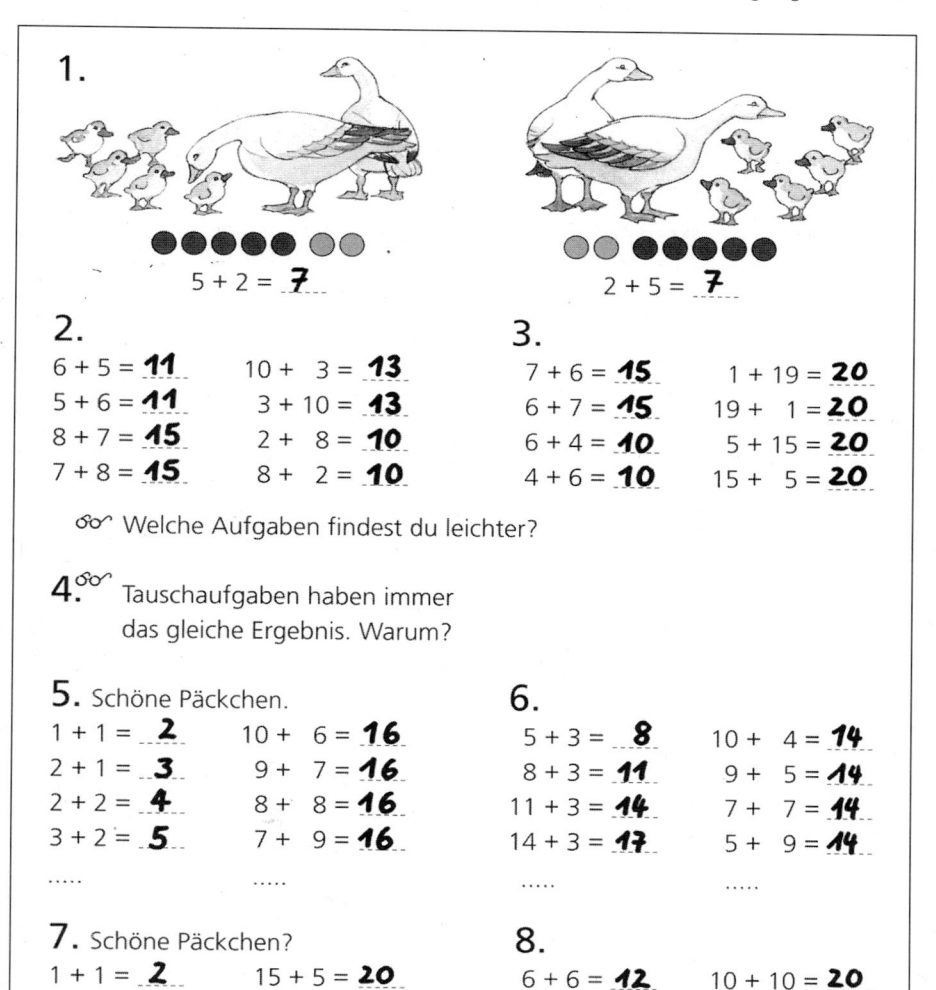

1.

5 + 2 = **7**   2 + 5 = **7**

2.
6 + 5 = **11**	10 + 3 = **13**
5 + 6 = **11**	3 + 10 = **13**
8 + 7 = **15**	2 + 8 = **10**
7 + 8 = **15**	8 + 2 = **10**

3.
7 + 6 = **15**	1 + 19 = **20**
6 + 7 = **15**	19 + 1 = **20**
6 + 4 = **10**	5 + 15 = **20**
4 + 6 = **10**	15 + 5 = **20**

👓 Welche Aufgaben findest du leichter?

4.👓 Tauschaufgaben haben immer das gleiche Ergebnis. Warum?

5. Schöne Päckchen.
1 + 1 = **2**	10 + 6 = **16**	5 + 3 = **8**	10 + 4 = **14**
2 + 1 = **3**	9 + 7 = **16**	8 + 3 = **11**	9 + 5 = **14**
2 + 2 = **4**	8 + 8 = **16**	11 + 3 = **14**	7 + 7 = **14**
3 + 2 = **5**	7 + 9 = **16**	14 + 3 = **17**	5 + 9 = **14**
.....	.....	.....	.....

6.

7. Schöne Päckchen?
1 + 1 = **2**	15 + 5 = **20**	6 + 6 = **12**	10 + 10 = **20**
2 + 3 = **5**	14 + 4 = **18**	7 + 6 = **13**	9 + 8 = **17**
3 + 5 = **8**	13 + 3 = **16**	7 + 7 = **14**	8 + 6 = **14**
4 + 7 = **11**	12 + 2 = **14**	8 + 8 = **16** !	7 + 5 = **12** !
5 + 8 = **13** !	11 + 0 = **11** !	8 + 7 = **15** !	6 + 2 = **8**

8.

Was wird benötigt?

Arbeitsmaterial: Zwanzigerfeld, Wendeplättchen
Demonstrationsmaterial: Zwanzigerfeld, Wendeplättchen

Worum geht es?

Durch Verschieben von Plättchen (ohne Wegnehmen oder Hinzufügen) lässt sich einsehen, dass Tauschaufgaben immer das gleiche Ergebnis haben. Die Aufgabe 9 + 2 ist aber leichter zu rechnen als 2 + 9. Die Kinder sollen sich den durch das Vertauschungsgesetz ermöglichten Rechenvorteil von „Groß plus Klein" gegenüber „Klein plus Groß" bewusst machen.
Zweites Ziel ist die Entwicklung des Verständnisses für Zahlenmuster, die durch systematische operative Veränderungen entstehen. Beispiel: Aufgabe 5.

Päckchen 1:
  1 + 1 = 2
  2 + 1 = 3
  2 + 2 = 4
  3 + 2 = 5

Muster: Abwechselnd erhöht sich einer der Summanden um 1. Das Ergebnis nimmt daher immer um 1 zu. Die Schüler sollen das Päckchen fortsetzen, also:
  3 + 3 = 6
und evtl. noch weiter:
  4 + 3 = 7
  4 + 4 = 8
  5 + 4 = 9
  5 + 5 = 10
  …

Legt man die Aufgaben am Zwanzigerfeld (1. Summand in der 1. Reihe, 2. Summand in der 2. Reihe) wird ebenfalls das regelmäßige Muster deutlich.

Päckchen 2:
  10 + 6 = 16
  9 + 7 = 16
  8 + 8 = 16
  7 + 9 = 16

Muster: Hier bleibt das Ergebnis immer gleich, weil der 1. Summand um 1 kleiner, der 2. Summand um 1 größer wird. Das Päckchen ist also fortzusetzen mit
  6 + 10 = 16
  5 + 11 = 16
  4 + 12 = 16
  …

Beim Legen am Zwanzigerfeld (1. Summand in der 1. Reihe, 2. Summand in der 2. Reihe) wird immer von Aufgabe zu Aufgabe 1 Plättchen von oben nach unten umgelegt.

„Schöne Päckchen" kann man in ganz unterschiedlicher Weise bilden. Es handelt sich um ein Aufgaben*format*. Durch eine kleine Variante entsteht daraus das Aufgabenformat „Schöne Päckchen?" (mit Fragezeichen). Hier geht es nicht nur um das Erkennen und Fortsetzen des Musters, sondern um die Identifikation einer eventuell vorhandenen Störung, die zu reparieren ist. Störungen werden im Lehrerband immer durch Ausrufezeichen angezeigt. Beispiel: Aufgabe 7.

Päckchen 1:
  1 + 1 = 2
  2 + 3 = 5
  3 + 5 = 8
  4 + 7 = 11
  ! 5 + 8 = 13 !   Ändern in 5 + 9 = 14

Muster: 1. Summand immer um 1 größer, 2. Summand immer um 2 größer, Ergebnis immer um 3 größer, Störung in der letzten Aufgabe.

Päckchen 2:
  15 + 5 = 20
  14 + 4 = 18
  13 + 3 = 16
  12 + 2 = 14
  ! 11 + 0 = 11 !   Ändern in 11 + 1 = 12

Muster: 1. Summand immer um 1 kleiner, 2. Summand immer um 1 kleiner, Ergebnis immer um 2 kleiner, Störung in der letzten Aufgabe.

In vielen Päckchen des „Zahlenbuchs" sind Muster und gestörte Muster eingebaut, ohne dass dies ausdrücklich erwähnt wird. Soweit die Kinder möchten, können sie auf eigene Faust folgenden Fragen nachgehen:
– Liegt ein Muster vor?
  Wie kann man es beschreiben?
  Wie ist es fortzusetzen?
– Wie kann man es begründen?
– Wo treten Störungen auf?
  Wie kann man sie beheben?

Wie kann man vorgehen?
Aufgabe 1–4:
Die Aufgaben thematisieren das Vertauschungsgesetz. Die Kinder sollen herausfinden, warum die Ergebnisse gleich sind bzw. welche Aufgabe leichter zu rechnen ist. Aufgabe 4 soll zu einem tieferen Nachdenken anregen. Das Einstiegsbild zeigt die Grundidee: Die Anzahl der Elemente einer Menge ist unabhängig von der Anordnung der Elemente: „Es sind immer 7 Gänse. Es ist gleichgültig, ob zuerst die großen Gänse gezählt werden und dann die kleinen oder umgekehrt."

Aufgabe 5 und 6:
Die „schönen Päckchen" werden gerechnet und fortgesetzt. Es wird Kinder geben, die die Päckchen (z. T. über den Zwanzigerraum hinaus) fortsetzen können und möchten. Beispiel: Aufgabe 6.
Päckchen 1:
  5 + 3 = 8
  8 + 3 = 11
 11 + 3 = 14
 14 + 3 = 17
Muster: 1. Summand immer um 3 größer,
2. Summand ist immer 3,
Ergebnis immer um 3 größer.
Das Päckchen ist also fortzusetzen mit
 17 + 3 = 20
 20 + 3 = 23
 …
Päckchen 2:
 10 + 4 = 14
  9 + 5 = 14
  7 + 7 = 14
  5 + 9 = 14
Muster: 1. Summand nimmt von Zeile zu Zeile ab, 2. Summand entsprechend zu, Ergebnis immer gleich 14.

Das Päckchen kann also beispielsweise fortgesetzt werden mit
  4 + 10 = 14
  3 + 11 = 14
  1 + 13 = 14
  …
Anmerkung: Das Päckchen ließe sich noch verschönern, indem man die Abnahme bzw. Zunahme der Summanden gleichmäßig gestaltet. Wenn Kinder das möchten, haben sie freie Hand.

Aufgabe 7:
In die Aufgaben sind Störungen eingebaut, die repariert werden müssen.
Päckchen 1, letzte Aufgabe:
! 5 + 8 = 13 !   Ändern in 5 + 9 = 14
Päckchen 2, letzte Aufgabe:
! 11 + 0 = 11 !   Ändern in 11 + 1 = 12

Aufgabe 8:
Auch hier sind Störungen eingebaut, die repariert werden müssen.
Päckchen 1:
  6 + 6 = 12
  7 + 6 = 13
  7 + 7 = 14
! 8 + 8 = 16 !   Ändern in 8 + 7 = 15
! 8 + 7 = 15 !   Ändern in 8 + 8 = 16
Muster: Beide Summanden werden abwechselnd um 1 größer,
Ergebnis immer um 1 größer,
Störung in den beiden letzten Aufgaben.
Reparatur: Aufgaben vertauschen!
Päckchen 2:
 10 + 10 = 20
  9 + 8 = 17
  8 + 6 = 14
! 7 + 5 = 12 !   Ändern in 7 + 4 = 11
  6 + 2 = 8
Muster: 1. Summand immer um 1 kleiner,
2. Summand immer um 2 kleiner,
Ergebnis immer um 3 kleiner,
Störung in der vorletzten Aufgabe.

Blitzrechenkurs
Grundlegung der Übung 7 „Einspluseins-Plusaufgaben" (vgl. S. 32)

Wie könnte es weitergehen?
– Übungsheft S. 32

39 Einführung von Ungleichungen

Größer-, Kleiner-, Gleichbeziehungen zwischen Zahlen und einfachen Termen, mathematische Zeichen lesen und notieren

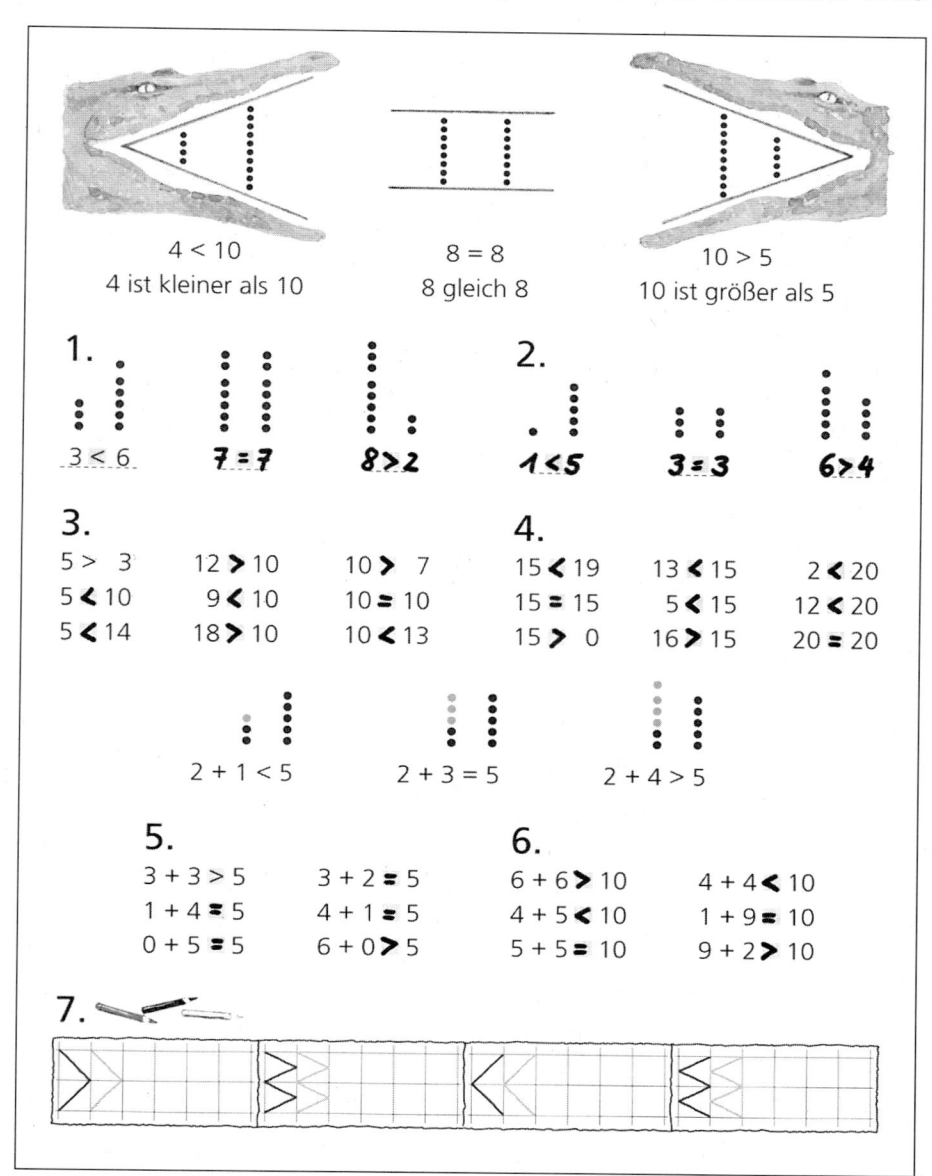

4 < 10
4 ist kleiner als 10

8 = 8
8 gleich 8

10 > 5
10 ist größer als 5

1.
3 < 6   7 = 7   8 > 2

2.
1 < 5   3 = 3   6 > 4

3.
5 > 3   12 > 10   10 > 7
5 < 10   9 < 10   10 = 10
5 < 14   18 > 10   10 < 13

4.
15 < 19   13 < 15   2 < 20
15 = 15   5 < 15   12 < 20
15 > 0   16 > 15   20 = 20

2 + 1 < 5   2 + 3 = 5   2 + 4 > 5

5.
3 + 3 > 5   3 + 2 = 5
1 + 4 = 5   4 + 1 = 5
0 + 5 = 5   6 + 0 > 5

6.
6 + 6 > 10   4 + 4 < 10
4 + 5 < 10   1 + 9 = 10
5 + 5 = 10   9 + 2 > 10

7.

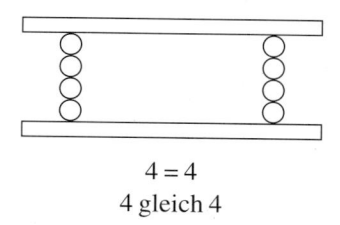

---

4 = 4
4 gleich 4

An jeder Stelle passen gleich viele Wendeplättchen dazwischen. Dann werden die Stäbe gespreizt:

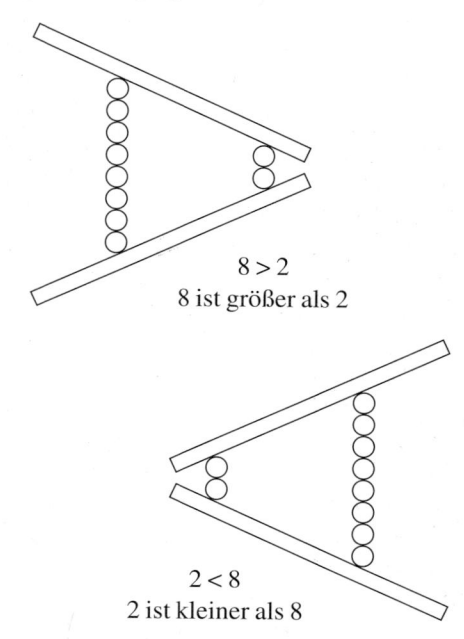

8 > 2
8 ist größer als 2

2 < 8
2 ist kleiner als 8

Jetzt passen mehr oder weniger Plättchen dazwischen, je nachdem, an welcher Stelle man sich befindet.
Die zwei parallelen Strecken führen zum Gleichheitszeichen, die gespreizten Strecken zu dem „Kleiner"- bzw. „Größer"-Zeichen.
Anstatt zwei Zahlen zu vergleichen, kann man auch eine Summe mit einer Zahl vergleichen. Die verschiedenen Summanden werden bei den Wendeplättchen wie gehabt durch verschiedene Farben dargestellt.

Wie kann man vorgehen?
Vor der Arbeit mit dem Buch:
1. Ausgehend von Gebrauchsgegenständen, Tieren, Kindern … werden im Stuhlkreis verschiedene Objekte der Größe nach miteinander verglichen, z. B.:
2 Kinder: „Sevil ist größer (kleiner) als Ingo."
2 Buntstifte: „Der gelbe ist länger (kürzer) als der rote."

Was wird benötigt?
Arbeitsmaterial: Meterstäbe, Wendeplättchen, Wendekarten
Demonstrationsmaterial: magnetische Wendekarten oder 1+1-Spielkarten mit Tesastreifen zum Befestigen an der Tafel, magnetische Wendeplättchen

Worum geht es?
Aus einem Vergleich der Punktmuster auf den Wendekarten werden die Fachbegriffe „größer als", „kleiner als" mit den dazugehörigen Zeichen entwickelt. Im Alltag werden für Größenvergleiche häufig auch andere Ausdrücke gebraucht, z. B. mehr/weniger, länger/kürzer. Diese vielseitigen Möglichkeiten sind für den Sprachgebrauch im täglichen Leben wichtig. Hier geht es aber ausdrücklich um die mathematischen Bezeichnungen.
Den historischen Ursprung des Gleichheitszeichens (parallele Strecken) kann man gut zur Einführung benutzen. Es werden zwei Meterstäbe zuerst parallel nebeneinander gelegt:

2 Tiere: „Der Elefant ist schwerer als die Maus."
2 Teile: „Der Baumstamm ist dicker als der Ast."

2. Man legt zwei Meterstäbe parallel nebeneinander und stellt fest, dass an jeder Stelle gleich viele Wendeplättchen dazwischen passen.
Dies wird mit zwei parallel gezeichneten Geraden und Wendeplättchen an der Magnettafel demonstriert:

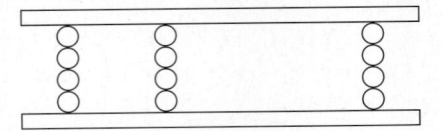

3. Die zwei Meterstäbe werden gespreizt und es zeigt sich, dass immer mehr Plättchen dazwischen passen, je weiter man nach außen geht. Das „aufgeklappte Krokodilmaul" ist für die Kinder eine Gedächtnisstütze:

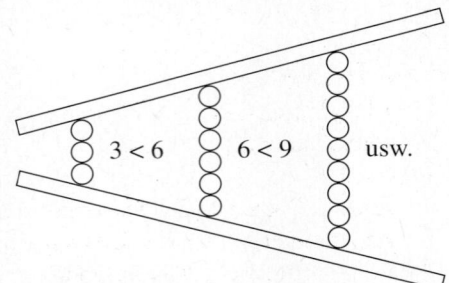

3 < 6   6 < 9   usw.

Zur Arbeit mit dem Buch:
Aufgabe 1 und 2:
Hier werden Punktreihen miteinander verglichen. Die Kinder üben die Sprechweise und tragen die Zeichen (kleiner/größer/gleich) ein.
Aufgabe 3 und 4:
Wer möchte, kann auch diese Aufgaben mit Wendeplättchen (Turm) nachlegen.
Aufgabe 5 und 6:
Hier wird eine Summe mit einer Zahl verglichen, z. B. 2 + 4 mit 5. Die Summe von 2 + 4 wird mit Wendeplättchen als Term wie gehabt in zwei Farben dargestellt.
Die Kinder brauchen nicht alle Aufgaben zu legen bzw. auszurechnen um die richtigen Zeichen einzutragen. Bei einigen Aufgaben können sie sofort die Lösung „sehen", z. B. müssen 6 + 0 oder 7 + 2 größer als 5 sein, da jeweils ein Summand schon größer als 5 ist.
Aufgabe 7:
Hier ist das Größer- und Kleinerzeichen als Schreibfigur zu üben.

Fortsetzung der Denkschule
Denkspiel 4 „Ko-No" vorstellen
(vgl. S. 50)

Wie könnte es weitergehen?
– Übungsheft S. 33
– „Zahlen raten": Die Lehrerin (oder später ein Kind) denkt sich eine Zahl. Die Kinder müssen sie erraten, dürfen aber nur fragen, ob sie kleiner, gleich oder größer als bestimmte Zahlen sind. Die Lehrerin antwortet immer nur mit „ja" oder „nein". Beispiel: Die Lehrerin denkt sich die 9.

Frage:	Antwort:
Ist die Zahl kleiner als 5?	nein
Ist die Zahl kleiner als 12?	ja
Ist die Zahl 8?	nein
Ist die Zahl größer als 8?	ja
Ist die Zahl kleiner als 10?	ja
Ist es die 9?	ja

Natürlich braucht die letzte Frage nicht mehr gestellt zu werden: die Kinder können sofort sagen, dass es die Zahl 9 sein muss.

40 Bald ist Weihnachten
Fächerübergreifendes Mini-Projekt, Erfahrungen mit dem Kalender (Größen) und mit Formen (Geometrie) machen

Bald ist Weihnachten!

1. [Kalender Dezember 1–31]
2. Wir haben Teig. Wir haben Formen. Viele schöne Plätzchen ausstechen! Wie viele?
3. Lege viele, dann male.
4. Wie viele?

Wie kann man vorgehen?

Aufgabe 1:
Zuerst wird, evtl. unter Einbeziehung der Adventskalender der Kinder, der Kalender des Monats Dezember besprochen. Natürlich interessiert besonders, welche besonderen Tage es in diesem Monat gibt.
Folgende Symbole werden erläutert und zugeordnet: vier Kerzen für Adventssonntage, Nikolaus (gefüllter Schuh), Plätzchen backen (Backformen), Winteranfang (Schneemann), Weihnachtstage (Tannenbaum), Silvester (Feuerwerk), ggf. Vollmond.
Mit Hilfe eines aktuellen Kalenders werden die jeweiligen Daten festgestellt.
– Die entsprechenden Wochentage werden eingetragen (MO = Montag, DI = Dienstag usw.)
– Ähnlich zu dem Adventskalender kann jeder neue Tag bis Weihnachten durch Ankreuzen kenntlich gemacht werden
– Zählübungen dazu:
  Wie lange ist es noch bis Weihnachten (bis Nikolaus …)?

Aufgabe 2:
Der kleine Text kann von einigen Kindern sicher schon gelesen werden und gibt die „mathematische" Zielsetzung für den Backtag an: Viele schöne Plätzchen sollen ausgestochen werden.
Nina macht es richtig. Sie lässt nur wenige Lücken und wenige Randstücke übrig, Tim verschenkt Teig und muss nochmals ausrollen.

Aufgabe 3:
Bei dieser Aufgabe werden erst die Plättchen so ins Buch gelegt, dass möglichst viele Plättchen auf die Fläche passen und wenige Reststücke bleiben, und danach werden die „Plätzchen" (Plättchen als Schablone benutzen) in die Fläche gezeichnet. Diese Übung wird dann beim echten Teig ausgenutzt.
Backtag: Für jede Gruppe sollten ein Backblech, verschiedene Ausstechförmchen und Teig zur Verfügung stehen. Die Kinder sprechen sich gegenseitig ab, wer welche Aufgabe übernimmt. Vielleicht helfen Eltern mit, insbesondere um die Plätzchen zu Hause in den Backofen zu schieben, wenn in der Schule kein Backofen zur Verfügung steht.

Was wird benötigt?

Arbeitsmaterial: Plätzchenteig (wenn möglich von Eltern oder Lehrerin mitgebracht; evtl. hilft pro Gruppe [4–6 Kinder] ein Elternteil); für jede Gruppe: ein Ausrollholz, ein gefettetes Backblech, Ausstechformen
Rezept: 250 g Mehl, eine Messerspitze Backpulver, 150 g Zucker, 1 Päckchen Vanillezucker, 1 Ei, 125 g Butter; als Knetteig verarbeitet
Demonstrationsmaterial: Monatskalender (Dezember) des jeweiligen Jahres

Worum geht es?

Innerhalb eines vorweihnachtlichen Projekts werden die drei Lernbereiche Größen, Geometrie und Arithmetik miteinander verknüpft. Das Projekt ist relativ unabhängig von den bisher erarbeiteten Themen, kann also rechtzeitig vor Weihnachten eingeschoben werden. Die Spannung der Vorweihnachtszeit wird genutzt, damit Kinder erste Erfahrungen mit dem Kalender machen können. Der Kalender im Buch kann dem jeweiligen Jahr angepasst werden.
An einem besonderen Tag in dieser Vorweihnachtszeit steht „Plätzchenbacken" auf dem Kalender. Beim Ausrollen geht es dann darum, aus dem kostbaren Teig möglichst viele Plätzchen herzustellen, ihn optimal zu nutzen.
Die Eltern sollten frühzeitig ins Projekt einbezogen werden. Evtl. könnte auch ein gemeinsamer Bastelnachmittag entstehen und das Mini-Projekt Teil eines größeren Weihnachtsprojektes werden.

41 Bald ist Weihnachten
Faltschnitte herstellen (Geometrie), Zahlen im Raum bis 20 zerlegen (Arithmetik)

5.

6.

7. Wie viele? Verteile.

Was wird benötigt?
Arbeitsmaterial: Tüte, Fotokarton oder festes buntes Papier, Schere, Kleber, buntes Faltpapier, runder Gegenstand (Kuchenteller) als Schablone
Demonstrationsmaterial: wenn möglich fertig gestellte Tüte

Worum geht es?
Als Behälter für die gebackenen Plätzchen wird eine Tüte (geometrische Form: Kegel) hergestellt, die dann mit einfachen Faltschnitten verziert wird (Vorerfahrungen zur Symmetrie). Zuletzt werden die Plätzchen in die Tüten verteilt, wobei auf eine gerechte Verteilung der vorhandenen Anzahl geachtet werden muss (Vorübungen zum Verteilen).

Wie kann man vorgehen?
Aufgabe 5:
Besonders hilfreich ist es, eine bereits fertig hergestellte Tüte zur Demonstration zu haben. Alternativ kann man vor der Klasse eine Tüte herstellen, so dass alle Kinder den Arbeitsvorgang sehen können.
Ein Kuchenteller eignet sich gut als Schablone zum Aufmalen von Kreisen auf festem bunten Papier oder Karton. Der Kreis wird ausgeschnitten, in der Mitte halbiert, jede Hälfte wird zu einer spitzen Tüte geformt und festgeklebt.
Aufgabe 6:
Mit kleinen Faltschnitten aus buntem Faltpapier werden die Tüten mit weihnachtlichen Motiven verziert. Die Muster werden vorher mit Bleistift aufgezeichnet.
Schnell arbeitende Kinder können weitere Faltschnitte evtl. aus Goldpapier herstellen. Faltsterne eignen sich auch vorzüglich zur Ausgestaltung des Klassenraums.
Aufgabe 7:
Zuletzt sollten die Plätzchen dann verteilt werden. Wie die Kinder diese Aufgabe lösen, ob sie Plätzchen (Plättchen) konkret verteilen, zeichnen oder rechnen, sollte man ihnen selbst überlassen.

Wie könnte es weitergehen?
Das Projekt könnte je nach den Gegebenheiten in eine größere fächerübergreifende vorweihnachtliche Einheit eingebaut werden. Vielleicht könnte auch eine kleine gemeinsame Adventsfeier mit Eltern organisiert werden. Am Schluss werden die fertigen Plätzchentüten an die Eltern oder Großeltern als kleine Weihnachtsüberraschung verschenkt.

42/43 Einführung der Subtraktion

Einführung der Subtraktion anhand eines Sachkontextes, Standortbestimmung zur Subtraktion

8 − 3 = 5
8 minus 3 gleich 5

9 − 2 = 7
6 − 1 = 5
7 − 2 = 5
10 − 5 = 5
6 − 2 = 4
8 − 3 = 5

5 − 4 = 1
5 − 1 = 4
7 − 1 = 6
7 − 6 = 1

1. 5 − 1 = 4   7 − 3 = 4   7 − 1 = 6
   6 − 2 = 4   8 − 3 = 5   7 − 2 = 5

2. Finde selbst Aufgaben.

Was wird benötigt?
Arbeitsmaterial: Plättchen zum Nachlegen der Aufgaben
Demonstrationsmaterial: Gegenstände aus der Bildsituation „Kindergeburtstag", evtl. Kegelspiel

Worum geht es?
Die Subtraktion wird durch Wegnehmen als Gegenoperation zur Addition (Hinzunehmen) eingeführt. Der Sachkontext ist hier ein Kindergeburtstag. Das Wegnehmen wird im Bild ausgedrückt durch Leermachen, Aufessen, Zerbrechen etc. Neu wird das Zeichen für die Subtraktion – das Zeichen „Minus" – eingeführt. Anders als die Addition ist die Subtraktion in einem Buch oder im Heft schwierig darzustellen.
Die zeitliche Abfolge der Addition zeigt am Schluss alle Gegenstände, d. h. die Gesamtanzahl und damit das Gesamtergebnis der Aufgaben. Bei der Subtraktion muss sich das Kind diese zeitliche Abfolge bei der Rechenoperation gedanklich vorstellen, da die wegzunehmenden/weggenommenen Gegenstände nicht gleichzeitig präsent und entfernt sein können. Im Buch sind die Zeichnungen zu den Aufgaben so gestaltet, dass immer wenigstens noch ein Rest der Ausgangssituation für die Subtraktion zu sehen bleibt, z. B.: 8 Kuchen stehen zu Beginn auf dem Geburtstagstisch, 3 sind bereits ganz aufgegessen und so bleiben noch 5 übrig. Daraus folgt die Gleichung 8 − 3 = 5 (gesprochen: acht minus drei gleich fünf).

Kinder, die sich zu stark an statische Bilder anlehnen, beginnen oft mit dem, was sie momentan als Ergebnis im Bild sehen: „5 Kuchen und 3 Kuchen sind aufgegessen", übersetzen dies in 5 − 3 = ? und kommen daher auf falsche Ergebnisse. Wirksames Mittel gegen diesen Fehler ist die handlungsorientierte Klärung der jeweiligen Sachsituation. Die Kinder müssen bewusst die Handlung des Wegnehmens in das Minus-Zeichen übersetzen.
Dieser zentrale Aspekt wird im Folgenden durch Übungen der Form „Lege …, nimm … weg" in den Vordergrund gestellt.

Wie kann man vorgehen?
Vor der Arbeit mit dem Buch:
Zur Einführung sollten einige Sachsituationen mit den Kindern durchgespielt und erläutert werden. Beispiel: 10 Kinder stehen vor der Tafel, 3 Kinder gehen zurück auf ihren Platz. Wie viele Kinder stehen nun noch vor der Tafel?
Es eignen sich zum Vorspielen aber auch Beispiele aus der Bildsituation, z. B. das Kegelspiel. Hier ist die Ausgangszahl immer 9. Auch das Spiel „Dosenwerfen" könnte zur Einführung gespielt und zur Verdeutlichung von Aufgaben immer wieder genutzt werden. Hier sind andere Ausgangszahlen möglich. Die jeweiligen Aufgaben werden notiert, wobei die Handlung und die Notation an der Tafel möglichst genau aufeinander abgestimmt erfolgen müssen. Beispiel:
Am Anfang stehen 9 Kegel (9 aufschreiben). Dann werden 2 umgeworfen (9 − 2). Es bleiben 7 stehen (9 − 2 = 7). Auf diese Weise sichert man am besten, dass eine Subtraktionsgleichung von links nach rechts gelesen und als Prozess interpretiert wird.

Zur Arbeit mit dem Buch:
Die einzelnen Situationen müssen genau besprochen werden. Beispiel:
„Zuerst waren es 5 Bratwürstchen. Von einem liegen nur noch die Wurstzipfel da, es ist schon aufgegessen worden. Jetzt sind es nur noch 4 Würstchen."
Dann wird die Aufgabe im Buch als Kurzschreibweise des Vorgangs notiert. Als Lösungshilfe bieten sich Wendeplättchen zum Nachlegen der Aufgaben an.

Aufgabe 1:
Die Gleichungen dieser Aufgaben (bis auf 7 – 3) können in den Bildsituationen wiedergefunden werden. Das Schreiben der Gleichungen wird im Heft geübt.

Aufgabe 2:
Zu vorgegebenen Subtraktionsaufgaben (z. B. 7 – 1) erfinden die Kinder selbst Sachgeschichten und rechnen die Aufgaben aus.

Standortbestimmung:
Man geht analog zur Addition (Seite 34/35) vor: Die Kinder rechnen auf einem leeren Blatt Subtraktionsaufgaben, die sie schon können. Es ist davon auszugehen, dass die Kinder bei der Subtraktion mit der richtigen Notation mehr Schwierigkeiten haben werden als bei der Addition.

Wie könnte es weitergehen?
– Übungsheft S. 34/35
– Kinder finden selbst Situationen aus der Umwelt, bei denen subtrahiert werden muss, und lösen die Aufgaben mündlich.

Untersuchungen über die Misserfolge im Rechenunterricht, besonders im Anfangsunterricht, zeigen, dass die Wurzel der Schwierigkeiten in der Zurückdrängung des Verständnisses durch die mechanische Anwendung auswendiggelernter Rezepte liegt. Wenn man diese Schüler jedoch mit neuartigen Aufgaben konfrontiert, stellen sich überraschende Erfolge ein. Absurde Fehler verschwinden völlig, die Kinder führen Rechenoperationen schneller aus und verstehen sie deutlich besser. Darüber hinaus – und das ist der wichtigste Effekt – beginnen die Schüler, die vorher völlig demotiviert waren, sich für Mathematik zu interessieren, und ihre Motivation für schulisches Lernen ändert sich grundlegend. Die Kinder bauen Vertrauen in ihre Fähigkeit auf, selbstständig Probleme lösen zu können, während sie vorher solchen Problemen völlig ratlos gegenüberstanden. Je mehr sich ein Kind allerdings an die mechanische Anwendung von Rezepten gewöhnt hat, desto schwieriger ist das Durchbrechen dieser Einstellung. Deshalb ist es gerade im Anfangsunterricht sehr wichtig, Lernsituationen zu arrangieren, in denen es darauf ankommt, nicht nur Zahlen und Ziffern mechanisch zu manipulieren, sondern Zusammenhänge zwischen Zahlen operativ zu erarbeiten.
Alina Szeminska

44 Lege, nimm weg
Die Subtraktion am Zwanzigerfeld

1. Lege 10, nimm 2 weg.   10 − 2 = 8
   Lege 10, nimm 3 weg.   10 − 3 = **7**
   Lege 8, nimm 3 weg.   8 − 3 = **5**
   Lege 8, nimm 4 weg.   8 − 4 = **4**
   Lege 8, nimm 2 weg.   8 − 2 = **6**

2. Lege 12, nimm 2 weg.   12 − 2 = **10**
   Lege 12, nimm 4 weg.   12 − 4 = **8**
   Lege 12, nimm 6 weg.   12 − 6 = **6**
   Lege 12, nimm 8 weg.   12 − 8 = **4**
   Lege 12, nimm 10 weg.   12 − 10 = **2**

3.

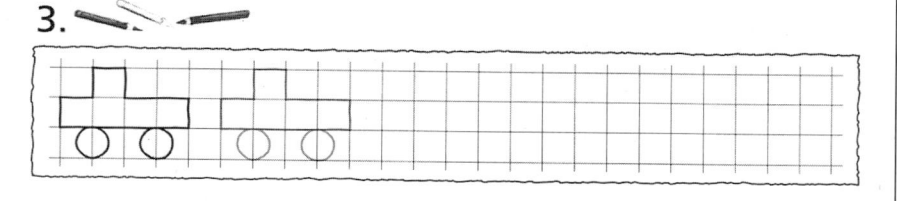

Wie kann man vorgehen?
Aufgabe 1 und 2:
Zunächst wird die kleine Bildergeschichte betrachtet. Eigene Erlebnisse können die Geschichte noch vertiefen, das „Wegnehmen" sollte deutlich herausgearbeitet werden.
Anschließend zeigt die Lehrerin das Zwanzigerfeld und notiert an der Tafel den Arbeitsauftrag „Lege 10, nimm 2 weg." Ein Kind führt die Handlungsfolge aus.
Da die Subtraktionsgleichung schon eingeführt ist, können alle Schüler gemeinsam überlegen, wie die Handlung als Rechnung („Rechengeschichte") notiert werden kann.
Eine weitere Aufgabe wird angeschrieben, gelesen, gelegt und als „Rechengeschichte" notiert. Nach mehreren Durchgängen können die Schüler die Seite selbstständig bearbeiten. Wichtig ist, dass sie die Aufgaben wirklich am Zwanzigerfeld legen.

Wie könnte es weitergehen?
– Übungsheft S. 36

Was wird benötigt?
Arbeitsmaterial: Zwanzigerfeld, Wendeplättchen
Demonstrationsmaterial: Zwanzigerfeld, Wendeplättchen

Worum geht es?
Wie die Addition muss auch die Subtraktion handelnd begründet werden. Das Zwanzigerfeld bietet hierfür eine geeignete Handlungsgrundlage. Der Arbeitsauftrag lautet immer „Lege …, nimm … weg."
Um den Vorgang des Wegnehmens besonders deutlich zu machen, werden später bei der bildlichen Darstellung halb von ihrem Platz gerückte Plättchen gewählt (vgl. hierzu Schülerbuchseiten 45 und 46). Auf das problematische Durchstreichen von Plättchen kann so völlig verzichtet werden.

45 Rechenwege

Verschiedene Rechenwege bei der Subtraktion kennen lernen, einfache Subtraktionsaufgaben rechnen, Grundlegung der Blitzrechenübung 6 „Kraft der Fünf"

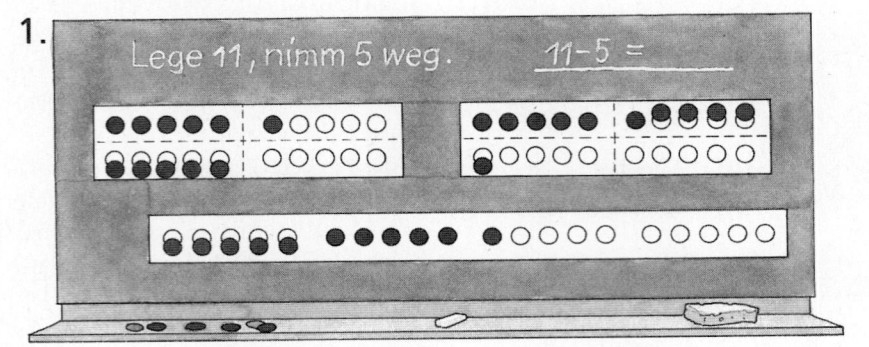

Rechenwege

1. Lege 11, nimm 5 weg.   11 − 5 =

2. Einfache Aufgaben.

5 − 1 = **4**	20 − 0 = **20**	
15 − 1 = **14**	15 − 5 = **10**	
20 − 1 = **19**	15 − 10 = **5**	
19 − 1 = **18**	5 − 5 = **0**	
9 − 1 = **8**	5 − 0 = **5**	

3.

2 − 1 = **1**	4 − 2 = **2**
6 − 3 = **3**	8 − 4 = **4**
10 − 5 = **5**	12 − 6 = **6**
14 − 7 = **7**	16 − 8 = **8**
18 − 9 = **9**	20 − 10 = **10**

4. Schöne Päckchen.

10 − 1 = **9**	10 − 9 = **1**
10 − 2 = **8**	10 − 8 = **2**
10 − 3 = **7**	10 − 7 = **3**
10 − 4 = **6**	10 − 6 = **4**
.....	.....

5.

8 − 5 = **3**	12 − 5 = **7**
18 − 5 = **13**	13 − 5 = **8**
9 − 5 = **4**	14 − 5 = **9**
19 − 5 = **14**	15 − 5 = **10**
.....	.....

6. 10 Kinder fahren Schlitten. 7 davon sind Mädchen. Wie viele Jungen sind es?   **Es sind 3 Jungen.**

7. Evi hat ▢ ◯ ◯
Sie kauft einen Ball für 5 Euro. Wie viel Geld bleibt übrig?   **2 Euro**

Was wird benötigt?

Arbeitsmaterial: Zwanzigerfeld, Zwanzigerreihe, Wendeplättchen
Demonstrationsmaterial: zwei Zwanzigerfelder, Zwanzigerreihe, Wendeplättchen

Worum geht es?

Wie bei der Addition gibt es auch bei der Subtraktion für das Legen und Lösen einer Aufgabe mehrere Wege. Damit dieser Zusammenhang deutlich wird, ist die Seite analog zur entsprechenden Seite (36) für die Addition aufgebaut. Bei der Aufgabe 11 − 5 kann man sowohl am Zwanzigerfeld als auch an der Zwanzigerreihe den Subtrahend 5 „vorn" oder „hinten" wegnehmen:

11 − 5 = 6 (5 vorn weggenommen)

zugehörige Additionsaufgabe:
5 + ___ = 11, d. h. 5 + 6 = 11

11 − 5 = 6 (5 hinten weggenommen)

Wie kann man vorgehen?

Vor der Arbeit mit dem Buch:
Man stellt den Kindern eine schwierigere Aufgabe, z. B. 11 − 6 oder 12 − 5 oder 13 − 6, und lässt sie ihre Lösungen am Zwanzigerfeld oder an der Zwanzigerreihe oder mit Geld begründen. Jedes Mal wird eine entsprechende Anzahl von Plättchen gelegt und weggenommen.

Zur Arbeit mit dem Buch:
Aufgabe 1:
Die eigenen Lösungen werden mit den Rechenwegen im Buch verglichen.
Aufgabe 2 und 3:
Obwohl sich jede schwierige Aufgabe auf diese Weise rechnen und das Ergebnis begründen lässt, ist es sinnvoll, von einfachen Aufgaben auszugehen und diese dann für schwierigere Aufgaben zu nutzen. Die Minusaufgaben der Aufgaben 2 und 3 sind einfach. Sie sind Umkehraufgaben einfacher Plusaufgaben.

5 − 1 „Minus 1"-Aufgaben
15 − 1
20 − 1
…
15 − 5 „Minus 5"-Aufgaben
5 − 5
…
15 − 10 „Minus 10"-Aufgaben
…
14 − 7 Umkehraufgaben von
8 − 4   Verdopplungsaufgaben
12 − 6
…

Aufgabe 4 („Schöne Päckchen"):
Päckchen 1:
10 − 1 = 9
10 − 2 = 8
10 − 3 = 7
10 − 4 = 6
Muster: Subtrahend immer um 1 größer, Ergebnis immer um 1 kleiner.
Fortsetzung:
10 − 5 = 5
10 − 6 = 4
10 − 7 = 3
…
Päckchen 2:
10 − 9 = 1
10 − 8 = 2
10 − 7 = 3
10 − 6 = 4
Muster: Subtrahend immer um 1 kleiner, Ergebnis immer um 1 größer.

Fortsetzung:
10 − 5 = 5
10 − 4 = 6
10 − 3 = 7
…

Aufgabe 5:
Päckchen 1:
 8 − 5 = 3
18 − 5 = 13
 9 − 5 = 4
19 − 5 = 14
Muster: Es werden analoge Pärchen gebildet (8, 18), (9, 19) und jeweils 5 subtrahiert.
Fortsetzung:
10 − 5 = 5
20 − 5 = 15
Päckchen 2:
12 − 5 = 7
13 − 5 = 8
14 − 5 = 9
15 − 5 = 10
Muster: 1. Summand immer um 1 größer, Ergebnis ebenfalls.
Fortsetzung:
16 − 5 = 11
17 − 5 = 12
…

Aufgabe 6 und 7:
Die Aufgaben, die zum „Sach-Vorkurs" passen, werden vorgelesen und dann von den Kindern mit Material (Plättchen, Geld) gerechnet.
Aufgabe 6: Zunächst werden 10 Kinder als Plättchen gelegt. 7 Mädchen werden gesondert gelegt. Es bleiben 3 übrig.
Aufgabe 7: Zunächst werden 7 Euro gelegt. Davon wird ein Ball von 5 Euro bezahlt. Es verbleiben 2 Euro.

Blitzrechenkurs
Grundlegung der Übung 6 „Kraft der Fünf" (vgl. S. 32)

Wie könnte es weitergehen?
− Übungsheft S. 37

46 Von einfachen zu schweren Aufgaben
Aus einfachen Minusaufgaben schwere Minusaufgaben erschließen

Von einfachen zu schweren Aufgaben

1. Aus ●●●●● ●●●●● ●●●●●○○○○○ mache ●●●●● ●●●●● ●●●●○○○○○○ 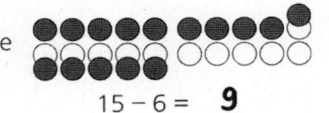
   15 − 5 = **10**   15 − 6 = **9**

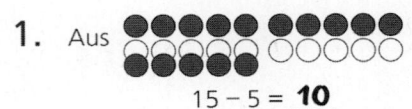

2. Aus ●●●●● ●●○○○○○○○○ mache ●●●●● ●●●○○○○○○○ 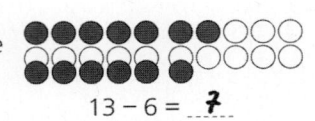
   12 − 6 = **6**   13 − 6 = **7**

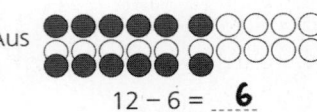

3. Aus ●●●●● ●●●●●○○○○○ mache ●●●●● ●●●●● ●○○○○ 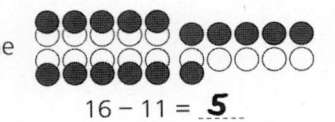
   15 − 10 = **5**   16 − 11 = **5**

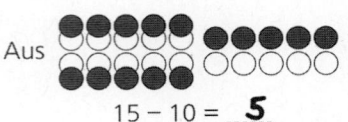

4. Lege, rechne, vergleiche.
   12 − 2 = **10**   15 − 5 = **10**
   12 − 3 = **9**   15 − 6 = **9**
   12 − 5 = **7**   16 − 6 = **10**
   12 − 6 = **6**   16 − 7 = **9**
   12 − 7 = **5**   17 − 7 = **10**

5. 14 − 7 = **7**   16 − 8 = **8**
   15 − 7 = **8**   15 − 8 = **7**
   18 − 8 = **10** 15 − 10 = **5**
   17 − 9 = **8**   15 − 9 = **6**
   17 − 10 = **7** 16 − 9 = **7**

6. 4 − 3 = **1**   13 − 3 = **10**
   14 − 3 = **11** 13 − 4 = **9**
   5 − 2 = **3**   13 − 5 = **8**
   15 − 2 = **13** 13 − 6 = **7**
   15 − 3 = **12** 13 − 7 = **6**

7. 8 − 4 = **4**   10 − 7 = **3**
   8 − 5 = **3**   11 − 7 = **4**
   18 − 4 = **14** 10 − 6 = **4**
   18 − 8 = **10** 10 − 4 = **6**
   19 − 8 = **11** 11 − 4 = **7**

8.

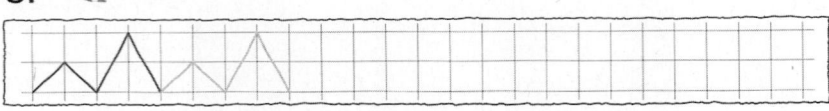

Was wird benötigt?
Arbeitsmittel: Zwanzigerfeld, Wendeplättchen
Demonstrationsmaterial: Zwanzigerfeld, Wendeplättchen

Worum geht es?
Wie auf Seite 37 bei der Addition werden nun bei der Subtraktion aus einfachen Aufgaben bzw. aus bekannten Aufgaben schwere Aufgaben erschlossen. Beispiele:
– Aus der einfachen Aufgabe (Minusaufgabe) 15 − 5 = 10 wird durch Wegnehmen eines Plättchens mehr die Aufgabe 15 − 6. Da ein Plättchen mehr weggenommen wird, verringert sich das Ergebnis folgerichtig um 1: 15 − 6 = 9. In unserer Darstellung wird beim Zwanzigerfeld ein Plättchen mehr herausgerückt.
– Aus der einfachen Aufgabe 12 − 6 = 6 (Umkehraufgabe der leichten Plusaufgabe 6 + 6 = 12) wird durch Hinlegen eines Plättchens mehr die Aufgabe 13 − 6. Da ein Plättchen mehr hingelegt und die gleiche Anzahl wie vorher weggenommen wurde, erhöht sich das Ergebnis um 1: 13 − 6 = 7.
– Aus der einfachen Aufgabe 15 − 10 wird durch Hinlegen eines Plättchens mehr, das aber auch wieder weggenommen (in unserer Darstellung am Zwanzigerfeld herausgerückt) wird, die Aufgabe 16 − 11. Das Ergebnis bleibt folgerichtig konstant.
Hier zeigt sich das Gesetz von der Konstanz der Differenz, also 15 − 10 = 16 − 11.
Durch Abwandeln von Aufgaben (ein Plättchen mehr wegnehmen; ein Plättchen weniger wegnehmen; ein Plättchen mehr hinlegen, aber die gleiche Zahl wegnehmen; ein Plättchen mehr hinlegen und auch ein Plättchen mehr wegnehmen) wird der operative Zusammenhang zwischen verschiedenen Minusaufgaben deutlich.

Wie kann man vorgehen?
Aufgabe 1:
An der Tafel wird die Minusaufgabe „Lege 15, nimm 5 weg" gelegt und mit ihrem Ergebnis notiert. Die Lehrerin gibt den Auftrag nun „in Gedanken" nicht 5, sondern 6 wegzunehmen. Wie verändert sich dabei das Ergebnis? Auch diese Aufgabe wird neben der ersten Aufgabe an der Tafel gelegt und mit Ergebnis notiert. Weitere Aufgaben dieses Typs werden gemeinsam erschlossen.
Aufgabe 2:
Im nächsten Schritt wird die Anfangszahl der Plättchen um 1 erhöht, die Anzahl der wegzunehmenden Plättchen jedoch beibehalten. Wenn man von 12 Plättchen 6 wegnimmt, bleiben 6 übrig. Nimmt man von 13 Plättchen 6 weg, so bleiben 7 übrig.
Aufgabe 3:
Im letzten Schritt wird die Gesamtzahl der Plättchen um 1 erhöht, aber auch gleichzeitig 1 Plättchen mehr weggenommen. Legt man beide Aufgaben mit Plättchen, so wird deutlich, dass die Anzahl der verbleibenden Plättchen konstant bleibt.
Die Strategie „Von einfachen Aufgaben her schwere Aufgaben zu erschließen" muss im Folgenden im Unterricht immer wieder angesprochen werden.

Aufgabe 4–7:
Die Kinder bearbeiten die Aufgaben am Zwanzigerfeld. Dabei sollten sie innerhalb eines Päckchens nicht der Reihe nach rechnen, sondern immer von den für sie einfachsten Aufgaben ausgehen.
Beispiel: Aufgabe 4, Päckchen 1:
12 – 2 = 10   (einfach)
12 – 3 =
12 – 5 =
12 – 6 = 6   (6 + 6 = 12)
12 – 7 =
Nun lassen sich die restlichen Aufgaben rechnen. 12 – 3 ist 1 weniger als 10, denn es wird 1 Plättchen mehr weggenommen, also 12 – 3 = 9. 12 – 5 ist 1 mehr als 6, denn es wurde 1 Plättchen weniger weggenommen. 12 – 7 ist 1 weniger als 12 – 6.
Auch in Päckchen 2 finden sich leichte und schwere Minusaufgaben.
15 – 5 = 10, 16 – 6 = 10 und 17 – 7 = 10 sind leicht, die Ergebnisse von 15 – 6 = 9 und 16 – 7 = 9 (immer 1 Plättchen mehr wegnehmen) lassen sich daraus erschließen.
Aufgabe 8:
Geometrisches Muster fortsetzen

Wie könnte es weitergehen?
– Übungsheft S. 38

47 Umkehraufgaben

Die Subtraktion als Umkehrung der Addition, Grundlegung der Blitzrechenübung 7 „Einspluseins-Minusaufgaben und gemischte Aufgaben"

Umkehraufgaben

1.

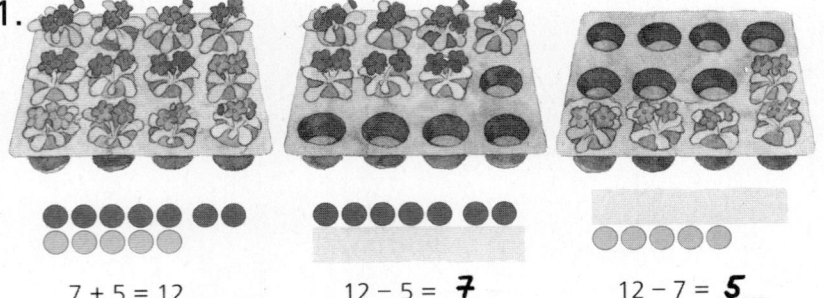

$7 + 5 = 12$ $12 - 5 = 7$ $12 - 7 = 5$

2. Immer 3 Aufgaben

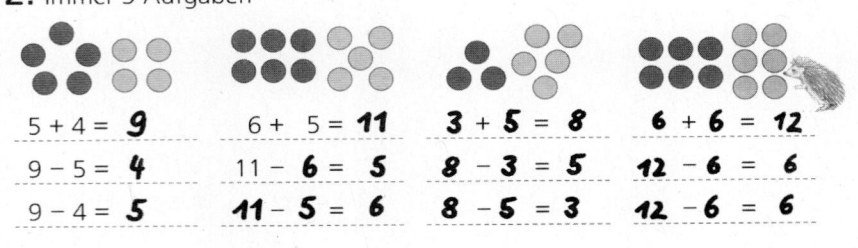

$5 + 4 = 9$	$6 + 5 = 11$	$3 + 5 = 8$	$6 + 6 = 12$
$9 - 5 = 4$	$11 - 6 = 5$	$8 - 3 = 5$	$12 - 6 = 6$
$9 - 4 = 5$	$11 - 5 = 6$	$8 - 5 = 3$	$12 - 6 = 6$

3.

$4 + 2 = 6$ $6 - 2 = 4$ $4 + 2 - 2 = 4$

4.
$8 + 5 - 5 = 8$ $9 + 3 - 3 = 9$ $9 + 4 - 3 = 10$
$8 - 5 + 5 = 8$ $9 - 3 + 3 = 9$ $9 - 3 + 4 = 10$

👓 Finde selbst solche Aufgaben.

Was wird benötigt?
Arbeitsmaterial: Wendeplättchen
Demonstrationsmaterial: Wendeplättchen

Worum geht es?
Nachdem Addition und Subtraktion getrennt eingeführt und geübt worden sind, sollen sie nun in Beziehung zueinander gesetzt werden.

Die erste Abbildung zeigt eine Palette von 12 Blumentöpfen (Primeln). Durch die Farbgebung ergibt sich die Aufgabe $7 + 5 = 12$. Dann werden 5 Blumentöpfe mit blauen Primeln herausgenommen: $12 - 5 = 7$. Alternativ werden die 7 Blumentöpfe mit roten Primeln herausgenommen: $12 - 7 = 5$.

Zu jeder Plusaufgabe $a + b = c$ gibt es als Umkehrungen die zwei Minusaufgaben $c - b = a$ und $c - a = b$. Dies lässt sich auch mit Wendeplättchen demonstrieren.

Wie könnte man vorgehen?
Aufgabe 1:
An der Abbildung wird die Beziehung einer Plusaufgabe zu den beiden Umkehraufgaben gemeinsam erarbeitet.

Aufgabe 2:
Zu jedem Bild mit roten und blauen Plättchen werden 3 Aufgaben aufgeschrieben, nämlich die Plusaufgabe, die Minusaufgabe, die dem Wegnehmen der blauen Plättchen entspricht, und die Minusaufgabe, die dem Wegnehmen der roten Plättchen entspricht. Die Kinder können daran sehen, dass jedes Bild mehrdeutig ist und je nach Situation interpretiert werden kann.

Aufgabe 3 und 4:
Additionen und Subtraktionen werden hintereinander ausgeführt.
Erst fliegen zu 4 Vögeln 2 hinzu (Aufgabe $4 + 2 = 6$). Dann fliegen wieder 2 weg (Aufgabe $6 - 2 = 4$). Das Endergebnis kann man auch bestimmen ohne das Zwischenergebnis berechnen zu müssen: $4 + 2 - 2 = 4$.
Durch „Rechnen ohne zu rechnen" kann man auch die Ergebnisse der anderen Aufgaben gewinnen: $9 + 4 - 3$ bedeutet, zu 9 Plättchen werden erst 4 dazugezählt und danach 3 abgezogen. Es kommt also insgesamt 1 dazu.
Es wird die Kinder sicherlich reizen, weitere Aufgaben, auch mit sehr großen Zahlen zu finden, die man durch „Rechnen ohne zu rechnen" lösen kann.

Blitzrechenkurs
Grundlegung der Übung 7 „Einspluseins-Minusaufgaben und gemischte Aufgaben" (vgl. S. 32)

Wie könnte es weitergehen?
– Übungsheft S. 39:
  Dort wird u. a. das Sternbild des „Großen Wagen" aufgegriffen, bei dem eine Anzahl von Sternen durch eine Wolke verdeckt wird.
– Übungsheft S. 40:
  Hier wird die „Kraft der Fünf" wiederholt.

48 Würfel
Zerlegung von Zahlen in zwei und drei Summanden, Strategiespiel „Würfel kippen"

Würfeln

1.
4 + 3 = 7
5 + 2 = 7
6 + 1 = 7

2.
4 + 2 + 1 = 7
5 + 1 + 1 = 7
3 + 3 + 1 = 7
3 + 2 + 2 = 7

3.
5 + 1 = 6
4 + 2 = 6
3 + 3 = 6

4.
4 + 1 + 1 = 6
3 + 2 + 1 = 6
2 + 2 + 2 = 6

5. Immer 10 mit ...

6. „Würfel kippen". 13 oder mehr verliert.

Tom würfelt 4 — 4
Anne kippt 2 — 4 + 2 = 6
Tom kippt 3 — 6 + 3 = 9
Anne kippt 2 — 9 + 2 = 11
Tom?

Wie kann man vorgehen?
Vor der Arbeit mit dem Buch:
Im Sitzkreis würfeln die Kinder abwechselnd mit zwei Schaumstoffwürfeln. Jedesmal wird die Plusaufgabe genannt und das Ergebnis (Augensumme) berechnet. Nach einigen Durchgängen wird mit drei Würfeln gespielt. Dabei sollte überlegt werden, wie man die drei Zahlen geschickt addieren kann.

Beispiel 1:
6 + 3 + 4
Würfel passend vertauschen:
6 + 4 + 3 = 13

Beispiel 2:
1 + 5 + 4
Würfel passend vertauschen:
5 + 4 + 1 = 10

Die Lösungen werden besprochen:
„Wie hast du gerechnet?"
„Wie ist es ganz leicht?"
Das „Spiel" kann in Partnerarbeit fortgesetzt und die Aufgaben können im Heft notiert werden. Die Punktbilder auf den Würfeln sind für schwache Kinder eine Lösungshilfe.

Zur Arbeit mit dem Buch:
Aufgabe 1 und 2:
Die Aufgaben eignen sich zur Stillarbeit oder als Hausaufgabe. Als Vorbereitung für die folgenden Aufgaben wird nun zuerst gemeinsam überlegt, auf wie viele verschiedene Weisen man eine bestimmte Augensumme erhalten kann. Beispiel: Augensumme 9 (vgl. Aufgabe 5: dort Augensumme 10)
Frage: Wie kann man die Augensumme 9 mit zwei (mit drei) Würfeln erhalten? Die Kinder suchen Zerlegungen, die an der Tafel notiert werden. Dabei gehen sie vermutlich zunächst unsystematisch vor und nennen auch Zerlegungen mit den gleichen Zahlen, nur in anderer Reihenfolge. Um solche „Doppelgänger" aufzuspüren und um herauszufinden, ob man alle wesentlich verschiedenen Zerlegungen gefunden hat, ist ein System nötig. Vielleicht kommen die Kinder selbst auf die Idee die Aufgaben zu ordnen.

Was wird benötigt?
Arbeitsmaterial: für je zwei Kinder drei Spielwürfel
Demonstrationsmaterial: drei große Schaumstoffwürfel, falls vorhanden, sonst Spielwürfel

2 Würfel
8 = 6 + 2
= 5 + 3
= 4 + 4

3 Würfel
8 = 6 + 1 + 1
= 5 + 2 + 1
= 4 + 3 + 1
= 4 + 2 + 2
= 3 + 3 + 2

Bei der systematischen Auflistung aller Möglichkeiten sind die Summanden (Würfel) immer der Größe nach geordnet. Dadurch wird die hier nicht relevante Reihenfolge der Summanden ausgeschaltet.

Worum geht es?
Bei diesen Übungen werden Summen mit zwei und zum ersten Mal auch mit drei Summanden berechnet und gegebene Zahlen in Summanden zerlegt. Nach ersten Rechenübungen soll auch überlegt werden, wie viele Zerlegungen dieser Art es für eine bestimmte Zahl gibt. Bei höheren Zahlen (> 6) sind bei zwei Würfeln weniger Zerlegungsmöglichkeiten gegeben als mit dreien (vgl. Aufgabe 1 und 2). Beispiel: Summe 8

Eine systematische Möglichkeit besteht darin, mit der höchstmöglichen Augenzahl eines Würfels zu beginnen. Bei der Augensumme 9 ist das 6. Dann werden zuerst alle Zerlegungen, die mit 6 beginnen, aufgeschrieben. Dann wird analog die nächste kleinere Augenzahl betrachtet usw. Für 9 ergeben sich folgende Zerlegungen:

Beginn mit Augenzahl 6:
$9 = 6 + 2 + 1$
Beginn mit Augenzahl 5:
$9 = 5 + 3 + 1$
$9 = 5 + 2 + 2$
Beginn mit Augenzahl 4:
$9 = 4 + 4 + 1$
$9 = 4 + 3 + 2$
Beginn mit Augenzahl 3:
$9 = 3 + 3 + 3$

Bei Zerlegungen in zwei Summanden können die Kinder auf frühere Erfahrungen zurückgreifen (Zahlenhäuser). Es bleiben nur $9 = 6 + 3$ und $9 = 5 + 4$.

Aufgabe 3 und 4:
Nach dieser Vorbereitung können die Aufgaben im Buch gerechnet werden. Dort sind noch Hilfen zur Systematik vorgegeben.

Aufgabe 5:
Beginn mit Augenzahl 6:
$10 = 6 + 3 + 1$
$10 = 6 + 2 + 2$
Beginn mit Augenzahl 5:
$10 = 5 + 4 + 1$
$10 = 5 + 3 + 2$
Beginn mit Augenzahl 4:
$10 = 4 + 4 + 2$
$10 = 4 + 3 + 3$

Aufgabe 6: „Würfel kippen"
Das Strategiespiel stammt von John H. Conway, einem der besten und vielseitigsten zeitgenössischen Mathematiker, der sich insbesondere auch systematisch und auf höchstem Anspruchsniveau mit mathematischen Spielen beschäftigt hat. Die Lehrerin erklärt anhand der Illustration die Spielidee: Das erste Kind, Tom, würfelt und erhält z. B. die Zahl 4. Das zweite Kind, Anne, kippt nun den Würfel um eine seiner vier Grundkanten, so dass eine andere Zahl nach oben gelangt, im Beispiel 2. Diese Zahl wird addiert: $4 + 2 = 6$. Tom kippt nun wieder um eine Grundkante und befördert die 3 nach oben. Wieder wird addiert: $6 + 3 = 9$. Anne kippt die 2 nach oben und addiert nochmals: $9 + 2 = 11$. Nun muss Tom 1 nach oben kippen, denn $11 + 1 = 12$. Anne hat nun verloren, denn beim nächsten Kippen erreicht sie „13 oder mehr". Wenn einige Durchgänge gemeinsam in der Klasse gespielt wurden, kann man zu Partnerarbeit übergehen.

Das Spiel „Würfel kippen" hat eine komplizierte mathematische Struktur, die von Kindern kaum durchschaut werden kann. Daher bleibt das Spiel lange interessant. Beim ersten Zug (Würfeln) spielt der Zufall mit, es ergeben sich sechs verschiedene Ausgangslagen. Bei jedem weiteren Zug (Kippen) sind jeweils zwei Zahlen blockiert, die oben liegende und die unten liegende Zahl. Man kann also nicht einfach in Einerschritten weitergehen.

Expeditionen ins Zahlenreich
Expedition 3: Bestimmung der verschiedenen Partitionen (Zerlegungen) einer Zahl in 3 Summanden (vgl. S. 44)

Wie könnte es weitergehen?
– Übungsheft S. 41, Aufgabe 1–4
– „Würfel raten"
Die Lehrerin würfelt verdeckt mit drei Würfeln und nennt jeweils nur die Augensumme (z. B. 11). Sie schreibt eine Gleichung für drei Summanden an die Tafel, bei der Plätze für die einzelnen Summanden frei gelassen sind und nur das Ergebnis (hier: 9) eingetragen ist. Die Kinder müssen durch Fragen herausfinden, was die Lehrerin gewürfelt hat: „Ist eine 5 dabei?" Je nachdem, ob richtig geraten wurde, wird der Summand in die Gleichung eingetragen oder nicht. Durch weiteres Fragen kann ein zweiter Summand erraten werden: Wenn zwei Summanden bekannt sind, kann der dritte immer berechnet werden. Manchmal genügt auch schon das Erraten eines einzigen Summanden um die ganze Summe zu bestimmen. Beispiel: Augensumme 8. Erraten wurde der Summand 6. Dann muss es sich um die Summe $6 + 1 + 1 = 8$ handeln. Bei gewissen Summen braucht man überhaupt nicht zu raten. Beispiel: Augensumme 18. Alle Würfel müssen dann 6 zeigen.

Beim Erraten der Würfelzahlen kommt es immer wieder vor, dass Kinder blind Zahlen nennen, die nicht oder nicht mehr möglich sind. Im Klassengespräch sollte dies geklärt werden.

Literatur
Handbuch produktiver Rechenübungen, Bd. 1, S. 51–53

49 Plus- und Minusaufgaben zu „Räuber und Goldschatz"

Spielverlauf mit Plus- und Minusaufgaben notieren und rekonstruieren, Schlaufenknoten erlernen

1.

2.
10 + 4 = **14**	8 − 4 = **4**
14 − 5 = **9**	4 + 2 = **6**
9 + 2 = **11**	6 − 4 = **2**
11 − 6 = **5**	**2** + 3 = **5**
5 + 3 = **8**	5 − 5 = 🪙

3.
10 + 1 = **11**	12 − 1 = **11**
11 − 6 = **5**	**11** + 5 = **16**
5 + 5 = **10**	**16** − 1 = **15**
10 − 2 = **8**	**15** + 6 = 🪙
8 + 4 = **12**	

4. Schlaufenknoten

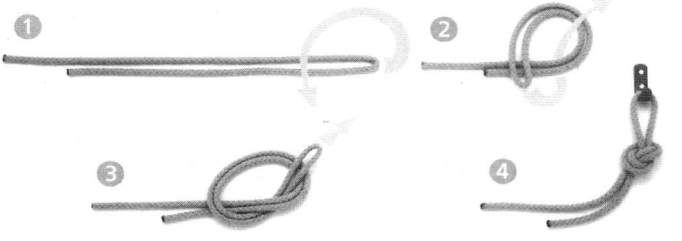

① ② ③ ④

∞ Mit dem Schlaufenknoten kannst du eine Schnur an einem Haken befestigen.

Was wird benötigt?
Arbeitsmaterial: für je zwei Kinder ein Spielwürfel und ein Spielstein als Schatz
Demonstrationsmaterial: Schaumstoffwürfel, Magnetplättchen, Spielplan als Tafelzeichnung oder ausführliche Zwanzigerreihe an Magnettafel geheftet; falls vorhanden: Plakat „Räuber und Goldschatz"

Worum geht es?
Auf Seite 9 haben die Kinder das Spiel „Räuber und Goldschatz" kennen gelernt. Nun wird das Spiel als Rechenübung in verschiedenen Varianten genutzt.
– Die einzelnen Spielzüge werden als Plus- und Minusaufgaben genannt und notiert.
– Die notierten Spielverläufe werden anschließend rekonstruiert und beschrieben.
– Unvollständige Spielverläufe in verschiedenen Schwierigkeitsstufen werden nachvollzogen und vervollständigt.

Wie kann man vorgehen?
Aufgabe 1:
Das Spiel wird zuerst gemeinsam gespielt. Die Spielverläufe werden ein Stück weit an der Tafel notiert, z. B.:
10 + 4 = 14
14 − 6 = 8
8 + 3 = 11
11 − 6 = 5   (Wenn das Spiel
5 + 1 = 6   zu lange dauert, muss
6 − 4 = 2   man es abbrechen.)
2 + 1 = 3
3 − 4 = Goldschatz für Minusräuber
Dann spielen die Kinder in Partnerarbeit und notieren die etwa 10 ersten Spielzüge im Heft.

Aufgabe 2 und 3:
Als Einführung notiert die Lehrerin ein komplettes Spiel an der Tafel, z. B.:
10 + 1 = 11
11 − 6 = 5
5 + 2 = 7
7 − 6 = 1
1 + 5 = 6
6 − 2 = 4
4 + 6 = 10
10 − 1 = 9
9 + 6 = 15
15 − 1 = 14
14 + 6 = 20   Plusräuber gewinnt
Die Kinder interpretieren den Spielverlauf z. B. so: „Anfangs hat der Minusräuber Glück. Er steht schon ganz dicht vor seiner Höhle. Dann holt der Plusräuber auf. Er würfelt 3-mal eine 6 und gewinnt."

Danach präsentiert die Lehrerin einen unvollständigen Spielverlauf. Die Kinder sollen die Spielzüge nachvollziehen, beschreiben und die Rechnungen vervollständigen. Dabei müssen sie die Regel „Die nächste Aufgabe beginnt immer mit dem Ergebnis der letzten Aufgabe" konsequent einhalten.

Lösung:
10 + 2 = __	10 + 2 = 12
__ − 4 = __	12 − 4 = 8
__ + 3 = __	8 + 3 = 11
__ − 5 = __	11 − 5 = 6
__ + 4 = __	6 + 4 = 10
10 − 5 = __	10 − 5 = 5
__ + 2 = __	5 + 2 = 7
__ − 6 = __	7 − 6 = 1
__ + 3 = __	1 + 3 = 4
4 − 4 = __	4 − 4 = 0

Minusräuber gewinnt

143

Anschließend lösen die Kinder die Aufgaben 2 und 3 im Buch.

Aufgabe 4:
Fortsetzung der Knotenschule. Die Kinder versuchen mit Hilfe der Buchanleitung selbstständig den Schlaufenknoten zu knoten. Bei Schwierigkeiten führt die Lehrerin den Knoten vor. Die vielseitige Verwendung dieses Knotens wird besprochen.

Anmerkung: Der Knoten kann auch rechts herum geknüpft werden, indem man das Schlaufenende im Uhrzeigersinn über die Schnur führt, wie es einer Spiegelung der Knüpfanleitung an einer horizontalen Geraden entspricht (vgl. auch die Anmerkung zum einfachen Knoten, S. 82 oben).

Wie könnte es weitergehen?
– Übungsheft S. 41, Aufgabe 5 und 6
– Die Lehrerin notiert an der Tafel links den Spielverlauf für den Minusräuber und rechts für den Plusräuber:

$$10 + 6 = 16$$
$$16 - 3 = 13 \qquad 13 + 5 = 18$$
$$18 - 3 = 15 \qquad 15 + 4 = 19$$
$$19 - 6 = 13 \qquad 13 + 2 = 15$$
$$15 - 1 = 14 \qquad 14 + 6 = 20$$

Durch Wegwischen einiger Zahlen entsteht ein unvollständiger Spielverlaufsplan, der dann zu rekonstruieren ist. Varianten:

a) Nur die Aufgaben des Plusräubers sind vollständig gegeben. Die Minusaufgaben müssen erschlossen werden.

$$10 + 6 = 16$$
$$\_\_ - \_\_ = \_\_ \qquad 13 + 5 = 18$$
$$\_\_ - \_\_ = \_\_ \qquad 15 + 4 = 19$$
$$\_\_ - \_\_ = \_\_ \qquad 13 + 2 = 15$$
$$\_\_ - \_\_ = \_\_ \qquad 14 + 6 = 20$$

b) Die Aufgaben des Minusräubers sind vollständig gegeben. Die Aufgaben des Plusräubers müssen erschlossen werden.

$$\_\_ + \_\_ = \_\_$$
$$16 - 3 = 13 \qquad \_\_ + \_\_ = \_\_$$
$$18 - 3 = 15 \qquad \_\_ + \_\_ = \_\_$$
$$19 - 6 = 13 \qquad \_\_ + \_\_ = \_\_$$
$$15 - 1 = 14 \qquad \_\_ + \_\_ = 20$$

c) Sowohl beim Plus- als auch beim Minusräuber fehlen einige Zahlen.

$$10 + \_\_ = \_\_$$
$$16 - \_\_ = \_\_ \qquad 13 + \_\_ = 18$$
$$\_\_ - 3 = \_\_ \qquad \_\_ + 4 = \_\_$$
$$19 - \_\_ = 13 \qquad \_\_ + \_\_ = 15$$
$$\_\_ - 1 = \_\_ \qquad \_\_ + 6 = 20$$

Diese Aufgaben sind als Differenzierungsangebot anzusehen. Es handelt sich wieder um ein Übungsformat, das es den Kindern erlaubt, einander selbst Aufgaben zu stellen.

50 Erzählen und rechnen – Beim Bäcker

Daten aus der Umwelt sammeln, sachbezogene Rechenaufgaben finden und lösen, Denkspiel 5 „9er-Uhr"

Erzählen und rechnen

$5 + 5 = 10$

$3 + 2 = 5$

$4 + 2 = 6$
oder $8 - 2 = 6$

$12 - 3 = 9$
oder $3 + 3 + 3 = 9$

Finde weitere Aufgaben.

Was wird benötigt?
Arbeits- und Demonstrationsmaterial: evtl. zum Nachspielen der Situation verschiedene kleine „Verkaufsgegenstände"

Worum geht es?
Im Sachkontext „Beim Bäcker" geht es darum, einfache Situationen rechnerisch zu erfassen. Damit im Klassengespräch bestimmte Situationen gezielt angesprochen werden können, wurden in das Bild farbige Rahmen eingezeichnet.

Wie kann man vorgehen?
Vor der Arbeit mit dem Buch:
Zu Beginn sollte ein freies Unterrichtsgespräch über das Einkaufen beim Bäcker stehen, das durch die Illustration angeregt werden kann. Fragen: Wo ist in der Schulumgebung der nächste Bäcker? Was verkauft der Bäcker? Welche Brotsorten gibt es? Was schmeckt dir beim Bäcker am besten? Wer hat schon mal beim Bäcker eingekauft? Wie teuer ist ein Brötchen? Ein Brot? usw.

Zur Arbeit mit dem Buch:
Zuerst wird die Sachsituation genau besprochen: Wer ist alles im Laden? Was machen die Leute? Was wird angeboten? Wo liegen die Brote? Wie sind sie angeordnet? Sind schon welche verkauft? Woran erkennt man dies? ... Wie viele Tortenstücke liegen noch da? Wie viele sind verkauft? ...

Als Nächstes sollen die Kinder zu den eingerahmten Ausschnitten Plus- oder Minusaufgaben suchen. Dabei sind durchaus unterschiedliche Deutungen möglich. Beispiel Tortenstücke (roter Rahmen):
Additionsaufgabe:
Zu den in der Theke stehenden 9 Tortenstücken werden die 3 verkauften Stücke addiert, d. h. $9 + 3 = 12$ (Anzahl der Tortenstücke vor dem Verkauf).
Subtraktionsaufgabe:
Von den 12 Tortenstücken werden die 3 verkauften subtrahiert, d. h. $12 - 3 = 9$ (Anzahl der noch im Laden vorrätigen Tortenstücke).
Die individuell gefundene Lösung wird von den Kindern notiert.
Die Kinder bearbeiten dann die anderen Ausschnitte im Heft und suchen auf dem Bild weitere Aufgaben. (Notation im Heft)

Fortsetzung der Denkschule
Denkspiel 5 „9er-Uhr" vorstellen (vgl. S. 50)

Wie könnte es weitergehen?
– Übungsheft S. 42
– Den fächerübergreifenden Ansatz der Thematik nutzen und das Thema im Sachunterricht behandeln

51 Erzählen und rechnen – Rechengeschichten
Sachsituationen beschreiben und rechnerisch umsetzen

1.

$6 + 5 = 11$ $6 + 4 + 1 = 11$

2. $5 + 2 = 7$

3. $6 - 3 = 3$

4. $13 - 4 = 9$

5. $10 - 2 = 8$

Was wird benötigt?
Arbeitsmaterial: einfache Dinge, mit denen man rechnen kann (Nüsse, Murmeln, Blumen …)

Worum geht es?
Die Kinder sollen angeregt werden ihre Umwelt rechnerisch zu erschließen. Im ersten Schuljahr kommt bildlichen Darstellungen bei der Aufgabenstellung eine besondere Bedeutung zu, da die meisten Kinder noch keine Texte lesen können.

Wie kann man vorgehen?
Die Kinder sollen bei jeder Situation
– beschreiben, was sie sehen;
– erzählen, was gerade passiert oder schon passiert ist oder evtl. passieren wird;
– dargestellte Zahlen erfassen und herausarbeiten;
– geeignete Rechenoperationen finden um den Sachverhalt mit den symbolischen Rechenzeichen auszudrücken;
– Zahlen/Rechenzeichen notieren;
– die Rechenaufgabe lösen;
– überprüfen, wie und ob das Ergebnis zur Sachsituation passt;
– Lösungswege begründen;
– zu einem Bild je nach unterschiedlicher Interpretation auch unterschiedliche Aufgaben finden.

Aufgabe 1:
Mögliche Rechnungen:
$6 + 5 = 11$ oder $6 + 4 + 1 = 11$ oder
$6 + 4 = 10$
(Das Kind rechts zieht ja gar nicht mit!)
Aufgabe 2:
$5 + 2 = 7$ oder $4 + 3 = 7$
(4 Kinder sitzen, 3 stehen.)
Aufgabe 3:
$6 - 3 = 3$ oder $2 + 1 + 3 = 6$
(2 Kinder spielen, 1 Kind schaut zu, 3 laufen weg.)
Aufgabe 4:
$13 - 4 = 9$
(Alles andere wäre künstlich.)
Aufgabe 5:
$10 - 2 = 8$ oder $10 - 1 - 1 = 8$

Standortbestimmung:
Da Sachaufgaben im „Zahlenbuch" hier erstmalig auf einer Doppelseite thematisiert werden, empfiehlt sich wieder eine Standortbestimmung: Die Kinder sollen selbst Sachsituationen aufmalen/aufschreiben und Rechnungen dazu notieren. Dabei können sie ihrer Fantasie freien Lauf lassen.

Wie könnte es weitergehen?
– Übungsheft S. 43
– Sachsituationen kann man mit wenigen Strichen an der Tafel darstellen. Einfache „Strichmännchenzeichnungen" sind oft lebendiger und anschaulicher als die schönsten fertigen Bilder. Zudem geben sie den Kindern Hilfen mit einfachen Mitteln eine Sachsituation selbst zu skizzieren.
– Die Kinder entwerfen zu vorgegebenen Rechenaufgaben eigene Bilder und geben diese anderen Kindern zur Lösung.
Sinnvoll ist es, immer wieder Rechengeschichten in den Unterricht einfließen zu lassen (Themen: Spielplatz, Kindergeburtstag, Einkaufen, Sport/Spiel, Tiere, Blumen, Murmelaufgaben u. a.). Im Sach-Vorkurs geschieht dies systematisch.

52 Zahlenmauern
Übungen zur Addition und Subtraktion

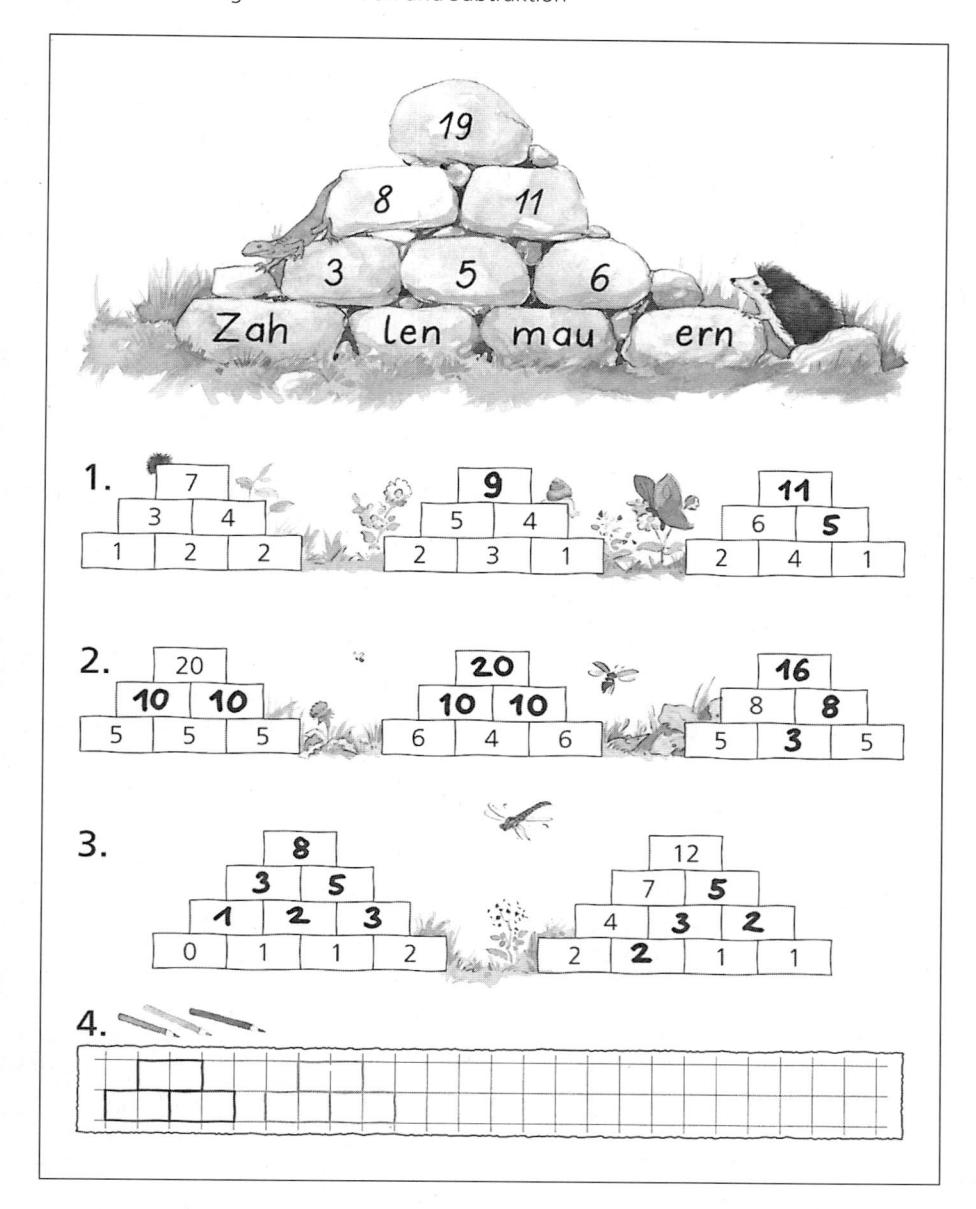

Wie kann man vorgehen?
Vor der Arbeit mit dem Buch:
Man betrachtet mit den Kindern die Mauer auf der Seite und lässt sie überlegen, wie die Zahlensteine wohl gelegt wurden. Die Mauer lässt sich aus den beklebten Bausteinen oder mit Wendekarten nachbauen.
Als Nächstes wird eine Zahlenmauer von unten her gemeinsam berechnet: Man gibt auf einer Folie am OHP eine Zahlenmauer mit Zahlen in der unteren Reihe vor und lässt die Reihe an der Tafel mit Wendekarten nachlegen. Nun wird die Mauer weitergebaut und die nächste Schicht auf der Folie eingetragen.
Anschließend gibt man eine Zahlmauer mit verstreuten Ausgangszahlen vor:

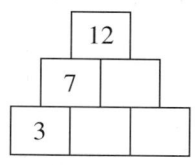

Hier müssen einfache Ergänzungs- bzw. Subtraktionsaufgaben gerechnet werden. Der Stein neben 7 muss 5 sein, denn 7 + 5 = 12. Der Stein neben 3 muss 4 sein, denn 3 + 4 = 7. Der letzte Stein berechnet sich mit 1, denn 4 + 1 = 5.

Zur Arbeit mit dem Buch:
Aufgabe 1–3:
Nachdem das Verfahren geklärt ist, können die Kinder diese Mauern allein berechnen. Dabei können sie die Wendekarten als Hilfsmittel benutzen.
Aufgabe 4:
Das Zeichnen der „Steine" in ein Gitternetz (Aufgabe 4) bereitet eigene Zeichnungen von Zahlenmauern im Heft vor.

Wie könnte es weitergehen?
– Übungsheft S. 44

Was wird benötigt?
Arbeitsmaterial: Wendekarten
Demonstrationsmaterial: evtl. mit Zahlen beklebte Bauklötze oder Kartons, Wendekarten, OHP, Folie mit zwei Mauern: erste Mauer unterste Reihe ausgefüllt, zweite Mauer leer
Hinweis: Von Kopiervorlage 13 lässt sich eine Lichtschreiberfolie ziehen

Worum geht es?
Auf dieser Seite wird das Übungsformat „Zahlenmauer" eingeführt, das bei minimalem Aufwand eine Vielzahl von Aufgabenstellungen erlaubt. Die Regel ist sehr einfach: Jeder Stein muss die Summe der beiden Steine tragen, auf denen er liegt.
Alle auf dieser Seite dargestellten Mauern lassen sich durch Additions- oder leichte Subtraktions-/Ergänzungsaufgaben berechnen. Durch das Einführen von „Prüfsteinen" (z. B. Aufgabe 2 erste Mauer) ist eine Kontrolle möglich.

53 Zahlenmauern
Übungen zur Addition

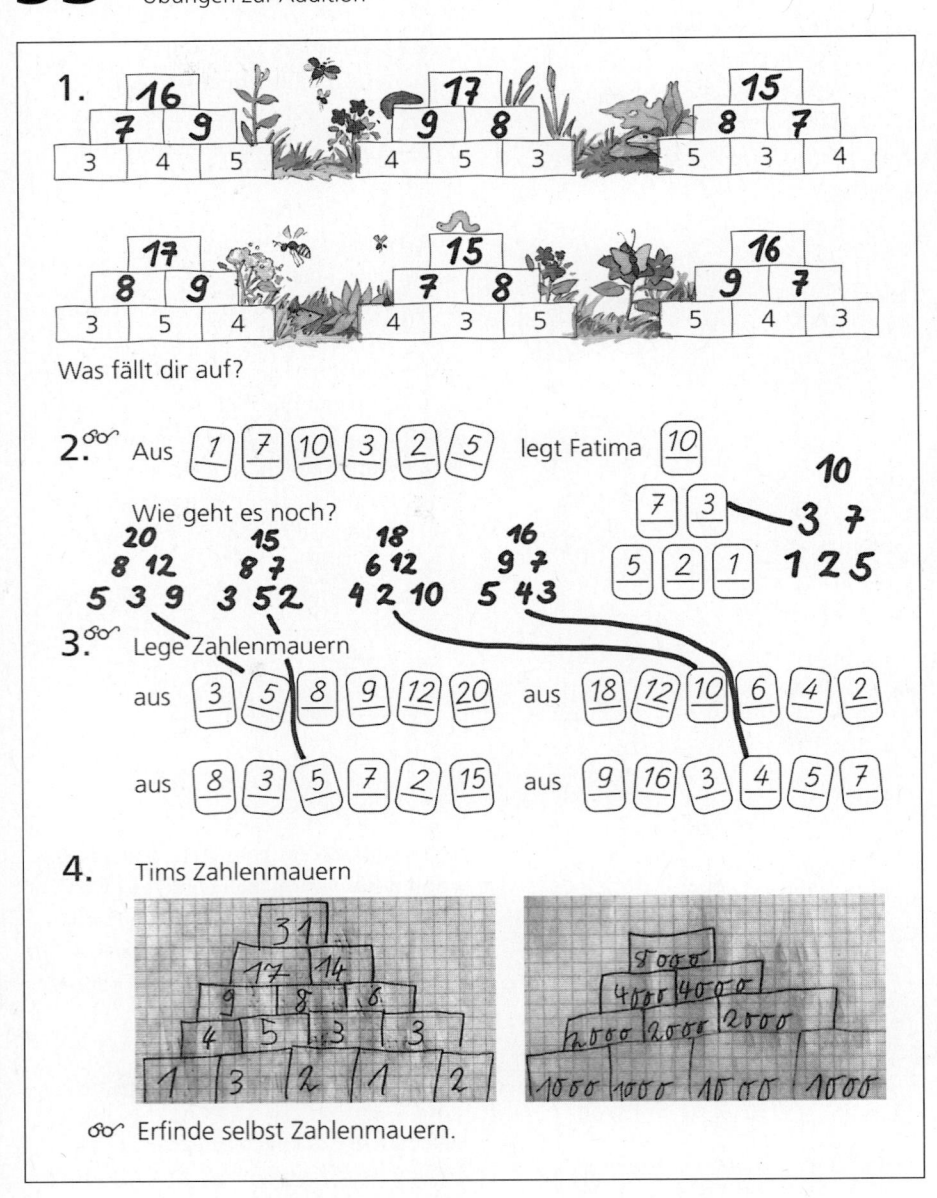

1.

16		17		15
7 9		9 8		8 7
3 4 5		4 5 4		5 3 4

17		15		16
8 9		7 8		9 7
3 5 4		4 3 5		5 4 3

Was fällt dir auf?

2. Aus ⟨1⟩ ⟨7⟩ ⟨10⟩ ⟨3⟩ ⟨2⟩ ⟨5⟩ legt Fatima ⟨10⟩

⟨7⟩⟨3⟩
⟨5⟩⟨2⟩⟨1⟩

10
3 7
1 2 5

Wie geht es noch?

20   15   18   16
8 12   8 7   6 12   9 7
5 3 9   3 5 2 4 2 10 5 4 3

3. Lege Zahlenmauern

aus ⟨3⟩⟨5⟩⟨8⟩⟨9⟩⟨12⟩⟨20⟩   aus ⟨18⟩⟨12⟩⟨10⟩⟨6⟩⟨4⟩⟨2⟩

aus ⟨8⟩⟨3⟩⟨5⟩⟨7⟩⟨2⟩⟨15⟩   aus ⟨9⟩⟨16⟩⟨5⟩⟨4⟩⟨5⟩⟨7⟩

4. Tims Zahlenmauern

Erfinde selbst Zahlenmauern.

Was wird benötigt?
Arbeitsmaterial: Wendekarten
Demonstrationsmaterial: evtl. selbst hergestellte Bausteine für Zahlenmauern aus einem DIN-A4-Blatt oder ersatzweise Wendekarten

Worum geht es?
Auf dieser Seite werden am Übungsformat „Zahlenmauer" zwei operative Fragestellungen behandelt:
– Vorgegebene Grundsteine einer Zahlenmauer werden vertauscht und es wird untersucht, wie sich das auf den Deckstein auswirkt.
– Aus vorgegebenen Ziffernkarten werden Zahlenmauern gelegt.

Bei der ersten Fragestellung wird die Gesetzmäßigkeit beim Aufbau einer 6er-Mauer besonders deutlich. Obwohl sich die Werte auf den Bausteinen nicht verändern, erhält man unterschiedlich große Decksteine. Woran liegt das? Der Grund liegt darin, dass der mittlere Grundstein sowohl in den linken als auch in den rechten Stein der zweiten Schicht eingeht, während der linke und der rechte Grundstein nur einfach in die zweite Schicht eingehen. Bei der Berechnung des Decksteins wirkt sich also eine Veränderung des mittleren Grundsteins doppelt so stark aus wie die gleiche Veränderung beim linken oder rechten Grundstein. Fazit: Erhöht man einen äußeren Grundstein um 1, so vergrößert sich der Deckstein um 1. Erhöht man den mittleren Grundstein um 1, so erhöht sich der Deckstein um 2.

Als besonders ergiebig erweist sich das Übungsformat „Zahlenmauern", wenn man den Kindern Gelegenheit gibt leere Zahlenmauern nach eigenen Vorstellungen auszufüllen. In einem Erfahrungsbericht heißt es:
„Die Ergebnisse übertrafen die kühnsten Erwartungen: Während die Vorgaben sich an die Begrenzung des Zahlenraumes bis 20 hielten, überschritten fast alle Kinder in ihren Mauern den Zwanzigerraum, und dies mit vorwiegend richtigen Ergebnissen. Fast die Hälfte der Kinder wagte sich in Zahlenräume bis über Hundert, ja über Tausend. Sie zeigten beim Operieren ein Verständnis für die dekadische Struktur des Zahlaufbaus, das weder Lehrpersonen noch Studierende für möglich gehalten hätten."
(Elmar Hengartner, Mit Kindern lernen. Standorte und Denkwege im Mathematikunterricht, Klett 1999, S. 13).

Wie kann man vorgehen?
Aufgabe 1:
Die Kinder berechnen die sechs Mauern und stellen im Vergleich fest, dass trotz der gleichen Grundsteine unterschiedliche Decksteine herauskommen. Wenn die 3 in der Mitte ist, ergibt sich der Deckstein 15, bei 4 in der Mitte der Deckstein 16 und bei 5 in der Mitte der Deckstein 17.
An der Tafel kann man gemeinsam untersuchen, wie das kommt. Die Lehrerin zeichnet zuerst drei leere Mauern. In die mittlere Mauer werden die Grundsteine 3 | 4 | 5 eingetragen. Man erhält in der zweiten Schicht die Zahlen 7 und 9, die zum Deckstein 16 führen. In die links stehende leere Mauer wird 3 und 4 vertauscht eingetragen (also 4 | 3 | 5). In der zweiten Schicht bleibt die 7 erhalten (Tauschaufgabe). Statt 9 (4 + 5) erhält man aber nur 8 (3 + 5), d. h., der Deckstein ist nur 15. In die rechts stehende leere Mauer trägt man nun 4 und 5 vertauscht ein, also 3 | 5 | 4. In der zweiten Schicht bleibt 9 erhalten und 7 wird durch 8 ersetzt, was zum Deckstein 17 führt.
Vertauschen der äußeren Steine der Grundschicht führt jeweils nur zu einem Vertauschen der Steine in der zweiten Schicht (Tauschaufgabe) und lässt den Deckstein unverändert.

Aufgabe 2:
Die Lehrerin gibt an der Tafel sechs Bausteine (z. B. magnetische Wendekarten) vor. Welche Zahlenmauer kann man daraus legen? Wie geht man dabei vor? Besonders hilfreich ist es, mit dem Deckstein zu beginnen und dazu eine passende Zerlegung zu suchen. Häufiger stocken Kinder in folgender Situation:

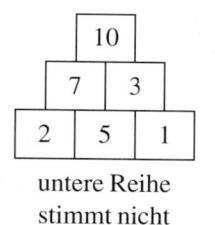

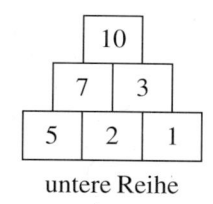

```
    10              10
  7   3           7   3
2   5   1       5   2   1
```
untere Reihe   untere Reihe
stimmt nicht   stimmt

Das Vertauschen der Bausteine 2 und 5 führt zum Ergebnis und macht so das Vertauschungsgesetz 5 + 2 = 2 + 5 handelnd erfahrbar.
Der Vergleich macht deutlich, dass der Tausch der Ecksteine den Wert des Decksteins nicht beeinflusst.

Aufgabe 3:
Hier sollen jeweils aus sechs Wendekarten Zahlenmauern gelegt werden. Hier die Lösungen:

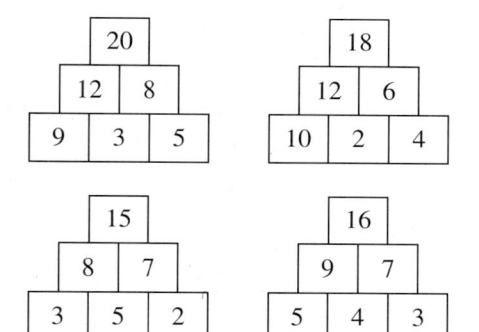

```
    20              18
  12   8          12   6
 9   3   5      10   2   4

    15              16
   8   7           9   7
 3   5   2       5   4   3
```

Aufgabe 4:
Tims Zahlenmauern dienen als Anregung für Eigenproduktionen. Die Exaktheit der Linienführung ist dabei weniger wichtig als die Kreativität beim Erfinden eigener Zahlenmauern auch im Zahlenraum über 20 hinaus.

Wie könnte es weitergehen?
– Übungsheft S. 45
– Die Aufgabe 1 lässt sich auf drei andere Zahlen übertragen.
– Die Kinder bauen mit den Wendekarten selber große und kleine Mauern und übertragen sie in ihr Heft oder in ein Blankoformular (Kopiervorlage 13), das dann vom Lehrer kontrolliert werden kann. Die Punktmuster sind gleichzeitig eine Lösungskontrolle.
– Durch viermaliges Falten und durch Ausschneiden erhält man aus einem DIN-A4-Blatt 16 Bausteine. Diese Bausteine kann man mit Zahlen beschriften und damit Mauern bauen, die sich auf ein leeres Blatt aufkleben lassen.
– Die Kinder erfinden selbst Zahlenmauern und legen nach dem Vorbild von Tim vielleicht ein eigenes Zahlenmauer-Heft an. Die Darstellung der Zahlenmauern im Übungsheft S. 44 kann als Vorbild für eigene Zeichnungen im Heft dienen.
– Besonders reizvoll ist die Verwendung eines „Joker-Bausteines". Beispiel: Vorgegeben sind die Bausteine 2 | 3 | 5 | 12 | 15 und ein leerer Baustein. Welche Zahl passt? Wo muss der Baustein eingesetzt werden?
– Weitere Variante: Ein zusätzlicher Baustein wird angeboten. Beispiel: 1 | 5 | 6 | 9 | 11 | 14 | 20. Welcher Baustein passt nicht in die 6er-Mauer?

Literatur
Lümkemann, T.: Das Zahlenmauerbuch. In: Müller, G. N./Wittmann, E. Ch.: Mit Kindern rechnen. Frankfurt: Arbeitskreis Grundschule 1995, S. 81–83
Der 6-jährige Tim schreibt dort: „Wir haben in der Schule über Zahlenmauern gesprochen. Als ich meine Hausaufgaben gemachte hatte, habe ich mich gelangweilt, und es hat geregnet. Vor dem Fernseher kam mir die Idee, das Zahlenmauerbuch zu schreiben." (Tim Lümkemann, 1. Schuljahr, Februar 1994)
Hubacher, E./Hengartner, E.: Kinder entwickeln vielfältige Zahlenmauern (1. Klasse). In: Hengartner, E.: Mit Kindern rechnen, Klett 1999, S. 69–71

Der Lehrer muss zielbewusst und systematisch an der Entwicklung *aller* Schüler der Klasse, darunter auch der schwächsten, arbeiten.
Die besondere Funktion dieses Prinzips ist durch den Umstand bedingt, dass gerade die schwachen Schüler von einer Lawine trainierender Übungen in Russisch und Arithmetik erdrückt werden. Dieses Training wird von der traditionellen Unterrichtsmethodik als notwendig erachtet, um das Zurückbleiben der nicht erfolgreichen Schüler zu verhindern. Indessen bedürfen die Zurückbleibenden nicht weniger, sondern offensichtlich mehr einer systematischen Arbeit an ihrer Entwicklung. Unsere Erfahrung zeigt, dass eine solche Arbeit zu beträchtlichen Fortschritten in der Entwicklung der schwachen Schüler und damit auch zu besseren Ergebnissen in der Aneignung der Kenntnisse und Fertigkeiten führt. Umgekehrt werden die Zurückbleibenden durch ihre Überlastung mit trainierenden Übungen nicht gefördert, ihr Rückstand vergrößert sich sogar.
Leonid Zankov: Didaktik und Leben

54 Messen mit dem Meterstab
Längen schätzen und messen, Längeneinheit 1 Meter kennen lernen

Der Meterstab

Worum geht es?
Der Maßzahlaspekt soll im bisher erarbeiteten Zwanzigerraum durch das Aneinanderlegen von Meterstäben deutlich werden. Die Kinder sollen ein Gefühl und eine Vorstellung für die Längeneinheit 1 m bekommen und mit markanten Längen in Verbindung bringen. Bemerkenswerterweise beträgt die Armspanne von Erstklässlern etwa 1 m.

Wie kann man vorgehen?
Die Buchseite dient als Anregung für die anschließenden eigentlichen Unterrichtsaktivitäten. Zu Beginn betrachten und beschreiben die Kinder die Seite. Sie geben an, wie die Schulbuchkinder messen, was sie messen und wie oft sie dabei ein ganz bestimmtes Maß aneinander legen. Dabei werden sie sicherlich auch von ihren eigenen Messerfahrungen berichten.
Die Lehrerin zeigt die vorbereiteten Meterlineale. Die Kinder vergleichen sie und erkennen, dass sie alle gleich lang sind: 1 Meter. Sie stellen fest, dass ihre Armspanne etwa 1 m beträgt.
Angeregt durch die Buchseite messen dann die Kinder mit den Meterlinealen, den selbst hergestellten Meterstäben und ihren Armspannen Längen aus:
1. Schule (Länge, Breite, Höhe), Türen (Breite, Höhe), Tafel (Breite, Höhe), Tische, Stühle, Schränke, Regale, Fenster, Schulhof, Schulflure, Schulgebäude, Spielfelder auf dem Schulhof oder in der Turnhalle.

Anmerkung: Alle Unterrichtsaktivitäten verlaufen mündlich. Die Kinder formulieren ihre Messergebnisse ungefähr so: Die Tür ist ziemlich genau 1 m breit und 2 mal 1 m (2 m) hoch, der Tisch ist etwas mehr als 1 m lang, der Stuhl ist weniger als 1 m hoch, die Tafel ist genau 1 m hoch und 2 m (ausgeklappt 4 m) breit, der Tisch ist ungefähr einen halben Meter breit.
Die Erfassung von großen Längen durch Maßzahlen wird besonders deutlich, wenn diese mit mehreren Metermaßen ausgelegt werden. Z. B.: Unser Flur ist 18 Meterstäbe lang und etwas mehr als 3 Meterstäbe breit.
Die andere Messmöglichkeit:
In Partnerarbeit wird die Länge eines Meterstabes mit Kreide markiert.

Was wird benötigt?
Arbeits- und Demonstrationsmaterial: selbst hergestellte Stäbe oder Stöcke, Maßbänder, Tafellineal von jeweils 1 Meter Länge, selbst hergestellte Meterschnüre mit Knoten, evtl. Wäscheleine, Klammern

Meterstäbe können folgendermaßen hergestellt oder besorgt werden:
– die in der Schule vorhandenen Meterlineale einsammeln
– Hasel- oder Weidenruten besorgen (Elternhilfe); sie sind gerade gewachsen, zum Auslegen geeignet und leicht auf 1 m zu schneiden
– Holzleisten vom Bauholzmarkt besorgen, auf 1 m Länge schneiden (Elternhilfe)
– Maßbänder aus Turnhalle mitbringen
– bei einer Schnur jeden Meter durch einen Knoten kennzeichnen

Anschließend wird der Meterstab immer wieder neu angelegt.

2. Vergleich von 1 Meter mit der Schrittlänge: Auf dem Schulhof wird mit dem Maßband eine Strecke von 10 m abgetragen. Wie viel Schritte braucht ein Kind für diese Strecke? Durchschnitt: ungefähr 20 Schritte.
Umgekehrt: Alle Kinder legen 20 normale Schritte zurück. Die Fußspitze des letzten Schrittes wird jeweils mit Kreide markiert. Die Kreidepunkte werden verstreut liegen. Der Mittelwert wird bei 10 m liegen.
Wie viel Schritte braucht die Lehrerin? Ungefähr 10 Schritte.
Folgerung: Erwachsenenschritt etwa 1 m, Kinderschritt 0,5 m.

3. Die Kinder sollen auch herausfinden und erfahren, wie man z. B. den Umfang eines dicken Baumes durch Kinderarmspannen oder bewegliche Meterschnüre bestimmen kann.

55 Falten, schneiden, legen
Aus Quadraten neue Formen herstellen und zu verschiedenen Figuren zusammensetzen, Denkspiel 6 „Lege schlau"

Wie kann man vorgehen?

Aufgabe 1:
Faltpapier hat für die Kinder einen so hohen Aufforderungscharakter, dass man das quadratische Papier nur mit dem Hinweis auszuteilen braucht, „eine Zeitung" (oder „ein Buch") zu falten. Anschließend wird die „Zeitung" an der Faltlinie zerschnitten. Diese Arbeit exakt auszuführen ist für manche Kinder eine hohe Anforderung an ihre manuelle Geschicklichkeit.
Die entstandenen Flächen werden mit der Ausgangsfläche verglichen. Hat man zwei verschiedenfarbige Quadrate zerschnitten, können sie zu neuen bunten Quadraten zusammengeschoben werden. Die beiden Hälften sind gut sichtbar. Es lassen sich auch größere Rechtecke legen. So ergeben sich erste Parkettierungsversuche.

Aufgabe 2:
Quadrate werden zweimal gefaltet und an den Faltlinien zerschnitten. Durch Neukombination ergeben sich viele Muster.

Aufgabe 3:
Hier wird die Diagonale gefaltet. Für die Kinder ist es eine wichtige Erfahrung, dass sich aus zwei oder vier Dreiecken verschiedene Vierecke und ein großes Dreieck bilden lassen. Hier sollte den Kindern viel Freiraum zum Experimentieren gelassen werden. Besondere „Entdeckungen" sollen an der Tafel vorgestellt und besprochen werden. Der Höhepunkt ist hier zweifellos die Herstellung eines großen Quadrats aus vier Hälften kleiner Quadrate (Spezialfall des Satzes von Pythagoras).

Aufgabe 4:
Zunächst sollten Vermutungen angestellt werden, was für Formen wohl entstehen, wenn wir zweimal schräg von Ecke zu Ecke falten. Da bei Aufgabe 2 andere Formen als bei Aufgabe 1 entstanden sind, ist es für die Kinder nicht selbstverständlich, dass wieder Dreiecke entstehen. Die Kinder haben nun acht kleine Dreiecke zur Verfügung, aus denen sie viele interessante Figuren zusammensetzen können. Lässt man die entstandenen Figuren auf Tonpapier oder Fotokarton aufkleben, entstehen wirkungsvolle Bilder, die die Kinder benennen können, z. B. Krone …

Was wird benötigt?
Arbeitsmaterial: Faltpapier in verschiedenen Farben und verschiedenen Größen, Schere, Klebstoff
Hinweis: Quadratisches und kreisförmiges Faltpapier ist im Handel in verschiedenen Farben und Größen erhältlich.

Worum geht es?
Bei dieser Seite handelt es sich um erste Erfahrungen mit geometrischen Grundformen und zur Symmetrie. Durch den handelnden Umgang mit dem Material werden über einfache Arbeitsanweisungen grundlegende Begriffe wie „halbieren", „Hälfte", „vierteln" (vier gleiche Teile), „Quadrat", „Rechteck", „Viereck" und „Dreieck" eingeführt.

Ein Formvergleich durch Aufeinanderlegen, Klappen, Drehen zeigt die Besonderheit des Quadrats: Es hat vier gleich lange Seiten. Wichtiger als das bloße Benennen der Formen ist der Umgang mit dem Faltpapier: Die Kanten müssen exakt aufeinander gelegt werden, so dass gleiche Hälften (Rechtecke, Dreiecke) entstehen. Dabei entstehen immer wieder neue Formen, die in verschiedener Weise zusammengesetzt werden können. Die Abbildungen der Seite sollen nur die Fantasie und Kreativität der Kinder anregen.

Fortsetzung der Denkschule
Denkspiel 6 „Lege schlau" vorstellen (vgl. S. 51)

Wie könnte es weitergehen?
- Weitere Figuren falten, auch in Verbindung mit dem Kunstunterricht; Anregungen findet man in Origami- oder Bastelbüchern (vgl. Literatur).
- Holzlegespiele eignen sich als Material für die „Freie Arbeit": Indem das Kind eigene Figuren legt oder gegebene Figuren nachlegt, schult es sein Auge für Formen und Farben und Lagebeziehungen.

Literatur
Blankenburg, B.: Papier falten mit Schere und Phantasie. Brunnen-Reihe 255, Christopherus Verlag 1987

Dupick-Reich, H.: Faltarbeiten für Kinder. Brunnen-Reihe 240, Christopherus Verlag 1985

Bofinger, M.: Graf Tüpo – Lina Tschornaja und die anderen. Sisyphos-Presse, Berlin 1991

Pichler, H.: Formen-Zauber. Sensor Verlag, Pullach/München 1993

Pacovska, K.: Rund und eckig, ein Formenspielbuch. Ravenburger 1994

56 Rechendreiecke
Plättchenanzahlen auf benachbarten Feldern addieren, zu vorgegebenen Ergebniszahlen Zerlegungen finden

Beispiel:

Aufgabe

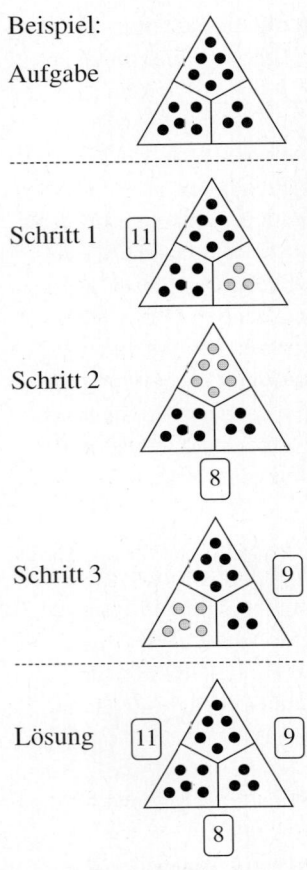

Schritt 1 — 11

Schritt 2 — 8

Schritt 3 — 9

Lösung — 11, 9, 8

Alle Aufgaben sind auf der anschaulichen Ebene mit Material durch konkretes Operieren lösbar.
Abstraktionsstufen:
– Aufgaben mit Plättchen S. 56
– Aufgaben mit Zahlen S. 57
Schwierigkeitsstufen nach der Aufgabenstellung:
– 3 Felder sind belegt.
  Gesucht: 3 Ergebnisse
  (Sie können durch Addition berechnet werden.)
– 2 Felder sind belegt, 1 Ergebnis vorgegeben.
  Gesucht: 1 Feld, 2 Ergebnisse
  (Die Feldzahl kann durch Ergänzung, die Ergebnisse durch Addition berechnet werden.)
– 1 Feld ist belegt, 2 Ergebnisse sind vorgegeben.
  Gesucht: 2 Felder, 1 Ergebnis
  (Die Felder müssen durch Ergänzung, das Ergebnis durch Addition berechnet werden.)
– Die interessante Aufgabenstellung, dass nur die 3 Ergebnisse vorgegeben sind und nun alle 3 Felder des Rechendreiecks gesucht werden, wird erst auf Seite 81 angesprochen.

Rechendreieck

1.
   - 9, 10, 11
   - 9, 10, 13

2.
   - 12, 9, 11
   - 11, 12, 19

Was wird benötigt?
Arbeitsmaterial: Rechendreieck auf Kopiervorlage 14, Wendeplättchen, Wendekarten
Demonstrationsmaterial: Rechendreieck mit Kreppband auf den Boden geklebt, Wendekarten, Wendeplättchen
Hinweis: Wird ein Rechendreieck auf eine Magnettafel geheftet, so können dort magnetische Wendeplättchen und Wendekarten benutzt werden.

Worum geht es?
Das Rechendreieck ist nach der Zahlenmauer ein weiteres vielseitiges Übungsformat. Mit ihm kann man auf verschiedenen Schwierigkeits- und Abstraktionsstufen Plus-, Minus- und Ergänzungsaufgaben lösen. Regel:
Auf jedes der drei Felder werden Plättchen gelegt. Die Plättchenanzahlen auf benachbarten Feldern sind zu addieren, das Ergebnis ist am Rand zu notieren (passende Wendekarten anlegen).

154

Wie kann man vorgehen?
Vor der Arbeit mit dem Buch:
Die Klasse sitzt im Kreis. Auf dem Fußboden ist ein Rechendreieck (Seitenlänge ca. 50 cm) mit Krepp-Klebeband aufgeklebt. Auf die Felder werden Plättchen verteilt. Die Lehrerin legt kommentarlos das erste Ergebniskärtchen an. Die übrigen Wendekarten liegen bereit. Die Kinder entdecken und versprachlichen die Rechenregel und legen die fehlenden Ergebniskarten an. Wiederholung an mehreren Aufgaben, falls magnetische Plättchen und Karten vorhanden, auch an der Magnettafel.

Zur Arbeit mit dem Buch:
Danach erhalten die Kinder das Rechendreieck der Kopiervorlage 14. Sie sollen die Einstiegssituation Seite 56 nachlegen.
Dann legen sie die Aufgaben von 1 nach und tragen die Ergebnisse ein.
Aufgabe 2:
Ein Ergebnis ist vorgegeben, ein Feld ist nicht belegt. Die Kinder finden die Lösung durch eine Minus- oder Ergänzungsaufgabe: z. B.:
5 + __ = 12 oder 12 – 5 = __ .

Wie könnte es weitergehen?
– Kopiervorlage 14 mit Plättchenaufgaben gestalten
– Untersuchen: Wie verändern sich die Ergebnisse, wenn ich auf jedem Feld ein Plättchen hinzulege bzw. wenn ich von jedem Feld eins wegnehme?

57 Rechendreiecke
Zahlen auf benachbarten Feldern addieren

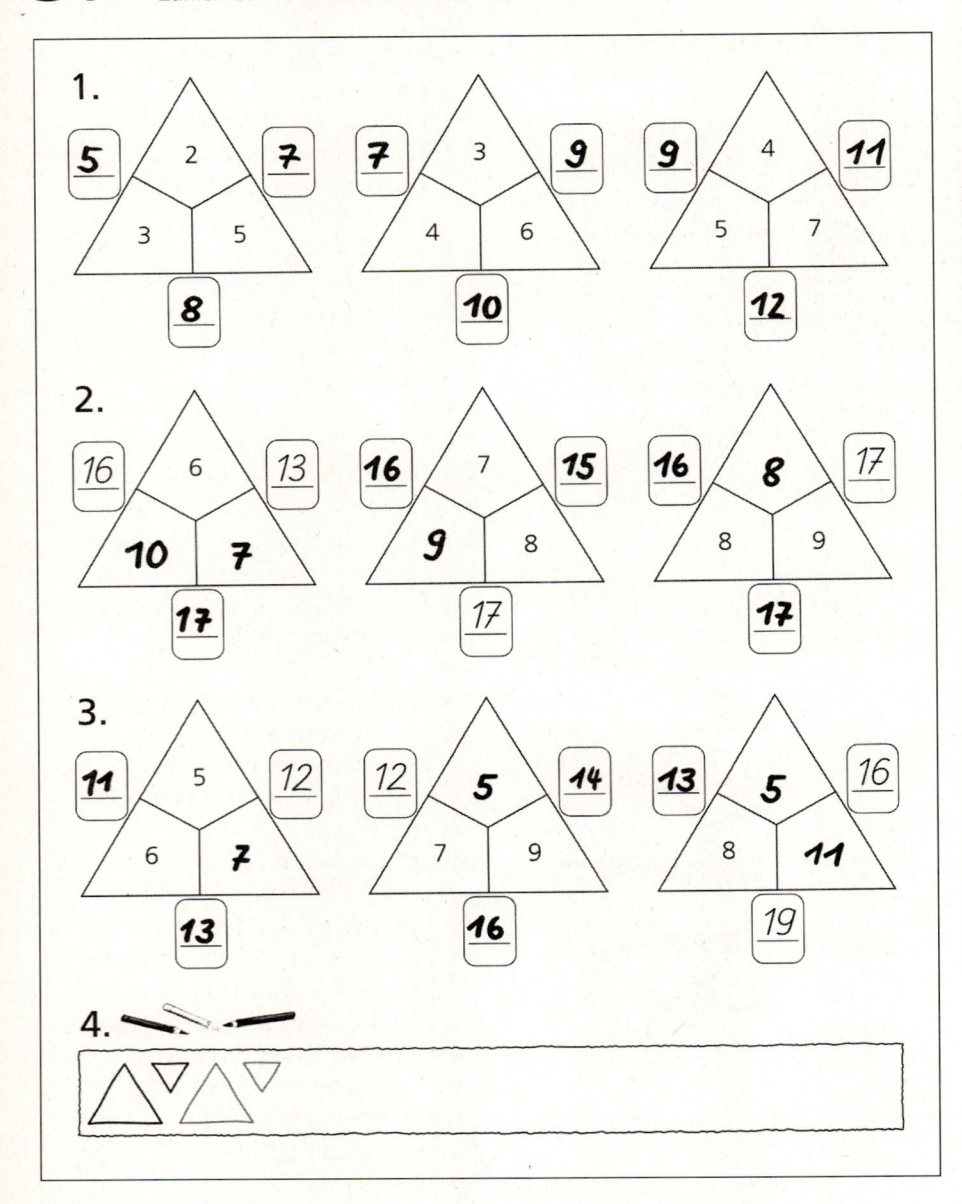

1.

Dreieck 1: Ecken oben 5, 7; Mitte 2; innen 3, 5; unten 8
Dreieck 2: Ecken oben 7, 9; Mitte 3; innen 4, 6; unten 10
Dreieck 3: Ecken oben 9, 11; Mitte 4; innen 5, 7; unten 12

2.

Dreieck 1: Ecken 16, 13; Mitte 6; innen 10, 7; unten 17
Dreieck 2: Ecken 16, 15; Mitte 7; innen 9, 8; unten 17
Dreieck 3: Ecken 16, 17; Mitte 8; innen 8, 9; unten 17

3.

Dreieck 1: Ecken 11, 12; Mitte 5; innen 6, 7; unten 13
Dreieck 2: Ecken 12, 14; Mitte 5; innen 7, 9; unten 16
Dreieck 3: Ecken 13, 16; Mitte 5; innen 8, 11; unten 19

4. (Ornamentleiste mit Dreiecken)

Aufgabe 2 und 3:
Hier müssen (zunächst) Ergänzungsaufgaben gelöst werden, ehe alle fehlenden Felder und Ergebniszahlen bestimmt werden können, z. B. bei der ersten Aufgabe: 6 + 10 = 16, 6 + 7 = 13 und dann 10 + 7 = 17 als dritte Ergebniszahl. Betrachtet man die Lösungen von Aufgabe 2, so erkennt man: In zwei der drei inneren Felder erhöhen sich die Zahlen um 1, in einem Feld erniedrigt sich die Zahl um 1. Dies hat zur Folge, dass zwei der äußeren Zahlen (16 und 17) gleich bleiben, die dritte äußere Zahl erhöht sich um 2 (13, 15 und 17).
Bei den Lösungen von Aufgabe 3 erhöht sich die Zahl in einem inneren Feld um 1, im zweiten Feld um 2 und im dritten Feld bleibt sie gleich. Dies hat zur Folge, dass sich alle Zahlen in den äußeren Feldern verändern. Eine Zahl erhöht sich immer um 1 (von 11 über 12 zu 13), eine äußere Zahl erhöht sich immer um 2 (von 12 über 14 zu 16) und eine äußere Zahl erhöht sich immer um 3 (von 13 über 16 zu 19).

Aufgabe 4:
In der Ornamentleiste zeichnen die Kinder große und kleine Dreiecke. Die Spitze der großen Dreiecke zeigt nach oben, die Spitze der kleinen Dreiecke nach unten.

Expeditionen ins Zahlenreich
Expedition 4: Darstellung von Zahlen als Summen (vgl. S. 44)

Was wird benötigt?
Arbeitsmaterial: Wendeplättchen, Wendekarten, Rechendreieck, Kopiervorlage 14 und 15

Worum geht es?
Das Thema „Rechendreiecke" wird fortgesetzt. Durch die Zifferndarstellung erfolgt eine Abstrahierung. Die Kinder nutzen die Wendeplättchen individuell als Lösungshilfe. Durch wechselseitige Vorgaben von Feldern und Ergebnissen sind nicht nur Additionsaufgaben, sondern auch Minusaufgaben (Ergänzungsaufgaben) zu lösen. Beachtet werden muss, dass sich die Veränderung eines Feldes auf zwei Ergebnisse auswirkt.

Wie kann man vorgehen?
Vor der Arbeit mit dem Buch:
Zur Wiederholung wird eine Aufgabe mit Plättchendarstellung an der Tafel gerechnet. Dann wird dieselbe Aufgabe in Zifferndarstellung an die Tafel geschrieben und gelöst. Es folgen weitere Beispielaufgaben. Je weniger innere Felder belegt sind, desto höher wird der Schwierigkeitsgrad der Aufgabe.

Zur Arbeit mit dem Buch:
Aufgabe 1:
Einfachster Aufgabentyp: Die Kinder addieren die Zahlen benachbarter Felder und schreiben das Ergebnis in die Kästchen. Die drei Rechendreiecke zeigen: Erhöht man jeweils alle drei Felder um 1, so erhöhen sich alle Ergebnisse um 2.

Wie könnte es weitergehen?
– Übungsheft S. 46
– Erstellung einer Kartei mit Aufgaben zum Rechendreieck (Freiarbeit)
– Aufgaben legen, Rechnungen ins Heft schreiben

58 Kugeln formen
Gleich große und verschieden große Kugeln formen, Kugeln in der Umwelt erkennen, aus 20 Kugeln eine Pyramide bauen

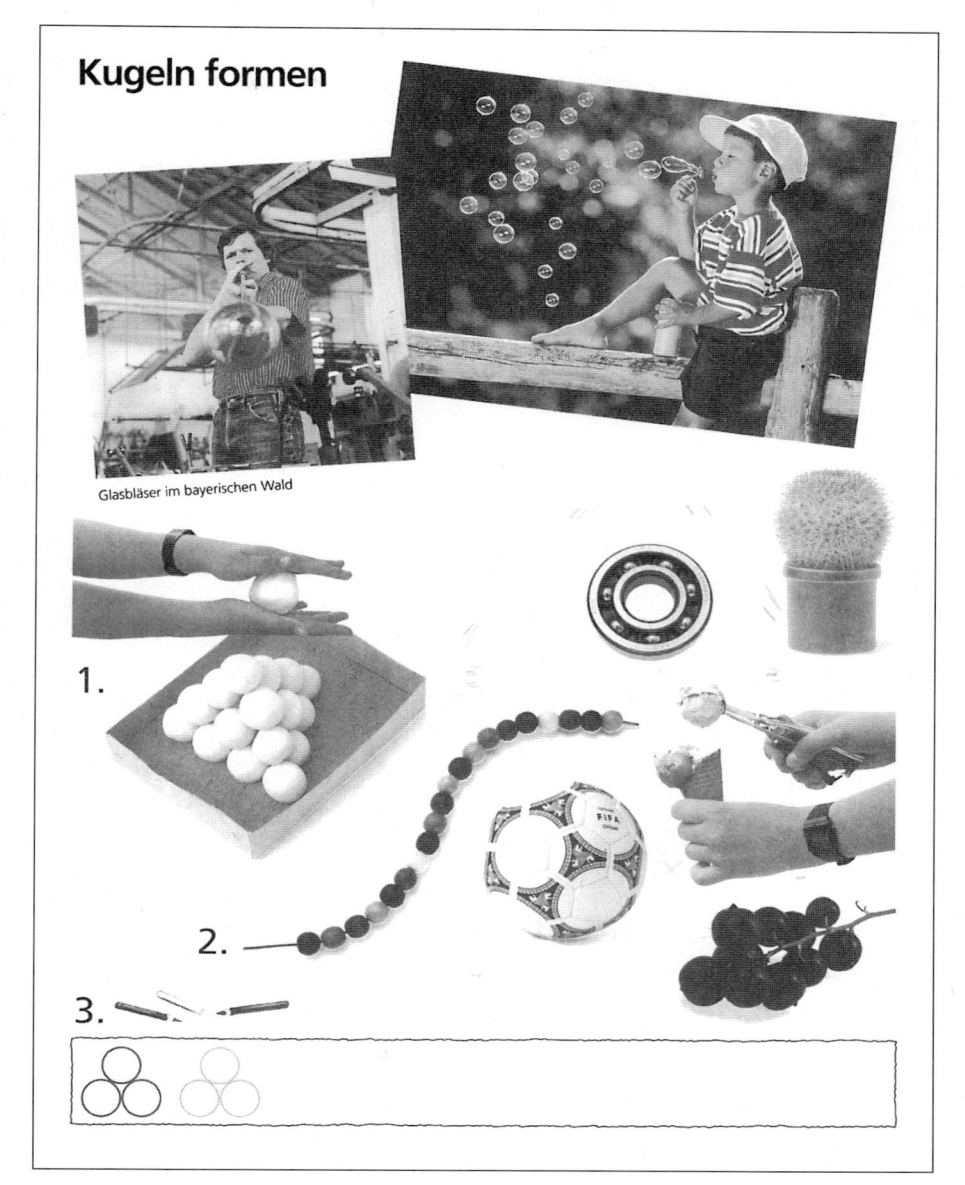

Kugeln formen

Glasbläser im bayerischen Wald

1.
2.
3.

Was wird benötigt?
Arbeitsmaterial: Lehm, Ton, evtl. Salzteig als Knetmaterial, Seifenblasenlösung
Demonstrationsmaterial: kugelförmige Dinge: Bälle, Perlen, Murmeln, Beeren, Apfelsinen, Kugelkaktus, Seifenblasen, Globus, Weihnachtsbaumkugeln, Kugellager (Reparaturwerkstätten für Fahrräder oder LKW), Würfel als Kontrast

Worum geht es?
Die Kinder sollen als erste geometrische Grundform die Kugel „begreifen", selber Kugeln aus knetbarer Masse herstellen sowie Bau und Funktion von Kugeln in Beziehung setzen.
Die Kugel ist ein geometrischer Körper, bei dem alle Oberflächenpunkte denselben Abstand vom Mittelpunkt haben. Sie ist daher „schön rund", hat keine Ecken, Kanten, Einbuchtungen, Erhebungen und kann wunderbar „rollen". Angenäherte Kugelformen kommen in der Natur überall vor (siehe Globus/Erde, Tomate, Beeren).
Vorteile der Kugelform: optimales Rollen, geringe Reibung und geringer Verschleiß (wichtig beim Kugellager), stabile Form, unempfindlich gegen Druck (Gewölbe, Form eines Reaktorgebäudes). Nachteile: schlecht stapelbar, rollt leicht weg.

Wie kann man vorgehen?
Vor der Arbeit mit dem Buch:
Im Sitzkreis legt die Lehrerin ohne Kommentar einen Ball und einen Würfel in die Mitte. Die Kinder beschreiben die beiden Grundformen. Sie nennen die Unterschiede, die Vorteile und die Nachteile der Formen. Möglicher Impuls: Kann man einen Ball zum Bauen benutzen? Kann man einen Würfel zum Ballspielen benutzen?

Zur Arbeit mit dem Buch:
Die Kinder schauen sich die Schulbuchseite an und entdecken überall Kugeln. Sie beschreiben, was das Kind und der Glasbläser machen. Gemeinsamkeit: durch Aufblasen (einer Flüssigkeit) wird eine Kugelform erzeugt.
Aufgabe 1:
Die Kinder stellen zunächst Kugeln her und bauen dann mit den Kugeln. Als Material eignen sich: Lehm, Ton (weißer Ton schmutzt am wenigsten), Salzteig, Knete.
Rezept für giftfreie Knete:
400 g Mehl, 200 g Salz, 50 g Alaunpulver (Apotheke), 1/2 l Wasser, 2 1/2 Essl. Öl, evtl. Lebensmittelfarbe (Drogerie). Alle Zutaten in einem Topf verrühren, dann das Ganze bei geringer Wärme unter Rühren zu einem dicken Brei werden lassen. Verschlossen und kühl aufbewahren.
Ferner können Kugeln leicht aus Pappmaché hergestellt werden.
Beim Formen begreifen die Kinder, was das Besondere der Kugelform ausmacht. Sie müssen genau hinschauen und die Größen miteinander vergleichen. Eine kleinere, mittlere und größere Kugel aufeinander gesetzt ergeben beispielsweise zur Jahreszeit passend einen Schneemann.
Mit 20 ungefähr gleich großen Kugeln lässt sich anschaulich der Aufbau einer Dreieckspyramide zeigen (weitere Strukturierung des Zwanzigerraumes). Wie können wir die abgebildete Pyramide nachbauen?
Schon als Geschicklichkeitsspiel ist der Pyramidenaufbau reizvoll. Auf einer Sandunterlage (Demonstrationssandkasten/Sachunterricht) rollen die Kugeln nicht so schnell weg (Bau einer „Wüstenlandschaft mit Pyramiden"?).

Wenn die Pyramide fertig ist, sollen die Kinder nachzählen, aus wie vielen Kugeln sie besteht. Z. B.: „Ich sehe 3 + 3 + 3 + 3 + 3 + 3 Kugeln. Dazu eine oben und eine Kugel innen drin."

Aufgabe 2:
Die Kinder schauen sich die abgebildeten Gegenstände an und beschreiben sie. Mit Hilfe der mitgebrachten Dinge wird der Vorteil der Kugelform herausgearbeitet.
Kugellager: geringer Verschleiß, Beweglichkeit
Ball: rollt gut
Eiskugeln: gleiten besser aus der Zange
Beeren: stabil, unempfindlich gegen Druck

Aufgabe 3:
In der Ornamentleiste setzen die Kinder das Muster fort.

Wie könnte es weitergehen?
- Die Kinder sollen Dinge sammeln und mitbringen oder von Dingen in ihrer Umgebung erzählen, die kugelförmig sind
- Kunst/Gestaltung: Heißluftballon mit Gondel herstellen (Pappmaché um runden Luftballon formen, Schachtel als Gondel verwenden)
- Die Kinder stellen Seifenlauge her und lassen Seifenblasen fliegen. Grundrezept für Seifenblasen: 1 Tasse Spülmittel, 12 Tassen Wasser, 1/4 Tasse flüssiges Glyzerin
Hinweis: In Kreativ- und Jongleurgeschäften sind Materialien für die Herstellung menschengroßer Seifenblasen erhältlich („bubble thing" von David Stein).

59 Legen und überlegen
Nachspielen von Sachaufgaben, Denkspiel 8 „Spitze nach unten"

Legen und überlegen

Ein 🏯 und ein ⛺
Alle Kinder wollen spielen.
Lege für die Kinder Plättchen und schiebe.

1. Im ⛺ spielen 3 Kinder. 🏯 **7**
2. Am 🏯 spielen 6 Kinder. ⛺ **4**
3. Am 🏯 **5** und im ⛺ **5** spielen gleich viele Kinder.
4. Im ⛺ **6** spielen 2 Kinder mehr als am 🏯 **4**
5. Aus △ mache ▽ Schaffst du es, nur 3 Plättchen zu bewegen?

Was wird benötigt?
Arbeitsmaterial: Wendeplättchen
Demonstrationsmaterial: Wendeplättchen

Worum geht es?
Das A und O bei der Lösung von Sachaufgaben ist eine Aufschließung der Situation für (gedankliche) Probierhandlungen, durch welche die gesuchten Größen so lange mit den gegebenen Daten abgestimmt werden, bis „es passt". Dieser operative Zugang zu Sachaufgaben wird durch Sachaufgaben besonders gefördert, die sich mit Hilfe von Plättchen modellhaft erfassen lassen (vgl. Sach-Vorkurs). Das flexible Operieren mit Plättchen („Legen") wird dabei zur Grundlage für ein flexibles Operieren mit Zahlen („Überlegen") und später für einen flexiblen rechnerischen/algebraischen Umgang mit Sachaufgaben (und eingekleideten Aufgaben). Die Spielplatzsituation auf der Buchseite ist hierfür ein typisches Beispiel. Mit Hilfe der Plättchen kann die jeweilige Aufgabe simuliert, operativ bearbeitet und schließlich gelöst werden.

Beispiel:
Für jedes der 10 Kinder wird ein Wendeplättchen gelegt. Bei der offenen Aufgabenstellung „Jedes Kind spielt entweder auf dem Klettergerüst oder im Indianerzelt" dürfen die 10 Plättchen beliebig verteilt und variiert werden. Dies liefert eine Vielzahl von Lösungen:

Klettergerüst		Indianerzelt	
10	OOOOOOOOOO		0
9	OOOOOOOOO	O	1
8	OOOOOOOO	OO	2
7	OOOOOOO	OOO	3
6	OOOOOO	OOOO	4
5	OOOOO	OOOOO	5
4	OOOO	OOOOOO	6
3	OOO	OOOOOOO	7
2	OO	OOOOOOOO	8
1	O	OOOOOOOOO	9
0		OOOOOOOOOO	10

Selbstverständlich kann man in der Klasse die Spielplatzsituation auch mit Kindern nachspielen lassen. Die Wendeplättchen haben jedoch den Vorteil, dass jedes Kind die Aufgabe durch Verschieben von Plättchen operativ erschließen kann. Beispiel für eine gezielte Aufgabenstellung:
Im Zelt spielen 4 Kinder mehr als auf dem Klettergerüst. Die Kinder können nun von einer beliebigen Verteilung ausgehen, z. B. 5 Kinder auf jedem Spielgerät. Durch Verschieben von Plättchen finden sie schrittweise die Lösung:

Klettergerüst		Indianerzelt	
	gleich viele:		
5	OOOOO	OOOOO	5
	1 Plättchen verschieben:		
4	OOOO	●OOOOO	6
	2 weniger	2 mehr	
	noch 1 Plättchen verschieben:		
3	OOO	●●OOOOO	7
	4 weniger	4 mehr	

Wie kann man vorgehen?

Vor der Arbeit mit dem Buch:
Die Spielplatzsituation kann in der Klasse mit den Kindern nachgespielt werden. Zwei Kartenständer werden als Indianerzelt (evtl. mit einem großen Tuch oder einer Decke) und als Klettergerüst (mit Springseilen) „verkleidet". Es ergeben sich erste Aufteilungen der 10 Kinder, z. B.:
4 Kinder klettern auf dem Gerüst und
6 Kinder spielen im Zelt oder
7 Kinder klettern auf dem Gerüst und
3 Kinder spielen im Zelt oder
3 Kinder klettern auf dem Gerüst und
7 Kinder spielen im Zelt …
Anschließend werden die verschiedenen Möglichkeiten mit Wendeplättchen an der Magnettafel simuliert und besprochen. Es ist für die Bearbeitung der späteren Aufgaben hilfreich, an die grundlegenden Begriffe zu erinnern, die im Sach-Vorkurs eingeführt wurden:
Wie viele Kinder spielen auf dem Gerüst?
Wie viele im Zelt?
Wie viele Kinder sind es zusammen?
Wo spielen mehr Kinder,
auf dem Klettergerüst oder im Zelt?
Wo weniger?
Wie viele mehr?
Wie viele weniger?

Zur Arbeit mit dem Buch:
Im Buch legen die Schüler auf jedes gezeichnete Kind ein Plättchen und verschieben die Plättchen wie vorher besprochen: 4 Plättchen auf das Gerüst und 6 Plättchen auf das Zelt oder 7 Plättchen auf das Gerüst und 3 Plättchen auf das Zelt usw. Es gibt 11 verschiedene Lösungen (s. vorhergehende Seite).

Aufgabe 1 und 2:
Die Kinder schieben nach Angabe die Plättchen auf das angegebene Spielgerät und überlegen, wie viele Kinder sich auf dem anderen Spielgerät befinden müssen.

Aufgabe 3:
Durch das Hin- und Herschieben der Plättchen haben die Kinder die Möglichkeit verschiedene Ansätze zunächst zu probieren, bevor sie die Lösung (5 Kinder auf jedem Gerät) finden.

Aufgabe 4:
Ebenso wie bei Aufgabe 3 können die Kinder operativ vorgehen. Durch das Verändern der Plättchenanzahlen auf den Geräten und durch Vergleich mit der Aufgabenstellung können sie die Lösung finden (4 Kinder auf dem Klettergerüst und 6 im Indianerzelt).
Häufig gehen die Schüler von 5 Plättchen (Kindern) am Klettergerüst und 5 Plättchen (Kindern) im Zelt aus und verschieben dann 2 Plättchen, was zur Verteilung 7 Kinder im Zelt und 3 Kinder am Klettergerüst führt, die keine Lösung ist, denn es sind im Zelt 4 Kinder mehr statt der verlangten 2 mehr.
Macht man Kinder auf diesen Irrtum aufmerksam, so gibt es zwei Reaktionen: Ein Teil der Kinder erkennt diesen kognitiven Konflikt und sucht weiter nach Lösungen. Ein Teil der Kinder beharrt auf der falschen Lösung, denn „2 Kinder mehr" bedeutet für sie „2 Kinder wechseln". So kann gerade diese Aufgabe dazu benutzt werden, den sprachlichen Ausdruck „2 mehr als" mit den Kindern zu besprechen. Wenn *ein* Kind wechselt, so hat die eine Menge ein Kind weniger, die andere Menge ein Kind mehr; der Unterschied beträgt somit in der Gesamtbilanz 2.

Aufgabe 5 als Fortsetzung der Denkschule:
Die Aufgabe ist eine Erkundungsaufgabe und als Denkspiel 8 „Spitze nach unten" Teil der Denkschule (vgl. S. 55).
Vorschlag: Aufgabe am OHP mit Wendeplättchen legen. OHP ausschalten. Das oberste Plättchen nach ganz unten, das linke und rechte Plättchen der unteren Reihe in die zweite Reihe schieben:

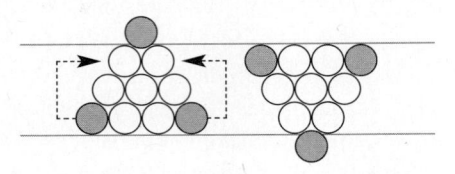

OHP einschalten und den Kindern zeigen, wie die Lösung aussehen soll. Nun suchen die Kinder eine Lösung, wobei auch Lösungen mit Umlegen von 4 oder 6 Münzen möglich sind.
Hinweis: Die Lösung wird einfacher, wenn sich die Wendeplättchen gegenseitig berühren. Mit 1-Cent- oder 10-Cent-Münzen können die Kinder zu Hause und im Freundeskreis überall das Denkspiel vorstellen.

Wie könnte es weitergehen?
– Weitere Fragestellungen:
  Auf dem Klettergerüst spielen 4 (6, 8) weniger (mehr)
– Anzahl der Kinder verändern
– Ein weiteres Spielgerät hinzunehmen (z. B. Wippe)

60 Die Einspluseins-Tafel
Kennenlernen der Einspluseins-Tafel, erste Orientierungsübungen

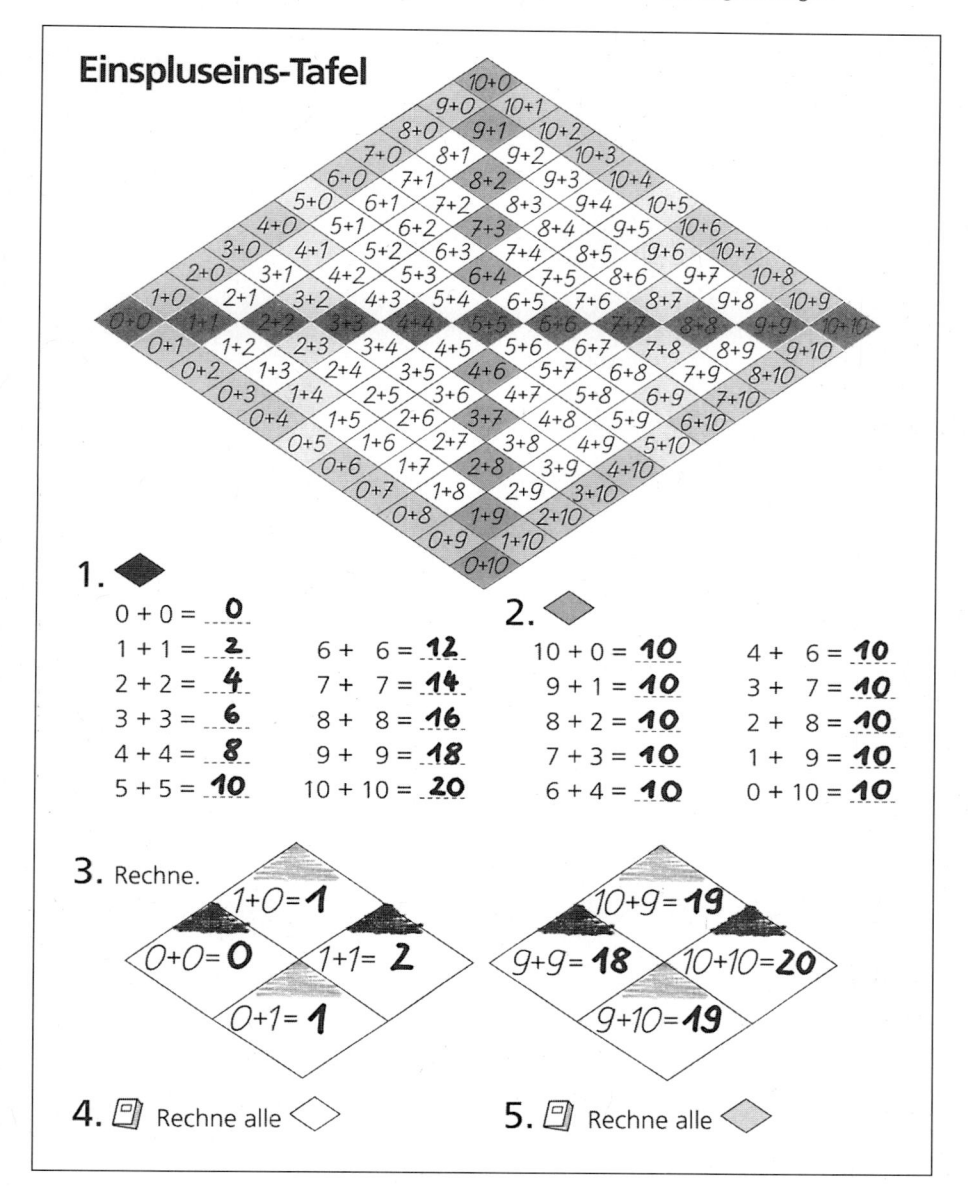

Einspluseins-Tafel

1. ◆

0 + 0 = **0**
1 + 1 = **2**   6 + 6 = **12**
2 + 2 = **4**   7 + 7 = **14**
3 + 3 = **6**   8 + 8 = **16**
4 + 4 = **8**   9 + 9 = **18**
5 + 5 = **10**   10 + 10 = **20**

2. ◆

10 + 0 = **10**   4 + 6 = **10**
9 + 1 = **10**   3 + 7 = **10**
8 + 2 = **10**   2 + 8 = **10**
7 + 3 = **10**   1 + 9 = **10**
6 + 4 = **10**   0 + 10 = **10**

3. Rechne.

1 + 0 = **1**
0 + 0 = **0**   1 + 1 = **2**
0 + 1 = **1**

10 + 9 = **19**
9 + 9 = **18**   10 + 10 = **20**
9 + 10 = **19**

4. 📖 Rechne alle ◇

5. 📖 Rechne alle ◆

Was wird benötigt?
Arbeitsmaterial: kleine Einspluseins-Tafel für jeden Schüler (Rückseite des Schülerbuches und Kopiervorlagen), Zwanzigerfeld, Wendeplättchen
Demonstrationsmaterial: Tafel als Poster (Klett-Nr. 188070) oder evtl. Folienkopie für den Lichtschreiber, Zwanzigerfeld, Wendeplättchen
Hinweis: Wird das Poster auf eine Magnettafel geheftet, so können Aufgaben mit Wendeplättchen markiert werden. Mit Tapetenstücken kann man die Einspluseins-Tafel so abdecken, dass diagonale Reihen einzeln präsentiert werden können. Durch Tapetenstücke mit ausgeschnittenen Rauten kann man einzelne Elemente der Einspluseins-Tafel bei Bedarf hervorheben.

Worum geht es?
Die Einspluseins-Tafel bietet in übersichtlicher Form eine Systematik aller 121 Plusaufgaben des Einspluseins. Sie stellt den operativen Zusammenhang zwischen den Aufgaben und nicht die Ergebnisse in den Vordergrund. Durch die Farbgebung werden die Kernaufgaben zum Erlernen des Einspluseins hervorgehoben.
– Rote Zeile:
  Verdopplungsaufgaben
– Gelbe Diagonalen:
  Plusaufgaben mit 5
– Dunkelblaue Spalte:
  Aufgaben zur Zehnerergänzung
– Hellblaue Spalten:
  Aufgaben zur Fünfer- bzw. Fünfzehnerergänzung
– Grüne Randaufgaben:
  Plusaufgaben mit 0 oder 10

Beachtet man das Vertauschungsgesetz und klammert man die einfachen Randaufgaben sowie die einfache Aufgabe 1 + 1 aus, so bleiben nur 24 schwierigere Kernaufgaben übrig, die wirklich gelernt werden müssen:
– 8 Verdopplungsaufgaben:
  2 + 2, 3 + 3, 4 + 4, 5 + 5,
  6 + 6, 7 + 7, 8 + 8, 9 + 9
– 8 Aufgaben mit 5:
  5 + 1, 5 + 2, 5 + 3, 5 + 4,
  5 + 6, 5 + 7, 5 + 8, 5 + 9
– 4 Aufgaben zur Zehnerergänzung:
  9 + 1, 8 + 2, 7 + 3, 6 + 4
– 4 Aufgaben zur Fünfer- bzw. Fünfzehnerergänzung:
  4 + 1, 3 + 2, 9 + 6, 8 + 7

Wer diese Kernaufgaben beherrscht, kann alle anderen Aufgaben operativ erschließen.
Wie das Buchstabenhaus im Sprachunterricht kann die Einspluseins-Tafel den weiteren Mathematikunterricht des 1. Schuljahrs begleiten und den Kindern helfen das Einspluseins ökonomisch zu erlernen.
Mit der Plus-Tafel ist erstmals eine Systematik gegeben, die den Kindern wie auf einer Landkarte Orientierung über die vielen Aufgaben bietet und Gesetzmäßigkeiten sichtbar macht. Natürlich können die Kinder die Komplexität der Tafel nicht auf einen Schlag erfassen. Sie brauchen Zeit um sich auf der Tafel immer besser zurechtzufinden und die Feinheiten zu erkennen. Darum sollten die Arbeitsphasen am Plan anfangs noch nicht ausgedehnt sein und schwerpunktmäßig jeweils nur Ausschnitte herausstellen.

Wie kann man vorgehen?
Vor der Arbeit mit dem Buch:
Vorstellen der Tafel: Es ist möglich, die Einspluseins-Tafel bereits vor ihrer Benutzung in der Klasse aufzuhängen, damit sich die Kinder schon zwanglos damit vertraut machen können. Bei der eigentlichen Vorstellung als Poster oder als Folie wird der Name „Einspluseins-Tafel", kurz „Plus-Tafel", genannt, und die Kinder werden aufgefordert sich spontan über die Tafel und ihren Zweck zu äußern.

Orientierungsübungen: Die Kinder zeigen selbst gewählte Aufgaben mit dem Zeigestock am Poster oder mit dem Stift am OHP, rechnen sie aus und markieren sie mit einem Wendeplättchen als gerechnet. Jedes Kind kann dabei die seinem Leistungsstand entsprechenden Aufgaben auswählen.

Zur Arbeit mit dem Buch:
Aufgabe 1:
Die roten Aufgaben werden alle gerechnet und als Verdoppelungsaufgaben erkannt.
Aufgabe 2:
Die dunkelblauen Aufgaben werden alle gerechnet und als Aufgaben mit Ergebnis 10 erkannt.
Aufgabe 3:
Die Kinder rechnen die Ergebnisse von Ausschnitten der Tafel aus.
Aufgabe 4:
Die Kinder rechnen im Heft alle gelben Aufgaben (Aufgaben „mit der 5").
Aufgabe 5:
Ebenso werden im Heft alle grünen Aufgaben (Randaufgaben) gerechnet und als leicht erkannt.

Wie könnte es weitergehen?
– In Fortführung von Aufgabe 4 werden alle hellblauen Aufgaben gerechnet und als „Fünfer"- bzw. „Fünfzehner"-Aufgaben erkannt.
– Ausmalen der Plustafel:
Die Kinder erhalten eine unausgemalte Kopie von Teilen der Einspluseins-Tafel und färben sie entsprechend ein (Kopiervorlage 16)
– Kinder suchen an der Tafel Aufgaben, bei denen immer 11 (6, 7 …) herauskommt, und markieren diese mit einem Plättchen
– Mit Plättchen werden Aufgaben an der Tafel abgedeckt. Welche Aufgaben sind darunter versteckt?

Die Einsicht in die Gesetze der Zahl hängt, wie alle wahre Bildung, nicht von den Gedanken und Einsichten ab, die Andere in sich erzeugt haben, sondern von denen, die in uns entstanden sind. Das Wissen Anderer ist für uns ein fremdes und totes Wissen; unser ist nur dasjenige, welches wir selbst in geistiger Lebendigkeit erzeugt haben. Mit dem Gedächtnisse können wir Wörter, Phrasen und Regelwerk auffassen, mechanisch mögen wir gegebene Vorschriften befolgen und allenfalls ein richtiges Fazit herausbringen; aber denken lernen wir dadurch nie und nimmermehr, und zur Geistesfreiheit wachsen wir in solcher verknechtenden Manier nimmer hinan. Emanzipiert wird der menschliche Geist, in so weit Solches von dem mathematischen Unterricht abhängt, nur auf dem Wege des Selbstdenkens, wie es der Natur des Kindes entspricht.
Adolph Diesterweg: Wegweiser zur Bildung für deutsche Lehrer

61 Die Einspluseins-Tafel
Orientierungsübungen an der Einspluseins-Tafel, Tauschaufgaben

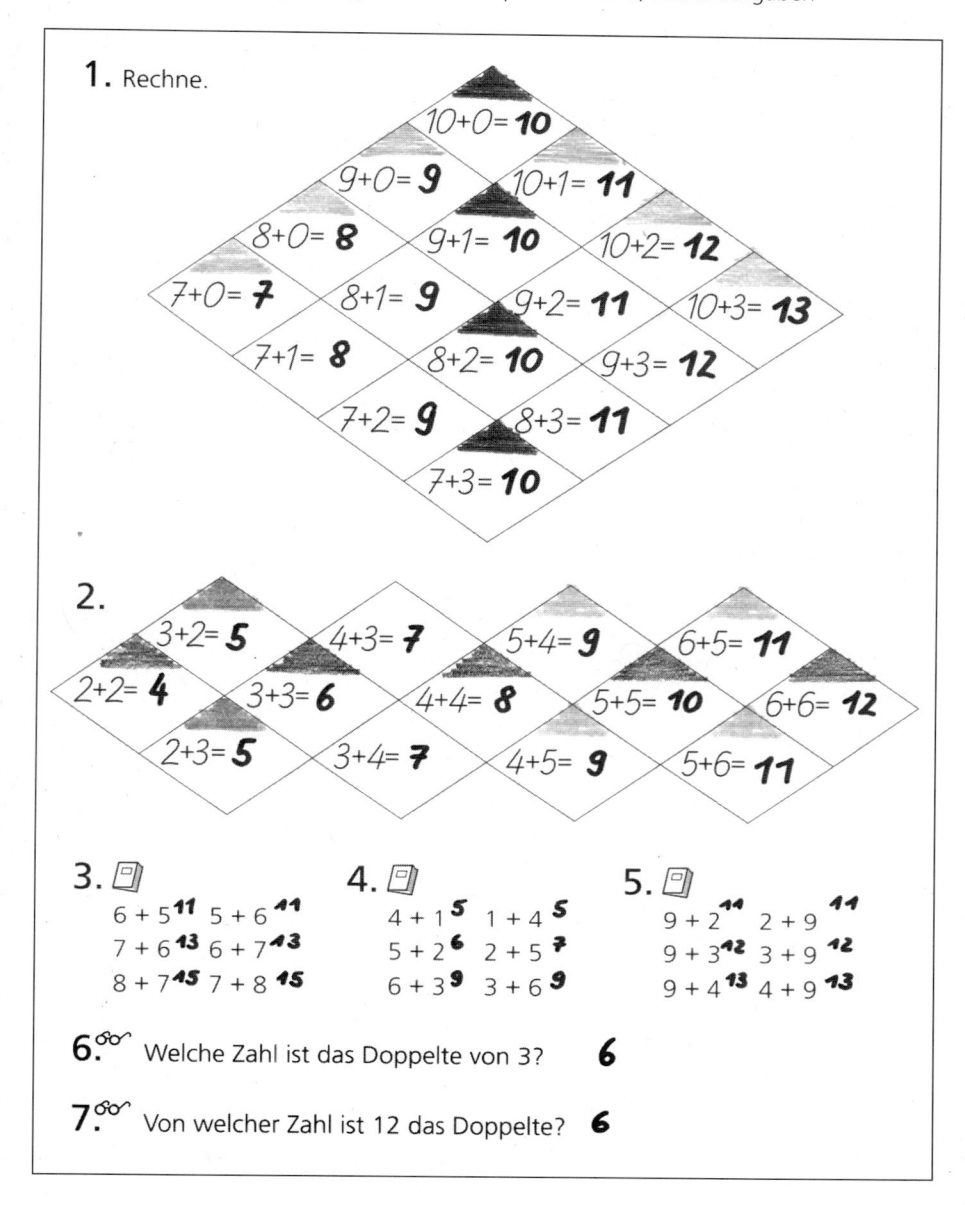

1. Rechne.

- 10+0= **10**
- 9+0= **9**, 10+1= **11**
- 8+0= **8**, 9+1= **10**, 10+2= **12**
- 7+0= **7**, 8+1= **9**, 9+2= **11**, 10+3= **13**
- 7+1= **8**, 8+2= **10**, 9+3= **12**
- 7+2= **9**, 8+3= **11**
- 7+3= **10**

2.

- 3+2= **5**, 4+3= **7**, 5+4= **9**, 6+5= **11**
- 2+2= **4**, 3+3= **6**, 4+4= **8**, 5+5= **10**, 6+6= **12**
- 2+3= **5**, 3+4= **7**, 4+5= **9**, 5+6= **11**

3.
6 + 5 **11**   5 + 6 **11**
7 + 6 **13**   6 + 7 **13**
8 + 7 **15**   7 + 8 **15**

4.
4 + 1 **5**   1 + 4 **5**
5 + 2 **6**   2 + 5 **7**
6 + 3 **9**   3 + 6 **9**

5.
9 + 2 **11**   2 + 9 **11**
9 + 3 **12**   3 + 9 **12**
9 + 4 **13**   4 + 9 **13**

6. Welche Zahl ist das Doppelte von 3? **6**

7. Von welcher Zahl ist 12 das Doppelte? **6**

Was wird benötigt?
Arbeitsmaterial: kleine Tafel für jeden Schüler (Rückseite des Schülerbuches), Zwanzigerfeld, Wendeplättchen
Demonstrationsmaterial: evtl. Tafel als Poster oder Folienkopie, Zwanzigerfeld, Wendeplättchen

Worum geht es?
Nach den Kernaufgaben sollen nun kleinere Ausschnitte aus der Tafel im Zusammenhang betrachtet werden. Bei der Berechnung der Ergebnisse kann man mit einer einfachen (oder der einfachsten) Aufgabe anfangen und dann die Nachbaraufgaben in Angriff nehmen. In Leerfeldern müssen fehlende Nachbaraufgaben ergänzt werden. Dabei wird der Aufbau der Tafel deutlich.

Wie kann man vorgehen?
Ein Ausschnitt der Einspluseins-Tafel wird an die Tafel gezeichnet:

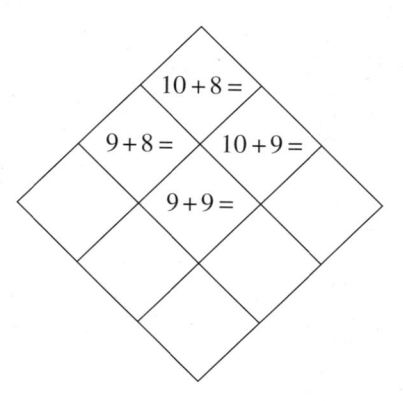

- 10 + 8 =
- 9 + 8 =, 10 + 9 =
- 9 + 9 =

Der Ausschnitt wird auf der Einspluseins-Tafel (Poster, Buchseite) gesucht. Die fehlenden Aufgaben werden ergänzt, die Kernaufgaben farbig angemalt und dann die Aufgaben, beginnend mit der einfachsten, ausgerechnet. Nach diesem Beispiel werden die Aufgaben im Buch nacheinander behandelt.

Aufgabe 1:
Der Ausschnitt wird an der Plus-Tafel gesucht und ausgerechnet.

Aufgabe 2:
Auch hier wird der Ausschnitt gesucht und ausgerechnet. Tauschaufgaben haben das gleiche Ergebnis und stehen spiegelsymmetrisch zu der roten Verdoppelungszeile.

Aufgabe 3–5:
Die Aufgaben werden ausgerechnet und an der Plus-Tafel aufgesucht. Sie liegen parallel zu den roten Aufgaben, von denen aus sich ihre Ergebnisse erschließen lassen.
Zum Schluss können die Kinder die Aufgaben der Päckchen an ihrer kleinen Plus-Tafel mit Plättchen belegen. Dann wird die Struktur deutlicher.

Aufgabe 6 und 7:
Die Aufgaben sollen vorgelesen und mündlich gelöst werden. Sie dienen als Beispiel für weitere Fragestellungen mit anderen Zahlen.

Wie könnte es weitergehen?
- Übungsheft S. 47
- Weitere Aufgabenfelder s. Kopiervorlage 16
  Vorgegebene Aufgaben (z. B. 5 + 6) werden von den Kindern in der Tafel gesucht und ausgerechnet.

62 Die Einspluseins-Tafel
Operative Aufgabenserien („schöne Päckchen"), Nachbaraufgaben, Gesetz von der Konstanz der Summe

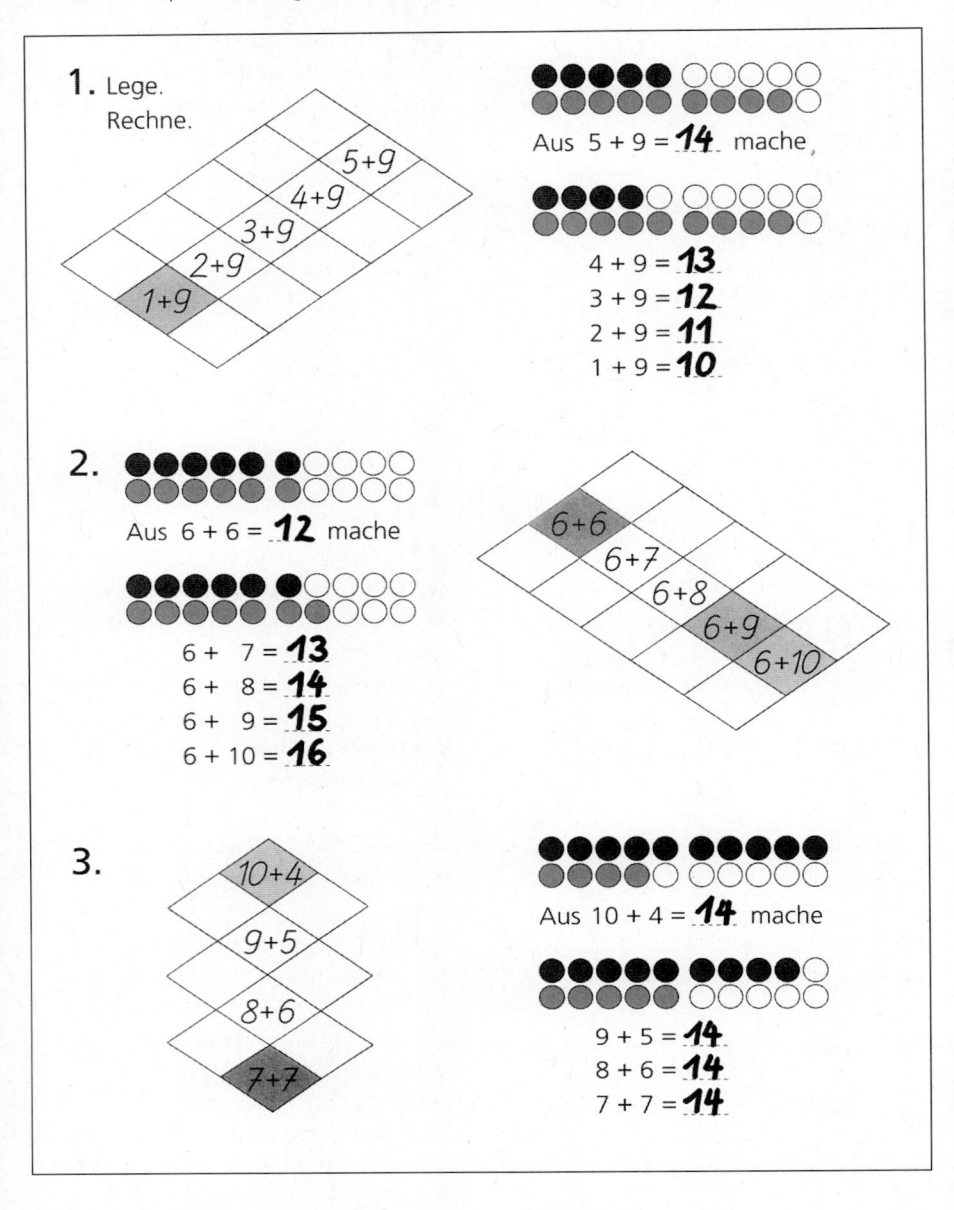

1. Lege. Rechne.

Diagonale: 1+9, 2+9, 3+9, 4+9, 5+9

Aus 5 + 9 = **14** mache

4 + 9 = **13**
3 + 9 = **12**
2 + 9 = **11**
1 + 9 = **10**

2.

Aus 6 + 6 = **12** mache

6 + 7 = **13**
6 + 8 = **14**
6 + 9 = **15**
6 + 10 = **16**

Diagonale: 6+6, 6+7, 6+8, 6+9, 6+10

3.

10+4, 9+5, 8+6, 7+7

Aus 10 + 4 = **14** mache

9 + 5 = **14**
8 + 6 = **14**
7 + 7 = **14**

Was wird benötigt?
Arbeitsmaterial: kleine Tafeln (Rückseite des Schülerbuches, Kopiervorlage), Zwanzigerfeld, Wendeplättchen
Demonstrationsmaterial: Tafel als Poster oder Folienkopie, Zwanzigerfeld, Wendeplättchen

Worum geht es?
Die Gesetzmäßigkeiten der operativen Aufgabenserien erschließen sich durch eine parallele Betrachtung der am Zwanzigerfeld mit Wendeplättchen gelegten und an der Plus-Tafel lokalisierten Aufgaben. Die Kinder werden dabei ständig angehalten zu überlegen, wie sich die Veränderung von Plättchen am Zwanzigerfeld auf den Ort der Aufgabe in der Plus-Tafel auswirkt und umgekehrt. Diese Aktivität wurde auf Buchseite 37 („Von einfachen zu schweren Aufgaben") bereits vorbereitet. Beispiele:
Aus 6 + 4 wird 5 + 5, indem man 1 Plättchen umlegt, aus 5 + 5 wird 4 + 6, indem man ein weiteres Plättchen umlegt, usw. Alle Ergebnisse in einer (senkrechten) Spalte haben somit das gleiche Ergebnis (Gesetz von der Konstanz der Summe).
Aus 6 + 4 wird 6 + 5, indem man 1 Plättchen dazulegt, aus 6 + 5 wird 6 + 6, indem man ein weiteres Plättchen dazulegt, usw. Alle Ergebnisse in der Diagonalen nehmen somit von links nach rechts (Leserichtung) immer um 1 zu.
Aus 3 + 3 wird 4 + 4, indem man 2 Plättchen dazulegt, aus 4 + 4 wird 5 + 5, indem man 2 Plättchen dazulegt, usw. In den (waagerechten) Zeilen nimmt das Ergebnis somit immer um 2 zu.

Wie kann man vorgehen?
Vor der Arbeit mit dem Buch:
Eine Diagonale aus der Plus-Tafel wird an die Tafel gezeichnet. Parallel dazu werden die Aufgaben am Zwanzigerfeld gelegt und gerechnet (vgl. Schulbuchseite):

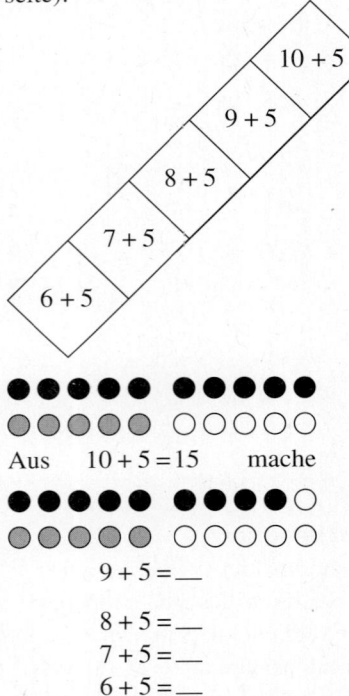

Diagonale: 6+5, 7+5, 8+5, 9+5, 10+5

Aus 10 + 5 = 15 mache

9 + 5 = __
8 + 5 = __
7 + 5 = __
6 + 5 = __

Beim Umlegen wird deutlich, dass immer 1 Plättchen weggenommen werden muss, d. h., das Ergebnis wird um 1 kleiner. Entsprechend werden weitere Aufgabenserien, 6 + 5, 6 + 6, 6 + 7, 6 + 8 … oder 6 + 5, 5 + 6, 4 + 7, 3 + 8 …, an die Tafel gezeichnet und am Zwanzigerfeld gelegt und gerechnet. Zum Abschluss kann die Aufgabenserie 6 + 5, 7 + 6, 8 + 7, 9 + 8, 10 + 9 (Zeile) behandelt werden. Hier müssen immer zwei Plättchen dazugelegt werden.

Zur Arbeit mit dem Buch:

Aufgabe 1:
Legt man die Aufgaben am Zwanzigerfeld, so wird vom ersten Summanden immer ein Plättchen weggenommen, d. h., das Ergebnis wird immer um eins kleiner.

Aufgabe 2:
Legt man die Aufgaben am Zwanzigerfeld, so wird beim zweiten Summanden immer ein Plättchen dazugelegt, d. h., das Ergebnis wird immer um eins größer (vgl. mit den anderen Diagonalen an der Plustafel).

Aufgabe 3:
Hier wird immer vom ersten Summanden ein Plättchen weggenommen und zum zweiten Summanden dazugelegt, d. h., das Ergebnis bleibt gleich. Spalten in der Plustafel haben deshalb immer das gleiche Ergebnis. Diese Tatsache muss mit den Schülern gründlich ausdiskutiert werden.

Wie könnte es weitergehen?
– Übungsheft S. 47, Aufgabe 3
– Weitere Aufgabenausschnitte rechnen (Kopiervorlage 16)
– Strategiespiel „Blau gegen Rot" (Kopiervorlage 17 und 18)
Spielregeln:
Zwei Spieler spielen gegeneinander. Ziel des Spiels ist es, möglichst viele Ergebnisfelder mit Plättchen seiner Farbe zu belegen.
Abwechselnd belegen die Spieler je ein Aufgaben- und das dazu gehörende Ergebnisfeld mit Plättchen ihrer Farbe. Es dürfen nur freie Aufgabenfelder belegt werden. Ist das dazu gehörende Ergebnisfeld bereits belegt, darf der Spieler das vorhandene Wendeplättchen auf seine Farbe umdrehen. Benötigt der nächste Spieler dieses Feld erneut, darf er das Plättchen wieder umdrehen. Sind alle Aufgabenfelder belegt, ist das Spiel zu Ende, und es wird ermittelt, wer die meisten Ergebnisfelder mit seiner Farbe belegen konnte.
Tipp: Zu den Ergebnissen 9, 17 gibt es jeweils nur eine Aufgabe, zu den Ergebnissen 10, 16 aber jeweils zwei usw. Damit ist die Möglichkeit für strategisches Vorgehen gegeben.

63 Wege auf der Einspluseins-Tafel
Operative Aufgabenserien an der Plus-Tafel

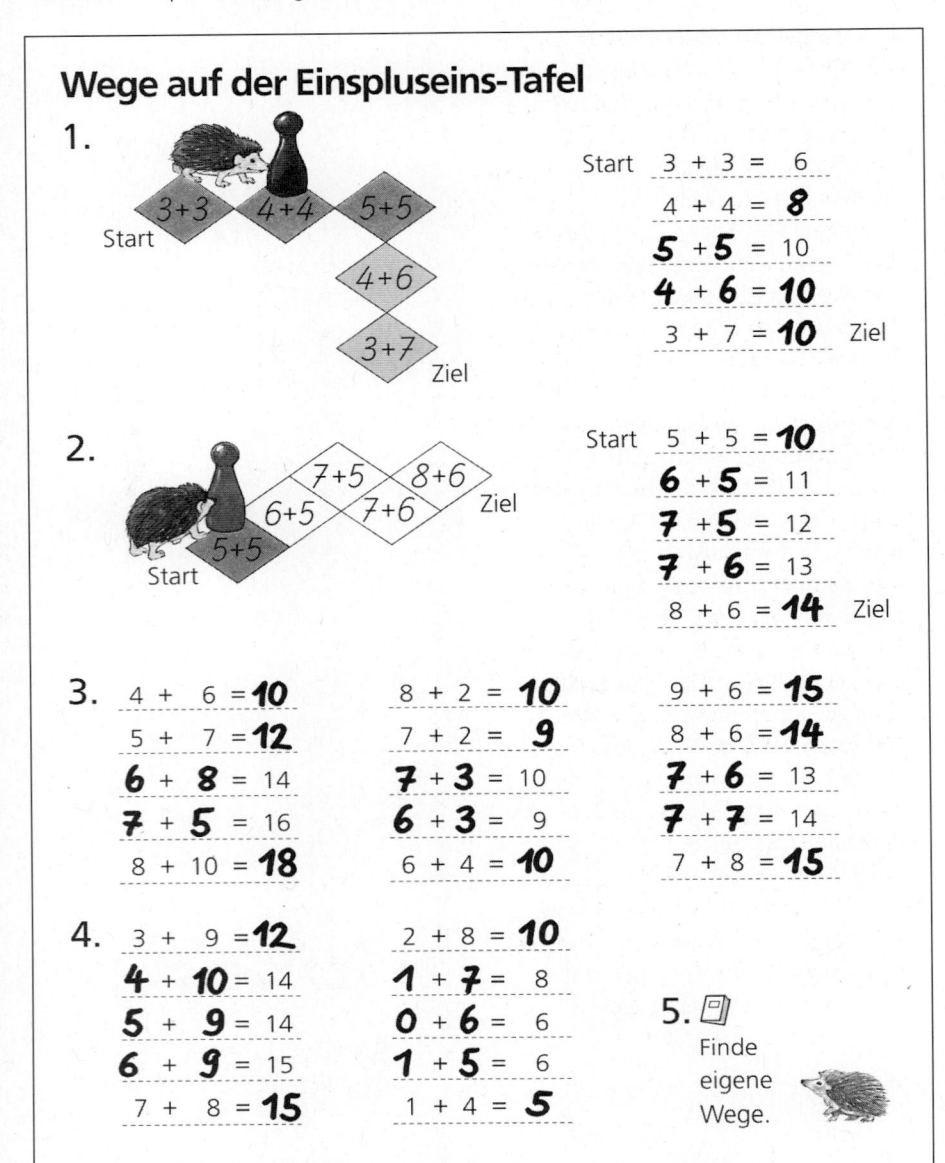

Wege auf der Einspluseins-Tafel

1.

Start 3+3, 4+4, 5+5, 4+6, 3+7 Ziel

Start	3 + 3	=	6
	4 + 4	=	**8**
	5 + **5**	=	10
	4 + **6**	=	**10**
	3 + 7	=	**10** Ziel

2.

Start 5+5, 6+5, 7+5, 7+6, 8+6 Ziel

Start	5 + 5	=	**10**
	6 + **5**	=	11
	7 + **5**	=	12
	7 + **6**	=	13
	8 + 6	=	**14** Ziel

3.
4 + 6 = **10**	8 + 2 = **10**	9 + 6 = **15**
5 + 7 = **12**	7 + 2 = **9**	8 + 6 = **14**
6 + **8** = 14	**7** + **3** = 10	**7** + **6** = 13
7 + **5** = 16	**6** + **3** = 9	**7** + **7** = 14
8 + 10 = **18**	6 + 4 = **10**	7 + 8 = **15**

4.
3 + 9 = **12**	2 + 8 = **10**
4 + **10** = 14	**1** + **7** = 8
5 + **9** = 14	**0** + **6** = 6
6 + **9** = 15	**1** + **5** = 6
7 + 8 = **15**	1 + 4 = **5**

5. Finde eigene Wege.

Was wird benötigt?
Arbeitsmaterial: kleine Einspluseins-Tafeln (Rückseite des Schülerbuches), Spielstein oder Plättchen
Demonstrationsmaterial: Tafel als Poster oder Folienkopie, Magnetplättchen oder Folienplättchen

Worum geht es?
Nachdem die Kinder auf der vorhergehenden Seite die Gesetzmäßigkeiten operativer Aufgabenserien am Zwanzigerfeld und parallel dazu an der Plus-Tafel nachvollzogen haben, werden nun operative Serien als Fünfer-Päckchen selbst erstellt und gerechnet. Jede nachfolgende Aufgabe entwickelt sich aus der vorhergehenden durch schrittweise Veränderung eines oder beider Summanden um 1, wobei auf der Einspluseins-Tafel der Weg von Feld zu Nachbarfeld sichtbar werden soll. Entsprechend der Richtung des Weges auf der Tafel ändern sich auch die Ergebnisse.
Schräg einen Schritt nach rechts oben oder unten zu gehen heißt: Das Ergebnis wird um 1 größer. Schräg einen Schritt nach links oben oder unten zu gehen heißt: Das Ergebnis wird um 1 kleiner. Die Struktur der Tafel wird besonders deutlich, wenn ein Weg nach rechts bzw. links waagerecht – Ergebnis je um 2 größer bzw. um 2 kleiner – oder senkrecht nach oben oder unten – Ergebnis bleibt gleich – beschritten wird.
Um die Verknüpfung der Aufgabenpäckchen mit der Plus-Tafel zu verdeutlichen, müssen die Päckchen jeweils auf der Tafel nachvollzogen und die entsprechenden Lücken ergänzt werden. Bei den ersten und zweiten Aufgaben kann durch die gegebene Summe schnell der Weg gesehen werden, die nächsten Aufgaben geben nur die Gesamtsumme vor und die jeweilige letzte Aufgabe des Päckchens dient als Prüfzahl und gibt das Ziel des Weges vor.
Nach Behandlung der Plus-Tafel sollte die Blitzrechenübung 7 „Einspluseins" intensiv geübt werden.

Wie kann man vorgehen?
Vor der Arbeit mit dem Buch:
An der Magnettafel oder auf einer Folie mit der Einspluseins-Tafel gibt die Lehrerin einen Weg durch schrittweise Markierung mit einem Plättchen vor und schreibt die entsprechenden Aufgaben dazu parallel an die Tafel. Die Kinder können sicher bei der dritten oder vierten Rechenaufgabe bereits selbst Vermutungen darüber anstellen, wohin der Weg führen soll und welche Aufgabe zu einem notierten Ergebnis in Frage kommen kann.
Mögliche Wege von oben nach unten gelesen:

5 + 5	5 + 0	10 + 5
6 + 6	6 + 0	9 + 6
7 + 7	7 + 0	8 + 7
7 + 8	8 + 1	8 + 8
7 + 9	9 + 2	8 + 9

Zu Beginn ist es zur Orientierung ganz hilfreich, erst von markanten Feldern der Tafel auszugehen, d. h. von den roten, blauen oder hellblauen, da hier die Fünfer-Struktur gezielt genutzt wird. Auf der Buchseite wird dann auch zu einem bestimmten Ergebnis genau eine Aufgabe mit zwei Summanden gesucht, die nur auf der Tafel ersichtlich ist, weil sie auf einem vorgegebenen Weg liegen muss.

Jetzt können sich die Kinder selbst an der Tafel mit einem Plättchen Wege vorgeben, die anderen Kinder notieren die entsprechenden Aufgaben. Der umgekehrte Weg, Aufgabenserien anzuschreiben und die Kinder den Weg auf der Tafel suchen zu lassen, ist für die Kinder ebenfalls motivierend.

Zur Arbeit mit dem Buch:
Für alle auf dieser Seite zu lösenden Aufgaben müssen die Kinder ihre kleine Einspluseins-Tafel zur Hand haben.

Aufgabe 1:
Jedes Kind legt ein Plättchen auf die zu rechnende Aufgabe und berechnet parallel dazu diese Aufgabe. Alle fehlenden Summanden oder Ergebnisse sind zu berechnen und können an der Einspluseins-Tafel abgelesen werden.

Aufgabe 2:
Gleiche Aufgabenstellung – hier fehlen schon im zweiten Rechenschritt beide Summanden und können auf der Tafel oder hier auch noch an der Illustration abgelesen werden.

Aufgabe 3 und 4:
Die Aufgabenbeispiele sind analog zu Aufgabe 1 und 2, die Wege sind aber nicht mehr bildlich vorgegeben, sondern sollen von den Kindern selbstständig auf der Einspluseins-Tafel rekonstruiert werden. Nur so können die passenden Summanden gefunden werden, die einem Feld der Tafel entsprechen. Zum Beispiel könnten in der dritten Zeile von Aufgabe 3 beim Ergebnis 14 mehrere Lösungen in Frage kommen. Nur mit Hilfe der Tafel ist ersichtlich, dass der Weg, der zu 8 + 10 = 18 führt, nur über die Aufgaben 6 + 8 = 14, 7 + 9 = 16 und 8 + 10 = 18 zum Ziel führen kann.

Aufgabe 5:
Die Kinder sollen mit einem Spielstein mögliche Wege auf der Tafel legen und die entsprechenden Aufgaben rechnen.

Wie könnte es weitergehen?

– Partnerarbeit:
„Welchen Weg bin ich gegangen?"
Ein Kind markiert auf der Tafel einen Weg, löst die Aufgaben und gibt dem Partner zwei Aufgaben vor und die Ergebnisse der letzten drei Schritte. Der Partner muss den Weg auf der Tafel nachvollziehen.
– Kopiervorlage mit weiteren Aufgabenstellungen
– Übungsheft S. 48
– Jedes Kind rechnet „seine Plus-Tafel" (Kopiervorlage 19) aus und markiert die Aufgaben farbig, die es wie der Blitz ausrechnen kann
– Spiel: „Heißer Stuhl"
Ein Kind setzt sich vor die Klasse auf den Lehrerstuhl. Es lässt sich von den anderen Kindern prüfen, ob es die auf seiner Plus-Tafel ausgerechneten und markierten Aufgaben auch blitzartig kann.

64 Burg der Zahlen
Wiederholungsaufgaben zur Addition und Subtraktion, Addition und Subtraktion mehrerer Zahlen

Zahlenmauer im Dach:

	20		36		
	8	12	16	20	
	3	5	7	9	11
1	2	3	4	5	6

Oben links:
- 7 + 5 = **12**   7 − 5 = **2**
- 9 + 5 = **14**   9 − 5 = **4**
- 11 + 5 = **16**   11 − 5 = **6**
- 13 + 5 = **18**   13 − 5 = **8**

Oben rechts:
- 6 + 6 = **12**   6 − 4 = **2**
- 8 + 6 = **14**   8 − 4 = **4**
- 10 + 6 = **16**   10 − 4 = **6**
- 12 + 6 = **18**   12 − 4 = **8**

Links vom Tor:
- 16 − 8 = **8**
- 15 − 7 = **8**
- 13 − 5 = **8**
- 12 − 4 = **8**

Im Torbogen:
- 1 + 9 = **10**
- 2 + 8 = **10**
- 3 + 7 = **10**
- 4 + 6 = **10**
- 9 + 1 = **10**
- 8 + 2 = **10**
- 7 + 3 = **10**
- 6 + 4 = **10**

Rechts vom Tor:
- 14 − 5 = **9**
- 16 − 7 = **9**
- 18 − 9 = **9**
- 20 − 11 = **9**

Ketten: 1+2+3+4+5+6+7+8+9 = **45**   9+1+8+2+7+3+6+4+5 = **45**

Im Wasser links:
- 7 + 5 = **12**
- 12 − 5 = **7**
- 7 + 5 − 5 = **7**
- 7 − 5 + 5 = **7**

Auf der Zugbrücke:
- 1 + 2 = **3**
- 1 + 2 + 3 = **6**
- 1 + 2 + 3 + 4 = **10**
- 10 + 5 + 6 = **21**

Im Wasser rechts:
- 8 + 7 = **15**
- 15 − 7 = **8**
- 8 + 7 − 7 = **8**
- 8 − 7 + 7 = **8**

1 + 2 + 3 + 4 + 5 + 6 = **21**

- ♕ 21 − 1 = **20**   ♞ 15 − 4 = **11**   ♜ 21 − 6 = **15**   🗝 6 − 3 = **3**
- 20 − 2 = **18**   11 − 5 = **6**   15 − 5 = **10**   3 − 2 = **1**
- 18 − 3 = **15**   6 − 6 = **0**   10 − 4 = **6**   1 − 1 = **0**

Was wird benötigt?
Arbeitsmaterial: Wendeplättchen, Zwanzigerfeld (je nach individuellem Bedarf)

Worum geht es?
Nach den vorwiegend additiven Übungen an der Plus-Tafel soll nun mit Hilfe operativer Aufgabenserien wieder der Zusammenhang mit der Subtraktion hergestellt werden. Besonders lehrreich ist dabei die folgende Übungsform: Geht man am Zahlenstrahl von einer festen Zahl um 5 vor und von derselben Zahl um 5 zurück, so ergeben sich immer Ergebnisse mit dem Unterschied 10. Analog ergibt sich der Unterschied 10, wenn man 6 vor und 4 zurück geht. Die Zahlenburg enthält darüber hinaus viele schöne Muster, die von den Kindern individuell untersucht werden können.

Wie kann man vorgehen?
Zuerst wird die Zahlenburg als Ganzes betrachtet. Die Kinder können sich spontan dazu äußern. Die Lehrerin, die Spaß daran hat, kann auch eine kleine Einstiegsgeschichte dazu formulieren (Anregung: Otfried Preußler, Das kleine Gespenst), in der zum Ausdruck kommt, dass in der Zahlenburg ein Gespenst herumspukt, das eine Reihe von kniffligen Aufgaben ausgetüftelt hat. Ob die Kinder wohl die Aufgaben „knacken" und hinter die Zahlgeheimnisse des Gespenstes kommen können?
Danach können die einzelnen operativen Päckchen gerechnet werden. Alle Päckchen sollten nach der Lösung nochmals überdacht werden.

Zahlenmauer im Dach:
Bei den Steinen in der untersten Reihe kommen in richtiger Reihenfolge die Zahlen 1 bis 6 heraus. In der zweiten Schicht ergeben sich die ungeraden Zahlen von 3 bis 11, in der dritten Schicht die Zahlen 8, 12, 16, 20 (Viererreihe). Der Zielstein links oben ist 20.

Oben links und rechts:
Der Unterschied zwischen der Plus- und der Minusaufgabe ist immer 10. Warum ist das so? Hätte das Gespenst die Aufgaben auch anders austüfteln können?

Im Torbogen:
Das Ergebnis ist immer 10. Wer findet weitere Aufgaben mit dem Ergebnis 10? Beispiel: 3 + 3 + 3 + 1 = 10. Die Aufgabe 1 + 2 + 3 + 4 lässt sich am Zeichen (Logo) vor der Burg ablesen.

Links und rechts vom Tor:
Gesetz von der Konstanz der Differenz

Im Wasser:
Rechts und links stehen Aufgaben und Umkehraufgaben, z. B.: 7 + 5 = 12, 12 − 5 = 7, 7 + 5 − 5 = 7, 7 − 5 + 5 = 7. Addition und Subtraktion von gleichen Zahlen heben sich gegenseitig auf.

Auf der Zugbrücke:
Es ergeben sich die Dreieckszahlen 1 + 2 = 3, 1 + 2 + 3 = 6, 1 + 2 + 3 + 4 = 10, 10 + 5 + 6 = 21. Die darunter stehende Aufgabe 1 + 2 + 3 + 4 + 5 + 6 hat das gleiche Ergebnis 21 wie die darüber stehende Aufgabe 10 + 5 + 6.

Links und rechts vom Torbogen:
Parallel zu den Ketten der Zugbrücke stehen lange Kettenaufgaben „auf dem

Kopf": Es sollen jeweils in unterschiedlicher Reihenfolge die Zahlen 1 bis 9 addiert werden. Die Berechnung der Reihe nach, $1 + 2 + 3 + \ldots + 8 + 9$, ist viel schwieriger, als die Lösung in der Form $(9 + 1) + (8 + 2) + (7 + 3) + (6 + 4) + 5$, bei der passend zusammengefasst wird. Ergebnis: $10 + 10 + 10 + 10 + 5 = 45$.

Unten:
Bei den unten stehenden Minusaufgaben wird die Dreieckszahl 21 unterschiedlich „abgebaut":

$21 - 1 = 20$
$20 - 2 = 18$
$18 - 3 = 15$
$15 - 4 = 11$
$11 - 5 = 6$
$6 - 6 = 0$

aber auch

$21 - 6 = 15$
$15 - 5 = 10$
$10 - 4 = 6$
$6 - 3 = 3$
$3 - 2 = 1$
$1 - 1 = 0$

Wenn alle Zahlen von 1 bis 6 abgezogen sind, muss 0 herauskommen.

Wie könnte es weitergehen?
- „Schöne Päckchen" in der Zahlenburg fortsetzen
- Die Zahlen von 1 bis 6 in anderer Reihenfolge von 21 subtrahieren
- Weitere Aufgaben finden zum „Rechnen ohne zu rechnen", z. B. $6 + 4 - 4$ oder $15 + 100 - 100$
- Die entsprechenden Plusaufgaben zu den schweren Minusaufgaben mit den Symbolen Krone, Gespenst und Turm finden

Literatur
Preußler, O.: Das kleine Gespenst. Thienemanns Verlag, Stuttgart 1987

65 Burg der Zahlen
Vertiefung der Addition und Subtraktion, Denkspiel 7 „Ausgleich der Felder"

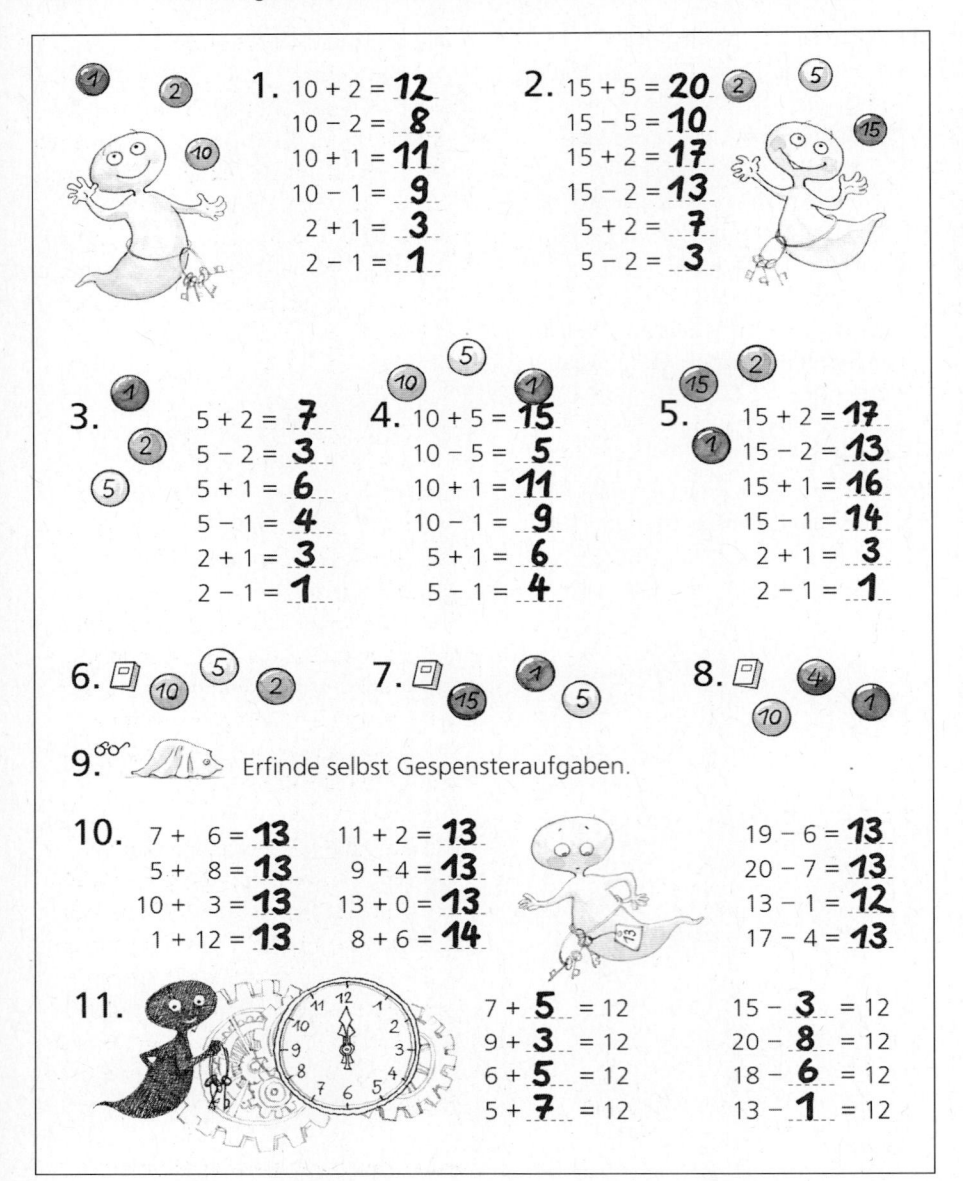

Wie kann man vorgehen?
Das kleine Gespenst spielt nun mit Zahlen und dabei entstehen Aufgabenpäckchen. Die Kinder können nach einigen Beispielen selbst mit den Zahlen „jonglieren" und Aufgaben mit Plus oder Minus daraus bilden. Jede Zahl darf in der Aufgabe nur einmal vorkommen.

Aufgabe 1–5:
Hier sind zu den Zahlen Beispielaufgaben vorgegeben, die ausgerechnet werden sollen.

Aufgabe 6–8:
Nun sollen die Kinder mit diesen Zahlen selbst Aufgaben bilden und ausrechnen. Welche Ergebnisse sind möglich?

Aufgabe 9:
Hier sollen die Kinder selbst Aufgaben finden. Sie dürfen dabei die Aufgabenstellung auch frei variieren.

Aufgabe 10:
Ergebnis immer 13 bei 2 Störungen.

Aufgabe 11:
Aufgaben mit Leerstellen rechnen. Interpretation: Wie viele Stunden sind es noch bis 12 Uhr? (Die Uhr zeigt 12 Uhr mittags und das kleine Gespenst ist jetzt schwarz. Vgl. hierzu den Literaturhinweis auf der vorhergehenden Seite.)

Fortsetzung der Denkschule
Denkspiel 7 „Ausgleich der Felder" vorstellen (vgl. S. 55)

Aufgaben:

1. (1, 2, 10)
10 + 2 = **12**
10 − 2 = **8**
10 + 1 = **11**
10 − 1 = **9**
2 + 1 = **3**
2 − 1 = **1**

2. (2, 5, 15)
15 + 5 = **20**
15 − 5 = **10**
15 + 2 = **17**
15 − 2 = **13**
5 + 2 = **7**
5 − 2 = **3**

3. (1, 2, 5)
5 + 2 = **7**
5 − 2 = **3**
5 + 1 = **6**
5 − 1 = **4**
2 + 1 = **3**
2 − 1 = **1**

4. (1, 5, 10)
10 + 5 = **15**
10 − 5 = **5**
10 + 1 = **11**
10 − 1 = **9**
5 + 1 = **6**
5 − 1 = **4**

5. (1, 2, 15)
15 + 2 = **17**
15 − 2 = **13**
15 + 1 = **16**
15 − 1 = **14**
2 + 1 = **3**
2 − 1 = **1**

6. (2, 5, 10)
7. (1, 5, 15)
8. (1, 4, 10)

9. Erfinde selbst Gespensteraufgaben.

10.
7 + 6 = **13**   11 + 2 = **13**   19 − 6 = **13**
5 + 8 = **13**   9 + 4 = **13**   20 − 7 = **13**
10 + 3 = **13**   13 + 0 = **13**   13 − 1 = **12**
1 + 12 = **13**   8 + 6 = **14**   17 − 4 = **13**

11.
7 + **5** = 12   15 − **3** = 12
9 + **3** = 12   20 − **8** = 12
6 + **5** = 12   18 − **6** = 12
5 + **7** = 12   13 − **1** = 12

Was wird benötigt?
Arbeitsmaterial: Wendekarten (Zahlseite)
Demonstrationsmaterial: Wendekarten (evtl. auch mit Zahlen versehene Bierdeckel, Tischtennisbälle o. Ä.)

Worum geht es?
Aus vorgegebenen Zahlen, z. B. 1, 2, 10, werden alle möglichen Plus- und Minusaufgaben gebildet und gerechnet:
10 + 1   10 + 2   2 + 1
10 − 1   10 − 2   2 − 1
Dadurch wird mit dem Rechnen die Kombinationsfähigkeit der Kinder geschult.

66 Kleiner oder größer oder gleich
Größer-kleiner-Relation an der Plus-Tafel

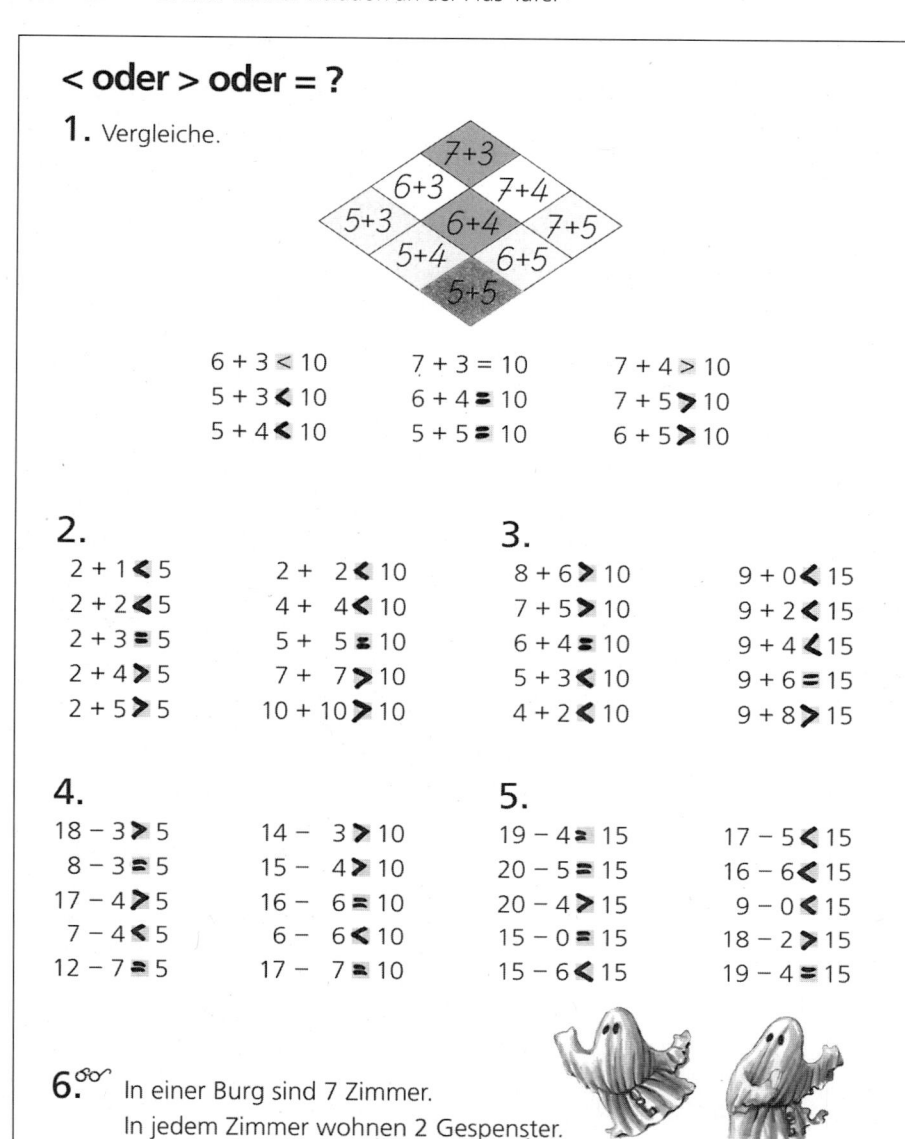

< oder > oder = ?

1. Vergleiche.

```
      7+3
   6+3   7+4
 5+3   6+4   7+5
   5+4   6+5
      5+5
```

6 + 3 < 10   7 + 3 = 10   7 + 4 > 10
5 + 3 < 10   6 + 4 = 10   7 + 5 > 10
5 + 4 < 10   5 + 5 = 10   6 + 5 > 10

2.
2 + 1 < 5   2 + 2 < 10
2 + 2 < 5   4 + 4 < 10
2 + 3 = 5   5 + 5 = 10
2 + 4 > 5   7 + 7 > 10
2 + 5 > 5   10 + 10 > 10

3.
8 + 6 > 10   9 + 0 < 15
7 + 5 > 10   9 + 2 < 15
6 + 4 = 10   9 + 4 < 15
5 + 3 < 10   9 + 6 = 15
4 + 2 < 10   9 + 8 > 15

4.
18 − 3 > 5   14 − 3 > 10
8 − 3 = 5   15 − 4 > 10
17 − 4 > 5   16 − 6 = 10
7 − 4 < 5   6 − 6 < 10
12 − 7 = 5   17 − 7 = 10

5.
19 − 4 = 15   17 − 5 < 15
20 − 5 = 15   16 − 6 < 15
20 − 4 > 15   9 − 0 < 15
15 − 0 = 15   18 − 2 > 15
15 − 6 < 15   19 − 4 = 15

6. In einer Burg sind 7 Zimmer.
In jedem Zimmer wohnen 2 Gespenster.
14 Gespenster

Was wird benötigt?
Arbeitsmaterial: Plus-Tafel, Zwanzigerfeld, Wendeplättchen
Demonstrationsmaterial: Plus-Tafel als Poster oder Folienkopie, Zwanzigerfeld, Wendeplättchen

Worum geht es?
In der Plus-Tafel sind die Aufgaben nach der Größe ihrer Ergebnisse geordnet. Z. B. stehen links von der dunkelblauen Spalte alle Aufgaben mit dem Ergebnis kleiner als 10, rechts davon die Aufgaben mit dem Ergebnis größer als 10.
Diese Struktur soll nun ausgenutzt werden um Ergebnisse der Aufgaben abzuschätzen. Wir beschränken uns auf einen Vergleich mit den Ergebnissen der hell- und dunkelblauen Spalten (5, 10, 15), weil diese für die Untergliederung des Zwanzigerraumes wichtig sind.

Wie kann man vorgehen?
Aufgabe 1:
Die Aufgaben des Ausschnitts werden gerechnet und verglichen: Die Aufgaben mit einem Ergebnis kleiner als 10 stehen links von der dunkelblauen „Zehnerspalte", die Aufgaben mit einem Ergebnis größer als 10 rechts davon. Dadurch wird eine schnellere Orientierung und Abschätzung der Ergebnisse auf der Plus-Tafel möglich.
Aufgabe 2 und 3:
Hier werden die Ergebnisse von Plusaufgaben mit 5, 10 und 15 verglichen. Jede Aufgabenserie wird an der Tafel gesucht. Dadurch wird sichtbar, ob richtig gerechnet wurde.
Aufgabe 4 und 5:
Hier werden die Ergebnisse von Minusaufgaben mit 5, 10 und 15 verglichen. Dazu müssen aber nicht immer die Ergebnisse explizit berechnet werden. 18 − 3 muss größer als 5, ja größer als 10 sein; dagegen gilt 8 − 3 = 5.
Aufgabe 6:
Die Aufgabe schließt an die vorangehenden Seiten an und bereitet gleichzeitig auf Textaufgaben vor. Man sollte die Aufgabe mit Plättchen legen lassen (7 Zimmer werden auf ein Blatt Papier gezeichnet, in jedes Zimmer werden 2 Plättchen gelegt). Mit variierten Anzahlen können weitere Aufgaben gebildet, gelegt und gerechnet werden.

Wie könnte es weitergehen?
– Übungsheft S. 49, Aufgabe 1
– Jedes Kind rechnet alle Aufgaben der Plus-Tafel (Kopiervorlage 20) und markiert diejenigen Aufgaben farbig, die es wie der Blitz ausrechnen kann
– Spiel: „Heißer Stuhl"
  Ein Kind setzt sich vor die Klasse auf den Lehrerstuhl. Es lässt sich von den anderen Kindern prüfen, ob es die auf seiner Plus-Tafel ausgerechneten und markierten Aufgaben auch blitzartig kann.

67 Wiederholung der Addition und Subtraktion
Zusammenfassende Wiederholung und Übung verschiedener Aufgabentypen, Bewusstmachung einer guten Heftführung

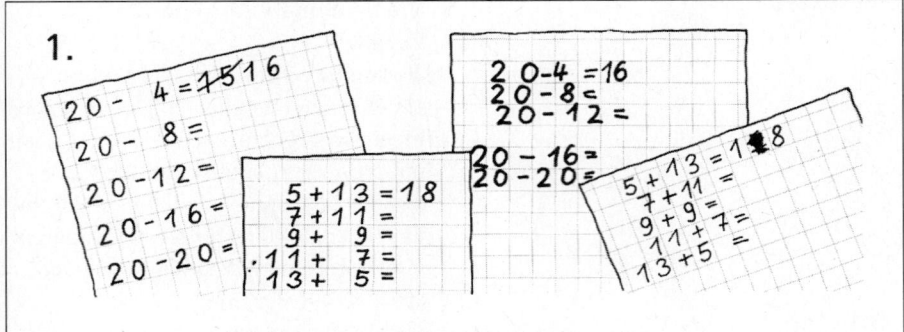

1.
20 − 4 = ~~15~~ 16
20 − 8 =
20 − 12 =
20 − 16 =
20 − 20 =

20 − 4 = 16
20 − 8 =
20 − 12 =
20 − 16 =
20 − 20 =

5 + 13 = 18
7 + 11 =
9 + 9 =
11 + 7 =
13 + 5 =

5 + 13 = 1~~1~~8
7 + 11 =
9 + 9 =
11 + 7 =
13 + 5 =

2. 3 + 17, 13 + 7, 4 + 14, 14 + 4, 9 + 11
    20   **20**   **18**   **18**   **20**

3. 19 − 3, 8 − 4, 17 − 5, 6 − 6, 15 − 7
    16   **4**   **12**   **0**   **8**

4.
11 + 4 − 5 = **10**   15 − 5 + 6 = **16**   11 + 5 − 4 = **12**
13 + 3 − 6 = **10**   17 − 6 + 5 = **16**   12 + 6 − 2 = **16**
15 + 2 − 7 = **10**   19 − 6 + 5 = **18**   13 + 6 − 3 = **16**
17 + 3 − 10 = **10**   17 − 5 + 6 = **18**   14 + 5 − 3 = **16**
19 + 1 − 9 = **11**   15 − 6 + 5 = **14**   15 + 5 − 4 = **16**

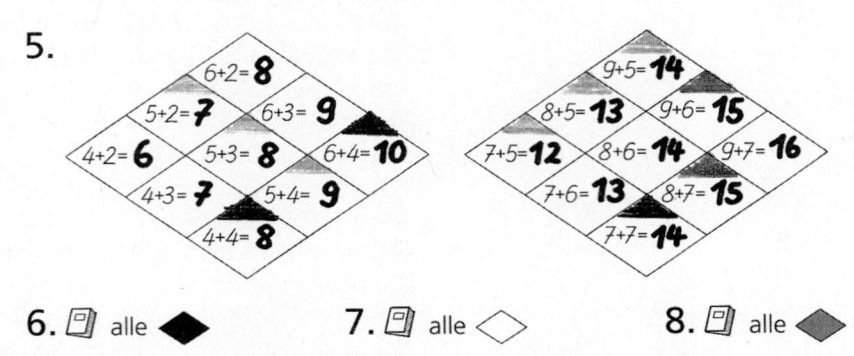

5.
6+2= **8**
5+2= **7**   6+3= **9**
4+2= **6**   5+3= **8**   6+4= **10**
     4+3= **7**   5+4= **9**
        4+4= **8**

9+5= **14**
8+5= **13**   9+6= **15**
7+5= **12**   8+6= **14**   9+7= **16**
7+6= **13**   8+7= **15**
7+7= **14**

6. alle ◆   **7.** alle ◇   **8.** alle ◆

9. Erdal und Sara haben zusammen 8 Murmeln.
Davon gehören 5 Sara. **Erdal gehören 3 Murmeln.**

Was wird benötigt?
Arbeitsmaterial: Plus-Tafel (Rückseite des Schülerbuches), nach Bedarf Wendeplättchen, Wendekarten
Demonstrationsmaterial: nach Bedarf Plus-Tafel, Wendeplättchen, Zwanzigerfeld

Worum geht es?
Heftführung: Die Kinder sollen sich klarmachen, dass eine stellengerechte, saubere Schreibweise viele Flüchtigkeitsfehler verhindern helfen kann. Bei der späteren Erweiterung des Zahlenraumes ist das stellengerechte Schreiben noch wichtiger.
Plus- und Minusaufgaben mit mehr als einem Operationszeichen werden nochmals thematisiert.
Die Kernaufgaben der Plustafel werden vertieft und sollten jetzt automatisiert werden.

Wie kann man vorgehen?
Aufgabe 1:
Zunächst sollten die stellengerechte Schreibweise und die saubere Heftführung besprochen werden. Im Buch sind verschiedene gute und schlechte Schreibweisen zu sehen. Die Kinder sollten sie mit ihren eigenen Hefteinträgen vergleichen. Wo war ihr Hefteintrag gut, wo weniger gut?
Nach der Besprechung werden die Päckchen richtig (stellengerecht) ins Heft geschrieben und dort ausgerechnet.
Aufgabe 2 und 3:
Hier geht es um das Vertauschen von Ziffern auch innerhalb der beiden Summanden. Zum Üben des stellengerechten und sicheren Schreibens werden die operativen Päckchen ins Heft geschrieben.
Aufgabe 4:
Addition und Subtraktion treten innerhalb einer Aufgabe auf. Lösungshilfen: Plättchen am Zwanzigerfeld.
Nach der Lösung könnte besprochen werden, dass Zahlen beim Rechnen auch geschickt zusammengefasst werden können. Beispiel: 11 + 4 − 5 = 11 − 1 (4 Plättchen dazu und 5 Plättchen weg, ist das Gleiche wie 1 Plättchen weg).
Aufgabe 5:
Wiederholungen an der Plus-Tafel.
Aufgabe 6–8:
Diese Aufgaben der Plus-Tafel sollten inzwischen beherrscht werden und sind beim mündlichen Rechnen und im Blitzrechnen weiter zu festigen.
Aufgabe 9:
Aufgabe (Lege und Überlege) mit Plättchen nachlegen und mündlich ausrechnen lassen. Vielleicht noch weitere Aufgaben dieses Typs mit anderen Anzahlen bilden.

Wie könnte es weitergehen?
– Alle grünen Aufgaben der Plus-Tafel wiederholen
– Alle hellblauen Aufgaben der Plus-Tafel rechnen
– Wiederholungen an der Plus-Tafel: Immer 11, immer 13, 15, 17
– Weitere Ausschnitte der Plus-Tafel (Kopiervorlage 16)
– Übungsheft S. 49, Aufgabe 2–5

68 Kinder-Flohmarkt
Einkaufen (mit glatten Euro-Beträgen)

Kinder-Flohmarkt

1. Peter hat **11** Euro.   Peter kauft   Peter hat noch **5** Euro.

2. Lisa hat **13** Euro.   Lisa kauft   Lisa hat noch **3** Euro.

Wie kann man vorgehen?

Vor der Arbeit mit dem Buch:
Die Klasse kann einen kleinen „Flohmarkt" aufbauen (alte Schallplatten, Kassetten, Bücher, Spiele).
Die Preisschilder werden gelesen, es kann ein Gespräch über das „Preis-Leistungs-Verhältnis" stattfinden. Was kosten die Sachen? Ist das billig, teuer? Was kosten neue Bücher, Kassetten …?
Im Rollenspiel erhält ein Kind ein Portemonnaie mit abgezählten Münzen. Es zählt sein Geld und nennt der Klasse den Gesamtbetrag und die einzelnen Münzen. Ein anderes Kind heftet die gleichen Münzen an die Tafel. So ist der Betrag für alle sichtbar und der „Einkauf" kann besser verfolgt werden.
Bei der Durchführung des Rollenspiels führen die Kinder ein „Verkaufsgespräch". Das Preisschild wird an die Tafel geheftet, ein Kind nimmt, nachdem bezahlt wurde, die entsprechenden Münzen fort. Der Restbetrag ist für alle sichtbar.

Zur Arbeit mit dem Buch:
Die Aufgaben 1 und 2 werden im Buch gerechnet.

Was wird benötigt?

Arbeitsmaterial: Rechengeld: 5-Euro-Scheine, 2-Euro-, 1-Euro-Münzen
Demonstrationsmaterial: Rechengeld für die Wandtafel: 5-Euro-Scheine, 2-Euro-, 1-Euro-Münzen, Gegenstände als Verkaufsattrappen, Kasse, Preisschilder

Worum geht es?

Durch den handelnden Umgang mit Geld im Rechnen von Sachsituationen wird eine Vorstellung über den Geldwert angebahnt.
Jedes abgebildete Portemonnaie enthält viele Münzen, deren Gesamtwert durch geschicktes Zusammenfassen ermittelt werden kann. Die gekauften Gegenstände lassen sich alle ohne Wechselvorgänge mit den dargestellten Münzen „bezahlen". Die Restsumme lässt sich also einfach durch Legen des Gesamtbetrags und Wegnehmen (Abdecken) des Kaufpreises ermitteln.
Die rechnerischen Anforderungen sind bewusst einfach gehalten, da den Kindern Sachaufgaben dieser Art, in denen sie das Bezahlen und Berechnen des „Restgeldes" üben, zum ersten Mal begegnen. Der Schwerpunkt liegt zunächst auf dem Erfassen der Situation und dem Herausfinden der Lösungsmöglichkeit.
Jede Aufgabe ist von ihrer Darstellung her schon in drei Teilschritte zerlegt, die bewusst gemacht werden müssen: Ein Kind hat Geld, es kauft sich damit etwas, was bleibt von dem Geld noch übrig?

69 Flohmarkt
Berechnen des Rückgeldes

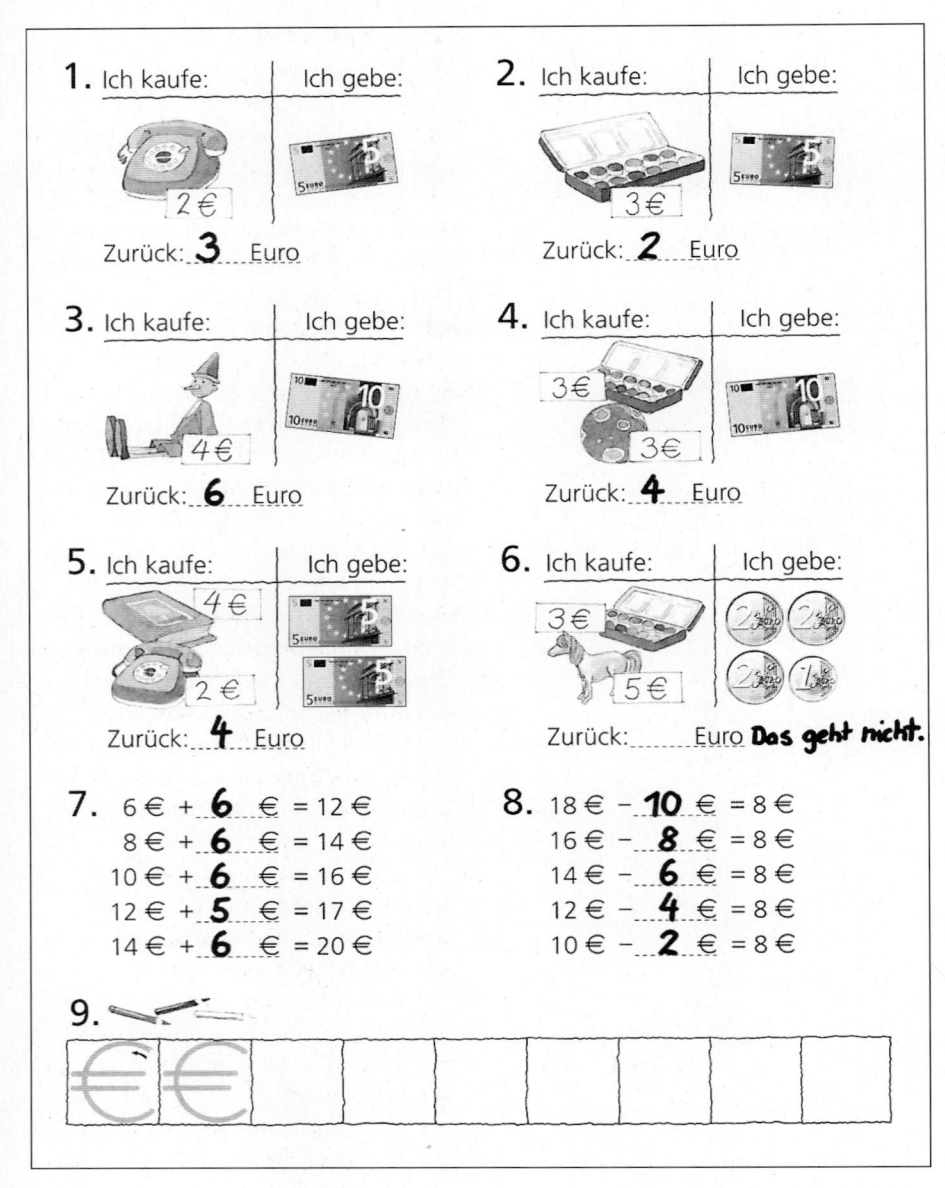

1. Ich kaufe: 2 € — Ich gebe: 5 €
Zurück: **3** Euro

2. Ich kaufe: 3 € — Ich gebe: 5 €
Zurück: **2** Euro

3. Ich kaufe: 4 € — Ich gebe: 10 €
Zurück: **6** Euro

4. Ich kaufe: 3 € + 3 € — Ich gebe: 10 €
Zurück: **4** Euro

5. Ich kaufe: 4 € + 2 € — Ich gebe: 5 € + 5 €
Zurück: **4** Euro

6. Ich kaufe: 3 € + 5 € — Ich gebe: 2 € + 2 € + 2 € + 1 €
Zurück: ____ Euro **Das geht nicht.**

7.
6 € + **6** € = 12 €
8 € + **6** € = 14 €
10 € + **6** € = 16 €
12 € + **5** € = 17 €
14 € + **6** € = 20 €

8.
18 € − **10** € = 8 €
16 € − **8** € = 8 €
14 € − **6** € = 8 €
12 € − **4** € = 8 €
10 € − **2** € = 8 €

9. € €

Worum geht es?
Das Thema „Flohmarkt" der vorhergehenden Seite wird fortgesetzt. Während dort einfache Additions- und Subtraktionsaufgaben mit Hilfe des Rechengeldes gelöst und die Ergebnisse eingetragen wurden, soll auf dieser Seite das Bezahlen mit einem größeren Schein bzw. einer größeren Münze und das Berechnen des Rückgeldes geübt werden. Entsprechend dem Kassenbon moderner Ladenkassen wird zwischen Rechnungssumme (ich kaufe), gegebenem Geld (ich gebe) und zurückgegebenem Geld (zurück) unterschieden.

Wie kann man vorgehen?
Vor der Arbeit mit dem Buch:
Im Rollenspiel sollten diesmal von einem „Kunden" auch mehrere Gegenstände gekauft und der Gesamtpreis von der „Verkäuferin" ermittelt werden. „Das kostet … Euro." Der Preis wird wieder an der Tafel notiert, eventuell in Tabellenform, die dem Aufbau der Aufgaben entspricht:

Preis	gegeben	zurück

Nun bezahlt der „Kunde". Die Münzen werden in die Tabelle geheftet. Im Klassengespräch wird die Frage gelöst „Wie viel Geld bekommt man zurück?" Da das Rückgeld meistens in Form von Ergänzungsaufgaben zurückgegeben wird (wenn die Kasse den Rückbetrag nicht anzeigt), sollten beide Rechenwege besprochen und im Rollenspiel ausgeführt werden. Beispiel:

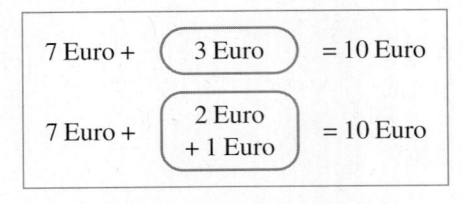

7 Euro +	3 Euro	= 10 Euro
7 Euro +	2 Euro + 1 Euro	= 10 Euro

10 Euro − 7 Euro = 3 Euro

So lässt sich die Aufgabe mit Rechengeld legen und überprüfen. Den Kindern sollte dabei deutlich werden, dass Einkaufen/Bezahlen ein Tauschhandel ist. Die beiden Geschäftspartner tauschen Geld/Ware „im gleichen Wert" aus. Von dieser scheinbar harmlosen, tatsächlich aber höchst problematischen Tatsache nehmen alle Segnungen und Übel unseres auf Geld beruhenden Wirtschaftssystems ihren Ausgang.

Zur Arbeit mit dem Buch:
Aufgabe 1–5:
Mit Rechengeld legen und das Rückgeld berechnen lassen.
Aufgabe 6:
Das Kind hat zu wenig Geld. Das Problem sollte thematisiert werden.
Aufgabe 7:
Hier müssen Ergänzungsaufgaben gelöst werden, z. B. 6 Euro + __ = 12 Euro. Hierzu werden 6 Euro Rechengeld gelegt und weitere Euro-Münzen dazugelegt, bis der gewünschte Betrag von 12 Euro erreicht ist.
Aufgabe 8:
Hier werden Minusaufgaben mit einem vorgegebenen Ergebnis gelöst. D. h., der Subtrahend muss bestimmt werden, z. B. 18 Euro − __ = 8 Euro. Der Betrag von 18 Euro wird mit Rechengeld gelegt. Wie viel muss weggenommen werden, damit 8 Euro liegen bleiben? Im Beispiel ergeben sich leicht 10 Euro. Unter Umständen muss nach dem Legen aber gewechselt werden, damit der passende Betrag entfernt werden kann.
Aufgabe 9:
Eurozeichen als Schreibfigur üben.

Wie könnte es weitergehen?
– Übungsheft S. 50

70 Ausflug
Berechnen von Fahrpreisen (Eintrittspreisen)

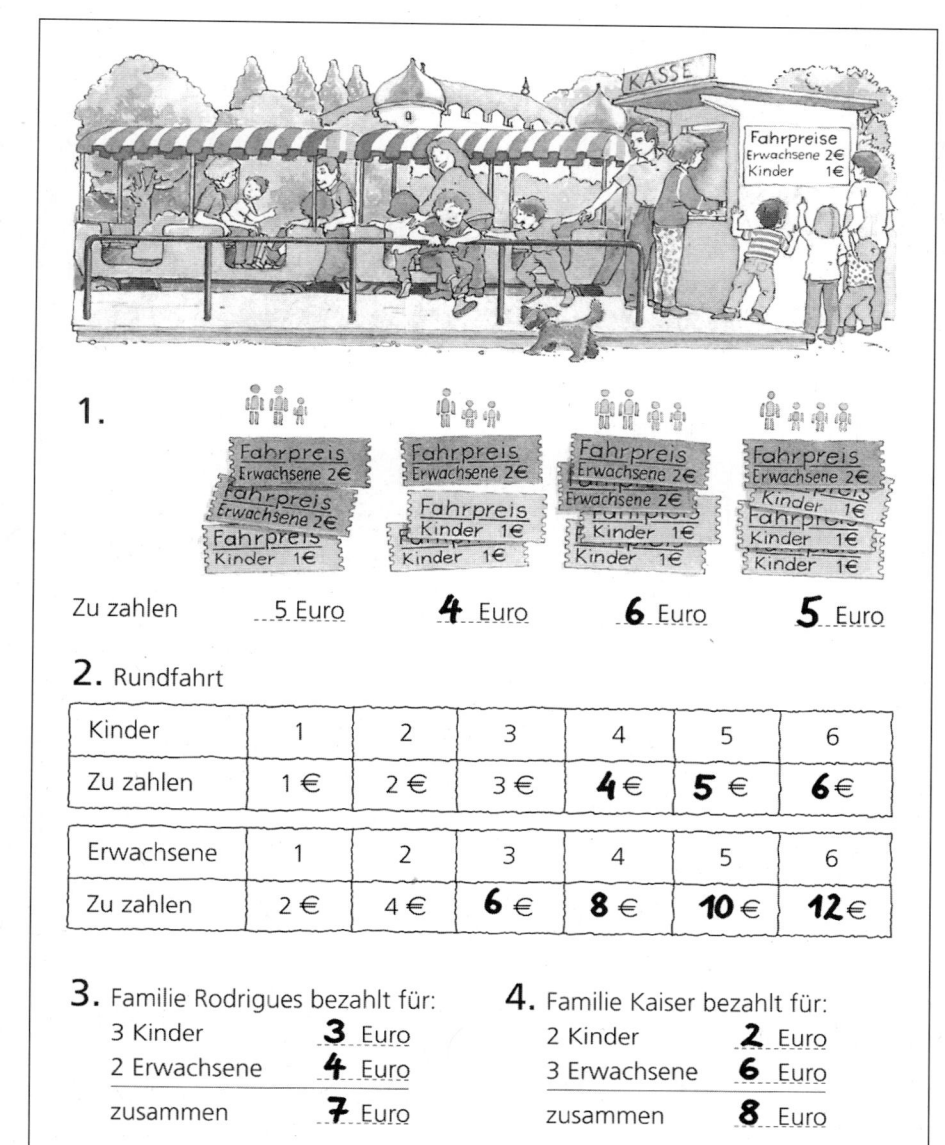

1. Zu zahlen: **5** Euro, **4** Euro, **6** Euro, **5** Euro

2. Rundfahrt

Kinder	1	2	3	4	5	6
Zu zahlen	1 €	2 €	3 €	**4** €	**5** €	**6** €

Erwachsene	1	2	3	4	5	6
Zu zahlen	2 €	4 €	**6** €	**8** €	**10** €	**12** €

3. Familie Rodrigues bezahlt für:
- 3 Kinder **3** Euro
- 2 Erwachsene **4** Euro
- zusammen **7** Euro

4. Familie Kaiser bezahlt für:
- 2 Kinder **2** Euro
- 3 Erwachsene **6** Euro
- zusammen **8** Euro

Was wird benötigt?
Arbeitsmaterial: Rechengeld
Demonstrationsmaterial: Rechengeld (1-Euro-, 2-Euro-Münzen), vorbereitete Tabelle für Tafel oder OHP, echte oder selbst hergestellte Fahrkarten

Worum geht es?
Kinder erfahren, dass für Erwachsene und Kinder unterschiedliche Fahrpreise (Eintrittspreise) gezahlt werden müssen. Sie sollen Fahrpreise für Gruppen von Personen berechnen (Aufgabe 1) und eine Preistabelle (Aufgabe 2) ausfüllen. Die Datenstruktur „Tabelle" ist den Kindern bereits von Seite 33 her bekannt. Im angegebenen Beispiel muss ein Erwachsener doppelt so viel wie ein Kind, d. h. so viel wie zwei Kinder, bezahlen.

Wie kann man vorgehen?
Die Kinder betrachten und besprechen die Abbildung im Buch. Dabei fließen eigene Erlebnisse von Ausflügen ein. Für die Aufgaben müssen die Angaben genau gelesen werden.
Aufgabe 1:
Im Rollenspiel lösen unterschiedliche Gruppen Fahrkarten. Die Karten der einzelnen Gruppen werden tabellenförmig an die Tafel geheftet und der Gesamtpreis wird berechnet. Anschließend kann die Aufgabe im Buch bearbeitet werden.
Aufgabe 2:
Man erzählt den Kindern, dass Kassiererinnen manchmal eine Preistabelle verwenden, und zeigt den Anfang einer solchen Tabelle.

Wie geht es weiter?

Erwachsene	1	2	3	4	5	6
Euro	2	4				

(abgedeckt mit Papier) →

Als Hilfe kann jeweils die entsprechende Anzahl von Eintrittskarten gelöst werden.
Aufgabe 3 und 4:
Hier soll jeweils für eine Anzahl von Erwachsenen und für eine Anzahl von Kindern der Gesamtfahrpreis berechnet werden. Zunächst werden für 3 Kinder und 2 Erwachsene die Fahrkarten gelöst. Dann wird der Gesamtpreis von 7 Euro berechnet und eingetragen.
Aufgabe 4 analog.

Wie könnte es weitergehen?
- Berechnung der Preise für weitere Gruppen
- Umkehrung der Aufgaben:
  Der Gesamtpreis ist gegeben. Zahlreiche Aufgaben sind möglich. Beispiele:
  - 12 Euro werden bezahlt. Es waren keine Kinder dabei.
    Lösung: 6 Erwachsene
  - 9 Euro werden bezahlt. Es waren drei Kinder dabei.
    Lösung: 3 Erwachsene
  - 10 Euro müssen bezahlt werden. Wie viele Kinder, Erwachsene können es gewesen sein?
    Diese Aufgabe ist interessant, weil es unterschiedliche Lösungsmöglichkeiten gibt:
    10 Kinder, 0 Erwachsene oder 8 Kinder, 1 Erwachsener oder ...
    Natürlich können zur Fortsetzung der Übung auch die Preise verändert werden.

71 Ausflug
Lesen von einfachen Preistabellen, Berechnen von Gesamtpreisen

1. Frau König bezahlt für sich und drei Kinder:
   Rundfahrt **5** Euro
   3 Eis **3** Euro
   zusammen **8** Euro

2. Familie Otte bezahlt:
   2 Kaffee **4** Euro
   2 Eis **2** Euro
   zusammen **6** Euro

3. Ute und Ali bezahlen:
   Rundfahrt **2** Euro
   1 Tierfutter **1** Euro
   2 Eis **2** Euro
   zusammen **5** Euro

4. Herr Kluge bezahlt:
   3 Saft **6** Euro
   3 Eis **3** Euro
   3 Tierfutter **3** Euro
   zusammen **12** Euro

Worum geht es?
Das Thema der vorhergehenden Seite wird fortgeführt. Neben der Rundfahrt sind nun noch einige Waren des Kiosks (Eis, Saft …) zu bezahlen.

Wie kann man vorgehen?
Die Informationen zu den Aufgaben 1–4 werden den Bildern im Buch bzw. dem Text entnommen. Die Kinder spielen die einzelnen Situationen mit Fahrkarten und Kassenbons durch, füllen die jeweilige Tabelle aus und berechnen den Gesamtpreis.

Wie könnte es weitergehen?
– Übungsheft S. 51
  Hier finden sich ähnliche Sachaufgaben in einem anderen Kontext.

72 Bald ist Ostern
Verbalisieren von Lagebeziehungen, systematisches Zählen

Bald ist Ostern!

Osterhäschen dort im Grase,
Wackelschwänzchen, Schnuppernase,
mit den langen, braunen Ohren,
hast ein Ei verloren!
Zwischen Blumen seh ich's liegen.
Osterhäschen, kann ich's kriegen?

1. Wie viele?

🌿	🌱	🌷	🌷🌷	🐰	🐥	🥚	⚪	🥚	🪺	🪺
12	11	10	21	14	18	15	15	12	22	20

2. Weißt du, wie viele Eier es zusammen sind? **Es sind 42 Eier.**

3.

Was wird benötigt?
Demonstrationsmaterial: evtl. Folienkopie der Buchseite

Worum geht es?
Die Doppelseite „Ostern" ist wie die Doppelseite „Weihnachten" lehrgangsunabhängig und sollte zur entsprechenden Jahreszeit bearbeitet werden.
Sie bietet vielfältige Möglichkeiten für fächerübergreifende Aktivitäten (z. B. Kunst: Eier färben, Hasen basteln; Sprache: Geschichten, Gedichte; Sachunterricht: Frühjahrsblumen). Mathematisch geht es um Lagebeziehungen und um systematisches (kombinatorisches) Zählen.
Um Sträucher, Blumen, Küken, Hasen und Eier einzeln ansprechen zu können, muss die genaue Lage des jeweiligen Objektes in Beziehung zur Umgebung beschrieben werden, z. B.: die Eier unter der Bank, das Ei auf der Bank, die zwei Hasen rechts von den Tulpen usw. Die Reichhaltigkeit des Bildes zwingt die Kinder die Lagebeziehungen (auf/unter, rechts/links, oben/unten, im Nest/außerhalb) genau zu formulieren.
Natürlich ist es für die Kinder auch interessant, „wie viele Eier der Osterhase gebracht hat". Da die Objekte in größerer Anzahl und verstreut daliegen, sollte man systematisch vorgehen um nichts zu übersehen oder doppelt zu zählen. Eine Möglichkeit besteht darin, wie beim Lesen „Zeile für Zeile" von links nach rechts zu zählen.

Wie kann man vorgehen?
Vor der Arbeit mit dem Buch:
Im Sprachunterricht wird die Geschichte „Der tolpatschige Osterhase" von H. Hannover vorgelesen. Kurzfassung: Der tollpatschige Osterhase hat beim Bemalen der Eier Schwierigkeiten und wird deshalb von den anderen Hasen ausgelacht. Trotzdem werden zum Schluss seine Eier die schönsten.

Zur Arbeit mit dem Buch:
Beim Betrachten des Bildes im Buch wird den Kindern auffallen, dass auch hier der Osterhase etwas tolpatschig war, denn er hat mehrere Eier verloren und nicht in die Nester gelegt.
Ergänzung zur Geschichte: „Weil der Hase auch beim Verstecken der Eier tollpatschig war, hatten die Kinder noch mehr Spaß beim Suchen, denn die Eier sind nicht alle in den Nestern."
Gezielte Fragen (Wo liegen die Eier? Wo sind die Küken? Wo die Hasen? Wo stehen die Blumen?) sollen die Kinder zu möglichst genauen Lagebeschreibungen anregen.

Aufgabe 1:
Die Kinder sollen die verschiedenen Dinge zählen und die Ergebnisse in die Tabelle eintragen. Ob die Kinder mit Strichlisten zählen oder sofort die gezählten Zahlen notieren, ist ihnen freigestellt.
Die Problematik des „Doppeltzählens" oder des „Vergessens" sollte mit ihnen besprochen und die Zählstrategie „Zeile für Zeile von oben nach unten" ggf. am Overheadprojektor gemeinsam erarbeitet werden. Die meisten Objekte stehen in kleinen Gruppen zusammen. Die Kinder sollen sich bewusst machen, dass eine Stück-für-Stück-Zählung nicht sinnvoll ist, sondern dass man besser die Gruppen als Ganzes dazuzählt („Zählen ohne zu zählen" oder „rechnendes Zählen"):
2 (plus 3) 5 (plus 2) 7 (plus 2) 9 (plus 2) 11 (plus 1) 12 (plus 2) 14 (plus 2) 16 usw. Die in Klammern gesetzten Operationen können leiser gesprochen oder weggelassen werden.
Einige Kinder werden beim Ausfüllen der Tabelle feststellen, dass sie nicht alle Dinge gesondert zählen müssen. Wenn sie z. B. die Anzahl der Tulpen und die Anzahl der Narzissen kennen, dann

brauchen sie diese Zahlen nur zu addieren um die Gesamtzahl der Blumen zu erhalten.
Zum Schluss vergleichen die Kinder ihre Ergebnisse. Lösung:
12 Büsche (Sträuche),
11 (rote) Tulpen,
10 (gelbe) Narzissen,
21 Blumen (Tulpen *und* Narzissen),
14 Hasen,
18 Küken,
15 blaue Eier,
15 gelbe Eier,
12 rote Eier,
22 Eier im Nest,
20 Eier außerhalb.
Aufgabe 2:
Einige Kinder werden schon über den bisher behandelten Zwanzigerraum hinaus zählen und rechnen können und die Gesamtzahl der Eier ermitteln: 42.
Aufgabe 3:
Viele Hasen malen.

Wie könnte es weitergehen?
– Strukturiertes Zählen von Plättchen, die in kleinen Gruppen zu 2, 3, 4 oder 5 an der Magnettafel angeordnet sind oder beim Zählen in kleine Gruppen geordnet werden
– Das Ostergedicht wird vorgelesen. Wer kann es zur nächsten Stunde auswendig?

73 Bunte Ostereier
Kombinatorische Aufgaben, Zerlegen von Zahlen

4. Immer 2 Eier im Nest.

	🥚	🥚
0	1	1
0	2	0
1	**0**	**1**
2	**0**	**0**
0	**0**	**2**
1	**1**	**0**

5. Immer 4 Eier im Nest.

	🥚	🥚
1	2	1

6. Lege immer 3 Eier in ein Nest. Wie viele verschiedene Nester erhältst du? **10 Nester.**

Nester mit 2 Eiern			Nester mit 3 Eiern			Nester mit 4 Eiern		
R	B	G	R	B	G	R	B	G
2	0	0	3	0	0	4	0	0
1	1	0	2	1	0	3	1	0
1	0	1	2	0	1	3	0	1
0	2	0	1	2	0	2	2	0
0	1	1	1	1	1	2	1	1
0	0	2	1	0	2	2	0	2
			0	3	0	1	3	0
			0	2	1	1	2	1
			0	1	2	1	1	2
			0	0	3	1	0	3
						0	4	0
						0	3	1
						0	2	2
						0	1	3
						0	0	4

Nester mit 2 Eiern:
1 + 2 + 3 = 6 Möglichkeiten
Nester mit 3 Eiern:
1 + 2 + 3 + 4 = 10 Möglichkeiten
Nester mit 4 Eiern:
1 + 2 + 3 + 4 + 5 = 15 Möglichkeiten

Es gibt auch noch andere Möglichkeiten einer systematischen Aufzählung, z. B. eine Klassifikation nach einfarbigen, zweifarbigen und dreifarbigen Nestern.

Wie kann man vorgehen?
Vor der Arbeit mit dem Buch:
Die Lehrerin legt in den Stuhlkreis „Ostereier" und leere Nester und erzählt den Kindern folgende Geschichte:
„Der Osterhase Hoppel hat Eier in den Farben Rot, Blau und Gelb gefärbt. Er will in jedes Nest 2 Eier legen. In keinem Nest sollen die gleichen Eier liegen. Wie viele verschiedene Nester kann er finden?"
Die Kinder werden aufgefordert verschiedene Nester zu legen. Wichtig ist dabei, dass weder die Anzahl der Nester noch die der Eier passend abgezählt ist. Wenn die mitgebrachten Nester oder Eier nicht reichen, muss man improvisieren.
Nachdem alle 6 möglichen Nester gefunden sind, erklärt die Lehrerin den Kindern am OHP oder der Tafel, wie die gefundenen Nester in eine Tabelle eingetragen werden können. Wenn eine Farbe nicht vorkommt, muss eine „0" eingetragen werden.

Was wird benötigt?
Demonstrationsmaterial: je 10 Ostereier (Schokoladeneier, Holzeier, selbst bemalte Eier, Karton in Eiform) in den Farben Rot, Blau, Gelb, einige „Nester" (Holzwolle, Gras, Untersetzer), Tabelle auf Folie für den OHP oder an der Tafel vorgezeichnet

Worum geht es?
Eingekleidet in die Frage „Welche verschiedenen Osternester mit 2 (3, 4) Eiern und mit 3 Farben (Rot, Blau, Gelb) kann der Osterhase legen?" wird eine kombinatorische Grundaufgabe behandelt. Der konkrete Zugang zur Lösung (Legen der Nester) soll den Kindern helfen eine Systematik zu entwickeln und festzuhalten, die jedes Nest genau einmal erfasst. Später können sie ihre Lösungen zeichnen und in der Tabelle notieren.
Lösung: Man kann die Farben ordnen, z. B. Rot (R), Blau (B), Gelb (G) und die Nester nach der Zahl der roten Eier klassifizieren. Dadurch wird die Zählaufgabe in überschaubare Teilaufgaben zerlegt (Additionsprinzip der Kombinatorik):

Zur Arbeit mit dem Buch:
Aufgabe 4:
Kinder übertragen die am Rand der Tabelle stehenden schon gefundenen Nester in die Tabelle.
Aufgabe 5:
Die Kinder versuchen sich an einer analogen Aufgabe, die etwas schwieriger ist. Jetzt müssen sie die Nester erst farbig anmalen und können erst dann die Lösung notieren.
In einer reflektiven Phase werden die gefundenen Lösungen im Klassengespräch miteinander verglichen. Der Osterhase Hoppel überlegt sich, wie er alle verschiedenen Nester mit System finden kann (Tabelle an der Tafel entwickeln). Er beschließt die Eier immer in einer gewissen Reihenfolge in die Nester zu legen: zuerst die roten, dann die blauen und dann die gelben Eier. Dabei muss er überlegen, wie viele von jeder Farbe er auswählt.
Die so systematisch geordnete Tabelle wird in ihrem Aufbau nochmals mit den Kindern besprochen: Wenn Hoppel mit den roten Eiern beginnt und 4 Stück in ein Nest gelegt hat, ist das Nest fertig und er braucht sich um die anderen Farben nicht mehr zu kümmern. Legt er am Anfang nur 3 rote Eier in das Nest, dann kann er entweder noch 1 blaues dazulegen oder aber 1 gelbes. Dies sind die einzigen verbleibenden Möglichkeiten. Legt er nur 2 rote Eier in das Nest, dann kann er 2 blaue oder 1 blaues und 1 gelbes oder 2 gelbe dazulegen. Legt er am Anfang nur 1 rotes ... usw. Es ergeben sich schließlich 15 Möglichkeiten.
Aufgabe 6:
Vor der Notation in der Tabelle (s. Kopiervorlage 23) sollten die Kinder die Antwort abschätzen: „Die Anzahl der Nester mit 3 Eiern liegt zwischen 6 (gefundene Nester bei 2 Eiern) und 15 (gefundene Nester bei 4 Eiern)."
Ergebnis: Es gibt 10 Nester.

Wie könnte es weitergehen?
– Aufgaben zur Durcharbeitung,
z. B. bei 3 Eiern im Nest:
Wie viele Nester mit 3 roten Eiern?
Wie viele Nester mit 3 blauen Eiern?
Wie viele Nester mit 2 verschiedenen Farben?
Wie viele Nester ohne gelbe Eier?
Wie viele Nester mit nur einer Farbe?
…

Musikvorschlag
Hasenswing aus „Liederkarussell",
  Text: unbekannt,
  Musik: Lisa Wittmann,
  Coppenrath Verlag, Münster 1987

74 Halbieren und „Fast-Halbieren"

Handelnde Erarbeitung des Halbierens und Fast-Halbierens, Grundlegung der Blitzrechenübung 8 „Halbieren"

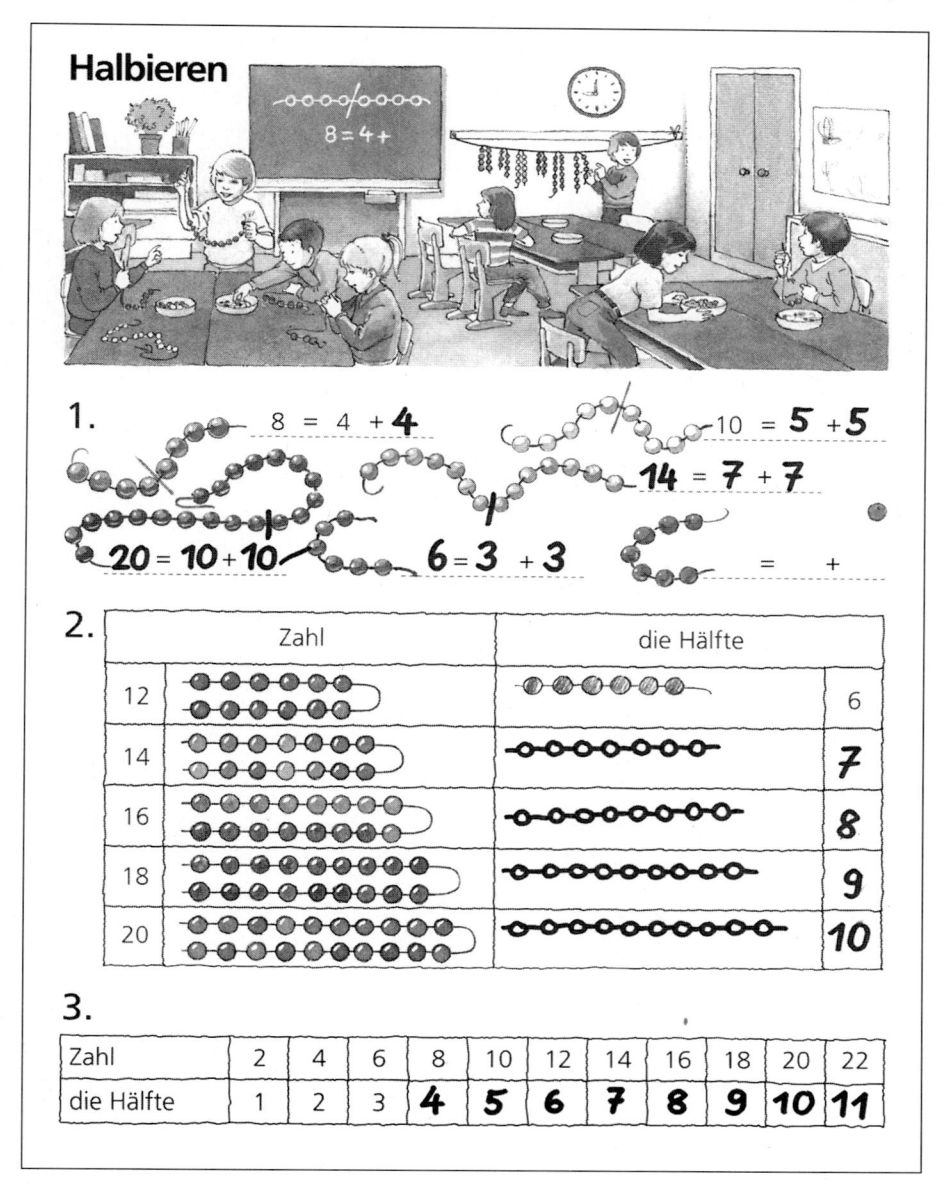

Halbieren

1.
8 = 4 + **4**
20 = 10 + 10
6 = 3 + 3
10 = **5** + **5**
14 = **7** + **7**
_ = _ + _

2.

Zahl		die Hälfte	
12	●●●●●●●●●●●●	●●●●●●	6
14	●●●●●●●●●●●●●●	○○○○○○○	**7**
16	●●●●●●●●●●●●●●●●	○○○○○○○○	**8**
18	●●●●●●●●●●●●●●●●●●	○○○○○○○○○	**9**
20	●●●●●●●●●●●●●●●●●●●●	○○○○○○○○○○	**10**

3.

Zahl	2	4	6	8	10	12	14	16	18	20	22
die Hälfte	1	2	3	**4**	**5**	**6**	**7**	**8**	**9**	**10**	**11**

Wie kann man vorgehen?

Vor der Arbeit mit dem Buch:
Die Kinder erhalten die Möglichkeit das Halbieren zunächst mit konkreten Materialien und beliebigen Anzahlen durchzuführen um dabei ihre „Entdeckungen" zu machen. Die Arbeitsergebnisse werden dann anschließend zusammengetragen und mit Hilfe des Demonstrationsmaterials „handelnd" versprachlicht und begründet. Etwa so:
„16 lässt sich in zwei gleiche Teile teilen: 16 = 8 + 8";
„15 kann man nicht richtig teilen, ein Teil hat ein Plättchen (eine Perle) mehr: 15 = 8 + 7".
Die Ergebnisse können in Tabellenform systematisch zusammengefasst werden.

Zur Arbeit mit dem Buch:
Das Einstiegsbild zeigt eine Klasse, in der sich die Kinder unterschiedlich mit der Thematik auseinander setzen. Während sich einige Perlenketten noch in der Herstellung befinden, hängen andere schon genau in der Mitte oder fast in der Mitte über einer Schnur im Klassenraum.
Aufgabe 1:
Die Halbierungen bzw. Fast-Halbierungen werden wie in der Vorübung besprochen eingetragen.
Aufgabe 2:
Die durch Biegung der Schnüre verdeutlichten Hälften werden gemalt und zahlenmäßig festgehalten.
Aufgabe 3:
In die operativ aufgebaute Tabelle können Ergebnisse von oben übernommen werden. Die fehlenden sind zu ergänzen.

Blitzrechenkurs

Grundlegung der Übung 8 „Halbieren" (vgl. S. 33)

Wie könnte es weitergehen?

– Übungsheft S. 52, Aufgabe 1
– Den Kindern könnte folgende merkwürdige Methode vorgestellt werden, nach der Ernie 15 Kekse (Plättchen) mit Bert teilt. Die Namen Bert und Ernie werden an die Magnettafel geschrieben, damit man die Plättchen schrittweise den Personen zuschieben kann. Der Lehrer schlüpft in die Rolle von Ernie und führt die Methode vor:

Was wird benötigt?

Arbeitsmaterial: Wendeplättchen, Perlen mit Schnur
Demonstrationsmaterial: Wendeplättchen, evtl. Folienkopie der Buchseite

Worum geht es?

Nachdem auf Seite 32/33 das Verdoppeln mit Hilfe des Spiegels eingeführt und die Verdopplungsaufgaben an der Plus-Tafel geübt wurden, geht es nun um die Umkehroperation, das Halbieren. Die Kinder wissen, dass sich jede beliebige Zahl verdoppeln lässt, merken jetzt aber, dass sich nur bestimmte Zahlen (ganzzahlig!) halbieren lassen. Bei den anderen Zahlen bekommt man nur zwei fast gleiche Hälften. Weitere Eigenschaften der Zahlen, die sich halbieren bzw. nicht halbieren lassen, werden auf Seite 75 untersucht.
Durch die vorausgegangenen Aktivitäten des Verdoppelns und Zerlegens von Flächen (Seite 55) ist auch eine gute begriffliche Vorbereitung geleistet.

181

„Weißt du, Bert, 15 ist eine ungerade Zahl. Die kann man nicht so leicht teilen. Aber ich weiß, wie wir verteilen können. Lass mich mal machen:

1 Keks für Bert und 1 Keks für Ernie,	(1 Plättchen wird zu Bert geschoben) (1 Plättchen zu Ernie)
2 für Bert und 2 für Ernie,	(ein *zweites* Plättchen zu Bert) (2 Plättchen zu Ernie, der jetzt 3 hat)
3 für Bert und 3 für Ernie,	(ein *drittes* Plättchen zu Bert) (3 Plättchen zu Ernie, der jetzt 6 hat)
4 für Bert und 4 für Ernie,	(ein *viertes* Plättchen wird zu Bert geschoben, der jetzt 4 hat) (4 Plättchen zu Ernie, der jetzt 10 hat)
5 für Bert und 5 für Ernie."	(das *letzte* Plättchen wird zu Bert geschoben, der jetzt 5 hat) (Berts 5 Plättchen werden schließlich zu Ernie geschoben, der dann alle Plättchen/Kekse hat)

Diese Methode wird die Kinder verblüffen: Sie ist ja sprachlich völlig symmetrisch und daher scheinbar gerecht. Trotzdem geht Bert leer aus. In den Handlungen zeigt sich, dass die genannten Zahlen in unterschiedlicher Bedeutung verwendet werden, bei Bert als Ordnungszahlen, bei Ernie als Kardinalzahlen. Beispiel: „3 für Bert" heißt: Bert erhält den dritten Keks. Dagegen bedeutet „3 für Ernie": Ernie erhält 3 Kekse. Am Schluss verlangt die Symmetrie der Verteilungssprache sogar, dass Bert seine 5 Kekse wieder verliert. Für die Kinder ist es eine lehrreiche Aufgabe, die sprachlich versteckten Unterschiede herauszufinden. Kinder, die an der Aufgabe Spaß finden, können versuchen herauszufinden, mit welchen anderen Zahlen Ernies Methode ebenfalls „aufgehen" würde. Lösung: Es sind dies die Dreieckszahlen 1, 3, 6, 10, 15, 21 ..., da Ernie bei jedem Schritt 1 Keks mehr erhält als vorher. Im Beispiel: $1 + 2 + 3 + 4 + 5 = 15$. Anmerkung: Diese merkwürdige Verteilungsmethode hat uns freundlicherweise Herr Dr. Leo Bocek, Karlsuniversität Prag, mitgeteilt, dem wir dafür sehr herzlich danken. Sie stammt aus der Zeit des Kalten Krieges und bezieht sich ursprünglich auf die Verteilung von 15 Goldbarren, die ein russischer und ein tschechischer Soldat zufällig gefunden haben: „1 Barren für den tschechischen Bruder, 1 für den russischen Bruder ..." Josef Schwejk lässt grüßen.

– Strategisches Spiel: „Halbieren verboten"
Bei diesem Spiel für zwei Personen (oder zwei Gruppen) wird sowohl die Zahlzerlegung geübt als auch das erworbene Wissen über das Halbieren angewandt.
Spielregeln: Eine bestimmte Anzahl von Plättchen (z. B. 8) wird zu einer Menge zusammengeschoben. Diese von den Spielern abwechselnd in immer kleinere Teilmengen zerlegt, wobei jedesmal eine der vorhandenen Teilmengen in genau zwei ungleiche Teile (Name des Spiels!) aufzuspalten ist. Das Spiel endet, wenn nur noch Einer- und Zweiermengen übrig sind, da diese nicht mehr in ungleiche Teile zerlegt werden können. Gewonnen hat, wer als Letzter noch eine Teilung vornehmen konnte.

Beispiel: „Halbieren verboten" mit 8 Plättchen. Nach dem 4. Zug sind nur noch Einer- oder Zweiermengen übrig. Der erste Spieler kann nicht mehr weiterspielen:

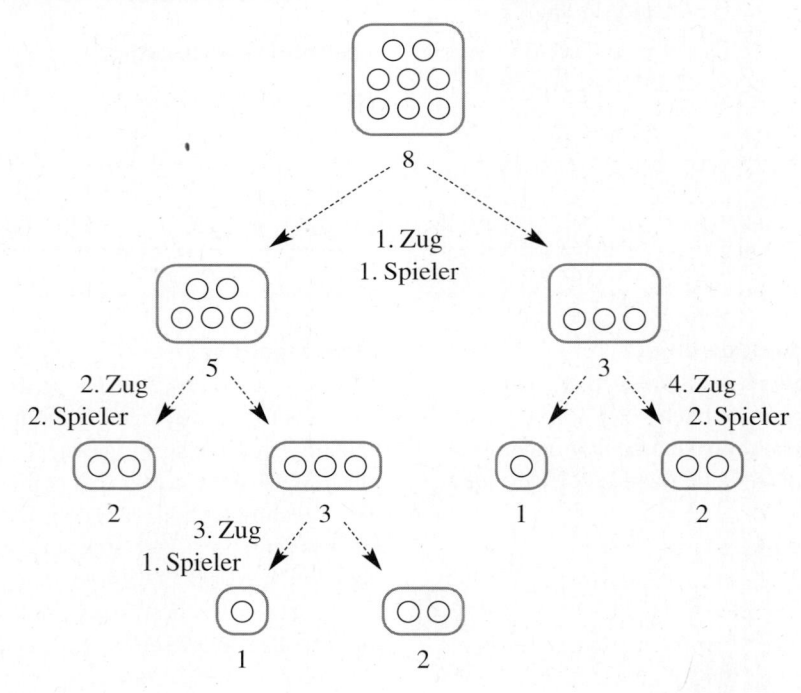

75 Gerade und ungerade Zahlen
Operieren mit Punktmustern

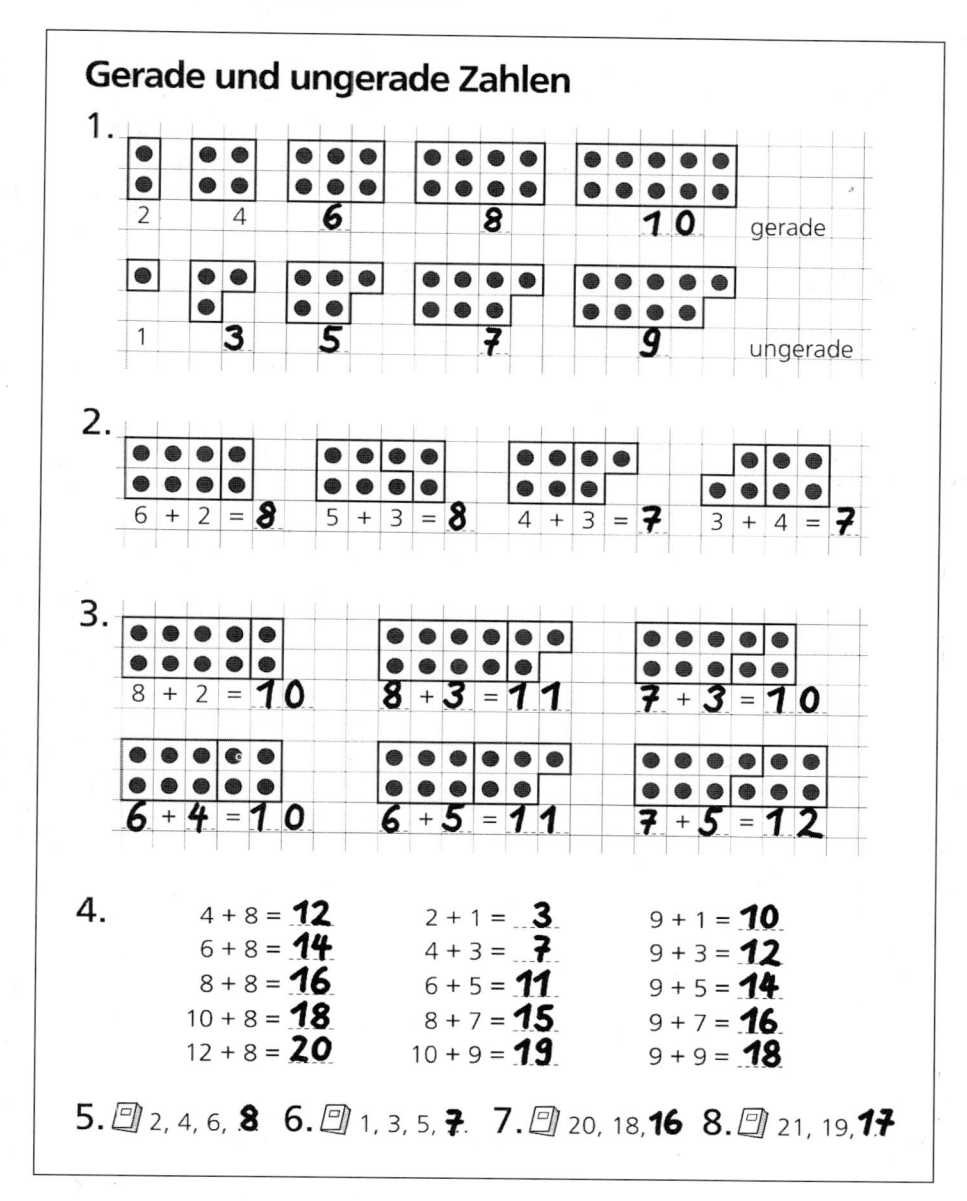

Gerade und ungerade Zahlen

1.
2, 4, **6**, **8**, **10** gerade
1, **3**, **5**, **7**, **9** ungerade

2.
6 + 2 = **8**   5 + 3 = **8**   4 + 3 = **7**   3 + 4 = **7**

3.
8 + 2 = **10**   8 + 3 = **11**   7 + 3 = **10**
6 + 4 = **10**   6 + 5 = **11**   7 + 5 = **12**

4.
4 + 8 = **12**   2 + 1 = **3**   9 + 1 = **10**
6 + 8 = **14**   4 + 3 = **7**   9 + 3 = **12**
8 + 8 = **16**   6 + 5 = **11**   9 + 5 = **14**
10 + 8 = **18**   8 + 7 = **15**   9 + 7 = **16**
12 + 8 = **20**   10 + 9 = **19** 9 + 9 = **18**

5. 2, 4, 6, **8**   **6.** 1, 3, 5, **7**   **7.** 20, 18, **16**   **8.** 21, 19, **17**

Was wird benötigt?
Arbeitsmaterial: Stifte, Wendeplättchen
Demonstrationsmaterial: Karofolie, farbige Folienstifte, Muster von geraden und ungeraden Zahlen aus Tonpapier

Worum geht es?
Eine Menge von Plättchen lässt sich entweder genau oder fast in zwei gleich mächtige Teilmengen zerlegen. Wenn man die Plättchen in einer Doppelreihe anordnet, erhält man entweder nur Paare oder es bleibt ein einzelnes Plättchen (Single) übrig. Im Punktmuster ist der Begrenzungsstrich am Ende des Musters das eine Mal gerade, das andere Mal geknickt (ungerade). Die in zwei gleiche Teile teilbaren Zahlen nennt man deshalb „gerade", die anderen „ungerade".

8 geht auf (gerade)
9 geht nicht auf (ungerade)
10 geht auf (gerade)
11 geht nicht auf (ungerade)
usw.

Fügt man zwei „gerade" Muster zusammen, so ist das Ergebnis ein „gerades" Muster, d. h.: Addiert man zwei gerade Zahlen, so erhält man wieder eine gerade Zahl. Diese Tatsache wird die Kinder nicht weiter verwundern.

Fügt man jedoch zwei „ungerade" Muster zusammen, so greifen die vorstehenden „Singles" ineinander, es entsteht erstaunlicherweise ein „gerades" Muster, d. h.: Addiert man zwei ungerade Zahlen, ist die Summe eine gerade Zahl. Ein „gerades" und eine „ungerades" Muster lassen sich nur zu einem „ungeraden" Muster zusammenfügen, d. h.: Addiert man eine gerade und eine ungerade Zahl, so ist die Summe ungerade. Die Kinder brauchen diese mathematischen Gesetze selbstverständlich noch nicht voll zu erfassen und zu formulieren. Es genügt, wenn sie mit geraden und ungeraden Zahlen unterschiedliche Muster verbinden und an Beispielen sehen, wie bei der Zusammensetzung von Mustern (der Addition von Zahlen) gerade oder ungerade Ergebnisse zustande kommen können. Diese Thematik wird in den folgenden Schuljahren in größeren Zahlräumen immer wieder aufgegriffen und im 4. Schuljahr mit einem Punktmusterbeweis für die o. g. Gesetzmäßigkeiten abgeschlossen.

Wie kann man vorgehen?
Vor der Arbeit mit dem Buch:
Es werden mehrfach einige Kinder nach vorn geholt und gebeten sich in Zweier-Reihen aufzustellen. Man bestimmt jeweils die Anzahl und stellt fest, ob die Zweierreihe aufgeht oder nicht. Die Zahlen werden an der Tafel geordnet notiert: links die Zahlen, bei denen es aufgeht, rechts die Zahlen, bei denen es nicht aufgeht.

An der Magnettafel werden dann analog mit Hilfe von Plättchen weitere Zahlen untersucht und am Schluss die Bezeichnungen „gerade"/„ungerade" eingeführt.

gerade   ungerade

183

Zur Arbeit mit dem Buch:
Die Muster im Buch werden als Doppelreihen identifiziert.
Aufgabe 1:
Zu den Zweierreihen werden die Anzahlen geschrieben.
Aufgabe 2:
Die Ergebnisse werden ausgerechnet und besprochen. Welche sind gerade, welche ungerade?
Aufgabe 3:
Aufgabe ergänzen
Aufgabe 4:
Nach Berechnung der Ergebnisse werden die Muster gerade/ungerade besprochen. Frage: „Warum sind die Ergebnisse beim linken und rechten Päckchen alle gerade, beim mittleren Päckchen alle ungerade?" Die Lehrerin hört sich an, was die Kinder an Erklärungen vorbringen und lenkt ggf. den Blick auf den „Single" bei ungeraden Zahlen.
Aufgabe 5–8:
Reihe der geraden bzw. ungeraden Zahlen vorwärts und rückwärts aufschreiben.

Wie könnte es weitergehen?
– Übungsheft S. 52, Aufgabe 2 und 3
– Im Sinne der Anwendungsorientierung bietet sich der Hinweis auf Hausnummern an. Kinder können die Hausnummern ihrer Straße für beide Straßenseiten getrennt aufschreiben. Dabei stellen sie fest, dass in der Regel auf einer Seite die geraden, auf der anderen die ungeraden Hausnummern sind.
– Rhythmische Zählübungen:
1 2 <u>3</u> 4 <u>5</u> … <u>19</u> 20
1 <u>2</u> 3 <u>4</u> 5 … 19 <u>20</u>
Nur die unterstrichenen Zahlen werden jeweils laut genannt, die nicht unterstrichenen nur leise.

Als ich noch sehr klein war und in einem Hochstuhl am Tisch aß, pflegte mein Vater mit mir nach dem Essen ein Spiel zu spielen. Er hatte aus einem Laden in Long Island eine Menge alter rechteckiger Badfliesen mitgebracht. Wir stellten sie vertikal auf, eine neben die andere, und ich durfte die erste anstoßen und beobachten, wie die ganze Reihe umfiel. So weit, so gut. Als Nächstes wurde das Spiel verbessert. Die Fliesen hatten verschiedene Farben. Ich musste eine weiße aufstellen, dann zwei blaue, eine weiße, zwei blaue usw. Wenn ich neben zwei blaue eine weitere blaue setzen wollte, insistierte mein Vater auf einer weißen. Meine Mutter, die eine mitfühlende Frau ist, durchschaute die Hinterhältigkeit meines Vaters und sagte: „Mel, bitte lass den Jungen eine blaue Fliese aufstellen, wenn er es möchte." Mein Vater sagte: „Nein, ich möchte, dass er auf Muster achtet. Das ist das Einzige, was ich in seinem frühen Alter für seine mathematische Erziehung tun kann." Wenn ich einen Vortrag über die Frage „Was ist Mathematik?" halten müsste, hätte ich damit schon die Antwort gegeben: Mathematik ist die Wissenschaft von Mustern.
Richard Feynman, Nobelpreisträger für Physik 1965, in einem Vortrag über „Was ist Naturwissenschaft?"

76 Mini-Einmaleins
Strukturierung des Zwanzigerraums durch Zählen in Schritten, Malaufgaben bilden

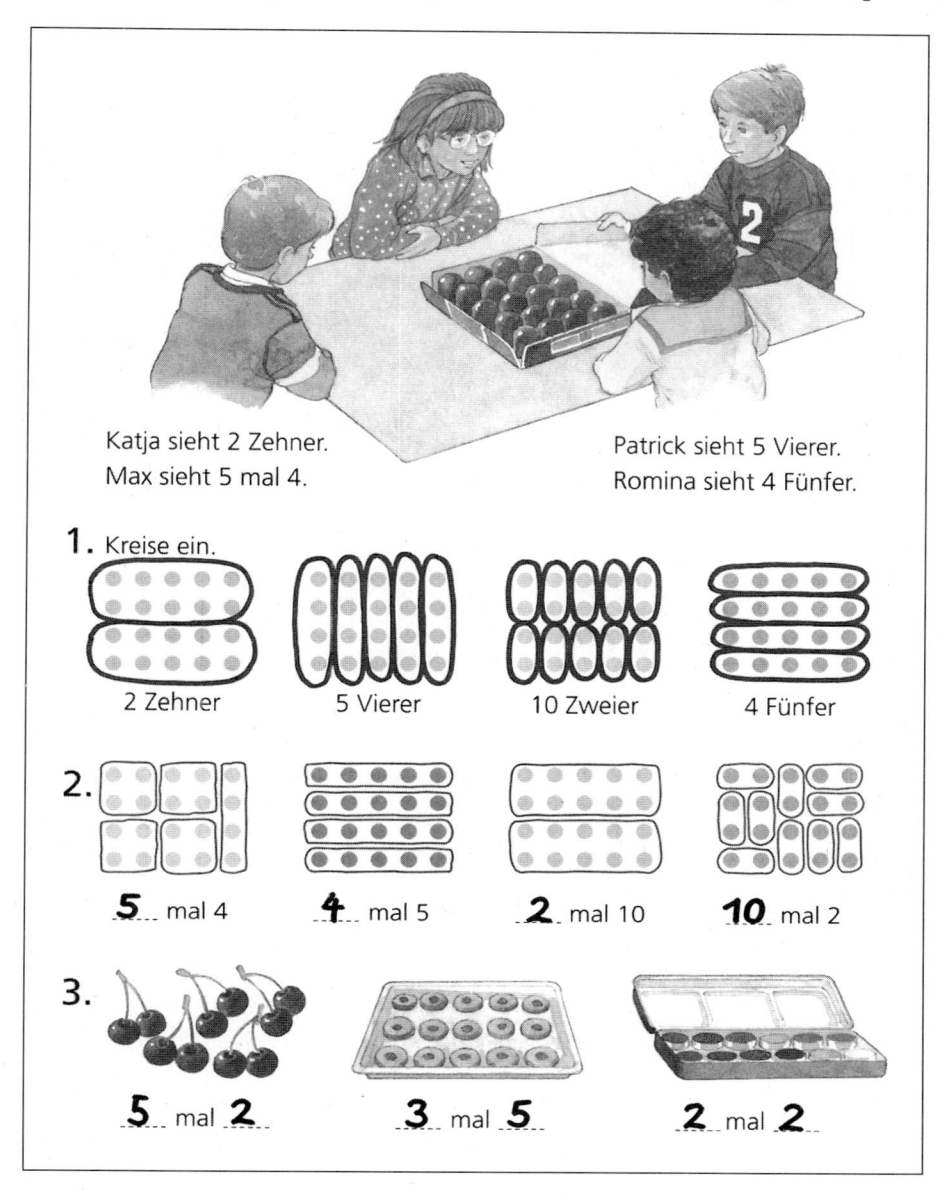

Katja sieht 2 Zehner.
Max sieht 5 mal 4.

Patrick sieht 5 Vierer.
Romina sieht 4 Fünfer.

1. Kreise ein.

2 Zehner   5 Vierer   10 Zweier   4 Fünfer

2.

5 mal 4   **4** mal 5   **2** mal 10   **10** mal 2

3.

5 mal **2**   **3** mal **5**   **2** mal **2**

Wie kann man vorgehen?
Vor der Arbeit mit dem Buch:
Die Lehrerin stellt eine Schachtel mit 20 Schokoküssen (oder Plättchen als Schokoküsse-Ersatz) in die Kreismitte (vgl. Einstiegsbild). Die Kinder sollen beschreiben, wie die Schokoküsse angeordnet sind. Mögliche Antworten:
„Das sind 20."
„Ich sehe 2 Zehner."
„Da sind 5 + 5 + 5 + 5."
„Ich sehe 4 mal 5."
„Ich sehe 5 mal 4."
Falls die Kinder die Mal-Sprechweise nicht spontan benutzen, kann die Lehrerin fragen, ob jemand die lange Plusaufgabe 4 + 4 + 4 + 4 + 4 kürzer ausdrücken kann. Wichtig ist, dass die Kinder immer anzeigen, was sie angeben.
Durch die unterschiedlichen Sitzpositionen im Kreis wird automatisch das Thema „Tauschaufgaben" (4 · 5 = 5 · 4) angeschnitten, das hier aber noch nicht thematisiert wird.
Anschließend heftet die Lehrerin 4-mal 5 Plättchen an die Magnettafel oder malt ein 4 x 5-Feld an die Tafel. Zeitsparend ist eine Folienkopie der Buchseite.
Die Lehrerin erklärt:
„Das sollen die 20 Schokoküsse sein."
Die Kinder kreisen die Zwanziger-Punktfelder unterschiedlich ein und sprechen dazu:
„Ich kreise 2 Zehner ein."
„Ich habe 4 Fünfer eingekreist." usw.
Die Wortbilder „Zehner", „Fünfer", „Vierer", „Dreier", „Zweier" sollten an der Tafel erscheinen und geübt werden.

Zur Arbeit mit dem Buch:
Die Kinder betrachten das Situationsbild und beschreiben es.
Aufgabe 1:
Die Kinder kreisen die Zwanziger-Punktfelder entsprechend den Angaben ein.
Aufgabe 2:
Die Zwanzigermenge ist unterschiedlich eingekreist. Die Kinder tragen die passenden Zahlen ein.
Aufgabe 3:
Die Kinder beschreiben die Bilder und finden Malaufgaben.

Wie könnte es weitergehen?
– Übungsheft S. 53

Was wird benötigt?
Arbeits- und Demonstrationsmaterial: multiplikativ strukturierte Verpackungen (von Pralinen, Schokoküssen, Eiern …), OHP-Folie mit Zwanziger-Punktfeldern

Worum geht es?
Unter dem Mini-Einmaleins werden die folgenden 25 Einmaleinsaufgaben verstanden:

1·1	2·1	3·1	4·1	5·1
1·2	2·2	3·2	4·2	5·2
1·3	2·3	3·3	4·3	5·3
1·4	2·4	3·4	4·4	5·4
1·5	2·5	3·5	4·5	5·5

Darüber hinaus spielen im 1. Schuljahr wegen des Zehnersystems auch die Malaufgaben 1 · 10 und 2 · 10 sowie die Verdopplungsaufgaben 2 · 6, 2 · 7, 2 · 8, 2 · 9 eine Rolle. Die Multiplikation tritt aber noch nicht als neue Verknüpfung mit einem eigenen Zeichen in Erscheinung: Da Multiplikationsaufgaben die Addition gleicher Summanden beschreiben, können die Kinder die Lösung mit Hilfe der Addition (vor allem Verdoppeln) finden. Trotzdem sollte schon das aus der Umgangssprache bekannte Wort „mal" verwendet werden.
Alle Aufgaben werden mit konkreten Dingen nachgelegt, durch Einkreisen von Punktfeldern oder anhand anschaulicher Bilder gelöst und umgangssprachlich beschrieben. Es empfiehlt sich, die Bezeichnungen „Vierer", „Fünfer" usw. zu verwenden. Das Rechensymbol „Mal-Punkt" wird erst im 2. Schuljahr verwendet.

77 Mini-Einmaleins

Zwanzigerreihe gliedern, unstrukturierte Mengen gliedern, Grundlegung der Blitzrechenübungen 9 „Zählen in Schritten" und 10 „Mini-Einmaleins"

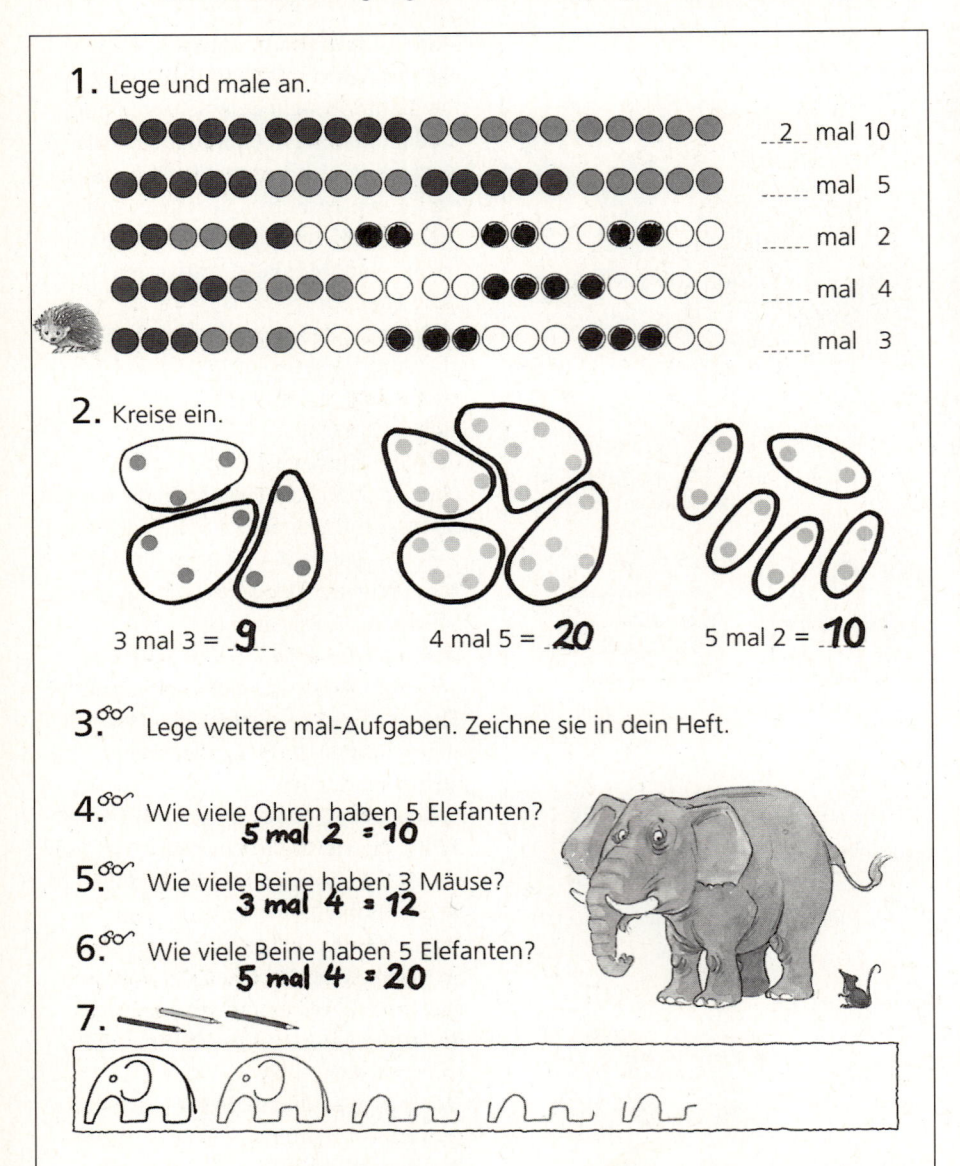

1. Lege und male an.

..2.. mal 10
..... mal 5
..... mal 2
..... mal 4
..... mal 3

2. Kreise ein.

3 mal 3 = **9**   4 mal 5 = **20**   5 mal 2 = **10**

3. Lege weitere mal-Aufgaben. Zeichne sie in dein Heft.

4. Wie viele Ohren haben 5 Elefanten?
5 mal 2 = 10

5. Wie viele Beine haben 3 Mäuse?
3 mal 4 = 12

6. Wie viele Beine haben 5 Elefanten?
5 mal 4 = 20

7.

Was wird benötigt?
Arbeitsmaterial: Zwanzigerreihe, Wendeplättchen
Demonstrationsmaterial: Zwanzigerreihe, Wendeplättchen

Worum geht es?
Das Mini-Einmaleins dient der weiteren Strukturierung des Zwanzigerraumes: An der Zwanzigerreihe werden die Fertigkeiten „Verdoppeln" und „Zählen in Schritten" geübt. Die Fragestellung „Wie oft hast du den Zwanziger mit 5 Plättchen auslegen können?" führt zwangsläufig zur Antwort „Viermal!", denn die Frage „Wie oft?" wird durch die so genannten Zahladverbien „einmal", „zweimal", „dreimal", „viermal" usw. beantwortet.

Wie kann man vorgehen?
Aufgabe 1:
Die Kinder legen nach Vorgabe ihre Zwanzigerreihe aus, malen die Reihe im Buch entsprechend an und tragen die Lösungszahlen ein. Der Igel in der letzten Zeile deutet darauf hin, dass es nicht „aufgeht". Man müsste noch einen Kreis zeichnen, um 7 mal 3 zu erhalten (oder man färbt zwei Kreise nicht: 6 mal 3).
Aufgabe 2:
Die Kinder kreisen die vorgegebenen Mengen nach Vorschrift ein und tragen die richtigen Zahlen ein.
Aufgabe 3:
Die Kinder denken sich selbst Malaufgaben aus, legen sie mit Wendeplättchen, zeichnen sie ins Heft und schreiben die Malaufgabe dazu.
Aufgabe 4–6:
Die Aufgaben werden vorgelesen, von den Kindern mit Plättchen nachgelegt und mündlich gelöst. Fünfmal zwei Wendeplättchen ergeben die Ohren von fünf Elefanten:

Entsprechend dreimal (fünfmal) vier Wendeplättchen ergeben die Beine von drei Mäusen (bzw. fünf Elefanten).
Aufgabe 7:
Die Kinder versuchen das angefangene Muster mit Elefanten fortzusetzen.

Wie könnte es weitergehen?
– Übungsheft S. 54
– Wie viele Beine haben 2 Enten und 1 Hase?
– Im Stall gibt es Enten und Hasen. Sie haben zusammen 10 (20) Beine. Wie viele Enten, wie viele Hasen könnten es sein?

78 Ergänzen
Ergänzen als „Ganzmachen" (Puzzle, Zwanzigerreihe)

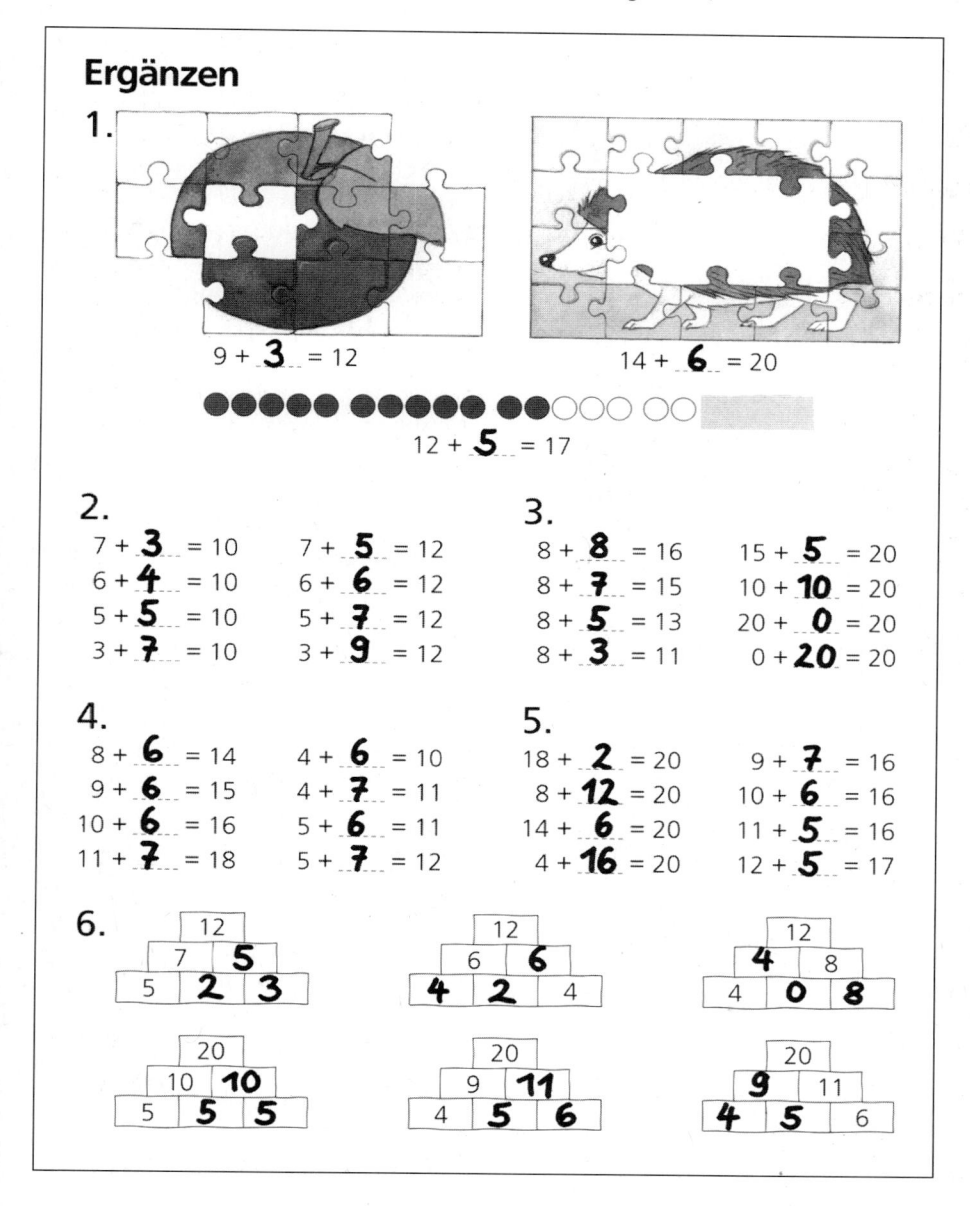

Ergänzen

1.

$9 + \underline{3} = 12$

$14 + \underline{6} = 20$

$12 + \underline{5} = 17$

2.
$7 + \underline{3} = 10$ $7 + \underline{5} = 12$
$6 + \underline{4} = 10$ $6 + \underline{6} = 12$
$5 + \underline{5} = 10$ $5 + \underline{7} = 12$
$3 + \underline{7} = 10$ $3 + \underline{9} = 12$

3.
$8 + \underline{8} = 16$ $15 + \underline{5} = 20$
$8 + \underline{7} = 15$ $10 + \underline{10} = 20$
$8 + \underline{5} = 13$ $20 + \underline{0} = 20$
$8 + \underline{3} = 11$ $0 + \underline{20} = 20$

4.
$8 + \underline{6} = 14$ $4 + \underline{6} = 10$
$9 + \underline{6} = 15$ $4 + \underline{7} = 11$
$10 + \underline{6} = 16$ $5 + \underline{6} = 11$
$11 + \underline{7} = 18$ $5 + \underline{7} = 12$

5.
$18 + \underline{2} = 20$ $9 + \underline{7} = 16$
$8 + \underline{12} = 20$ $10 + \underline{6} = 16$
$14 + \underline{6} = 20$ $11 + \underline{5} = 16$
$4 + \underline{16} = 20$ $12 + \underline{5} = 17$

6.

12		
7	**5**	
5	**2**	**3**

12		
6	**6**	
4	**2**	4

12		
4	8	
4	**0**	8

20		
10	**10**	
5	**5**	5

20		
9	**11**	
4	**5**	6

20		
9	11	
4	**5**	6

Was wird benötigt?
Arbeitsmaterial: Wendeplättchen, Zwanzigerreihe
Demonstrationsmaterial: Wendeplättchen, Zwanzigerreihe, falls vorhanden 3 x 4- oder 4 x 5-Puzzle für den Stuhlkreis

Worum geht es?
Es geht um die Einführung des Ergänzens a + __ = b im Kontext von „Ganzheiten" wie Puzzles und Butzenscheiben. Diese Kontexte stellen eine gute Veranschaulichung dar, weil sowohl die Gesamtzahl der Teile als auch die Anzahlen der schon gelegten und der noch fehlenden Teile leicht zu sehen sind. Der Kontext erklärt auch gut das Wort „Ergänzen" als „Ganzmachen".
Im Buch wird vorgemacht, wie die Aufgabe 12 + __ = 17 an der Zwanzigerreihe gelöst werden kann: Mit einem Blatt Papier werden 17 Felder (die gewünschte Anzahl) abgedeckt und der erste Summand in Gestalt von 12 Plättchen gelegt. Es zeigt sich, dass noch 5 Plättchen dazugelegt werden müssten.

Durch Variation der Zahlen (Wegnehmen bzw. Hinzufügen von Plättchen bzw. Verschieben des Blattes Papier) können weitere Aufgaben in diesem operativen Zusammenhang gerechnet werden:
1 Plättchen dazulegen:
13 + __ = 17
Blatt Papier um 1 nach rechts verschieben:
13 + __ = 18
1 Plättchen wegnehmen:
12 + __ = 18
1 Plättchen wegnehmen:
11 + __ = 18
usw.

Wie kann man vorgehen?
Aufgabe 1:
Das Legen eines Puzzles soll als Ergänzungsaufgabe interpretiert werden: Von einem 12er-Puzzle sind 9 Teile gelegt, wie viele Teile müssen noch gelegt werden?
9 + __ = 12
Gedanklich können die fehlenden Teile hinzugefügt werden, d. h. 9 + 3 = 12.
Aufgabe 2–5:
An der Zwanzigerreihe können Ergänzungsaufgaben einzeln, aber auch im operativen Zusammenhang gelöst werden. Beispiel: Aufgabe 2, 1. Päckchen:
10 leere Felder werden mit einem Blatt Papier abgedeckt, 7 Plättchen werden gelegt:
7 + __ = 10
Die Anzahl der noch leeren Felder zeigt die Lösung 3.
Nun wird 1 Plättchen weggenommen:
6 + __ = 10
4 leere Felder zeigen die Lösung …
Aufgabe 6:
Das Ergänzen kann auch beim Ausfüllen von Zahlmauern mit verstreuten Startzahlen angewandt werden.

Wie könnte es weitergehen?
– Übungsheft S. 55, Aufgabe 1–3

79 Ergänzen

Sachaufgaben als Ergänzungsaufgaben deuten und lösen – das Ergänzen als spezielle Form der Subtraktion kennen lernen

1. Wie viele Scheiben fehlen?

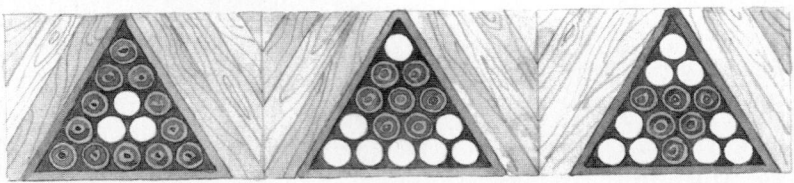

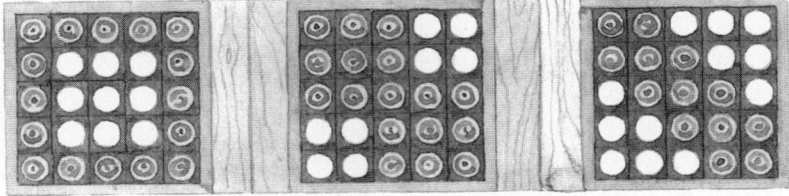

12 + **3** = 15   7 + **8** = 15   6 + **9** = 15

16 + **9** = 25   17 + **8** = 25   13 + **12** = 25

2.
17 + **3** = 20   13 + **3** = 16
20 − 17 = **3**   16 − 13 = **3**

14 + **6** = 20   11 + **5** = 16
20 − 14 = **6**   16 − 11 = **5**

3.
9 + **3** = 12   12 + **7** = 19
12 − 9 = **3**   19 − 12 = **7**

7 + **5** = 12   14 + **5** = 19
12 − 7 = **5**   19 − 14 = **5**

4. Löse durch Ergänzen.
21 − 18 = **3**   12 − 8 = **4**   18 − 13 = **5**
18 − 15 = **3**   13 − 9 = **4**   17 − 12 = **5**
15 − 12 = **3**   10 − 7 = **3**   19 − 14 = **5**
16 − 13 = **3**   13 − 8 = **5**   19 − 13 = **6**

Die Subtraktion durch Ergänzen empfiehlt sich besonders dann, wenn der Subtrahend nahe am Minuenden liegt, weil dann die zu ergänzende Zahl klein ist.

Wie kann man vorgehen?
Aufgabe 1:
Diese Aufgabe greift unmittelbar auf die vorherige Seite zurück: 12 der 15 Butzenscheiben sind bereits eingesetzt; wenn ich noch 3 einsetze, so erhalte ich alle 15: 12 + 3 = 15.
Aufgabe 2 und 3:
Zuerst wird die Ergänzungsaufgabe gerechnet, deren Ergebnis dann für die entsprechende Subtraktionsaufgabe genutzt wird.
Aufgabe 4:
Die Subtrahenden liegen nahe am Minuenden. Daher empfiehlt sich eine Lösung durch Ergänzen.

Expeditionen ins Zahlenreich
Expedition 5: Abbau von Zahlen (vgl. S. 45)

Wie könnte es weitergehen?
– Übungsheft S. 55
– Zahlenmauern der Gestalt:

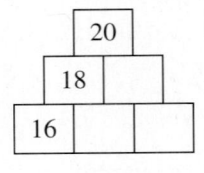

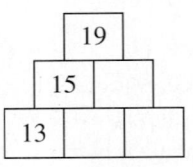

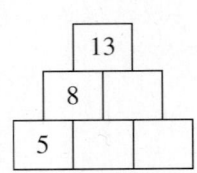

```
      20
   18
16
```

```
      19
   15
13
```

```
      13
   8
5
```

Darin verbergen sich Ergänzungsaufgaben:
18 + __ = 20   18 + 2 = 20
16 + __ = 18   16 + 2 = 18
usw.

Was wird benötigt?
Arbeitsmaterial: Wendeplättchen, Zwanzigerreihe
Demonstrationsmaterial: Wendeplättchen, Zwanzigerreihe

Worum geht es?
Am Kontext „Butzenscheiben", die mit Wendeplättchen gut veranschaulicht werden können, werden Ergänzungsaufgaben gelöst und systematisch als eine zweite Form von Minusaufgaben gedeutet. Die Situation ist begrifflich völlig analog zur Division, die als Umkehrung der Multiplikation auch in zwei Formen vorkommt: als Aufteilen und Verteilen.
Beispiel:
Nimmt man von 20 Plättchen 18 Plättchen „hinten" weg

●●○○○ ○○○○○ ○○○○○ ○○○○○   20 − 18 = 2,

so ergibt sich das übliche Wegnehmen. Nimmt man sie dagegen „vorn" weg

○○○○○ ○○○○○ ○○○○○ ○○○●●   20 − 18 = __,

so erkennt man, dass die verbleibende Zahl durch Ergänzen bestimmt wird:
18 + __ = 20.

80 Üben mit dem Rechendreieck
Addieren, Subtrahieren, Ergänzen, Strategiespiel „Rot gegen Blau"

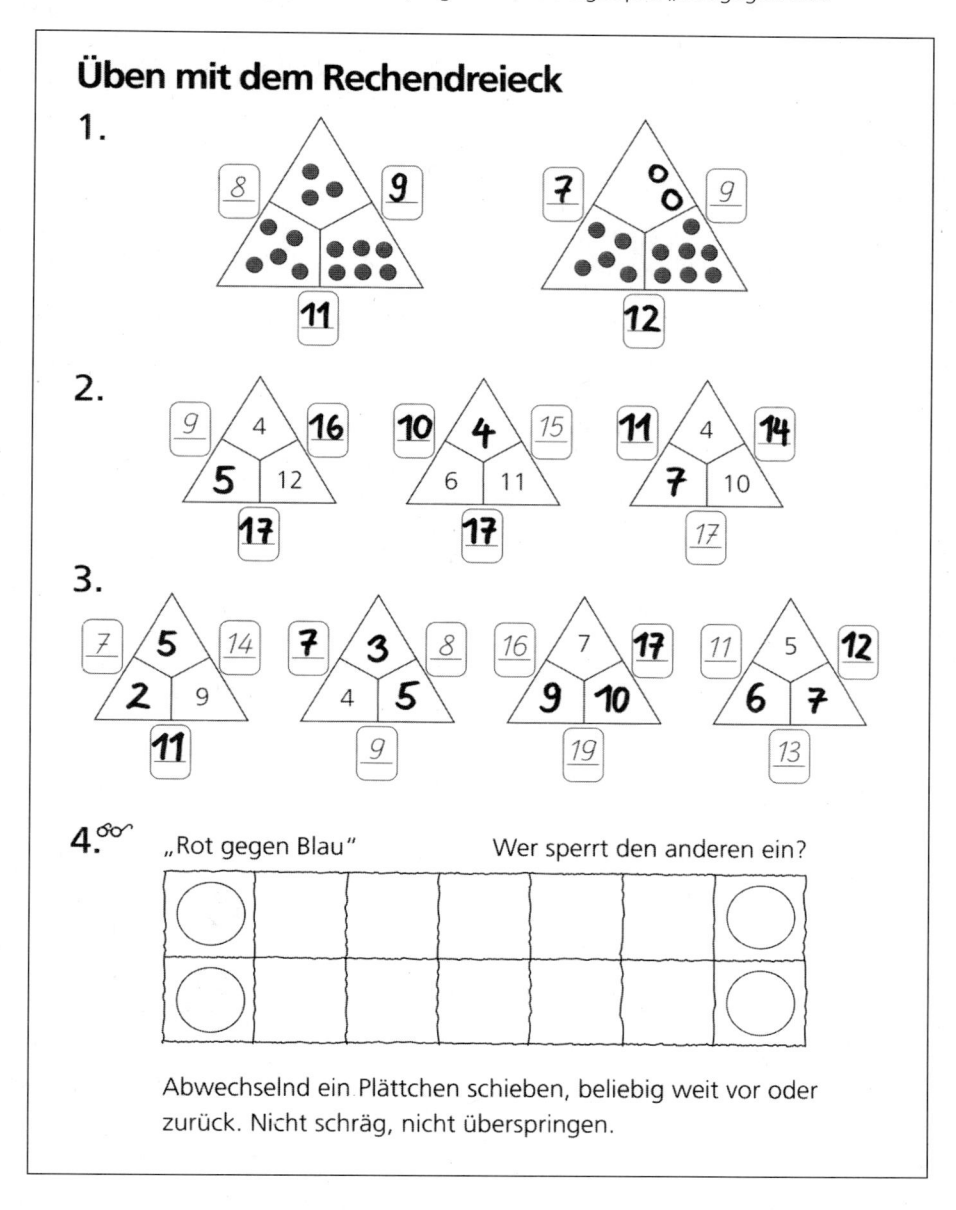

Üben mit dem Rechendreieck

1. Dreieck 1: Ecken 8, 9, 11; innen Punkte; Dreieck 2: Ecken 7, 9, 12.

2.
- Dreieck: 9, 4, 16; 5, 12; unten 17
- Dreieck: 10, 4, 15; 6, 11; unten 17
- Dreieck: 11, 4, 14; 7, 10; unten 17

3.
- Dreieck: 7, 5, 14; 2, 9; unten 11
- Dreieck: 7, 3, 8; 4, 5; unten 9
- Dreieck: 16, 7, 17; 9, 10; unten 19
- Dreieck: 11, 5, 12; 6, 7; unten 13

4. „Rot gegen Blau" — Wer sperrt den anderen ein?

Abwechselnd ein Plättchen schieben, beliebig weit vor oder zurück. Nicht schräg, nicht überspringen.

Was wird benötigt?
Arbeitsmaterial: Wendeplättchen, Wendekarten, Kopiervorlage 14 (Rechendreieck) und 15 (Übungsformat Rechendreieck)
Demonstrationsmaterial: Spielplan des Strategiespiels „Rot gegen Blau" an der Magnettafel oder auf einem Stück Papier

Worum geht es?
Im Kontext der Rechendreiecke wird das Einspluseins und das Einsminuseins wiederholt.
Die Seite schließt ab mit einem Strategiespiel, dem folgende Regeln zugrunde liegen: Am Anfang liegen die beiden roten und die beiden blauen Plättchen jeweils auf den äußersten Feldern. Die Spieler ziehen abwechselnd eines ihrer Plättchen vor oder zurück, niemals jedoch schräg, d. h., jedes Plättchen ist auf seine Bahn fixiert. Überspringen ist ebenfalls verboten. Wer den anderen einsperrt, so dass dieser nicht mehr ziehen kann, hat gewonnen. Bei dem Spiel hat der zweite Spieler eine recht einfach zu beschreibende Strategie, die aber von den Kindern nicht so schnell durchschaut wird, so dass das Spiel für die Kinder lange interessant bleibt. Erklärung der Gewinnstrategie: Eine Position heißt *ausgeglichen*, wenn der Abstand der roten und blauen Marken auf *beiden* Bahnen des Spielfeldes jeweils gleich ist. Der Abstand kann 0 Felder, 1 Feld, 2 Felder, 3 Felder, 4 Felder oder 5 Felder betragen.

Die Startposition ist ausgeglichen, da der Abstand der Plättchen auf beiden Bahnen 5 beträgt. Auch jede Endposition ist ausgeglichen (Abstand auf beiden Bahnen 0). Da bei jedem Zug immer nur ein Plättchen auf einer der beiden Bahnen bewegt wird, führt jeder Zug, der von einer ausgeglichenen Position ausgeht, *notwendig* zu einer nicht ausgeglichenen Position. Dagegen kann man jede nicht ausgeglichene Position durch entsprechende Verkürzung des längeren Abstands in eine ausgeglichene Position überführen.
Daraus folgt: Der erste Spieler hinterlässt notwendig eine nicht ausgeglichene Position, wie immer er zieht. Der zweite kann durch Verkürzung des längeren Abstands wieder eine ausgeglichene Position herstellen. Dem ersten Spieler bleibt erneut nichts anderes übrig, als das Gleichgewicht auf beiden Bahnen wieder zu zerstören. Der zweite kann es nun wieder herstellen usw. Die Plättchen rücken auf diese Weise immer näher zusammen, bis schließlich der zweite Spieler den Abstand 0 auf beiden Bahnen herstellt und damit gewinnt. Der erste Spieler hat keine Gewinnchance, weil er immer nur auf nicht ausgeglichene Positionen zieht. Die Endposition ist aber, wie schon angemerkt, ausgeglichen, bleibt also für den ersten Spieler unzugänglich – falls sich der zweite Spieler an die Gewinnstrategie hält.
Hinweis: Die Länge der Bahnen ist für die Gewinnstrategie unerheblich. Das Spiel kann also auch auf einem größeren Spielfeld gespielt werden. Es ist lehrreich, das Spiel auf einem Spielplan mit drei oder vier Feldern auf jeder Bahn zu analysieren.

Wie kann man vorgehen?
Zu Beginn wird die Regel des Rechendreiecks wiederholt: Die Anzahlen benachbarter Felder sind zu addieren und die Ergebnisse an den Rand zu schreiben. Bei Bedarf legen die Kinder die Aufgaben mit Wendeplättchen und Wendekarten.
Aufgabe 1:
Zur Erinnerung an die Übungsform sind die inneren Felder des Rechendreiecks mit Plättchen belegt und eine Außenzahl ist schon ausgerechnet. Die Kinder

können die Aufgabe nachlegen, die Summen bilden und die Ergebnisse eintragen.
Im zweiten Dreieck müssen zunächst 2 Plättchen im oberen Feld ergänzt werden, bis die Summe 9 stimmt. Danach können die restlichen Summen bestimmt werden.

Aufgabe 2:
Hier müssen zunächst Ergänzungsaufgaben gelöst werden, ehe die restlichen Summen berechnet werden können.

Aufgabe 3:
Hier müssen jeweils zwei Ergänzungsaufgaben gelöst werden, ehe die dritte Summe bestimmt werden kann.

Aufgabe 4:
Die Lehrerin erklärt die Regeln des Strategiespiels an der Magnettafel mit magnetischen Wendeplättchen oder im Stuhlkreis auf dem Boden mit einem Spielplan auf Papier. Wenn die Spielregeln klar sind, können die Kinder in Partnerarbeit das Spiel spielen.
Die Strategie darf den Kindern nicht verraten werden, da sonst der Reiz verloren geht und die Kinder um die Chance gebracht werden selbst Entdeckungen zu machen. Die Kinder merken von sich aus schnell, dass es schlecht ist, einen Stein des Gegners zu blockieren, auch wenn dies zunächst sehr verlockend ist. Denn wenn der Gegner dasselbe mit dem anderen Plättchen macht, muss sich der Spieler, der zuerst blockiert hat, wieder zurückziehen. Der andere kann nachrücken. Das bedeutet eine Niederlage auf Raten.

Wie könnte es weitergehen?
– Übungsheft S. 55, Aufgabe 4
– Verlängerung des Spielfeldes beim Strategiespiel. Die Strategie kann beibehalten werden.
– Spiel des Strategiespiels mit drei anstatt mit zwei Bahnen bei gleichen Spielregeln. Hier hat der erste Spieler eine Gewinnstrategie: Er braucht beim ersten Zug nur einen Stein des Gegners einzusperren (was man bei dem Spiel auf zwei Bahnen nicht darf). Dann bleibt im Prinzip nur ein Spiel auf zwei Bahnen übrig, bezüglich dessen er in der Position des zweiten Spielers ist.

81 Legen und überlegen
Systematisches Probieren am Rechendreieck

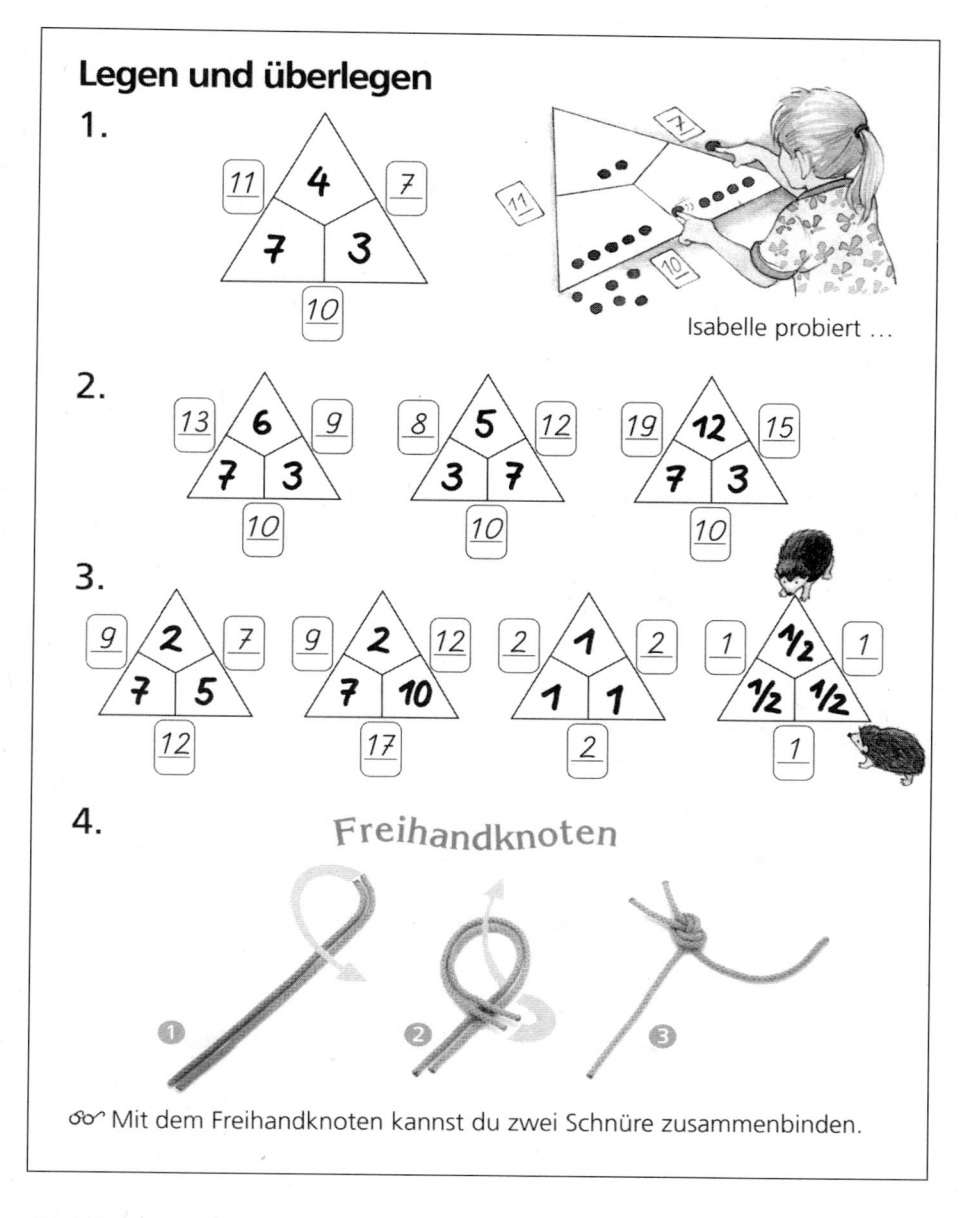

Legen und überlegen

1.

Isabelle probiert …

2.

3.

4. **Freihandknoten**

Mit dem Freihandknoten kannst du zwei Schnüre zusammenbinden.

Was wird benötigt?
Arbeitsmaterial: Kopiervorlage 14 (Rechendreieck), Wendeplättchen
Demonstrationsmaterial: Rechendreieck mit Klebestreifen an der Magnettafel, magnetische Wendeplättchen, magnetische Wendekarten

Worum geht es?
Bei einem Rechendreieck sind die drei äußeren Felder vorgegeben, die drei inneren sind zu berechnen. Beispiel:

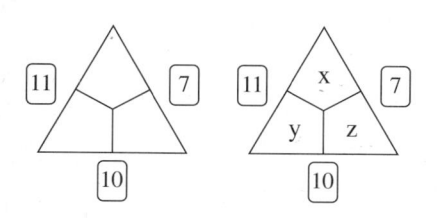

Der algebraische Ansatz führt auf ein Gleichungssystem
$x + y = 11$,
$y + z = 10$,
$x + z = 7$,
das natürlich nicht von Grundschülern gelöst werden kann.
Es gibt aber einen elementaren Lösungsweg, der beim Lösen von Gleichungen in der Geschichte der Mathematik eine große Rolle gespielt hat und für Grundschüler sehr geeignet ist: das mehr oder weniger *systematische Probieren*. Man legt z. B. in das obere Feld probeweise 2 Plättchen. Dann ergeben sich für das rechte untere Feld durch Ergänzung 5 Plättchen ($2 + 5 = 7$), für das linke untere Feld durch Ergänzung ebenfalls 5 Plättchen ($5 + 5 = 10$). Damit ist zwei der äußeren Zahlen „Rechnung getragen". Bei der dritten äußeren Zahl (11) stimmt es aber (noch) nicht: $2 + 5 \neq 11$. Die inneren Zahlen sind zu klein.

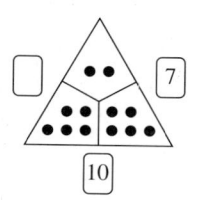

stimmt nicht, denn $2 + 5 \neq 11$

Anstatt ganz neu anzusetzen, kehrt man an den Anfang zurück und probiert mit 3 Plättchen im oberen Feld. Man erhält in dem rechten unteren Feld durch Ergänzung 4 ($3 + 4 = 7$), im linken unteren Feld durch Ergänzung 6 ($4 + 6 = 10$). Die beiden linken Felder ergeben zusammen $3 + 6 = 9$. Damit liegen wir näher an der 11, haben sie aber noch nicht erreicht.

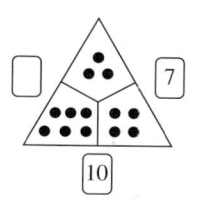

stimmt nicht, denn $3 + 6 \neq 11$

Fügt man nun, ermutigt durch den zweiten Versuch, im oberen Feld noch ein Plättchen dazu, probiert man also mit 4 Plättchen, so ergibt sich am Schluss die Lösung, denn $4 + 7 = 11$.

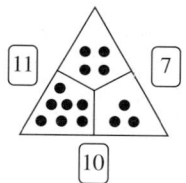

stimmt, denn $4 + 7 = 11$

Hätten wir im oberen Feld statt 2 nur 1 Plättchen probiert, so hätten wir uns von der Lösung weiter entfernt.

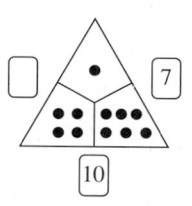

stimmt nicht, denn $4 + 1 \neq 11$

Hinweis 1: Das Probieren als Problemlösemethode wird oftmals als „unmathematisch" abgelehnt. Soweit es sich um „blindes Probieren" handelt, ist diese Ablehnung berechtigt. Das *(mehr oder weniger) systematische Probieren* hingegen ist eine fundamentale Problemlösestrategie der Mathematik, die sich immer dann empfiehlt, wenn man noch keine Lösungsverfahren kennt. Sie passt ideal zu dem Konzept des aktiv-entdeckenden Lernens und zum operativen Prinzip. Es ist eine wichtige Aufgabe des Mathematikunterrichts, das systematische Probieren als Problemlösestrategie zu entwickeln.

Hinweis 2: Für die Lösung von Rechendreiecken, bei denen die äußeren Zahlen vorgegeben sind, gibt es auch elementare Lösungsverfahren mit direkter Berechnung der inneren Zahlen. Diese Verfahren geben wir hier nicht an, weil wir das Probieren favorisieren. Im Band 4 des „Zahlenbuchs" werden die gezielten Verfahren thematisiert und begründet. Natürlich gibt es schon im 1. Schuljahr Kinder, die die Lösung auf direktem Wege finden. Dies sollte u. E. zu diesem Zeitpunkt nicht forciert werden. Für die Entwicklung eines Gefühls für Zahlen und für das Üben des Einspluseins wird durch systematisches Probieren viel mehr gewonnen.

Wie kann man vorgehen?

Aufgabe 1:
Gemeinsam versucht die Klasse, angeregt durch Isabelle im Buch, durch Probieren zur Lösung zu gelangen. 2 im oberen Feld führt noch nicht zur Lösung. Man muss also 2 verändern. Systematisch wird eine Zahl nach der anderen probiert, bis es passt.

Aufgabe 2 und 3:
Die Kinder versuchen durch mehr oder weniger systematisches Probieren die Lösung zu finden. Dabei dürfen sie sich ruhig Zeit lassen. Beim Probieren lösen sie im Kopf eine Vielzahl von Rechenaufgaben, üben also das Rechnen auch dann intensiv, wenn sie insgesamt nur weniger Rechendreiecke schaffen. Das letzte Rechendreieck von Aufgabe 3 ist eine besondere Herausforderung, die einzige Aufgabe im Buch mit zwei Igeln. Der Grund liegt darin, dass die einzige Lösung (1/2, 1/2, 1/2) *nicht* ganzzahlig ist. Die Kinder müssen also über den gewohnten Zahlenraum hinausdenken. Kinder sind bei dieser Aufgabe manchmal sehr erfinderisch und schlagen z. B. vor in jedes Feld ein halbes Plättchen zu legen.

Aufgabe 4 als Fortsetzung der Knotenschule:
Der dritte nützliche Knoten, der Freihandknoten, wird geübt. Zwei Schnüre werden, wie aus der Abbildung ersichtlich, miteinander verknotet. Wie die vorhergehenden Knoten kann auch der Freihandknoten anders herum geknüpft werden.
Dieser Freihandknoten ist einer der am häufigsten benutzten Knoten. Beispiel: Bastelarbeit mit Bindfaden durchziehen, Enden verknoten, Aufhängung ist fertig.

Wie könnte es weitergehen?

– Löse die Rechendreiecke

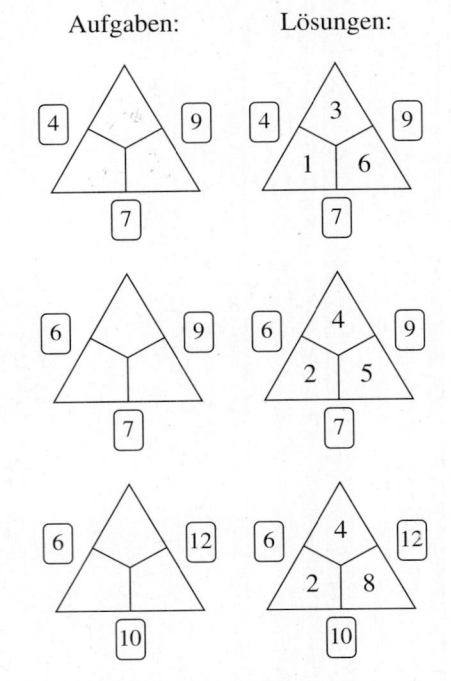

Aufgaben: Lösungen:

– Von gelösten Rechendreiecken wird jeweils die Summe der drei inneren Felder und die Summe der drei äußeren Zahlen berechnet, z. B.:

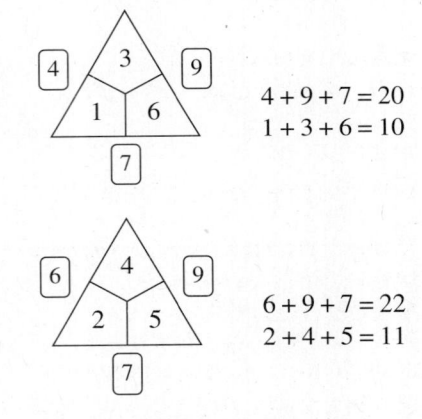

$4 + 9 + 7 = 20$
$1 + 3 + 6 = 10$

$6 + 9 + 7 = 22$
$2 + 4 + 5 = 11$

Welches Muster ergibt sich?

Mathematik ist keine Menge von Wissen. Mathematik ist eine Tätigkeit, eine Verhaltensweise. Mathematik ist eine Geistesverfassung, die man sich handelnd erwirbt, und vor allem die Haltung, keiner Autorität zu glauben, sondern immer wieder „warum?" zu fragen ... Warum ist 3·4 dasselbe wie 4·3? Warum multipliziert man mit 100, indem man zwei Nullen anhängt?
Warum soll das Kind lernen „warum?" zu fragen? Es gibt nichts in der Welt, das so ohne Kritik akzeptiert wird wie die Zahlen. Glaube an die Unfehlbarkeit der Zahlen wird Aberglaube. Das Gegengift ist die Frage „warum?". Eine geistige Haltung!

Hans Freudenthal

82/83 Tagesablauf – Tageszeiten
Sonnenlauf mit Tageslauf koordinieren, Tagesablauf beschreiben und strukturieren, volle Stunden ablesen

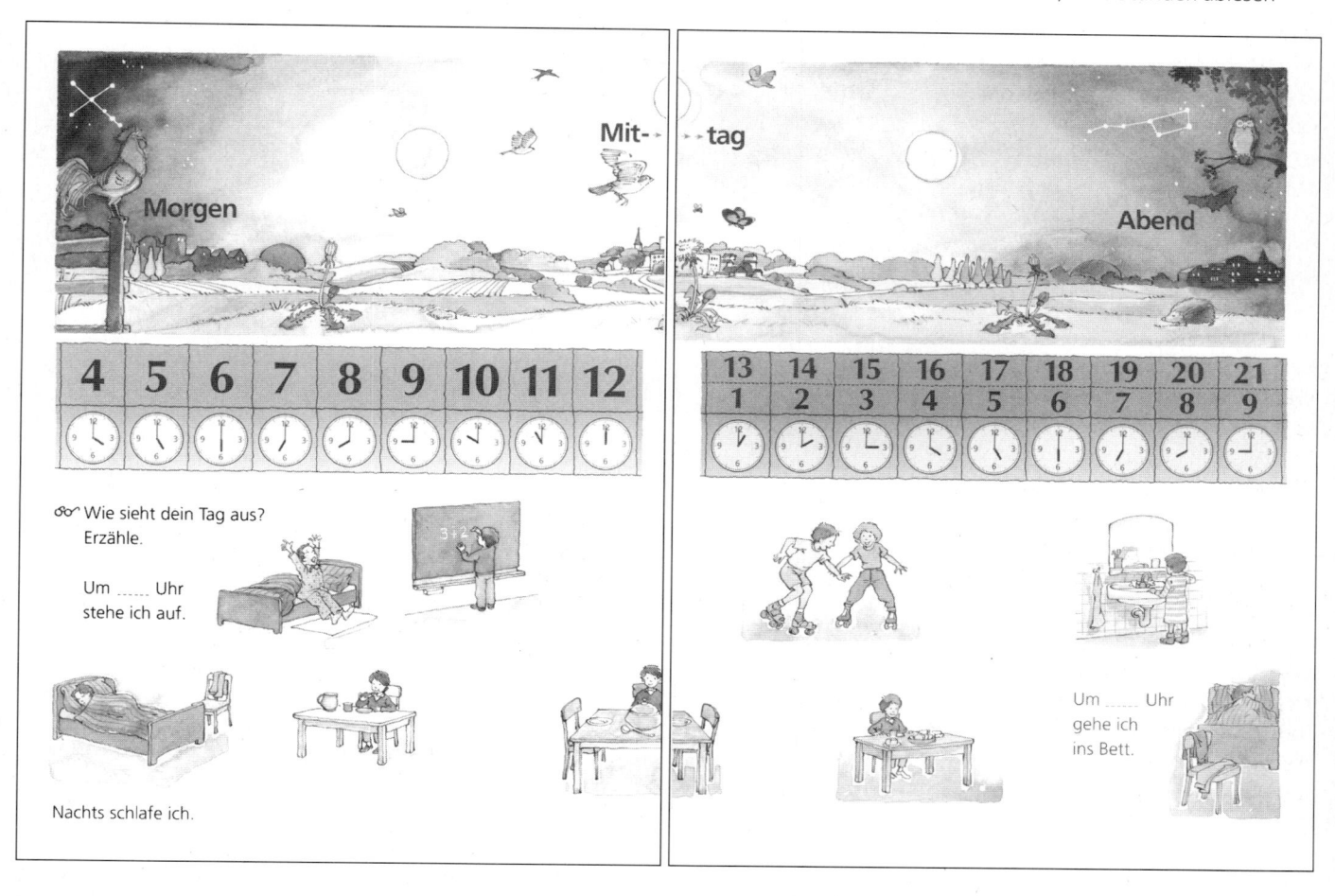

Wie sieht dein Tag aus? Erzähle.

Um ...... Uhr stehe ich auf.

Nachts schlafe ich.

Um ...... Uhr gehe ich ins Bett.

Was wird benötigt?
Demonstrationsmaterial: große Uhr

Worum geht es?
Im Laufe der vier Schuljahre sollen die Kinder folgende Einsichten in die „Himmelsgeometrie" gewinnen: Durch die Folge der Sonnenaufgänge wird die Zeit in *Tage* unterteilt. Dadurch, dass die Sonne in periodischer Folge unterschiedlich große Bögen am Himmel beschreibt, entsteht das *Jahr* mit seinen verschiedenen *Jahreszeiten*. Bei der Wintersonnenwende (21./22. Dezember) beschreibt die Sonne den kleinsten Bogen (kürzester Tag/längste Nacht). Bei der Sommersonnenwende (21. Juni) beschreibt sie den größten Bogen (längster Tag/kürzeste Nacht). Am 21. März (Frühlingsanfang) und am 22. September (Herbstanfang) beschreibt sie mittlere Bögen. Nur zu diesen Zeitpunkten des Jahres sind Tag und Nacht jeweils genau 12 Stunden lang (Tag- und Nachtgleiche).
An jedem Tag geht die Sonne etwa im Osten auf, steigt im Laufe des Vormittags immer höher, erreicht mittags (d. h. in der „Mitte des Tages") ihren Höchststand und sinkt im Laufe des Nachmittags wieder ab, bis sie abends etwa im Westen untergeht. Der Höchststand wird immer in der gleichen Himmelsrichtung erreicht, die *Süden* heißt. Diese Richtung lässt sich mit Hilfe eines senkrecht aufgestellten Schattenstabs bestimmen, denn bei Höchststand der Sonne ist der Schatten des Stabes am kürzesten und zeigt nach *Norden*. Die Schattenrichtung bewegt sich im Lauf des Tages wie ein Uhrzeiger, so dass ein Schattenstab auch als Sonnenuhr benutzt werden kann.
Bei Frühlings- und Herbstanfang geht die Sonne genau im *Osten* auf und genau im *Westen* unter. Diese beiden Himmelsrichtungen stehen senkrecht zur Nord-Süd-Richtung.
Zwischen Frühlingsanfang und Sommersonnenwende verschiebt sich der Sonnenaufgang von Tag zu Tag immer mehr nach Nordosten (Zunahme der Tageslänge von 12 bis ca. 16 Stunden) und kehrt dann bis zum Herbstanfang wieder bis Osten zurück (Abnahme der Tageslänge auf 12 Stunden). Zwischen Herbstanfang und Wintersonnenwende verschiebt sich der Sonnenaufgang von Tag zu Tag immer mehr nach Südosten (Abnahme der Tageslänge auf ca. 8 Stunden) und kehrt dann bis zum Frühlingsanfang wieder nach Osten zurück (Zunahme der Tageslänge auf 12 Stunden).
Für die Unterteilung des Jahres in *Monate* ist nicht die Sonne, sondern der Mond verantwortlich, dessen Phasen sich in ca. 29 1/2 Tagen periodisch wiederholen. Zwischen den Hauptphasen Vollmond – abnehmender Halbmond – Neumond – zunehmender Halbmond – Vollmond liegt etwa eine *Woche* mit 7 Tagen. Wenn man den Lauf der Sonne an den Himmelsrichtungen verfolgt, legt die Sonne von Mitternacht bis Mitternacht (bzw. von Mittag bis Mittag) eine volle Umdrehung von Norden bis Norden (bzw. Süden bis Süden) zurück. Wie schon den Babyloniern bewusst war, ist es rechnerisch bequem, den Vollwinkel in 360° einzuteilen. Auf einen halben Tag (Osten bis Süden) entfallen etwa 90° (bei Frühlings- und Herbstan-

193

fang genau 90°). Eine Drittelung führt auf 30°, Halbierung auf 15°. Die Zeit, welche die Sonne braucht um einen Ausschnitt von 15° aus der vollen Windrose der Himmelsrichtungen zurückzulegen, ist ein sinnvolles Zeitmaß für menschliche Aktivitäten. Dieses Zeitmaß wurde als Stunde gewählt, so dass der gesamte Sonnentag von Mitternacht zu Mitternacht 24 Stunden hat.

Im 1. Schuljahr geht es um folgende Grundkenntnisse über die Sonne:
Die Sonne legt fest, was ein Tag ist: Morgens geht sie in einer „bestimmten Himmelsrichtung" auf, steigt höher und höher, bis sie mittags immer in der gleichen „Himmelsrichtung" am höchsten steht. Nachmittags sinkt sie wieder und geht abends in einer „bestimmten Himmelsrichtung" unter. Der Tag wird in 24 Stunden (von Mitternacht bis Mitternacht) bzw. in zweimal 12 Stunden (Tag/Nacht) eingeteilt.
Die Himmelsrichtungen sind auf dieser Stufe grobe Angaben und können von der Schule aus durch Marken am Horizont (Häuser, Bäume, Berge usw.) beschrieben werden. Erst im 3. Schuljahr werden sie genauer beschrieben.

Wie kann man vorgehen?
Vor der Arbeit mit dem Buch:
An einem sonnigen Tag sollte die Sonne auf keinen Fall mit bloßem Auge beobachtet werden, weil dies für das Augenlicht sehr gefährlich ist. Die Kinder müssen auf diese Gefahr ausdrücklich hingewiesen werden. Die Sonne sollte vom Schulhof und wenn möglich auch vom Klassenzimmer aus beobachtet werden. Die Frage „Wo steht die Sonne um 8 (10, 12) Uhr?" ist unter Bezug auf Marken in der Umgebung (Häuser, Bäume etc.) zu beantworten.

Zur Arbeit mit dem Buch:
Nach einer groben Gesamtbeschreibung erfolgt die detaillierte Betrachtung des doppelseitigen Bildes. Die Kinder geben die Sonnenstände unter Bezug auf die Marken am Horizont an und bringen sie in Verbindung zu den Begriffen Morgen – (Vormittag) – Mittag – (Nachmittag) – Abend. Mit der Nacht (Tiere!) beginnt und endet das Bild.

Die Situationsbilder unten und die kurzen Sätze dienen als Anregung über den eigenen Tagesablauf der Kinder zu sprechen und ihn mit den Uhrzeiten in Verbindung zu setzen. Die Kinder tragen ein, wann sie morgens aufstehen und wann sie abends ins Bett gehen. Mögliche Hausaufgabe: Sucht eine Löwenzahnblüte und schaut sie euch morgens, mittags und abends an.

Der Sonnenlauf wird mit der Zahlen- und Uhrenleiste verbunden.
Die Kinder finden zur Frühsommerzeit heraus: Um 5 Uhr geht die Sonne auf, um 12 Uhr steht sie am höchsten und um 20 Uhr geht sie unter.
Die Lehrerin erklärt: Ab 12 Uhr gibt es zwei Möglichkeiten die Uhrzeit anzugeben. 13 Uhr oder 1 Uhr (nachmittags), 14 oder 2 Uhr (nachmittags) usw. Der Zusatz „nachmittags" kann weggelassen werden, wenn aus dem Zusammenhang hervorgeht, was gemeint ist. Dass die jeweilige Differenz zwischen den entsprechenden Angaben 12 ergibt, kann, muss aber nicht angesprochen werden. Mit Hilfe von Lernuhren oder anderen mitgebrachten Uhren werden der Aufbau einer Uhr (Zifferblatt, Ziffern, Stunden- und Minutenzeiger) und das Einstellen und Ablesen *voller* Stunden erklärt. Der Minutenzeiger zeigt bei den vollen Stunden immer auf die 12, der Stundenanzeiger gibt die Stunde an. Im 1. Schuljahr genügt es, das Augenmerk auf die Stunden zu richten. Das Ablesen der Uhren mit Stunden und Minuten ist Thema im 2. Schuljahr.

Die Rhythmisierung des Tagesablaufes und die Beziehung zur Uhrzeit wird verdeutlicht. Anhand der Situationsbilder können die Kinder vergleichen und beschreiben, wie ihr Tagesablauf aussieht. Die Bilder können auch mit Strichen mit den entsprechenden Uhrzeiten verbunden werden.

Wie könnte es weitergehen?
– Übungsheft S. 56
– Uhren basteln, Bierdeckel als Schablone fürs Zifferblatt, Musterbeutelklammer zum Befestigen der Zeiger
– Die Kinder malen zu bestimmten Uhrzeiten eigene Situationsbilder. Daraus wird mit einer Uhr in der Mitte eine Gesamtcollage (an einer Seitentafel oder auf großen Papierbögen) erstellt. Diese Arbeit kann auch unter dem Motto stehen „Meine Lieblingsbeschäftigung jeden Tag."
Zur Erarbeitung des zyklischen und periodischen Charakters eines Tages eignet sich folgende Vorgehensweise: Auf einem langen Tapetenstück (für 24 Bilder im DIN-A4-Hochformat benötigt man ca. 5,10 m) wird der Tag in 24 Einheiten unterteilt dargestellt. Zu den jeweiligen Uhrzeiten werden Bilder mit passenden Tätigkeiten der Kinder gemalt und aufgeklebt. Indem sich die Kinder mit dem langen Tapetenbild in einem Kreis aufstellen, wird der zyklische Charakter des Tagesablaufes anschaulich.

Literatur
Michl, R.: Morgens früh um sechs. Hanser, München 1997
Carle, E.: Der kleine Käfer Immerfrech. Gerstenberg, Hildesheim 1996

84 Legen und überlegen
Lösen von Zahlenmauern durch systematisches Probieren – aus quadratischem Papier Faltfiguren herstellen

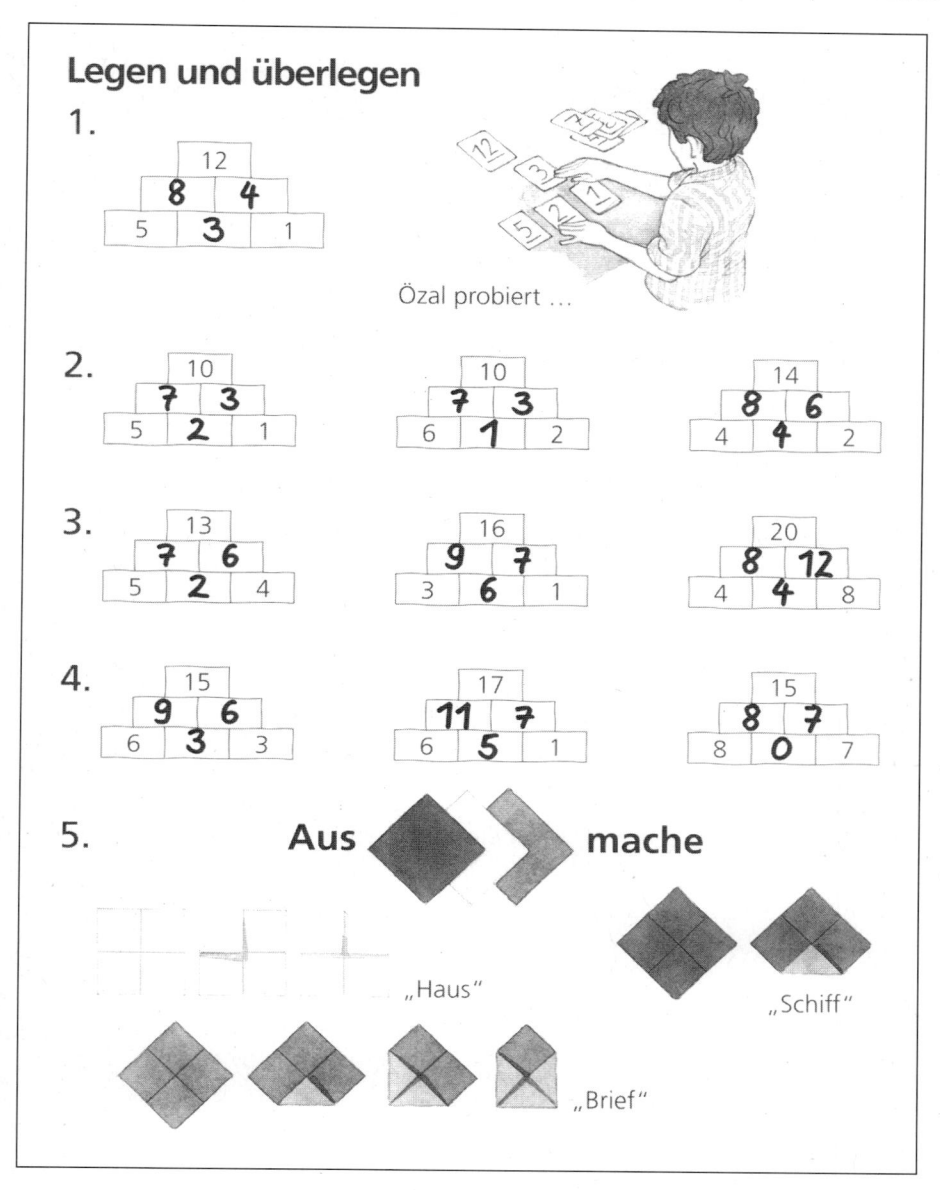

Legen und überlegen

1.

	12	
8	4	
5	3	1

Özal probiert ...

2.

	10				10				14	
7	3			7	3			8	6	
5	2	1		6	1	2		4	4	2

3.

	13				16				20	
7	6			9	7			8	12	
5	2	4		3	6	1		4	4	8

4.

	15				17				15	
9	6			11	7			8	7	
6	3	3		6	5	1		8	0	7

5. Aus ◆ mache ▶

„Haus"   „Schiff"

„Brief"

Was wird benötigt?
Arbeitsmaterial: Wendekarten, Kopiervorlage 13 (Zahlenmauern), quadratisches Faltpapier (ca. 10 x 10 cm)
Demonstrationsmaterial: Wendekarten, Kopiervorlage 13 (Zahlenmauern), quadratisches Faltpapier (ca. 10 x 10 cm)

Worum geht es?
Wenn von einer dreistöckigen Zahlenmauer die beiden äußeren Steine der untersten Reihe und der Deckstein vorgegeben sind, ist eine direkte Berechnung nicht (ohne weiteres) möglich. Wie in einer ähnlichen Situation bei den Rechendreiecken empfiehlt sich (mehr oder weniger) systematisches Probieren. Hierzu eignen sich Wendekarten geradezu ideal.

Man kann z. B. für den mittleren Stein der untersten Reihe eine Zahl probeweise ansetzen und die Steine in der zweiten Reihe berechnen. Wenn dies nicht zum vorgegebenen Deckstein führt, muss der mittlere Steine der unteren Reihe anders gewählt werden, bis die Lösung gefunden ist:

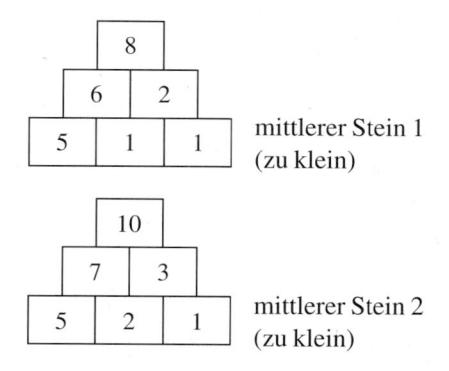

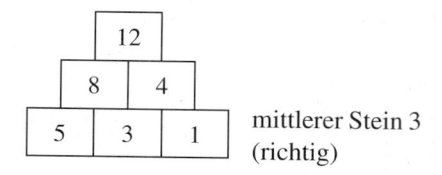

	8	
6	2	
5	1	1

mittlerer Stein 1 (zu klein)

	10	
7	3	
5	2	1

mittlerer Stein 2 (zu klein)

	12	
8	4	
5	3	1

mittlerer Stein 3 (richtig)

Das systematische Probieren führt immer zum Ziel.
Bei den Zahlenmauern der Aufgaben 1–3 kann man zum Probieren die Wendekarten verwenden, da jede Zahl nur einmal vorkommt. Beim Probieren können die Kinder erkennen, dass die Erhöhung bzw. Verminderung des unteren mittleren Steins um 1

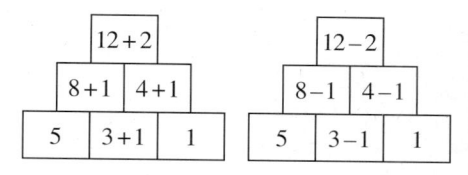

	12+2				12−2	
8+1	4+1			8−1	4−1	
5	3+1	1		5	3−1	1

zu einer Erhöhung bzw. Verminderung des Decksteins um 2 führt. Dieses Wissen lässt sich dazu benutzen, um die fehlenden Steine gezielt zu berechnen, vielleicht sogar in einem Schritt.

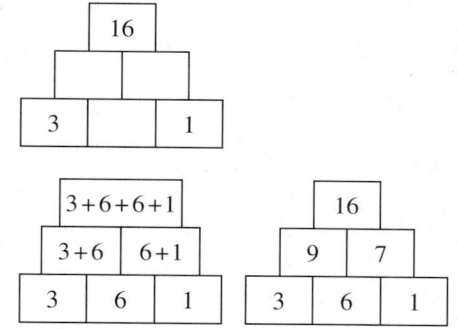

	16	
3		1

	3+6+6+1				16	
3+6	6+1			9	7	
3	6	1		3	6	1

6 ist die Zahl des mittleren Steines, denn 16 − (3 + 1) muss halbiert werden. Wie bei den Rechendreiecken ist es aber lehrreicher, wenn die Kinder ausgiebig probieren, da dies für die Entwicklung von Zahlvorstellungen viel nützlicher ist.

Auf Seite 55 ging es darum, durch Falten und Schneiden neue Formen (Dreiecke, Rechtecke, kleinere Quadrate) aus Quadraten herzustellen. Diese wurden zu verschiedenen Figuren neu zusammengesetzt.
In dieser Aufgabe geht es darum, das Quadrat nur durch Falten in eine andere Form „zu verzaubern". Dabei machen die Kinder Erfahrungen zur Symmetrie, zu Diagonalen und zu Mittelpunkten von Formen.

Wie kann man vorgehen?

Aufgabe 1:
Die Kinder probieren, angeregt durch Özal, die Zahlenmauer mit den Zahlseiten ihrer Wendekarten zu lösen. Wenn sie für den mittleren Stein eine Zahl kleiner als 3 wählen, wird der Deckstein zu klein, wenn sie eine Zahl größer als 3 wählen, wird der Deckstein zu groß. Sie müssen also den mittleren Stein austarieren, wodurch sich die Lösung 3 zwangsläufig ergibt.

Aufgabe 2–4:
Diese Aufgaben können gemeinsam, in Partnerarbeit oder allein gelöst werden. In der letzten Zahlenmauer von Aufgabe 4 kommt 0 als mittlerer Stein vor.

Aufgabe 5:
Das Falten der Symmetrieachsen eines Papierquadrats wurde auf Seite 55 geübt. Ausgehend von der Aufteilung eines Quadrats in vier kleine Quadrate können jetzt durch Falten von 1, 2 oder 3 Ecken auf den Mittelpunkt ein „Haus", ein „Schiff" und ein „Brief" gefaltet werden.

Methodisch ist es möglich, mit der gesamten Klasse zu arbeiten. Dann hängen die Faltschritte groß an der Tafel. Es ist auch möglich, für jede Faltübung ein Kind als zuständigen „Experten" zu gewinnen, der die jeweiligen Faltschritte vormacht.

Für den Einsatz in Freiarbeitsphasen eignen sich Faltbücher. Das Faltbuch enthält die Anleitung für eine Faltarbeit. Pro Seite ist ein Faltpapier mit dem entsprechenden Faltschritt aufgeklebt. Die Faltübungen „Haus", „Schiff" und „Brief" sind verwandt.

Expeditionen ins Zahlenreich
Expedition 6: Zahlenmauern finden (vgl. S. 46)

Wie könnte es weitergehen?
– Kopiervorlage 25 mit weiteren Zahlenmauern zum Probieren
– Ein Kind rechnet eine dreistöckige Zahlenmauer mit Bleistift aus. Dann radiert es die Zahlen der mittleren Steinreihe und des mittleren Steins in der untersten Reihe aus. Der Nachbar versucht die Zahlenmauer zu lösen.
– Anregung für die Gestaltung eines eigenen kleinen Faltbüchleins:

1 Umschlagblatt aus Tonpapier etwa 25 cm x 35 cm, darin 3 leere in der Mitte geknickte DIN-A4-Blätter einlegen. Bindung durch einen Faden oder durch Tackern mit einem Langarmhefter. Die Kinder kleben ihre Faltarbeiten auf die leeren Buchseiten. Sie malen die Arbeiten passend an. Beispiele:

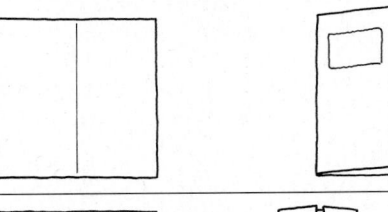

Heft: mit Namensschild und Namen, im Heft kurze Notizen

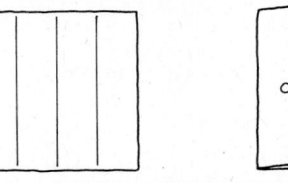

Schrank: Fächer, Schubladen, Kleiderstange, Kleider

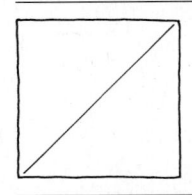

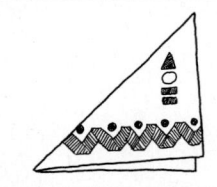

Zelt: Indianerornamente

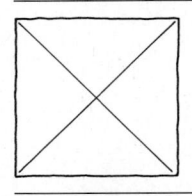

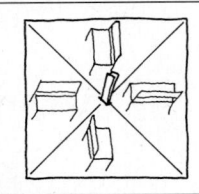

Karussell: darauf sitzende Kinder; Karussell nicht aufkleben, sondern mit Musterbeutelklammer in der Mitte festklammern: es wird so drehbar

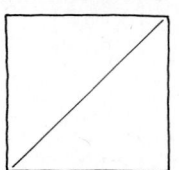

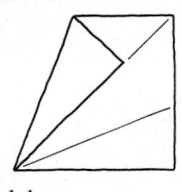

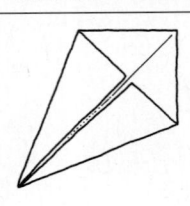

Drachen: Schwanz ankleben

Die beiden letzten Faltarbeiten unterscheiden sich von den vorherigen durch die Umklapptechnik.

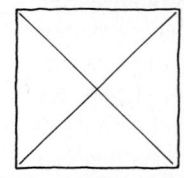

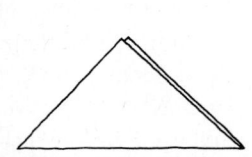

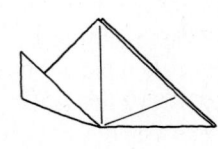

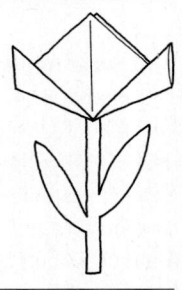

Blume: Die Blüte wird durch einen Stiel mit Blättern vervollständigt.

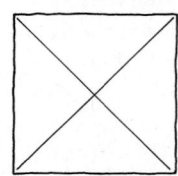

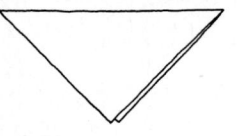

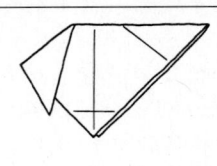

Hund: Je ein „Zelt" für den Kopf und den Körper: die umgeklappten Ecken stellen die Ohren, die Schnauze und den Schwanz dar.

Literatur
Stöcklin-Meier, S.: Falten und Spielen. Ravensburg 1996
Vgl. auch Kommentar und Literatur zu Seite 55

85 Vorübung zum Zauberquadrat
Pro Quadrat immer 8 Dreiersummen finden, bilden und rechnen

1.

7	0	3	$1 + 6 + 3 = 10$
4	6	2	$7 + 0 + 3 = \boxed{10}$
1	9	5	$4 + 6 + 2 = \boxed{12}$
			$1 + 9 + 5 = \boxed{15}$
			$7 + 6 + 5 = \boxed{18}$

```
7  0  3
+4 +6 +2
+1 +9 +5
12 15 10
```

2.

2	8	9	18
6	4	1	11
7	3	5	15
15	15	15	11

(20)

3.

9	1	3	13
4	5	7	16
6	8	2	16
19	14	12	16

(14)

4. Falk und Nora haben 10 Murmeln. **Falk hat 3 Murmeln,**
Falk hat 4 weniger als Nora. Lege mit Plättchen. **Nora hat 7.**

Wie kann man vorgehen?
Vor der Arbeit mit dem Buch:
Die Lehrerin heftet mit Magnetwendekarten ein 3 x 3-Quadrat an die Tafel. Sie verbindet 3 Karten mit einem Strich und notiert die Aufgabe wie im Buch. Die Kinder bilden selbst weitere Dreiersummen.
Das Finden der Diagonalaufgaben ist erfahrungsgemäß schwieriger und bedarf evtl. eines Lehrerimpulses (z. B. Zeigestock diagonal über Wendekarten halten).
Wenn die Kinder das Prinzip der Summenbildung verstanden haben, wird nur noch das Ergebnis in die Kreise eingetragen. Die Rechnung erfolgt im Kopf.

Zur Arbeit mit dem Buch:
Aufgabe 1:
Die Kinder legen die Aufgaben mit Wendekarten nach. Sie erläutern die Summenbildung und tragen die Ergebnisse ein.
Aufgabe 2 und 3:
Die Kinder rechnen im Kopf und schreiben die Ergebnisse in die Kreise.
Aufgabe 4:
Nach dem Vorlesen (oder Erlesen) lösen die Kinder die Aufgabe, indem sie Plättchen legen und probieren, wie sie das im Sach-Vorkurs gelernt haben.
Beispiel:
5 und 5 Plättchen ergeben keine Lösung.
6 und 4 Plättchen: Differenz 2 Plättchen, keine Lösung.
7 und 3 Plättchen: Differenz 4 Plättchen, wie verlangt.
Falk hat 3 und Nora 7 Plättchen.

Was wird benötigt?
Arbeitsmaterial: Wendekarten, Wendeplättchen
Demonstrationsmaterial: magnetische Wendekarten, Wendeplättchen

Worum geht es?
Beim Zauberquadrat auf der nächsten Buchseite müssen die Kinder die Dreiersummen der drei Reihen, der drei Spalten und der zwei Diagonalen bilden und ausrechnen. Die Berechnung von Dreiersummen soll vorab geübt werden, damit sich die Kinder später auf das Suchen des Zauberquadrates konzentrieren können.
Zu einem 3 x 3-Zahlenquadrat lassen sich 8 Dreiersummen für die drei Zeilen, die drei Spalten und die beiden Diagonalen bilden. Die Schreibweise bei den Summen der Reihen und Diagonalen ist bekannt. Die Schreibweise „untereinander" bei den Spalten ist neu. Sie macht Summenbildungen besser nachvollziehbar. Die Kinder können deutlich erkennen, welche Summe zu welcher Spalte gehört. Außerdem müssen die Kinder früher oder später ohnehin lernen untereinander stehende Zahlen zu addieren, und sie kennen es teilweise schon aus dem täglichen Leben (Kassenbons).

Wie könnte es weitergehen?
– Übungsheft S. 57, Aufgabe 1 und 2
Dort finden sich andere interessante Konfigurationen und 3 x 3-Quadrate, bei denen alle 8 Dreiersummen verschieden sind, und 3 x 3-Quadrate, bei denen 7 Dreiersummen gleich sind und nur eine einzige Dreiersumme abweicht.

86 Zauberquadrate
Geschicktes Ausrechnen von Dreiersummen, operatives Abändern von Dreiersummen, Regeln verstehen und anwenden

Das Zauberquadrat

1 2 3 4 5 6 7 8 9

1. Schreib 1 bis 9 in Dreierreih'n.

1	2	3	**6**
4	5	6	**15**
7	8	9	24
12	**15**	**18**	15

15

2. Tausch 7 und 3, was ist dabei?

1	2	7	**10**
4	5	6	**15**
3	8	9	**20**
8	**15**	**22**	**15**

15

3. Die 5 lass steh'n, die andern dreh'n.

4	1	2	**7**
3	5	7	**15**
8	9	6	23
15	**15**	**15**	**15**

15

4. Nun finde zwei, vertausche sie, dann wirst du reich, hast alles gleich.

4	9	2	**15**
3	5	7	**15**
8	1	6	**15**
15	**15**	**15**	**15**

15

Was wird benötigt?
Arbeitsmaterial: Wendekarten
Demonstrationsmaterial: Wendekarten

Worum geht es?
Ein magisches Quadrat aus dem alten China dient als Kontext für produktives Üben. Zur Geschichte des Quadrats: Magische Quadrate haben in vielen Hochkulturen eine große Rolle gespielt, weil die Menschen sie als Sinnbild einer für das menschliche Handeln richtungsweisenden kosmischen Ordnung angesehen haben. Im alten China spielte ein bestimmtes magisches Quadrat eine fundamentale Rolle, das Lo Shu (= Zahlendokument aus dem Fluss Lo).
Die magische Besonderheit des Quadrats besteht darin, dass die Summe der Zah-

4	9	2
3	5	7
8	1	6

len in jeder Zeile, in jeder Spalte und in jeder Diagonale 15 beträgt.
Das Lo Shu repräsentiert den kaiserlichen Palast, der aus neun Hallen bestand: der Halle des Kaisers in der Mitte und acht umgebenden Hallen, welche die acht Provinzen des Reiches symbolisierten. Aufgabe des Kaisers war es, einen Ausgleich zwischen himmlischen und irdischen Kräften zu gewährleisten, damit der unvermeidliche Wandel der Dinge seinen ungestörten Lauf nehmen konnte. Die ungeraden Zahlen 1, 3, 5, 7, 9 repräsentieren „Yang" (den Himmel oder die männliche Kraft), die geraden Zahlen „Yin" (die Erde oder die weibliche Kraft). Im Lo Sho sind diese Kräfte zu einem harmonischen Ausgleich gebracht: Die geraden Zahlen 2, 4, 6, 8 stehen in den Ecken, die ungeraden Zahlen 1, 3, 7, 9 dazwischen, die 5 als Mittelzahl in der Mitte.
Eine Legende sagt, dass das Lo Shu dem Kaiser Yü durch eine Schildkröte überbracht wurde, die dem Fluss Lo entstieg. Yü gilt als der Kaiser, der mit dem Bau von Deichen zur Zähmung des Gelben Flusses (Huang He) und seiner Nebenflüsse (darunter des Flusses Lo) begann.

Wie kann man vorgehen?
Vor der Arbeit mit dem Buch:
Die Lehrerin erzählt ein (frei erfundenes) Märchen von der Schildkröte „Lo Shu":
„Vor ungefähr 4000 Jahren lebte im fernen China der Kaiser Yü in einem großen mit Gold und Edelsteinen (Jade) ausgeschmückten Palast (Yü = chin. Jade). Der Kaiser liebte es, durch seinen wunderschönen Palastgarten zu spazieren, in dem herrliche Blumen wuchsen und prächtige Tiere lebten und durch den der Fluss „Lo" floss. Eines Tages erschien dem Kaiser Yü am Fluss eine Schildkröte (Bild) mit einem merkwürdigen Zeichen auf ihrem Panzer. Es war aber keine gewöhnliche Schildkröte, denn sie konnte auch sprechen. ‚Guten Tag, ich heiße Lo Shu', stellte sie sich dem überraschten Kaiser vor. Als sich der Kaiser von dem Schreck erholt hatte, sagte er: ‚Liebe Lo Shu, in meinem ganzen riesigen Kaiserreich habe ich noch nie eine Schildkröte mit solchen Zeichen auf dem Panzer gesehen. Was bedeuten diese geheimnisvollen Zeichen?' Die Schildkröte jedoch wusste es selbst nicht, wollte es aber auch gern erfahren. Da ließ der Kaiser Yü die 10 Weisen seines Landes zusammenrufen. Nach langem Überlegen erkannten sie auf dem Panzer der Schildkröte 9 Felder und in diesen die Zahlen 1 bis 9 in einer eigentümlichen Anordnung." (Die Kinder stellen Vermutungen zu den geheimnisvollen Zahlen an.)

„Die Weisen betrachteten die Zahlen hin und her und konnten aus ihnen nicht schlau werden, bis einer von ihnen, der bisher geschwiegen hatte, plötzlich sagte: ‚Ich hab's!' Er ritzte die Zahlen von 1 bis 9 auf kleine Täfelchen, trat vor den Kaiser und ließ ihn nach einem Zauberspruch rechnen.

‚Zahlenzauber
Schreib' 1 bis 9 in Dreierreih'n.
  Addiere längs, addiere quer
  und schräg dazu. Was findest du?
Tausch' 7 und 3, was ist dabei?
  Addiere längs, addiere quer
  und schräg dazu. Was findest du?
Die 5 lass steh'n, die andern dreh'n.
  Addiere längs, addiere quer
  und schräg dazu. Was findest du?
Nun finde zwei, vertausche sie,
  dann wirst du reich,
  hast alles gleich.' "

Die Lehrerin begleitet den Zauberspruch, indem sie auf die Magnettafel ein 3 x 3-Quadratschema zeichnet, so dass in jedes Feld genau eine Wendekarte passt: Die Kinder rechnen (wie der Kaiser) längs, quer und schräg die acht Dreiersummen aus. Bereits viermal ergibt sich die Summe 15.
Nun wird dem zweiten Vers entsprechend die Zahl 7 mit der Zahl 3 vertauscht. Die Kinder berechnen wieder die Dreiersummen. Fragen:
Wie oft kommt die Summe 15 heraus?
Welche Summen sind gleich geblieben?
Welche Summen haben sich verändert?
Anschließend lässt man die Wendekarten nach Regel 3 „um die 5 tanzen". Wieder werden die Summen berechnet. Jetzt kommt sechsmal die Summe 15 heraus. (Nun stehen die geraden Zahlen schon in den Ecken.)

Zur Arbeit mit dem Buch:
Die Kinder wiederholen die gemeinsame Rechnung im Buch und versuchen den vierten Zauberspruch, der keine eindeutige Anweisung gibt, allein umzusetzen. Sie müssen im Kopf rechnen und durch Versuch und Irrtum herausfinden, welche zwei Karten vertauscht werden müssen.
Da man die Diagonalen, die Spalten und die mittlere Zahl möglichst nicht antasten sollte, weil dort die Summe 15 schon stimmt, kommt man zwangsläufig zur Vermutung, die Zahlen 1 und 9 zu vertauschen.
Die Kinder tragen die richtige Zahlenfolge ins Buch ein, berechnen die acht Summen und schreiben die Ergebnisse in die Kreise: Alle acht Summen betragen 15.

Wie könnte es weitergehen?

– An den folgenden Tagen könnte der Rechenunterricht mit einer Rekonstruktion des Zauberquadrats beginnen. Die Lehrerin (oder ein Kind, das schon lesen kann) liest (mit einer geheimnisvollen, „magischen" Stimme) die Konstruktionsanweisungen vor und die Kinder vollziehen sie mit den Wendekarten 1 bis 9 nach:
„Leg 1 bis 9 in Dreierreih'n."
(Pause)
„Tausch' 7 und 3, was ist dabei?"
(Pause)
„Die 5 lass steh'n, die andern dreh'n."
(längere Pause, bis die Kinder die Anweisung nachvollzogen haben)
„Nun finde zwei, vertausche sie, dann wirst du reich, hast alles gleich."
Am Schluss können die Kinder ihre Zauberquadrate vergleichen und dadurch kontrollieren.

– Die Kinder können die Schildkröte Lo Shu mit dem chinesischen magischen Quadrat auf dem Rücken malen. Dabei beobachten die Kinder genau die chinesischen Zahlzeichen von 1 bis 9.

87 Lo Shu und ihre 7 Geschwister

8 verschiedene Zauberquadrate finden, die Besonderheiten eines Zauberquadrates anwenden und vertiefen

Immer 15

Huang Shu

2	7	6
9	5	1
4	3	8

Hai Shu

4	3	8
9	5	1
2	7	6

Hei Long Shu

2	9	4
7	5	3
6	1	8

Lo Shu

4	9	2
3	5	7
8	1	6

Huai Shu

6	1	8
7	5	3
2	9	4

Tschang Shu

6	7	2
1	5	9
8	3	4

Yang Zi Shu

8	1	6
3	5	7
4	9	2

Tschu Shu

8	3	4
1	5	9
6	7	2

Was wird benötigt?
Arbeitsmaterial: Wendekarten
Demonstrationsmaterial: Wendekarten, evtl. Folie der Buchseite

Worum geht es?
Durch Drehen um 90°, 180°, 270° um den Mittelpunkt und durch Spiegeln an den Mittelachsen und Diagonalen erhält man aus dem gefundenen Zauberquadrat 7 weitere Zauberquadrate. Allen 8 Zauberquadraten ist gemeinsam:
– alle Reihen, Spalten und Diagonalen ergeben die Summe 15;
– die geraden Zahlen stehen in den Ecken, die ungeraden dazwischen;
– 5 steht immer in der Mitte;
– diametral gegenüberstehende Zahlen ergänzen sich zu 10.

Die 8 Schildkröten, welche die 8 magischen Quadrate tragen, sind nach den 8 wichtigsten Flüssen (Landschaften) in China benannt: Lo Shu (Lo*-Fluss), Hei Long Shu (Schwarzer-Drache-Fluss), Tschu Shu (Perlen-Fluss), Huang Shu (Gelber Fluss), Huai Shu (Huai*-Fluss), Hai Shu (Meer-Fluss), Yang Zi Shu (Langer Fluss), Tschang Shu (Tschang-Fluss).
*Anmerkung: Lo und Huai sind Landschaften, durch die jeweils der Fluss fließt. „Shu" bedeutet „Schriftstück". „Lo Shu" heißt also eigentlich: „Das Schriftstück mit dem magischen Quadrat, das dem Fluss Lo entstammt." Die chinesischen Namen für Fluss, Strom sind „He" und „Tsiang". Die beiden größten Ströme Chinas heißen daher „Huang He" und „Yang Zi Tsiang". Herrn Prof. Changping Chen, East China Normal University, Shanghai, danken wir für die schöne Idee die acht möglichen Quadrate nach den großen chinesischen Flüssen zu benennen.

Wie kann man vorgehen?
Vor der Arbeit mit dem Buch:
Zu Beginn der Stunde werden die Geschichte und die Besonderheiten des Zauberquadrates wiederholt (die Wendekarten entsprechend an die Magnettafel geheftet). Anschließend wird die Legende fortgesetzt:
„Die Schildkröte Lo Shu war sehr glücklich, dass die 10 Weisen die geheimnisvollen Zeichen entschlüsselt hatten. Sie vertraute dem Kaiser Yü an, dass sie 7 Geschwister habe, die auch diese sonderbaren Zeichen auf dem Rücken hätten. Die Zeichen seien aber verschieden angeordnet, woran man sie auch unterscheiden könnte. Da mussten die 10 Weisen auch die Panzer der 7 Geschwister-Schildkröten entziffern. Die Schwierigkeit bestand aber darin, dass einige Zeichen nicht deutlich zu lesen waren. Da die 7 Schildkröten mit Lo Shu verwandt waren und ähnlich aussahen, hatten die 10 Weisen eine Vermutung."

Zur Arbeit mit dem Buch:
Nun zeigt die Lehrerin eine Folie der Buchseite oder malt einige der Schildkröten an die Tafel. Die Kinder entdecken Lo Shu in der Mitte und die Namen der Geschwister-Schildkröten. Beispielhaft werden am OHP oder an der Tafel unter Anwendung der Besonderheiten des Zauberquadrates fehlende Zahlen eingetragen. Die Kinder sollen so ausführlich wie möglich begründen, wie sie die Lösung gefunden haben. Bei Bedarf legen die Kinder die Aufgaben mit ihren Wendekarten.
Anschließend vervollständigen die Kinder selbstständig die Zauberquadrate auf Seite 87. Kontrolle: Immer 15!

Wie könnte es weitergehen?
– Übungsheft S. 57, Aufgabe 3
– Die Kinder versuchen eines der magischen Quadrate auswendig aufzuschreiben. Anschließend überprüfen sie ihre Lösung.

88 Ungleichungen
Lösungen für Ungleichungen mit einer Variablen finden

1.

kleiner <   gleich =   größer >

2. Welche Karte passt?

$6 + \boxed{} < 11$

6 + 2 < 11   6 + **3** < 11   6 + **0** < 11
6 + 4 < 11   6 + **1** < 11

3.

$9 + \boxed{} < 14$

9 + 0 < 14   9 + **2** < 14   9 + **4** < 14
9 + **1** < 14   9 + **3** < 14

Was wird benötigt?
Arbeitsmaterial: Wendekarten
Demonstrationsmaterial: Magnettafel, Wendekarten

Worum geht es?
Die Kinder haben bisher die Zeichen <, >, = für den Vergleich von Zahlen und den Vergleich einer Summe mit einer Zahl (Buchseite 39) kennen gelernt. Nun sollen Ungleichungen mit einer Variablen gelöst werden. Es werden nur Typen von Ungleichungen angesprochen, die eine kleine Lösungsmenge im Bereich der natürlichen Zahlen von 0 bis 20, dargestellt durch Wendekarten, haben.
Typisch für diese Aufgaben ist, dass mehrere Lösungen möglich sind.

Es gibt folgende Lösungsstrategie: Sind die höchste und die niedrigste Lösungszahl ermittelt, dann liegen alle übrigen Lösungszahlen dazwischen.
Das anspruchsvolle Thema wird durch den handelnden Umgang mit den Wendekarten für das 1. Schuljahr zugänglich.

Wie kann man vorgehen?
Vor der Arbeit mit dem Buch:
Als Einstieg kann das Bild im Buch benutzt werden. Die Größe eines kräftigen Jungen mit jeweils einem der kleineren drei Kinder wird mit der Größe (Höhe) eines Zaunes verglichen. Die Kinder stehen vor einem Zaun, hinter dem ein Zirkus ist. Die neugierigen Kinder bauen eine Räuberleiter mit dem großen Jungen als „Untermann". Mit dem kleinen Kind können sie nicht darüber schauen, mit dem mittleren Kind sind sie genauso hoch wie der Zaun, erst mit dem größeren Kind sind sie höher als der Zaun und können darüber schauen. Sie hätten es einfacher haben können, wenn sie so schlau wie der Hund in Bild 3 gewesen wären.
Der Bildsituation entsprechend wählt man als Einführungsaufgabe z. B. den Vergleich von 7 und den Zahlen 3, 4, 5 mit der Zahl 11:
7 + 3 < 11 (kleiner),
7 + 4 = 11 (gleich),
7 + 5 > 11 (größer).
Die Lehrerin schreibt die Aufgabe 7 + __ < 11 an die Tafel. Sie macht durch Einkreisen deutlich, dass der gesamte Term $(7 + \underline{})$ mit 11 verglichen wird.
Dann verteilt sie die Wendekarten für die Magnettafel an die Kinder. Impuls der Lehrerin: „Wer eine passende Wendekarte hat, darf nach vorn kommen!" Nacheinander kommen die Kinder nach vorn, heften ihre Karte in den Platzhalter, addieren und überprüfen, ob das Ergebnis < 11 ist.
Die passenden Lösungszahlen werden über die Aufgabe geheftet. Zusätzlich werden die Lösungen in einer Ungleichung festgehalten, z. B. 7 + 2 < 11 (wie im Buch). Zum Schluss hängen alle passenden Lösungen, hier $\boxed{0}\boxed{1}\boxed{2}\boxed{3}$, über der Aufgabe. Die Kinder legen die übrigen Wendekarten, die nicht passen, auf das Pult.
Einige Kinder werden hier schon herausfinden: Wenn 5 und 6 nicht passen (7 + 5 > 11 und 7 + 6 > 11), dann passen alle noch größeren Zahlen erst recht nicht. Und wenn 3 und 2 passen, dann sicher auch 1 und 0. Da man im Buch Karten nicht wegnehmen kann, muss in

201

einem nächsten Beispiel zur bildlichen Darstellung übergeleitet werden.
Die Lehrerin zeichnet die Wendekarten von 0 bis 20 an die Tafel. Als Beispiel soll die Ungleichung $(6 + \_\_) < 14$ gelöst werden.
Welche Zahlen passen? Wie können wir sie kennzeichnen? Die Kinder kommen auf unterschiedliche Möglichkeiten: anbinden, einkreisen, ankreuzen, anmalen.

Als übersichtlich hat sich das Anmalen erwiesen. Karten, die nicht passen, werden durchgestrichen. Alle gefundenen Ungleichungen werden aufgeschrieben.
Tafelbild:

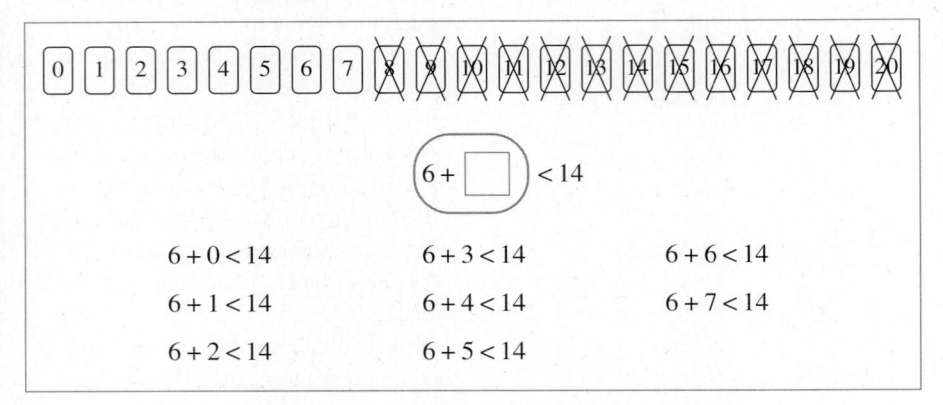

```
[0][1][2][3][4][5][6][7][X][X][X][X][X][X][X][X][X][X][X][X][X]
```

$(6 + \boxed{}) < 14$

$6 + 0 < 14$	$6 + 3 < 14$	$6 + 6 < 14$
$6 + 1 < 14$	$6 + 4 < 14$	$6 + 7 < 14$
$6 + 2 < 14$	$6 + 5 < 14$	

Zur Arbeit mit dem Buch:
Nach diesen Beispielaufgaben können die Aufgaben im Buch von den Kindern eigenständig gerechnet werden.

Aufgabe 2:
Die Karten 2 und 4 sind herausgerückt um das aktive Manipulieren mit den Wendekarten zu veranschaulichen.
Die Kinder legen ihre Wendekarten auf den Tisch. Sie nehmen eine Karte, legen sie versuchsweise oder in „Gedanken" auf die Leerstelle und prüfen, ob sie passt. Passende Wendekarten werden im Buch rot angemalt, nicht passende durchgestrichen.
Die Aufgabe ist dann vollständig gelöst, wenn alle Karten entweder angemalt oder durchgestrichen sind.
Es müssen zu diesem Zeitpunkt nicht von allen Kindern zu jeder Aufgabe alle Lösungsmöglichkeiten gefunden werden.

Aufgabe 3:
Die Wendekarten werden wie in Aufgabe 2 in eine Reihe gelegt. Passende Wendekarten nach unten rücken, im Buch anmalen, die Ungleichung aufschreiben. Nicht passende Karten durchstreichen.

89 Ungleichungen
Lösungen für Ungleichungen mit einer Variablen finden

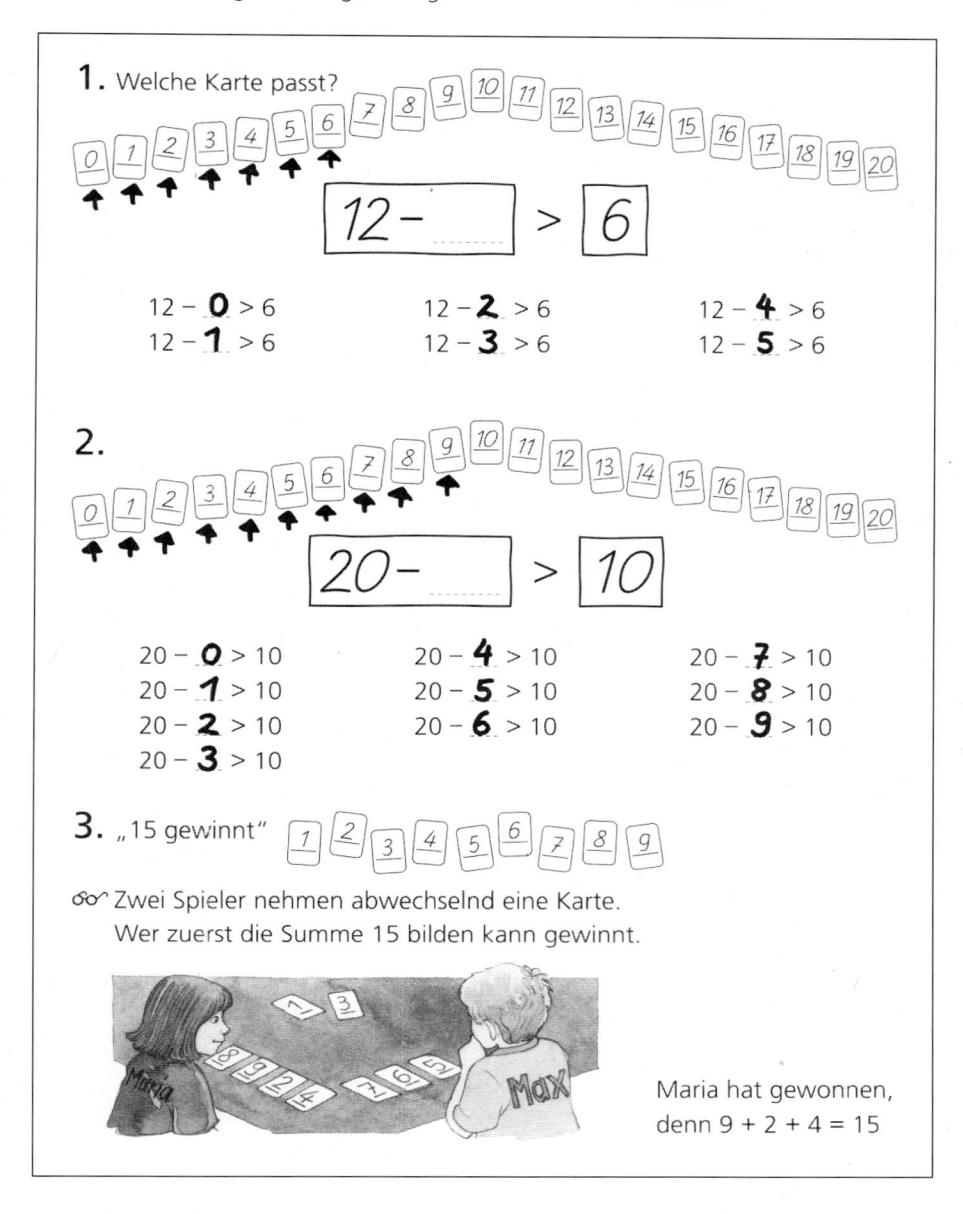

1. Welche Karte passt?

$12 - \boxed{} > 6$

| $12 - \mathbf{0} > 6$ | $12 - \mathbf{2} > 6$ | $12 - \mathbf{4} > 6$ |
| $12 - \mathbf{1} > 6$ | $12 - \mathbf{3} > 6$ | $12 - \mathbf{5} > 6$ |

2.

$20 - \boxed{} > 10$

$20 - \mathbf{0} > 10$	$20 - \mathbf{4} > 10$	$20 - \mathbf{7} > 10$
$20 - \mathbf{1} > 10$	$20 - \mathbf{5} > 10$	$20 - \mathbf{8} > 10$
$20 - \mathbf{2} > 10$	$20 - \mathbf{6} > 10$	$20 - \mathbf{9} > 10$
$20 - \mathbf{3} > 10$		

3. „15 gewinnt"

👓 Zwei Spieler nehmen abwechselnd eine Karte.
Wer zuerst die Summe 15 bilden kann gewinnt.

Maria hat gewonnen,
denn 9 + 2 + 4 = 15

Was wird benötigt?
Arbeitsmaterial: Wendekarten
Demonstrationsmaterial: Wendekarten

Worum geht es?
Auf Seite 88 des Schülerbuchs wurden Ungleichungen mit „plus" als Rechenoperation gelöst. Auf dieser Seite haben die Ungleichungen das Operationszeichen „minus".

Wie kann man vorgehen?
Vor der Arbeit mit dem Buch:
Zur Wiederholung der Lösungsstrategien werden zu Beginn einige Ungleichungen an der Magnettafel gelöst, insbesondere das „In-Gedanken-auf-die-Leerstelle-Legen".

Zur Arbeit mit dem Buch:
Aufgabe 1 und 2:
Die Kinder legen ihre Wendekarten auf den Tisch, legen sie „in Gedanken" auf die Leerstelle und prüfen, ob sie passt. Die Lösungen werden angemalt, nicht passende Wendekarten werden durchgestrichen, die Ungleichungen im Buch mit möglichen Lösungen vervollständigt.

Aufgabe 3:
Spiel: „15 gewinnt"
Spielmaterial: Wendekarten von 1 bis 9
Spielregeln: Zwei Spieler (Mannschaften) ziehen abwechselnd je eine Wendekarte und legen die gezogenen Karten offen vor sich hin. Gewonnen hat derjenige Spieler, der zuerst die Summe 15 mit Hilfe der gezogenen Karte ziehen kann. Dabei müssen nicht alle gezogenen Karten zur Summenbildung verwendet werden.
Im dargestellten Spiel kann Maria 9 + 2 + 4 = 15 legen.
Bei einiger Vertrautheit können die Kinder entdecken, dass der erste Spieler immer gewinnen kann, wenn er strategisch geschickt spielt.

90 Rechnen wie der Blitz
Aufgaben zur mündlichen und/oder schriftlichen Übung des Blitzrechnens

Rechnen wie der Blitz

1. Zählen: 20, 19, 18, **17**, **16**, **15**, **14**, **13**, **12**, **11**, **10**, **9**, **8**, **7**, **6**

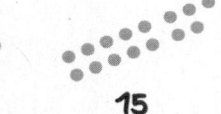

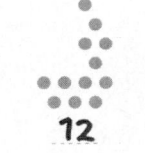

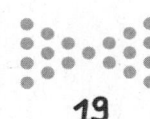

2. Wie viele? **8**, **10**, **15**, **12**, **19**

3. Verdoppeln:

Zahl	1	8	7	5	3	4	9	10	11	6	2	0
das Doppelte	**2**	**16**	**14**	**10**	**6**	**8**	**18**	**20**	**22**	**12**	**4**	**0**

4. Zweierschritte: 2, 4, 6, **8**, **10**, **12**, **14**, **16**, **18**, **20**, **22**, **24**, **26**, **28**

5. Zerlegen:

   8: 4 + **4**, 5 + **3**, 1 + **7**
   9: 5 + **4**, 4 + **5**, 6 + **3**
   10: 8 + **2**, 5 + **5**, 3 + **7**
   12: 8 + **4**, 10 + **2**, 7 + **5**

6. Ergänzen bis 20:
   13 + **7** 9 + **11** 17 + **3** 5 + **15** 16 + **4**
   18 + **2** 12 + **8** 8 + **12** 10 + **10** 7 + **13**

7. Einspluseins:
   4 + 3 = **7**   9 − 2 = **7**   9 + 7 = **16**
   7 + 2 = **9**   8 − 4 = **4**   8 − 7 = **1**
   8 + 3 = **11**   7 − 6 = **1**   9 + 8 = **17**

8. Malaufgaben mit 2:
   2 mal 2 = **4**   2 mal 6 = **12** 2 mal 3 = **6**
   2 mal 4 = **8**   2 mal 7 = **14** 2 mal 5 = **10**
   2 mal 8 = **16** 2 mal 9 = **18** 2 mal 10 = **20**

9. Zählen in Schritten: 3, 6, **9**, **12**, **15**, **18**
   5, 10, **15**, **20**   4, 8, **12**, **16**, **20**

Wie kann man vorgehen?
Alle Aufgaben können sowohl mündlich als auch schriftlich erarbeitet werden.
Aufgabe 1:
Rückwärts zählen
Aufgabe 2:
Anzahl einer Plättchenmenge bestimmen
Aufgabe 3:
Verdoppeln
Aufgabe 4:
Zählen in Zweierschritten
Aufgabe 5:
Zerlegen von Zahlen (Zahlenhäuser)
Aufgabe 6:
Ergänzen bis 20
Aufgabe 7:
Einspluseins-Aufgaben
Aufgabe 8:
Malaufgaben mit der 2
Aufgabe 9:
Zählen in Schritten

Worum geht es?
Die Aufgaben des Blitzrechenkurses sollen hier auf einer Seite am Ende des 1. Schuljahres nochmals aufgeführt werden. Den Kindern wird bewusst, was sie im Laufe des 1. Schuljahres alles gelernt haben.

91 Stuhlkreis
Verknüpfung von Informationen, Lagebeziehungen rechts – links, „Lesen" eines Plans

1.

2. Wie heiße ich?

Ich habe lange blonde Haare. **Olga**
Ich bin ein Junge und trage eine Brille. **Till**
Ich sitze zwischen Olga und Anna. **Max**
Ich sitze neben Zeki und habe kurze Haare. **Julia**
Ich sitze gegenüber von Hans und lache. **Tina**
Mein Vorname fängt mit **H** an. **Hans**
Ich sitze rechts von Julia. **Zeki**
Ich sitze links von Hans. **Anna**

Ich sitze rechts neben dem Kind, das gegenüber von Tina sitzt. **Frau Berger**

Worum geht es?
Aus einem Bild und einem Plan eines Stuhlkreises sollen die Kinder Informationen entnehmen und miteinander verknüpfen. Das obere Bild zeigt wie ein Foto die Personen, das untere Bild die Umrisse der Personen und ihre Namen.

Wie kann man vorgehen?
Vor der Arbeit mit dem Buch:
Mit der ganzen Klasse oder mit einigen Schülern wird ein Stuhlkreis gebildet. Die Lehrerin beschreibt einzelne Kinder (analog zu Aufgabe 2) und die Kinder müssen herausfinden, um wen es sich handelt. Ein besonderes Problem taucht hier bei den Lagebeziehungen „rechts" und „links" auf! Die Kinder müssen sich jeweils in die Lage des beschriebenen Kindes versetzen und dürfen nicht von ihrer Perspektive ausgehen.

Zur Arbeit mit dem Buch:
Aufgabe 1:
Auf dem Bild erkennen die Kinder die Situation des Stuhlkreises. Da sie diese fremden Kinder nicht kennen, müssen sie das „reale" Bild mit den Namen in Beziehung setzen.
Zur Vertiefung kann die Lehrerin z. B. folgende Fragen stellen:
„Wie sieht Hans aus?" oder
„Wie heißt der Junge mit der Brille?"
Aufgabe 2:
Die Kinder lesen die Beschreibungen selbst oder die Lehrerin liest sie vor. Gemeinsam, mit dem Partner oder auch in Einzelarbeit werden die Lösungen notiert.
Bei großen Schwierigkeiten empfiehlt es sich, Stuhlkreissituationen öfters nachzuspielen, damit Beschreibungen wie
„Ich sitze neben …"
„Ich sitze rechts von …"
gründlich verinnerlicht werden können.

92 Eckenhausen
Orientierungsübungen am Stadtplan, Wege nachgehen und beschreiben

ECKENHAUSEN

Erzähle und zeige. Wie kann man gehen?

1. Leo zur S ? Ina zur S ?
2. Ina zum 〰 ? Eva zum 〰 ? Vergleiche!

Wie kann man vorgehen?

Vor der Arbeit mit dem Buch:
Es ist sinnvoll, mit einem großen Plan zu arbeiten (Folienkopie, Zeichnung auf Papier, Kreidezeichnung oder Klebestreifenplan auf dem Fußboden). Bewegungen auf dem großen Plan mit einem Plättchen oder einer kleinen Puppe beziehen den ganzen Körper ein und sind daher viel einprägsamer, leichter nachzuvollziehen und besser anzusprechen.
Die Piktogramme stehen für:

- Tankstelle
- Eisdiele
- Spielplatz
- Postamt
- Parkhaus
- Schule
- Schwimmbad
- Kirche
- Krankenhaus
- Gasthof
- Polizei

Was wird benötigt?

Arbeitsmaterial: Wendeplättchen
Demonstrationsmaterial: evtl. großer Stadtplan oder Folienkopie der Buchseite

Worum geht es?

Im Kontext von „Eckenhausen" wird das Koordinatengitter eingeführt. Eckenhausen ist eine künstliche Stadt, in der alle Straßen entweder senkrecht oder parallel zueinander laufen. Ähnlich wie bei dem Stuhlkreis (Schülerbuch, Seite 91) sollen die Kinder dem Plan Informationen entnehmen und damit Aufgaben lösen.
Die Gebäude in Eckenhausen sind so angeordnet, dass sie an Kreuzungen liegen. Damit sind die Start- und Zielpunkte von Wegen jeweils eindeutig festgelegt und man kann die Anzahl der Wegstücke von einem Punkt zu einem anderen eindeutig bestimmen. Beim Beschreiben der Wege sollen die Bezeichnungen gewählt werden, die bei Stadtplänen üblich sind: „Straße", „Kreuzung", „in Richtung (z. B. Kirche) laufen bzw. fahren", „abbiegen", „links abbiegen", „rechts abbiegen". Wegbeschreibungen sind für die Kinder am Anfang schwer. Man muss ihnen Zeit zur Auseinandersetzung mit der Problematik lassen.

Damit sind Anhaltspunkte für Wegbeschreibungen gegeben, wie sie in den Aufgaben 1 und 2 verlangt werden. Zuerst wird ein allgemeines Gespräch über den Stadtplan von Eckenhausen geführt: „Was ist in dieser Stadt anders als in den uns bekannten Städten?"
Es wird herausgearbeitet, dass die Straßen regelmäßig verlaufen und dass es von einer Kreuzung zur nächsten immer gleich weit ist.

Dann werden einige Aufgaben gemeinsam gelöst. Beispiel:
„Wie kann Ina zur Schule gehen?"
Die möglichen Wege werden gezeigt und die Kinder versuchen sie zu beschreiben:
„Sie geht in Richtung des Kinderspielplatzes und biegt bei der zweiten Kreuzung rechts ab." Oder:
„Sie biegt beim Kinderspielplatz rechts ab und beim Taxistand links ab. Dann ist sie da."
Anschließend wird gemeinsam gezählt, wie viele Wegstücke Ina zurücklegen muss. Unter einem „Wegstück" wird der Weg von einer Kreuzung bis zur nächsten verstanden. In beiden Fällen muss Ina also 3 Wegstücke zurücklegen.

Zur Arbeit mit dem Buch:
Aufgabe 1:
Die Kinder fahren die Wege auf dem Plan im Buch nach und vergewissern sich, dass es jeweils mehrere Möglichkeiten gibt.
Aufgabe 2:
Zusätzlich zu den Wegen müssen jetzt noch die Anzahlen der Wegstücke berechnet und verglichen werden.

Wie könnte es weitergehen?
Die zwei Fragen im Buch sind als Anregung für weitere Erzählanlässe und Fragen zu verstehen.
– Evas Mutter muss mit dem Auto tanken fahren.
– Eva hat einen Brief geschrieben und muss ihn zur Post bringen.
– Die Kinder treffen sich in der Eisdiele.
– Die Kinder spielen auf dem Spielplatz.
– …
– Behandlung des eigenen Schulweges im Sachkundeunterricht (Sicherheit, Länge … des Weges)

Ist die Kindheit ein notwendiges Übel, oder haben die Charakteristika der kindlichen Mentalität eine funktionelle Bedeutung, aus der sich eine echte Aktivität ergibt? Je nach der Antwort auf diese fundamentale Frage kann die Beziehung zwischen der Erwachsenengesellschaft und dem Kind als einseitig oder wechselseitig begriffen werden. Im ersten Fall werden dem Kind von außen her die fix und fertigen Produkte des Wissens und der Moralität der Erwachsenen beigebracht; die erzieherische Relation besteht einerseits aus Zwang, andererseits aus Hinnahme. Von einem solchen Standpunkt aus haben die Schularbeiten – sogar die individuellsten, wie einen Aufsatz schreiben, in eine Fremdsprache übersetzen, eine mathematische Aufgabe lösen – weniger mit der echten Aktivität des spontanen und persönlichen Herausfindens zu tun als vielmehr mit oktroyierter Übung oder dem Kopieren eines äußeren Vorbilds; die innerlichste Moral des Schülers beruht mehr auf Gehorsam als auf Selbstständigkeit. Dagegen wird in dem Maß, als man der Kindheit eine echte Aktivität zubilligt und die Entwicklung des Verstandes in ihrer Dynamik begreift, die Beziehung zwischen den zu erziehenden Individuen und der Gesellschaft wechselseitig: Das Kind möchte das Erwachsensein nicht erreichen, indem es die Vernunft und die Regeln des Benehmens fertig übernimmt, sondern indem es sie durch seine Bemühungen und seine persönliche Erfahrung erwirbt; umgekehrt erwartet die Gesellschaft von den neuen Generationen Besseres als eine Nachahmung: eine Bereicherung ihres Daseins.
Jean Piaget: Theorien und Methoden der modernen Erziehung

93 Eckenhausen

Wege nachgehen und beschreiben, Länge der Wege bestimmen, Wege einzeichnen, Denkspiel 9 „Enge Straße"

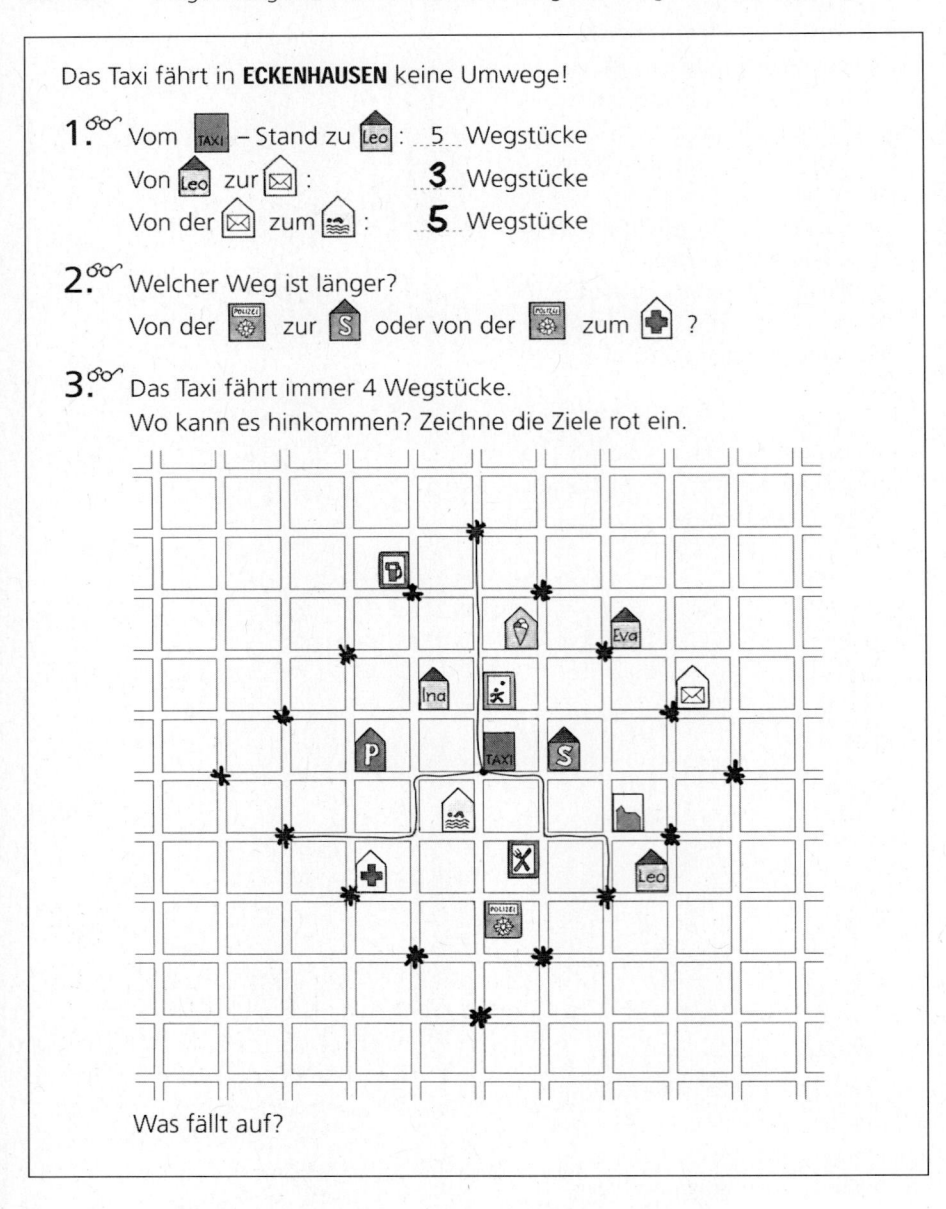

Das Taxi fährt in **ECKENHAUSEN** keine Umwege!

1. Vom TAXI–Stand zu Leo: **5** Wegstücke
   Von Leo zur ✉: **3** Wegstücke
   Von der ✉ zum 🏊: **5** Wegstücke

2. Welcher Weg ist länger?
   Von der POLIZEI zur S oder von der POLIZEI zum ✚?

3. Das Taxi fährt immer 4 Wegstücke.
   Wo kann es hinkommen? Zeichne die Ziele rot ein.

Was fällt auf?

Was wird benötigt?
Arbeitsmaterial: großer Stadtplan von Eckenhausen, Wendeplättchen

Worum geht es?
In Fortsetzung der Aktivitäten von der vorhergehenden Seite soll jetzt jeweils der kürzeste Weg zwischen zwei Kreuzungspunkten gewählt werden. Umwege müssen dabei vermieden werden. Die Kinder stellen dabei fest, dass es zwischen Kreuzungspunkten, die nicht benachbart sind, immer mehrere Wege mit der gleichen Streckenlänge gibt. Wenn man einen *festen* Kreuzungspunkt als Startpunkt wählt und die Endpunkte aller Wege markiert, die vom Startpunkt eine *feste* Weglänge entfernt sind, ergibt sich ein besonders schönes geometrisches Muster: ein auf der Spitze stehendes Quadrat.

Wie kann man vorgehen?
Die Kinder dürfen in Eckenhausen Taxi fahren. Mit einem Wendeplättchen als Taxi „fahren" sie auf dem großen Stadtplan und zählen jeweils die zurückgelegten Wegstücke. Da Taxifahren Geld kostet, darf das Taxi keine Umwege fahren, sondern muss das Ziel auf einem kürzesten Weg ansteuern.

Aufgabe 1:
Die Kinder zählen ihre Wegstücke und erzählen, wie „ihr" Taxi gefahren ist.

Aufgabe 2:
Wo ist die Polizei schneller?
An der Schule oder am Krankenhaus? Welcher Weg ist kürzer? (Der Weg zum Krankenhaus ist kürzer.)

Aufgabe 3:
Der Plan von Aufgabe 3 zeigt Eckenhausen in verkleinerter und schematisierter Form. Frage: Welche Ziele kann der Taxifahrer erreichen, wenn er von seinem Standplatz aus immer vier Wegstücke zurücklegt?
Die Kinder fahren mit dem Bleistift die Wege des Taxis nach und markieren die Eckpunkte rot. Wenn alle möglichen Endpunkte markiert sind, fällt auf, dass sie ein auf der Spitze stehendes Quadrat ergeben.

Fortsetzung der Denkschule
Denkspiel 9 „Enge Straße" vorstellen (vgl. S. 57)

Wie könnte es weitergehen?
– Kopiervorlage 26: Das Taxi fährt immer 3, 5, 6 … Wegstücke
(Lösung: Es entsteht immer wieder ein auf der Spitze stehendes Quadrat, nur kleiner bzw. größer!)

94 Ausblick auf den Hunderterraum
Bündelungsprinzip

1. Früher

Als die Menschen noch keine Zahlen kannten, nahm ein Hirte ein Stück Holz, wenn er seine Schafe zählen wollte.

Für jedes Schaf schnitt er eine Kerbe ein.

2. Heute

Z	E
Zehner	Einer
2	6

= 26

3.

Z	E
Zehner	Einer
3	2

= 32

4.

Garantie 50 Blüten

Z	E
5	6

= 56

5.

100 Äpfel

Z	E
7	5

= 75

Was wird benötigt?
Arbeitsmaterial: Plättchen, Bleistifte, Steckwürfel, Knöpfe, Büroklammern, Schrauben o. Ä. für Zählaufgaben im Hunderterraum
Demonstrationsmaterial: Hundertertafel

Worum geht es?
Das dekadische Zahlensystem beruht auf dem Bündeln von je 10 Einheiten einer Stufe zu einer Einheit der nächsten Stufe. Die Zehnerbündelung soll von den Kindern als sinnvolle Methode zur Bestimmung und Beschreibung größerer Anzahlen erkannt und benutzt werden. Die Kinder sollen sich bewusst machen, dass die Zehnerbündelung ein großer Fortschritt gegenüber primitiven Verfahren, z. B. Kerbhölzern, ist. Kerbhölzer wurden von Menschen über lange Zeit, von der Steinzeit bis in unser Jahrhundert, verwendet um Anzahlen festzuhalten. Die Redensart „Er/Sie hat etwas auf dem Kerbholz" leitet sich aus diesem Gebrauch ab.
Das Festhalten von Anzahlen durch Striche auf dem Papier (Strichlisten) ist den Kindern bereits bekannt. Sie wissen auch schon, dass die Gliederung in Fünfer ein großer Vorteil ist. Die „Kraft der Fünf" wird jetzt systematisch ausgebaut zur „Kraft der Zehn".

Wie kann man vorgehen?
Vor der Arbeit mit dem Buch:
An die Tafel werden etwas mehr als dreißig Kreise (oder Kreuze oder Sternchen) gezeichnet. Durch fortgesetzte Fünfer- und Zehnerbündelung (immer 5 einkreisen und immer 2 Fünfer zu einem Zehner zusammenfassen) wird die Anzahl bestimmt und aufgeschrieben. Die Kinder sollten dann selbst größere Anzahlen von „Massenobjekten" entsprechend bündeln und zählen. Hierzu kann man vorhandene Plättchen oder Steckwürfel wählen. Interessant sind auch größere Anzahlen von Strohhalmen, Bleistiften, Schrauben, Knöpfen o. Ä., die von den Kindern evtl. selbst mitgebracht und in Tischgruppen oder in Partnerarbeit gebündelt und gezählt werden.

Zur Arbeit mit dem Buch:
Aufgabe 1:
Diese kleine Geschichte können die Kinder eventuell schon selbst lesen.
Aufgabe 2–5:
Zuerst sollen die Kinder die Anzahlen schätzen. Dabei sollen sie Anhaltspunkte benutzen, z. B. den schon eingekreisten Zehner bei der Aufgabe 2.
Das Schätzen unterscheidet sich damit vom reinen Raten.
Anschließend werden die Tiere, Pflanzen und Äpfel je zu 10 gebündelt und gezählt. Zur Erleichterung des Bündelns sind die Objekte schon zu Fünfern und Zehnern vorstrukturiert. Die Zehnerbündel werden in die Zehnerspalte, die Einer in die Einerspalte eingetragen und die aus Zehnern und Einern zusammengesetzte Zahl als Ergebnis eingetragen. Die gefundenen Zahlen werden vorgelesen, damit die richtige Sprechweise geklärt werden kann.
Abschließend kann die Schätzung überprüft werden:
Aufgabe 2: 26 Schafe;
Aufgabe 3: 32 Frösche.
Aufgabe 4: 56 erblühte Blumen.
Auf der Packung ist eine Garantie für „50 Blüten" ausgesprochen, d. h., es wurden mehr Zwiebeln verpackt.
Aufgabe 5: Bei der Apfelaufgabe sind es statt 100 nur 75. Einige wurden vielleicht schon aufgegessen oder müssen noch dazugepackt werden – je nachdem.

Wie könnte es weitergehen?
– Übungsheft S. 58, Aufgabe 1 und 2
– Abzählen von Gegenständen im Klassenraum oder in der Schulumgebung oder an Zählbildern oder Prospekten

209

95 Ausblick auf den Hunderterraum

Vorstellung der Zehner-Zahlen bis 100 als Fortsetzung des Zwanzigerraumes, mit Zehnern rechnen wie mit Einern

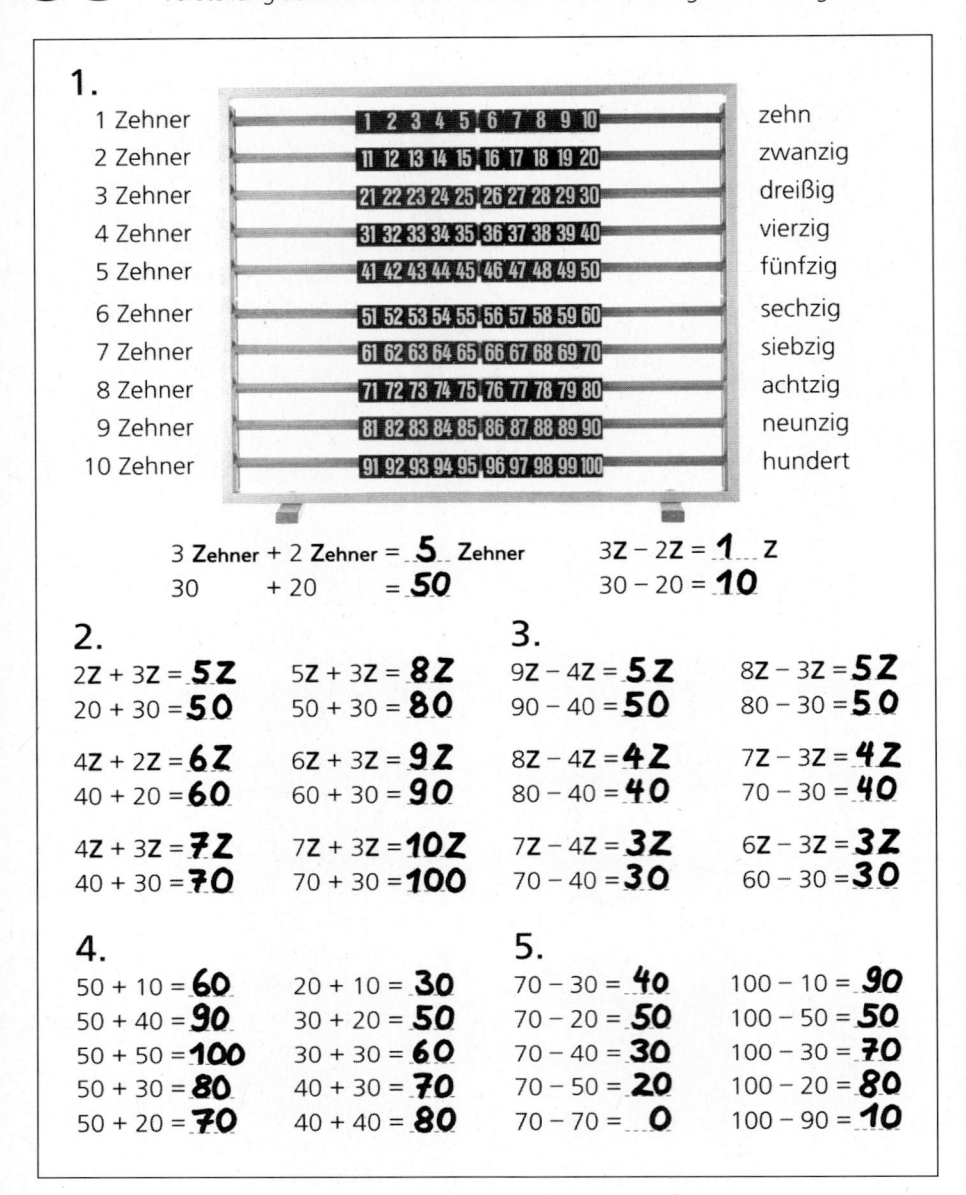

1.

1 Zehner	1 2 3 4 5 6 7 8 9 10	zehn
2 Zehner	11 12 13 14 15 16 17 18 19 20	zwanzig
3 Zehner	21 22 23 24 25 26 27 28 29 30	dreißig
4 Zehner	31 32 33 34 35 36 37 38 39 40	vierzig
5 Zehner	41 42 43 44 45 46 47 48 49 50	fünfzig
6 Zehner	51 52 53 54 55 56 57 58 59 60	sechzig
7 Zehner	61 62 63 64 65 66 67 68 69 70	siebzig
8 Zehner	71 72 73 74 75 76 77 78 79 80	achtzig
9 Zehner	81 82 83 84 85 86 87 88 89 90	neunzig
10 Zehner	91 92 93 94 95 96 97 98 99 100	hundert

3 Zehner + 2 Zehner = **5** Zehner   3Z − 2Z = **1** Z
30   + 20   = **50**   30 − 20 = **10**

2.

2Z + 3Z = **5Z**   5Z + 3Z = **8Z**
20 + 30 = **50**   50 + 30 = **80**

4Z + 2Z = **6Z**   6Z + 3Z = **9Z**
40 + 20 = **60**   60 + 30 = **90**

4Z + 3Z = **7Z**   7Z + 3Z = **10Z**
40 + 30 = **70**   70 + 30 = **100**

3.

9Z − 4Z = **5Z**   8Z − 3Z = **5Z**
90 − 40 = **50**   80 − 30 = **50**

8Z − 4Z = **4Z**   7Z − 3Z = **4Z**
80 − 40 = **40**   70 − 30 = **40**

7Z − 4Z = **3Z**   6Z − 3Z = **3Z**
70 − 40 = **30**   60 − 30 = **30**

4.

50 + 10 = **60**   20 + 10 = **30**
50 + 40 = **90**   30 + 20 = **50**
50 + 50 = **100**   30 + 30 = **60**
50 + 30 = **80**   40 + 30 = **70**
50 + 20 = **70**   40 + 40 = **80**

5.

70 − 30 = **40**   100 − 10 = **90**
70 − 20 = **50**   100 − 50 = **50**
70 − 40 = **30**   100 − 30 = **70**
70 − 50 = **20**   100 − 20 = **80**
70 − 70 = **0**   100 − 90 = **10**

Was wird benötigt?
Demonstrationsmaterial: Hundertertafel

Worum geht es?
Die Zahlen bis 100 werden zur ersten Orientierung vorgestellt. Die Durcharbeitung des Hunderterraums erfolgt erst im Verlauf des 2. Schuljahres.
Das Prinzip der Bündelung, das Zusammenfassen zu Zehnern als Strategie ist bereits auf der vorhergehenden Seite behandelt worden. Neu ist nun, dass mit Zehnern wie mit anderen Einheiten, insbesondere Einern und benannten Einheiten (z. B. Metern), gerechnet werden kann:
4 Zehner + 2 Zehner = 6 Zehner, also 40 + 20 = 60. 10 Zehner ergeben Hundert. Da beim Lesen im Deutschen immer erst die Einer und dann die Zehner gesprochen, in der Regel aber erst die Zehner und dann die Einer geschrieben werden, erfordert die Koordination von Sprechen, Schreiben und Lesen der Zahlen bis 100 einige Übung, wofür erst Anfang des 2. Schuljahres Zeit ist.

Die Lehrerin muss einschätzen, ob es nicht sinnvoll ist, die Doppelseite über den Hunderter schon früher wenigstens einmal kurz anzusprechen, z. B. im Anschluss an die erste Behandlung des Zwanzigerraums (Schülerbuch, Seite 22–23), um die Aufmerksamkeit der Kinder auf einen größeren Zahlenraum zu lenken. Der Vorteil wäre, dass den Kindern der systematische Aufbau des Zehnersystems deutlicher würde, was sich möglicherweise auf die Behandlung des Zwanzigers günstig auswirkt (Zone der nächsten Entwicklung).

Wie kann man vorgehen?
Vor der Arbeit mit dem Buch:
Der Ausblick auf Hundert beginnt mit einer Standortbestimmung. Analog zu der Standortbestimmung am Beginn des 1. Schuljahres und zur Standortbestimmung über Addition und Subtraktion können die Kinder angeregt werden ihre Kenntnisse über Zahlen im Hunderter zu demonstrieren.
Wer kann weiter als 30 zählen?
Bis 50? Bis 100? Noch weiter?
Wer kann von 50 oder 100 aus rückwärts zählen?
Wer kann schon Zahlen über 20 schreiben oder lesen?
Wer kann schon über 20 hinaus rechnen?
Dadurch, dass im Verlauf des 1. Schuljahrs der Zwanziger immer wieder überschritten wurde, sind die Kinder auf diese Fragen schon vorbereitet.
Zur schriftlichen Bearbeitung empfiehlt sich der Arbeitsauftrag:
Schreibt Aufgaben auf, bei denen 100 herauskommt.

Der Hunderterraum wird als Ganzheit (10 Zehner) vorgestellt. Im Foto ist eine Hundertertafel zu sehen, die bei der Bearbeitung der Aufgaben zur Unterstützung herangezogen werden kann. Besser ist es aber, wenn eine Hundertertafel dieser oder einer anderen Bauart im Klassenraum zur Verfügung steht. Die Kinder erkennen den Zwanzigerraum wieder und können ihre Kenntnisse über 20 hinaus einbringen. Übungen an der Zwanzigerreihe (z. B. Zählen in Schritten – Zehnerschritte – vorwärts, rückwärts – Verdecken von Zehnerzahlen, welche Zahl ist abgedeckt?) können auf den Hunderter übertragen werden. Besonders wichtig sind die Zehnerzahlen, die jede Zeile abschließen.

Wichtig ist es, die richtige Sprechweise der Zahlen zu klären.
Auch auf die Analogie zwischen Einern (1 Klotz) und Zehnern (1 Reihe) ist hinzuweisen:
2 Einer + 2 Einer = 4 Einer und analog
2 Zehner (Reihen) + 2 Zehner (Reihen)
= 4 Zehner (Reihen).
1 Zehner wird als 1 Z abgekürzt.

Zur Arbeit mit dem Buch:
Aufgabe 1:
Der Hunderterraum wird in Zehnerreihen strukturiert. Die Schreibweise der Zehner wird vorgestellt.
Aufgabe 2 und 3:
In diesen Aufgaben wird die Analogie von Zehnern und Einern durch das Symbol „Z" für Zehner aufgegriffen. Die Summe 40 + 20 wird durch Übergang zu 4 Z + 2 Z berechnet. 6 Z ist aber gleich 60.
Aufgabe 4 und 5:
Diese Aufgaben können gleich im Buch gerechnet werden. Sie sind wahlweise auch als gute Übung zur Schreibweise der neuen Zahlen ins Heft zu übertragen.

Wie könnte es weitergehen?
– Übungsheft S. 58, Aufgabe 3
– Orientierungsübungen an der Hundertertafel, ähnlich wie an der Zwanzigerreihe. Wo sind alle Zahlen, die mit 2 beginnen, wo sind alle Zahlen, die mit 0 aufhören, mit 5 aufhören?
– Übungen, wie an der verdeckten Zwanzigerreihe, mit verdeckten Zehnern an der Hundertertafel
– Einmal alle Zahlen bis hundert durchzählen
– Zeit stoppen, wie lange das Zählen bis 100 dauert

96 Ausblick auf den Hunderterraum
Zehnerzahlen im Zahlenraum bis 100 addieren und subtrahieren

1.

zehn	10
zwanzig	20
dreißig	30
vierzig	40
fünfzig	50
sechzig	60
siebzig	70
achtzig	80
neunzig	90
hundert	100

2.
50 + 50 = **100**   80 + 10 = **90**
40 + 50 = **90**   70 + 20 = **90**
30 + 50 = **80**   60 + 30 = **90**
20 + 50 = **70**   50 + 40 = **90**
10 + 50 = **60**   40 + 50 = **90**

3.
30 + 30 = **60**   20 + 60 = **80**
40 + 30 = **70**   70 + 10 = **80**
50 + 30 = **80**   30 + 50 = **80**
60 + 30 = **90**   10 + 70 = **80**
70 + 30 = **100**   40 + 40 = **80**

4.
100 − 50 = **50**   50 − 30 = **20**
100 − 60 = **40**   60 − 40 = **20**
100 − 70 = **30**   70 − 50 = **20**
100 − 80 = **20**   80 − 60 = **20**
100 − 90 = **10**   90 − 70 = **20**

5.
100 − 50 = **50**   80 − 20 = **60**
80 − 40 = **40**   70 − 10 = **60**
60 − 30 = **30**   60 − 20 = **40**
40 − 20 = **20**   50 − 10 = **40**
20 − 10 = **10**   40 − 20 = **20**

6.
30 + 70 **100**
20 + 80 **100**
50 + 50 **100**
60 + 40 **100**
90 + 10 **100**

7.
80 − 20 **60**
100 − 20 **80**
50 − 20 **30**
70 − 20 **50**
20 − 20 **0**

8.
10 + 70 **80**
20 + 60 **80**
30 + 50 **80**
40 + 40 **80**
30 + 30 **60**

9.
100 − 80 **20**
90 − 70 **20**
80 − 60 **20**
70 − 50 **20**
60 − 40 **20**

10.
10 + 10 **20**
30 + 10 **40**
50 + 10 **60**
70 + 10 **80**
90 + 10 **100**

Was wird benötigt?
Arbeitsmaterial: evtl. russische Rechenmaschine
Demonstrationsmaterial: Hundertertafel, Hunderterfeld (evtl. Abbildung im Buch) oder russische Rechenmaschine (Rechenrahmen bis 100)

Worum geht es?
Die Zehnerzahlen als Ankerpunkte sollen jetzt im Hunderterfeld identifiziert und benannt werden.
Wieder wird die Analogie von Zehner- und Einerzahlen für die Addition und Subtraktion von Zehnerzahlen genutzt. Es wird dabei nur mit glatten Zehnern oder mit Fünfern (nächste Seite) gerechnet.
Alle Aufgaben sollten immer am Hunderterfeld, an der Hundertertafel oder an der russischen Rechenmaschine veranschaulicht werden. Dabei geht es noch nicht um automatisierendes Üben, sondern nur um die Erfassung des Hunderterraums.

Wie kann man vorgehen?
Aufgabe 1:
Am abgebildeten Hunderterfeld werden Orientierungs- und Anschauungsübungen analog zu den Übungen am Zwanzigerfeld durchgeführt. Besonders das Zählen in Zehnerschritten kann hier gut geübt werden. Parallel zum Zählen werden die jeweiligen Zehnerzahlen gezeigt.
Es kann auch in Fünferschritten gezählt werden, jeweils parallel dazu wird die Zahl am Hunderterfeld gezeigt. Auch in Zwanzigerschritten (analog den Zweierschritten) ist das Zählen (mit Zeigen) möglich, evtl. vorwärts und rückwärts. Die Kinder lesen die Zahlwörter und notieren die dazu gehörenden Zahlen im Buch.

Aufgabe 2–5:
Die Aufgaben werden am Hunderterfeld gezeigt und ausgerechnet. Die Ergebnisse können direkt im Buch oder im Heft notiert werden. Einige Kinder werden die „schönen Päckchen" sicherlich erkennen.

Aufgabe 6–10:
Auch hier handelt es sich um „schöne Päckchen" mit den Zehnerzahlen. Die Kinder rechnen diese Aufgaben in ihr Heft um die richtige Schreibweise der Zehnerzahlen zu üben.
Die letzten beiden „schönen Päckchen" sollen fortgesetzt werden:

100 − 80   10 + 10
90 − 70   30 + 10
Fortsetzung: Fortsetzung:
80 − 60   50 + 10
70 − 50   70 + 10
60 − 40   90 + 10

Wie könnte es weitergehen?
– Übungsheft S. 59, Aufgabe 1 und 2
– Übung der Zahlwörter (ganze Zehner) durch Abschreiben ins Rechenheft
– Zeigen von weiteren Additions- und Subtraktionsaufgaben wie bei den Aufgaben 2 bis 5 am Hunderterfeld
– Zählen in Zehner- und Fünferschritten am Hunderter

97 Ausblick auf den Hunderterraum
Zehner und Fünfer im Zahlenraum bis 100 addieren und subtrahieren, Schuhschleife, Denkspiel 10 „Wanderer am Fluss"

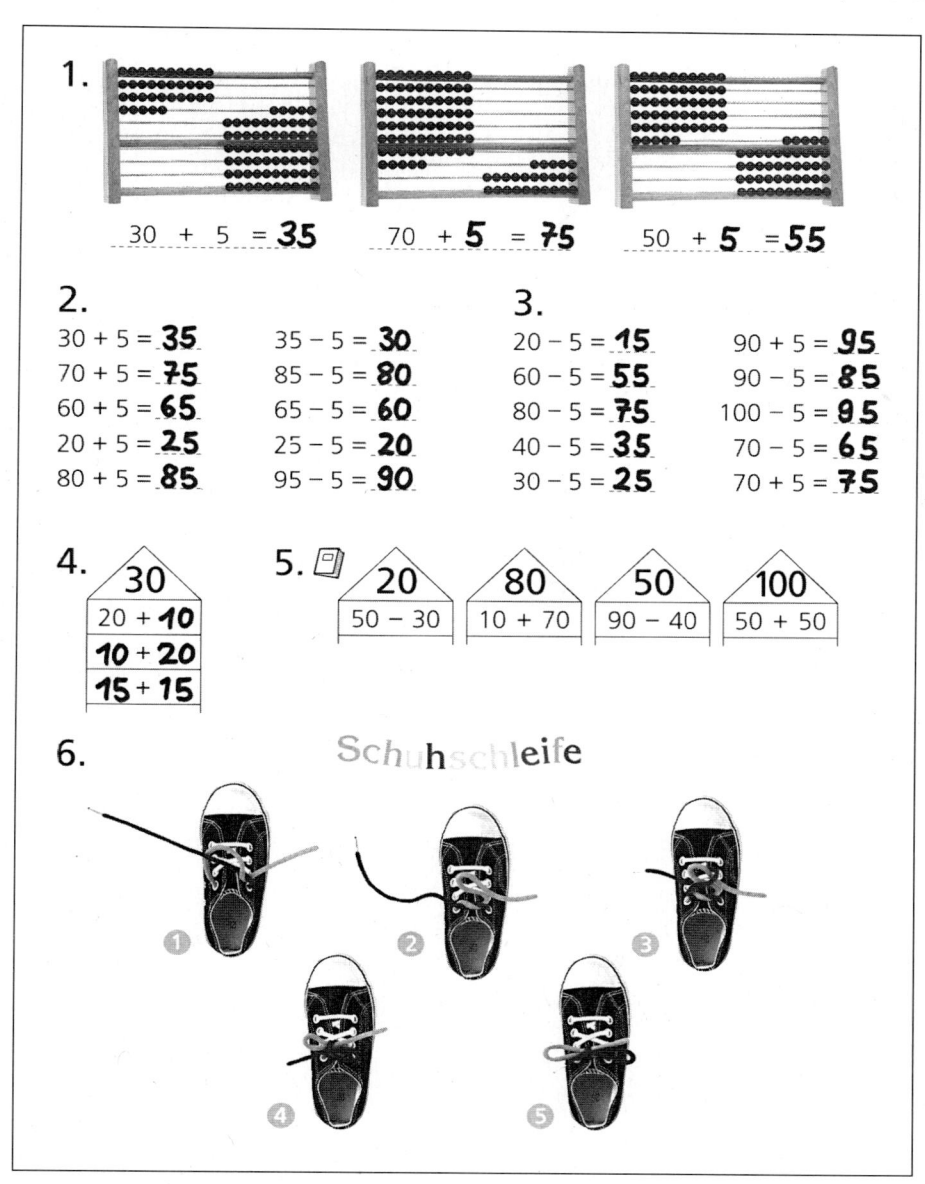

1.

30 + 5 = **35**   70 + 5 = **75**   50 + 5 = **55**

2.

30 + 5 = **35**	35 − 5 = **30**
70 + 5 = **75**	85 − 5 = **80**
60 + 5 = **65**	65 − 5 = **60**
20 + 5 = **25**	25 − 5 = **20**
80 + 5 = **85**	95 − 5 = **90**

3.

20 − 5 = **15**	90 + 5 = **95**
60 − 5 = **55**	90 − 5 = **85**
80 − 5 = **75**	100 − 5 = **95**
40 − 5 = **35**	70 − 5 = **65**
30 − 5 = **25**	70 + 5 = **75**

4.

30
20 + **10**
10 + **20**
15 + **15**

5.

20: 50 − 30   80: 10 + 70   50: 90 − 40   100: 50 + 50

6. Schuhschleife

Aufgabe 4 und 5:
An dem bekannten Aufgabentyp der Zahlenhäuser geht es jetzt um die Zerlegung von Zehnerzahlen. Hier rechnen die Kinder vorher gemeinsam zur Wiederholung einige Beispiele mit den Zehnerzahlen an der Tafel.

Aufgabe 6:
Als vierter und in diesem Schuljahr letzter nützlicher Knoten wird nun die Schuhschleife geübt, die oft auch zum Verpacken von Geschenken genutzt wird.
Hilfreich ist zu Beginn eine dicke Kordel, die um einen großen Bauklotz geknotet werden kann. Der Knoten sollte natürlich auch am Schuh geübt werden.

Abschluss der Denkschule im 1. Schuljahr
Denkspiel 10 „Wanderer am Fluss" vorstellen (vgl. S. 57)
Hinweis: Das Spiel sollte am Beginn des 2. Schuljahrs noch einmal aufgegriffen werden.

Wie könnte es weitergehen?
– Übungsheft S. 59, Aufgabe 3–5
– Weitere Aufgaben mit Zehnerzahlen und Fünfern im Heft rechnen
– Übungen am Hunderterfeld und an der Rechenmaschine analog zum Zwanzigerfeld
– Zählen in Schritten, Fünferschritte, Zehnerschritte, für einige Kinder auch schon Zweierschritte, auf und ab im Hunderter, dabei so viel wie möglich an der Hundertertafel oder am Hunderterfeld zeigen
– Die Schuhschleife kann z. B. vor und nach dem Sportunterricht weiter geübt werden

Was wird benötigt?
Arbeitsmaterial: russische Rechenmaschine, Hunderterfeld
Demonstrationsmaterial: Hunderterfeld, Hundertertafel oder russische Rechenmaschine (Rechenrahmen bis 100)

Worum geht es?
Als weitere Zahlen zur Untergliederung des Hunderters kommen nach den Zehnerzahlen Fünferzahlen hinzu.

Wie kann man vorgehen?
Aufgabe 1:
Im Foto ist eine Rechenmaschine vorgestellt, an der die Aufgaben bildlich gelöst werden können. Einige Aufgabenbeispiele werden an der Rechenmaschine vorgerechnet und an der Tafel als Päckchen notiert um die Systematik deutlich zu machen:

10 + 5	100 − 5
30 + 5	80 − 5
50 + 5	60 − 5
70 + 5	40 − 5
90 + 5	20 − 5 usw.

Aufgabe 2 und 3:
Bei den Minusaufgaben wie 20 − 5 und 60 − 5 ist besonders darauf zu achten, dass sich der Zehner ändert, im Ergebnis also der nächstniedrige Zehner auftaucht.

98 Geld wechseln
Einführung von Cent-Münzen, Wechseln von 1 Euro in Cent

Geld wechseln

1 Euro hat 100 Cent.

1. Immer 1 Euro. Lege und male. Wie viele Münzen?

Münzen	Anzahl
1 Euro	1
50, 10, 10, 10, 10, 10	6
20, 20, 20, 20, 20	5
50, 20, 20, 10	4
50, 50	2

2. Immer 50 Cent. Lege und male.

Münzen	Anzahl
50	1
20, 20, 10	3
20, 10, 10, 10	4

Lege 50 Cent auch mit 5, 6, 7, 8, 9, 10 Münzen.

3. Lege 2 Euro unterschiedlich.
2, 3, 4, 6, 7, 10

4. Ich habe 2 Kupfermünzen. Wie viel Cent können es sein?

Was wird benötigt?
Arbeitsmaterial: Rechengeld (1 Cent, 2 Cent, 5 Cent, 10 Cent, 20 Cent, 50 Cent, 1- und 2-Euro-Münzen)
Demonstrationsmaterial: Rechengeld, evtl. Geldrolle mit 100 1-Cent-Münzen von der Bank (wie oben)

Worum geht es?
Bisher haben die Kinder nur Euro-Münzen und Euro-Scheine kennen gelernt. Hier werden nun Cent-Münzen vorgestellt. 1 Euro hat 100 Cent und kann auf die verschiedenste Art in Cent-Münzen gewechselt werden:
1 Euro
= 1 Euro (1 Münze)
= 50 Cent + 50 Cent (2 Münzen)
= 50 Cent + 20 Cent +
  20 Cent + 10 Cent (4 Münzen)
= 20 Cent + 20 Cent +
  20 Cent + 20 Cent + 20 Cent
  (5 Münzen)
Das Wechseln von 20-Cent-Münzen in zwei 10-Cent-Münzen liefert weitere Darstellungen in 6, 7, 8, 9, 10 Münzen. Das Wechseln von 10-Cent-Münzen in zwei 5-Cent-Münzen liefert Darstellungen in 11, 12, 13, …, 20 Münzen. Interessant ist, dass eine Darstellung von 1 Euro in *drei* Münzen nicht möglich ist. Ebenso ist eine Darstellung von 50 Cent in zwei Münzen nicht möglich, wohl aber in 3, 4, 5, …, 10 Münzen:
50 Cent
= 20 Cent + 20 Cent + 10 Cent
  (3 Münzen)
= 20 Cent + 10 Cent +
  10 Cent + 10 Cent (4 Münzen)
usw.
Hinweis: Die verschiedenen Münzdarstellungen werden von den Kindern natürlich nicht in Gleichungsform geschrieben, sondern gelegt bzw. als Münzen gemalt (siehe Schulbuchseite).

Wie kann man vorgehen?
Vor der Arbeit mit dem Buch:
Die Lehrerin stellt die kleinen Münzen 1 Cent, 2 Cent, 5 Cent, 10 Cent, 20 Cent und 50 Cent vor und zeigt, wie man mit ihnen wechseln kann. Die Kinder verfolgen dies an ihrem Rechengeld. Dann macht die Lehrerin auf den Stapel von 100 kleinen Cent-Münzen im Buch aufmerksam oder zeigt den Kindern eine richtige Geldrolle von der Bank. Die 100 Münzen haben einen Wert von 1 Euro.

Zur Arbeit mit dem Buch:
Aufgabe 1:
Nun stellt die Lehrerin den Kindern die Aufgabe mit den Cent-Münzen jeweils 1 Euro zu legen. Dies ist auf verschiedene Art möglich. Interessant sind die Aufgabenstellungen 1 Euro in 1, 2, 3, 4, 5, 6 … Münzen zu wechseln, wobei ein Wechseln in 3 Münzen nicht möglich ist. Anmerkung: Die Zerlegung von 1 Euro in eine vorgegebene Anzahl von Münzen ist in den wenigsten Fällen eindeutig. Beispiel: 1 Euro in 5 Münzen zerlegen:
1 Euro
= 20 Cent + 20 Cent +
  20 Cent + 20 Cent + 20 Cent
= 50 Cent + 20 Cent +
  10 Cent + 10 Cent + 10 Cent
= 50 Cent + 20 Cent +
  20 Cent + 5 Cent + 5 Cent
Vielleicht gehen einige Kinder bei solchen Aufgaben nicht wahllos vor, sondern formen bereits vorhandene Zerlegungen um.

Aufgabe 2:
Auch eine 50-Cent-Münze lässt sich systematisch wechseln, wobei eine Zerlegung in 2 Münzen nicht möglich ist:
50 Cent
= 20 Cent + 20 Cent + 10 Cent
   (3 Münzen)
= 20 Cent + 20 Cent +
   5 Cent + 5 Cent (4 Münzen)
= 20 Cent + 10 Cent +
   10 Cent + 10 Cent (4 Münzen)
= 10 Cent + 10 Cent +
   10 Cent + 10 Cent + 10 Cent
   (5 Münzen)
= 20 Cent + 10 Cent +
   10 Cent + 5 Cent + 5 Cent
   (5 Münzen)
= 20 Cent + 10 Cent + 5 Cent +
   5 Cent + 5 Cent + 5 Cent
   (6 Münzen)
= 10 Cent + 10 Cent + 10 Cent +
   10 Cent + 5 Cent + 5 Cent
   (6 Münzen)
= 20 Cent + 20 Cent + 5 Cent +
   5 Cent + 5 Cent + 5 Cent
   (6 Münzen)

Aufgabe 3:
Hierzu gibt es viele Möglichkeiten:
2 Euro
= 2 Euro (1 Münze)
= 1 Euro + 1 Euro (2 Münzen)
= 1 Euro + 50 Cent + 50 Cent
   (3 Münzen)
= 50 Cent + 50 Cent +
   50 Cent + 50 Cent (4 Münzen)
= 1 Euro + 50 Cent +
   20 Cent + 20 Cent + 10 Cent
   (5 Münzen)
usw.

Aufgabe 4:
Dies ist eine schöne Erkundungsaufgabe. Die Kinder legen systematisch 2 Kupfermünzen:
1 Cent + 1 Cent = 2 Cent
2 Cent + 2 Cent = 4 Cent
5 Cent + 5 Cent = 10 Cent
1 Cent + 2 Cent = 3 Cent
1 Cent + 5 Cent = 6 Cent
2 Cent + 5 Cent = 7 Cent
Es können 2 Cent, 3 Cent, 4 Cent, 6 Cent 7 Cent und 10 Cent sein.
Die Kinder können dabei schon einfache Folgerungen ziehen:
Warum müssen es mindestens
2 Cent sein?
Warum können es höchstens
10 Cent sein?
Warum sind nicht mehr als 6 verschiedene Beträge möglich?

Wie könnte es weitergehen?
– Übungsheft S. 60, Aufgabe 1

99 Einkaufen
Addieren von Cent-Beträgen (Zehner, Fünfer, Zwanziger), Berechnen des Rückgeldes

Einkaufen

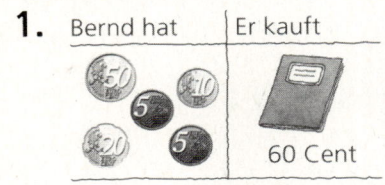

1. Bernd hat / Er kauft 60 Cent. Bernd hat noch **30** Cent.

Jana hat / Sie kauft 80 Cent. Jana hat noch **10** Cent.

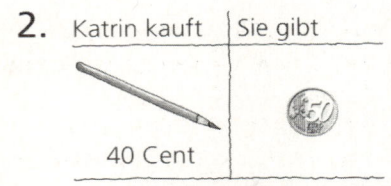

2. Katrin kauft 40 Cent / Sie gibt 50 Cent. Sie bekommt **10** Cent zurück.

Boris kauft 90 Cent / Er gibt 1 Euro. Er bekommt **10** Cent zurück.

3.

	Preis	gegeben	zurück
Buch	9 Euro	20 Euro	**11 Euro**
Kassette	4 Euro	10 Euro	**6 Euro**
Teddy	18 Euro	20 Euro	**2 Euro**

4.

Immer 60 Cent	Immer 80 Cent	Immer 90 Cent	Immer 70 Cent
50 + **10**	50 + **30**	50 + **40**	50 + **20**
30 + **30**	60 + **20**	60 + **30**	60 + **10**
20 + **40**	40 + **40**	80 + **10**	20 + **50**
40 + **20**	70 + **10**	40 + **50**	40 + **30**
10 + **50**	30 + **50**	70 + **20**	10 + **60**

Was wird benötigt?
Arbeitsmaterial: Rechengeld
Demonstrationsmaterial:
Waren des täglichen Bedarfs, die mit Cent-Beträgen bis zu 1 Euro bezahlt werden können, z. B. Briefmarken, Postkarten, einfache Radiergummis;
Bilder von Waren bis zu 20 Euro, z. B. Kassetten, Bücher, Spielwaren;
Rechengeld (Münzen: 5 Cent, 10 Cent, 50 Cent, 1 Euro, 2 Euro; Scheine: 5 Euro, 10 Euro, 20 Euro, 50 Euro)

Worum geht es?
In Fortsetzung der Schülerbuchseite 68/69 „Flohmarkt" werden nun ähnliche Aufgaben gerechnet. Geübt wird die Addition voller Zehner im Hunderterraum und die Zerlegung von Zehnerzahlen (Aufgabe 4). Die Kinder lernen auch mit den kleineren Münzen rechnerisch umzugehen.
Das restliche Geld wird nicht mehr gezeichnet, sondern nur noch in den „Lückentext" als Zahl eingefügt (Aufgabe 1).
Die Aufgabe 2 entspricht den schon geübten Aufgaben von Seite 69 nur in Cent- statt Eurobeträgen. Es muss das Rückgeld berechnet werden. Hier wird die Beantwortung der Aufgabe zu einem „Lückensatz" erweitert. Die Seite stellt schon gewisse Anforderungen an die Lesefähigkeit der Kinder.

Wie kann man vorgehen?
Aufgabe 1:
Wie auf Seite 68/69 kann man im Rollenspiel die Fragen behandeln:
„Wie viel Geld hat Bernd?"
„Was kostet das Heft?"
„Wie viel Geld hat er noch?"
Um alle Kinder an dem Spiel teilnehmen zu lassen, werden der Geldbetrag und der „gekaufte" Gegenstand (als Bild) an die Tafel geheftet. Die Antwort wird formuliert und darunter geschrieben. Der Kaufpreis von 60 Cent bzw. 80 Cent kann abgedeckt werden. Es bleiben 30 Cent bzw. 10 Cent.

Aufgabe 2:
Ein Kind bezahlt mit einer zu großen Münze. Die Frage „Wie viel Geld bekommt es zurück?" wird beantwortet und die Antwort unter der Aufgabe an der Tafel notiert. Ggf. muss erst das Geld gewechselt werden.

Aufgabe 3:
Viele Kinder können sich die Tabelle selbstständig erarbeiten. Sie sollten die Beträge auf jeden Fall mit Rechengeld legen, damit ihnen deutlich wird, dass es sich hier um Euro- und nicht um Centbeträge handelt.
Bei der Besprechung der Lösung sollte der Unterschied zwischen 20 Euro und 20 Cent thematisiert werden. Was kann ich für 20 Euro, was für 20 Cent kaufen?

Aufgabe 4:
Die Beträge können mit Rechengeld gelegt werden, so dass das Ergänzen keine Schwierigkeiten bereiten dürfte. Der Aufgabentyp ist bekannt.

Wie könnte es weitergehen?
– Übungsheft S. 60, Aufgaben 1–3
– Übungsheft S. 61
– Wie kann ein Betrag (Einkaufsbetrag, Rückgabebetrag) mit möglichst wenig Münzen und Scheinen bezahlt werden? Beispiele:
16 Euro
= 10 Euro + 5 Euro + 1 Euro
4 Euro
= 2 Euro + 2 Euro
18 Euro
= 10 Euro + 5 Euro + 2 Euro + 1 Euro

100 Zahlen aus meiner Klasse
Erfassen von Daten aus der Klasse

Zahlen aus meiner Klasse

1. Ich bin _____ Jahre alt.
   Ich habe _____ Zähne.

2. Ich bin in Klasse _____.
   Unsere Lehrerin heißt _____
   Unser Lehrer heißt _____.

3. In der Klasse sind _____ Kinder,
   davon _____ Mädchen und _____ Jungen.

4. Unser Klassenraum

Klasse _____							

5. Unser Raum ist _____ lang und _____ breit.

6. Unsere Haustiere

						Andere Tiere
👧						
👦						
Zusammen						

7. Nach den Ferien komme ich in Klasse _____.

Was wird benötigt?
Arbeitsmaterial: „Kinder", „Klassenraum", Meterstab

Worum geht es?
Das Schuljahr geht seinem Ende entgegen und die Kinder sollen Daten, mit denen sie in der Klasse umgegangen sind, bewusst sammeln und notieren. Bereits Bekanntes (Klassenstärke, Name der Lehrerin …) wird bewusst wiederholt und andere interessante Informationen, z. B. Anzahl der Zähne, Anzahl von Haustieren …, werden eingeholt. Gezählt haben die Kinder in diesem Schuljahr ganz viel, doch gesammelte Zahlen aus der Klasse sind ein neuer Zählanreiz. Mit einem Ausblick auf das kommende Schuljahr endet die Datensammlung.

Wie kann man vorgehen?
Aufgabe 1–3:
Die Lehrerin liest den Text vor, bzw. die Kinder lesen und lösen in Partner- oder Einzelarbeit die Aufgaben. Die Kinder bestimmen die Anzahlen und tragen die Lösungen ein.
Mit Hilfe eines Spiegels können sie die Anzahl ihrer Zähne ermitteln. Dabei können sie kooperieren.
Aufgabe 4:
Gegenstände im Klassenraum werden gezählt und mit Hilfe von Strichlisten notiert.
Aufgabe 5:
Der Klassenraum wird ausgemessen (z. B. mit Meterstäben).
Aufgabe 6:
Die Kinder befragen sich gegenseitig nach Art und Anzahl von Haustieren und tragen die Ergebnisse in eine Strichliste ein. Die gesammelten Daten der Klasse werden verglichen und ausgewertet.
Mögliche Fragen:
– Sind mehr Jungen oder Mädchen in der Klasse?
– Welches Haustier kommt am häufigsten vor? …
Aufgabe 7:
Ausblick auf das nächste Schuljahr.

Wie könnte es weitergehen?
– Erkundungsaufgabe (Elmar Hengartner): Wie viele Augen schauen in unserem Klassenzimmer und wie viele Finger bewegen sich?
– „Buchstabenzählen":
  Alle Kinder in der Klasse haben einen Vornamen.
  Vornamen mit 3 Buchstaben:
  …
  Vornamen mit 4 Buchstaben:
  …
  Vornamen mit 5 Buchstaben:
  …
  Vornamen mit 6 oder mehr Buchstaben:
  …
– Mein Telefonbüchlein:
  Mit Hilfe der Kopiervorlagen 27 und 28 fertigen die Kinder ein eigenes Telefonbüchlein an.
  Sie ordnen zunächst den Namen alphabetisch richtig ein, schreiben den Namen auf die richtige Seite des Telefonbüchleins und dahinter die

Telefonnummer. Dabei müssen 5, 6 oder mehr Ziffern in der richtigen Reihenfolge aufgeschrieben werden. Zuhause können die Kinder auch die Telefonnummern von Verwandten eintragen. Dies ist eine gute Hör- und Schreibübung für Buchstaben (Worte) und für Ziffern (Zahlen).

Vorteil: Das Telefonbüchlein kann benutzt werden und Fehler werden dabei offensichtlich. Wir haben beobachtet, dass sich die Kinder beim Aufschreiben der Vornamen und Telefonnummern gegenseitig korrigieren, denn den eigenen Namen und die eigene Telefonnummer schreiben sie in der Regel richtig.

101 Mandala, Rechenmeister Adam Ries
Mandalas ausmalen, den Rechenmeister Adam Ries kennen lernen

1. Ein Mandala. Male aus.

2. Das erste deutsche Rechenbuch schrieb Adam Ries. Er wurde in Staffelstein (Bayern) geboren und war Rechenmeister in Erfurt (Thüringen) und Annaberg (Sachsen). Er lebte von 1492 bis 1559.

„Wer nicht weiß, was Rechnen ist,
Leicht betrogen wird mit List.
Dies nimm zu Herzen, bitt' ich sehr,
Ein jeder sein Kind Rechnen lehr'."

Was wird benötigt?
Arbeitsmaterial: Filz- oder Buntstifte
Demonstrationsmaterial: Fotos/Dias von mandalaartigen Kirchenfenstern

Worum geht es?
Mandalas sind in westlichen und östlichen Kulturkreisen bekannt. Sie versinnbildlichen geistige Zusammenhänge und dienen als Meditationshilfe.
Die Kinder lernen beim Ausmalen und Betrachten der Mandalas geometrische Formen und Symmetrien kennen und erfahren bei dieser Tätigkeit vielleicht eine harmonisierende Wirkung.

In jedem Band des „Zahlenbuchs" sollen die Kinder etwas aus dem Leben eines berühmten Mathematikers oder einer berühmten Mathematikerin erfahren. Für das erste Schuljahr wurde der Rechenmeister Adam Ries ausgewählt (im Volksmund meistens Adam Riese genannt), dessen 500. Geburtstag 1992 gefeiert wurde.

Adam Ries wurde 1492 (dem Jahr der Entdeckung Amerikas) in der oberfränkischen Stadt Staffelstein (nahe Bamberg) geboren. Er lernte in jungen Jahren (1509–1518) das Rechnen vermutlich bei Rechenmeistern in Nürnberg, das damals Handels- und Wissenschaftsmetropole im süddeutschen Raum war. Nach seinen Lehr- und Wanderjahren wurde er 1518 in Erfurt sesshaft und gründete dort in der Drachengasse eine Rechenschule. Um 1522/23 siedelte er nach Annaberg/Erzgebirge um und wurde herzoglicher Buchhalter der Silberbergwerke. 1539 wurde er zum „Churfürstlich Sächsischen Hofarithmeticus" ernannt. Hochgeachtet und vom Volk bis heute als „Rechenmeister" verehrt starb Adam Ries 1559 in Annaberg im Alter von 67 Jahren. Noch heute sagen viele Leute, wenn sie überzeugt sind richtig gerechnet zu haben: „Das stimmt nach Adam Riese."

Vor Adam Ries war Rechnen eine große Kunst, die nur wenige Gelehrte beherrschten. Die vorhandenen Rechenbücher waren alle in lateinischer Sprache verfasst und daher für einfache Leute nicht lesbar. Wer auf die Lösungen schwieriger Aufgaben angewiesen war, musste zu Rechenmeistern gehen, die sich ihre Dienste gut bezahlen ließen. Adam Ries wollte, dass alle Leute selbst das Rechnen lernen können. Hierfür verfasste er mehrere Rechenbücher in deutscher Sprache, die auch für „junge anhebende schuler", d. h. Kaufmanns- und Handwerkerlehrlinge, gedacht waren. Seine Bücher waren so gut geschrieben, dass sie über Jahrhunderte hinweg Bestseller blieben. Das zweite Rechenbuch „Rechenung auff der linihen und federn in zal/maß und gewicht auff allerley handierung gemacht und zusamen gelesen durch Adam Riesen von Staffelstein Rechenmeyster zu Erffurdt im 1522. Jar" erlebte bis 1650 mehr als 60 Auflagen.

Wie kann man vorgehen?
Als Einstimmung auf die Mandalas zeigt die Lehrerin – falls vorhanden – fertig ausgemalte Mandalas oder Abbildungen von mandalaartigen Kirchenfenstern. Die Kinder beschreiben die Formen und Farben und ihre Eindrücke. Die Lehrerin erklärt den Kindern, dass Mandala „zauberhafter Kreis" bedeutet und dass Mandalas auf der ganzen Welt verbreitet sind. Es ist beeindruckend, mit welcher Ausdauer, Stille und Konzentration Kinder oft Mandalas gestalten.
Während des Ausmalens kann man geeignete Musik einspielen (z. B. Vivaldi als Beispiel klassischer Musik, alternativ die Klangspektren der Platte „Yaki Kandru" oder ruhige Panflötenmusik). Einige Kinder arbeiten konzentrierter in vollkommener Ruhe, einige intensiver und ausdauernder mit Musik.

Im Anschluss sollten die Mandalas gemeinsam betrachtet werden.
Weitere Mandalas im Übungsheft S. 62, Kopiervorlage 29
Weitere Mandala-Vorlagen: Book, R./A.: Mandala Mal-Block für Kinder, München

Die Kinder betrachten und beschreiben das Bild von Adam Ries und versuchen den Text zu erlesen. Die Lehrerin erzählt ihnen vom Leben und Werk dieses großen Deutschen.
Eine Aufgabe aus dem Rechenbuch von Adam Ries, die sich bis in die Antike zurückverfolgen lässt, lautet:
„Einer spricht: Gott grüße euch, ihr 30 Gesellen. Einer antwortet: Wenn wir noch einmal so viele und noch halb so viele wären, so wären wir 30. Die Frage: Wie viele sind es gewesen?".
Eventuell kann diese Aufgabe den Kindern in folgender moderner Version gestellt werden:
„Ein Mann fragt einen Angler: ‚Hast du 30 Fische gefangen?' Der Angler antwortet: ‚Nein. Wenn es noch einmal so viele Fische wären, wie ich habe, und noch die Hälfte dazu, dann wären es 30.'"
Zu lösen ist diese Aufgabe mit der Strategie des Probierens (vgl. „Legen und überlegen" bei Zahlenmauern und Rechendreiecken): Wenn es 10 Fische wären, so ergäbe die Rechnung 10 + 10 + 5 = 25, dies sind zu wenige ... 11 Fische können es nicht sein, weil man von 11 (ungerade!) nicht die Hälfte nehmen kann ...

Wie könnte es weitergehen?
– Die Kinder könnten zum Abschluss das ganze „Zahlenbuch" noch einmal durchblättern und sich bewusst machen, was sie im Laufe des Jahres alles gelernt haben.
– Vielleicht entwerfen die Kinder ein kleines Rechenbüchlein (Rechenblatt) für die Kinder, die nach den Ferien neu eingeschult werden und das Einspluseins erst noch erlernen müssen.

Literatur
Adam Ries:
Deschauer, S.: Das zweite Rechenbuch von ADAM RIES. Eine moderne Textfassung mit Kommentar und metrologischem Anhang und einer Einführung in Leben und Werk des Rechenmeisters. Vieweg, Braunschweig/Wiesbaden 1992
Mandalas:
Bernhardt, A.: Mit Mandalas lernen. Klett 1996
Mandalas für kleine Künstler. Ravensburg 1999
Dahlke, R.: Mandalas der Welt. Hugendubel, München 1985

Zählbilder, Kopiervorlagen und Lernzielkontrollen

Anmerkungen zu den Lernzielkontrollen

Die Lernzielkontrollen sind als ein Angebot zu verstehen. Sie können der jeweiligen Klassensituation entsprechend variiert und erweitert werden. Im 1. Schuljahr wird dabei vor allem das Fundament der Arithmetik und der Größenbereich Geld überprüft. Durch das Fortsetzen von „Schönen Päckchen", durch „Probieren an Zahlenmauern und Rechendreiecken" werden aber auch allgemeine Lernziele angesprochen.

Auf eine notwendige Erweiterung soll hier besonders hingewiesen werden: Von der ersten Lernzielkontrolle an können neben Kopfrechenaufgaben auch einfache Sachaufgaben, wie sie im Sach-Vorkurs ab S. 36 beschrieben werden, von der Lehrerin den Kindern mündlich vorgegeben werden. Diese werden dann unter Zuhilfenahme von Plättchen, Rechengeld oder der Zahlreihe von den Kindern bearbeitet und das Ergebnis auf der Rückseite des Blattes oder im Heft notiert. (Beispiel: Ina ist heute 8 Jahre alt. Wie alt ist sie in 3 Jahren?) So lässt sich das notwendige Grundverständnis für Sachrechnen angemessen überprüfen, ohne Kinder mit Leseschwierigkeiten zu benachteiligen.

Erzähle und zähle

Das Zahlenbuch 1. Schuljahr   Zählbild 1
© ERNST KLETT GRUNDSCHULVERLAG GmbH, Leipzig 2000. Von dieser Kopiervorlage ist die Vervielfältigung für den eigenen Unterrichtsgebrauch gestattet.

Erzähle und zähle

Das Zahlenbuch 1. Schuljahr

Zählbild 2

© ERNST KLETT GRUNDSCHULVERLAG GmbH, Leipzig 2000. Von dieser Kopiervorlage ist die Vervielfältigung für den eigenen Unterrichtsgebrauch gestattet.

Erzähle und zähle

Das Zahlenbuch 1. Schuljahr   **Zählbild 3**
© ERNST KLETT GRUNDSCHULVERLAG GmbH, Leipzig 2000. Von dieser Kopiervorlage ist die Vervielfältigung für den eigenen Unterrichtsgebrauch gestattet.

Erzähle und zähle

Das Zahlenbuch 1. Schuljahr Zählbild 4
© ERNST KLETT GRUNDSCHULVERLAG GmbH, Leipzig 2000. Von dieser Kopiervorlage ist die Vervielfältigung für den eigenen Unterrichtsgebrauch gestattet.

Erzähle und zähle

Das Zahlenbuch 1. Schuljahr Zählbild 5/6
© ERNST KLETT GRUNDSCHULVERLAG GmbH, Leipzig 2000. Von dieser Kopiervorlage ist die Vervielfältigung für den eigenen Unterrichtsgebrauch gestattet.

Das Zahlenbuch 1. Schuljahr

Kopiervorlage 1

© ERNST KLETT GRUNDSCHULVERLAG GmbH, Leipzig 2000. Von dieser Kopiervorlage ist die Vervielfältigung für den eigenen Unterrichtsgebrauch gestattet.

Das Zahlenbuch 1. Schuljahr
© ERNST KLETT GRUNDSCHULVERLAG GmbH, Leipzig 2000. Von dieser Kopiervorlage ist die Vervielfältigung für den eigenen Unterrichtsgebrauch gestattet.

Kopiervorlage 2

Zahlenquartette

Das Zahlenbuch 1. Schuljahr

Kopiervorlage 3

© ERNST KLETT GRUNDSCHULVERLAG GmbH, Leipzig 2000. Von dieser Kopiervorlage ist die Vervielfältigung für den eigenen Unterrichtsgebrauch gestattet.

Das Zahlenbuch 1. Schuljahr

Kopiervorlage 4

© ERNST KLETT GRUNDSCHULVERLAG GmbH, Leipzig 2000. Von dieser Kopiervorlage ist die Vervielfältigung für den eigenen Unterrichtsgebrauch gestattet.

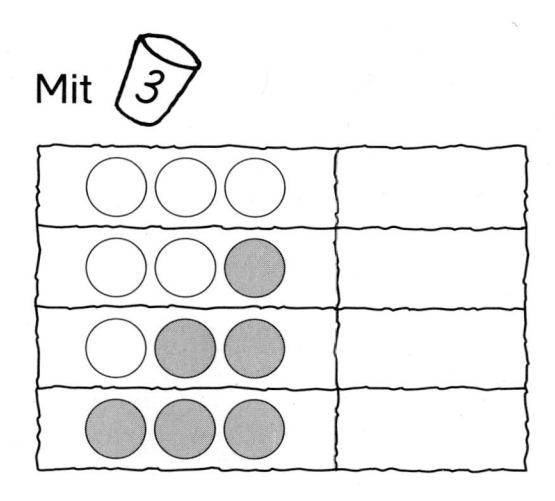

Plättchen werfen

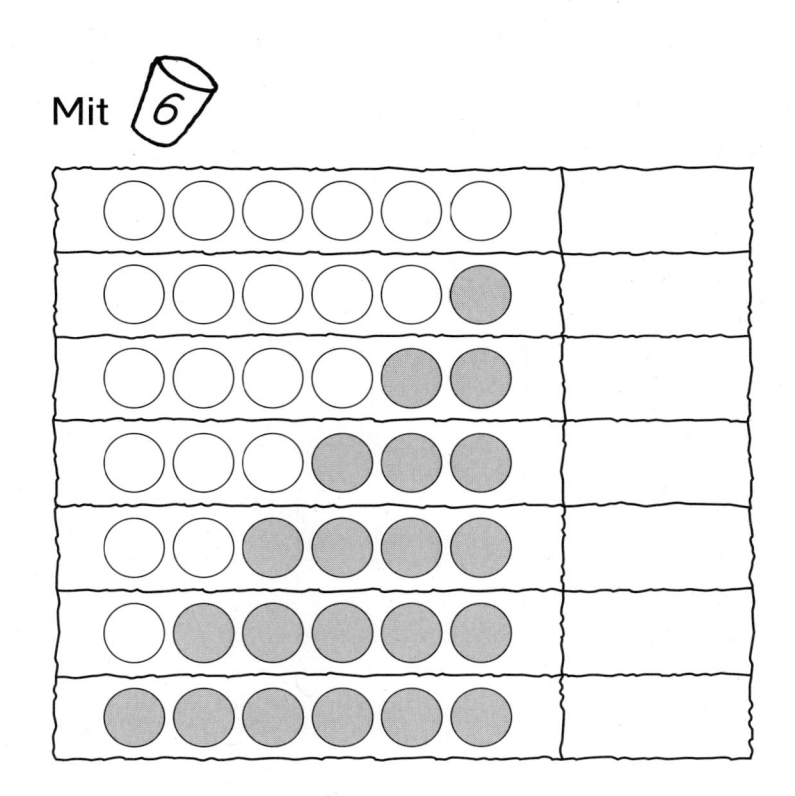

Mit 3

Mit 6

Das Zahlenbuch 1. Schuljahr Kopiervorlage 5
© ERNST KLETT GRUNDSCHULVERLAG GmbH, Leipzig 2000. Von dieser Kopiervorlage ist die Vervielfältigung für den eigenen Unterrichtsgebrauch gestattet.

Plättchen werfen

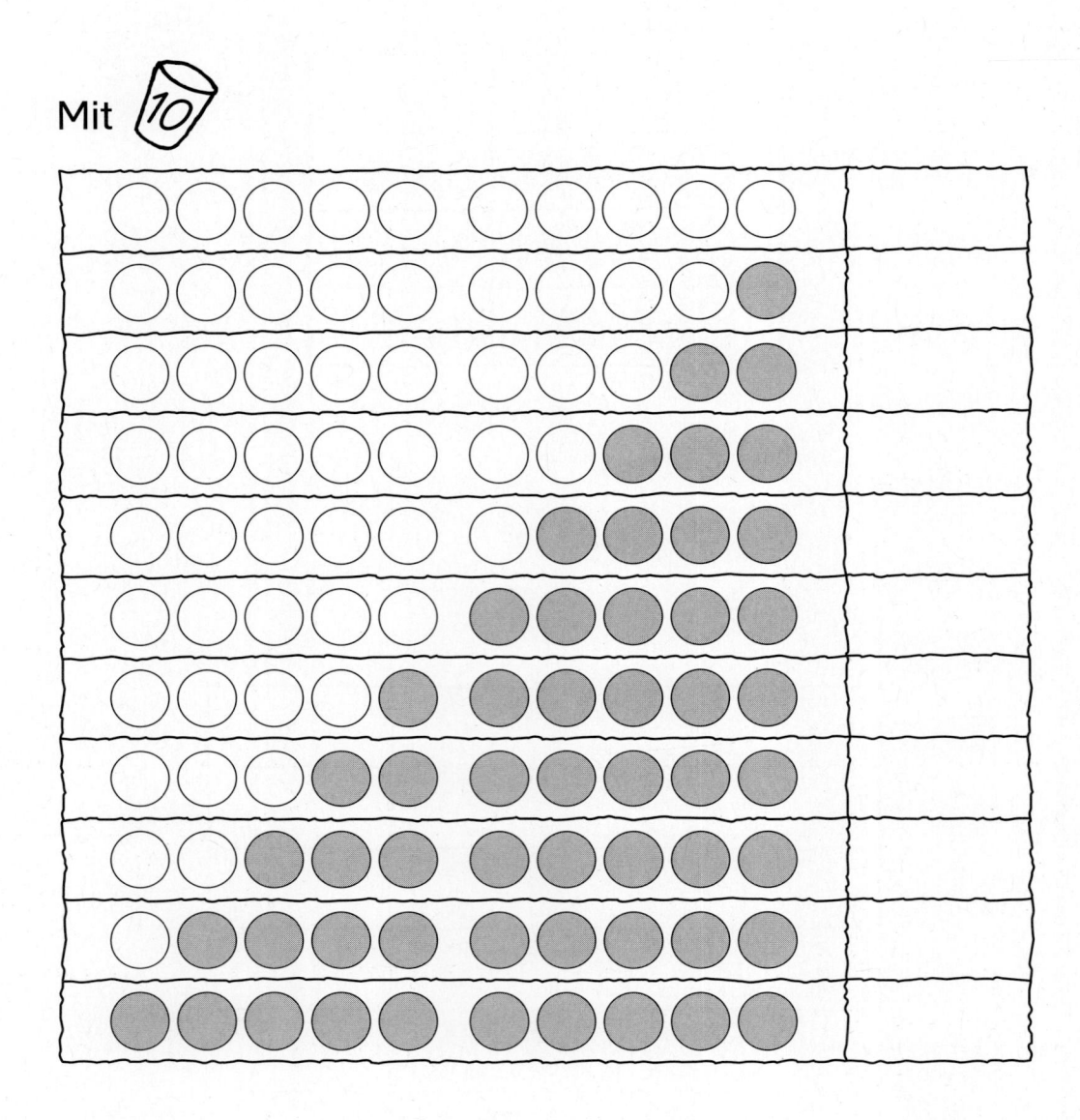

Mit 10

Das Zahlenbuch 1. Schuljahr Kopiervorlage 6
© ERNST KLETT GRUNDSCHULVERLAG GmbH, Leipzig 2000. Von dieser Kopiervorlage ist die Vervielfältigung für den eigenen Unterrichtsgebrauch gestattet.

Das Zahlenbuch 1. Schuljahr   **Kopiervorlage 7**

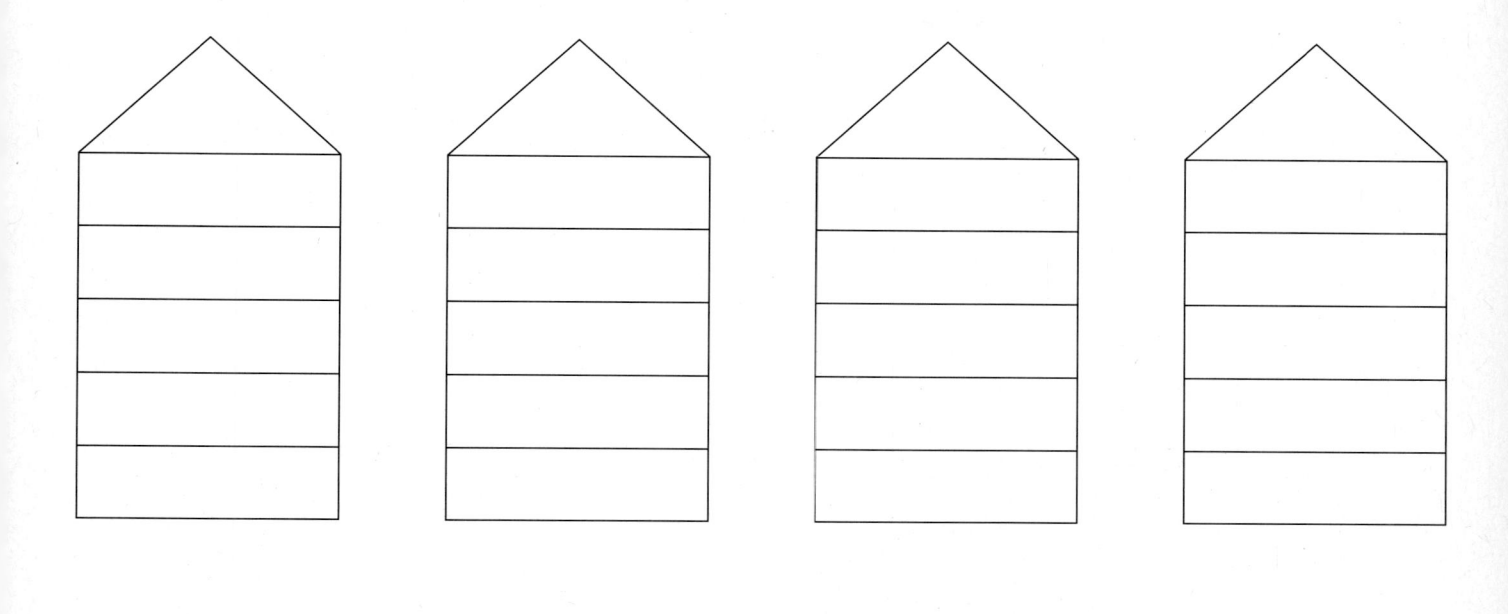

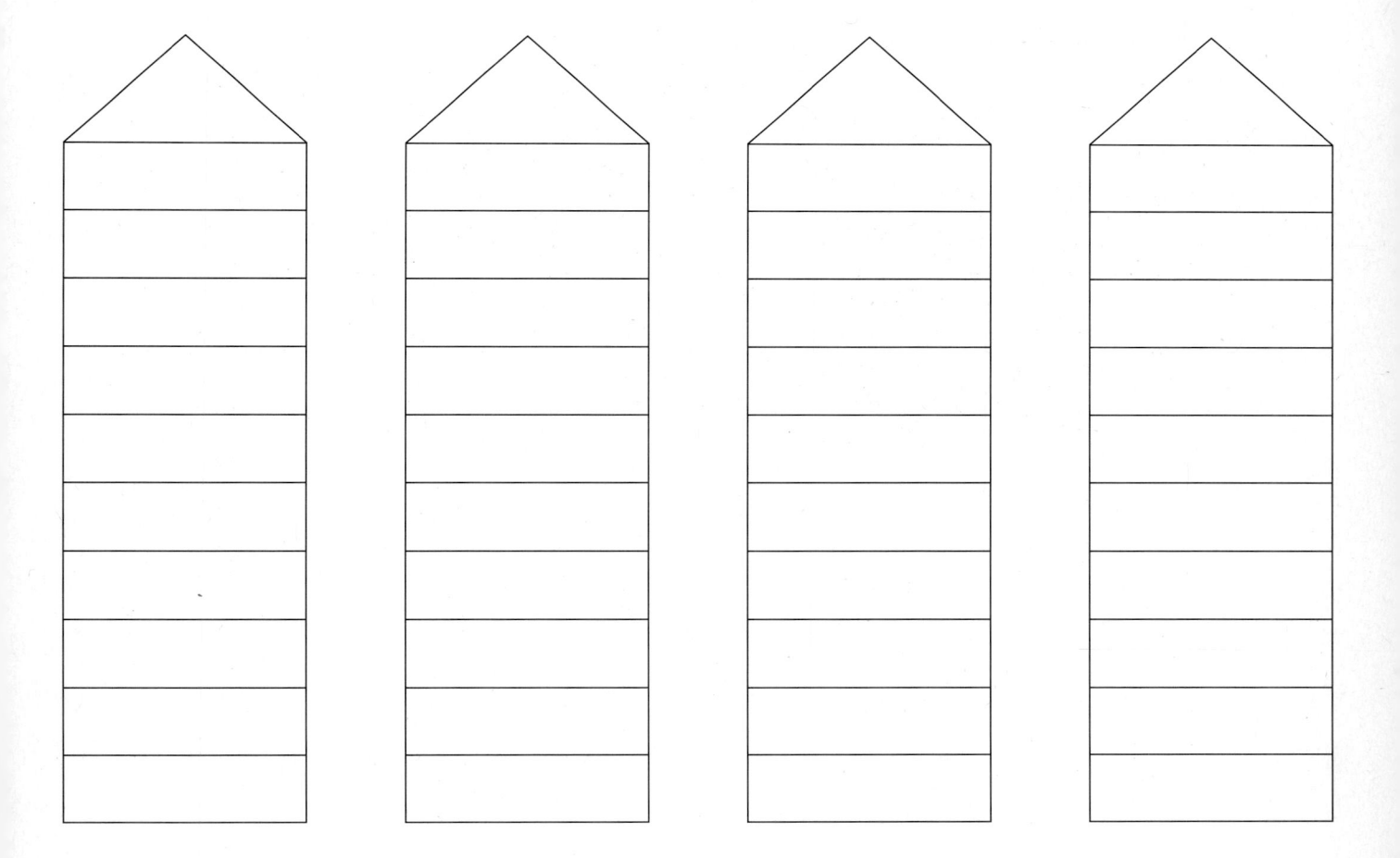

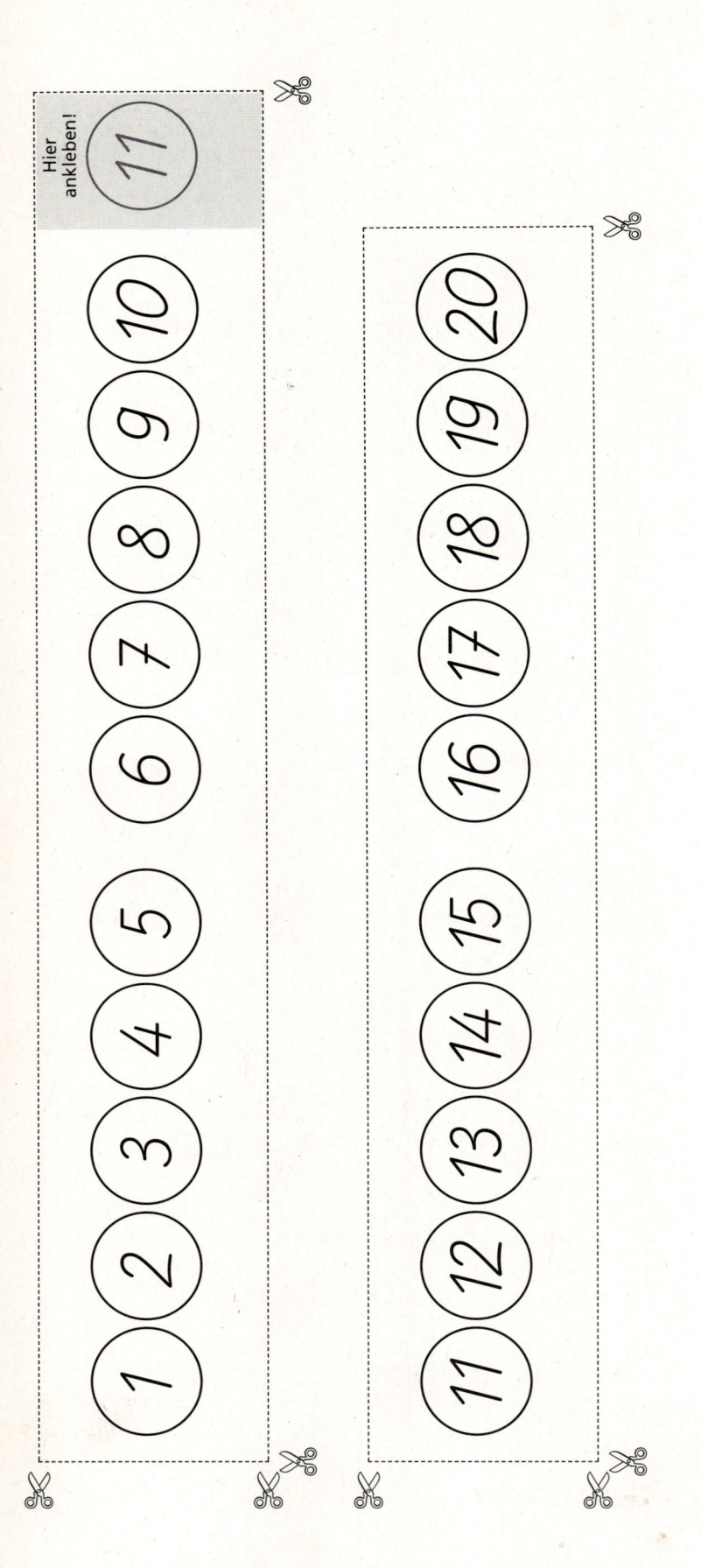

Hier ankleben! 11

1 2 3 4 5 6 7 8 9 10

11 12 13 14 15 16 17 18 19 20

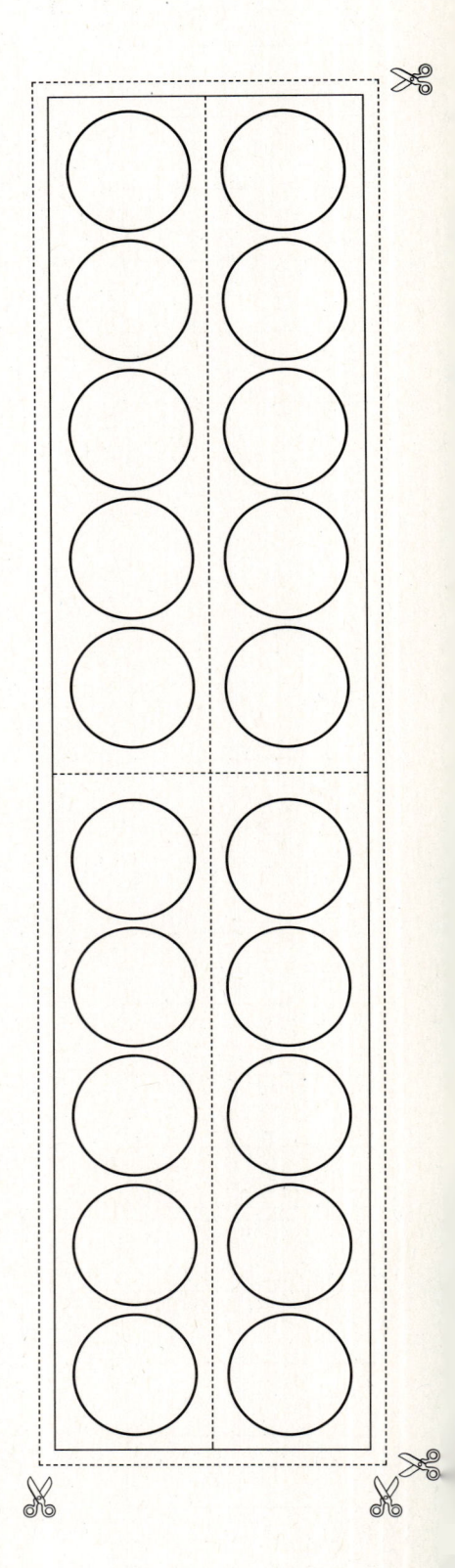

Das Zahlenbuch 1. Schuljahr
© ERNST KLETT GRUNDSCHULVERLAG GmbH, Leipzig 2000. Von dieser Kopiervorlage ist die Vervielfältigung für den eigenen Unterrichtsgebrauch gestattet.

Kopiervorlage 8

Das Zahlenbuch 1. Schuljahr

Kopiervorlage 9

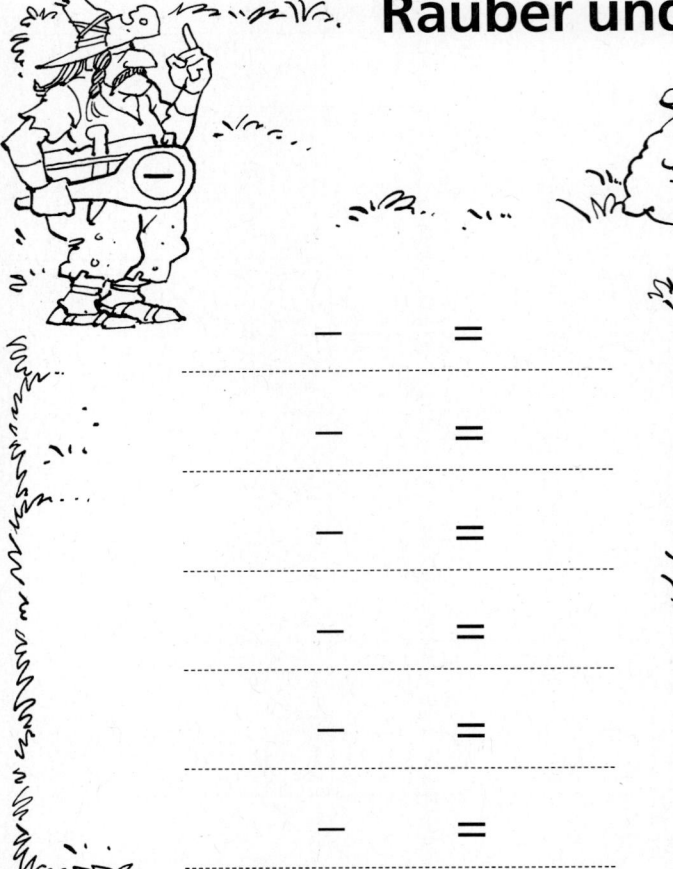

Räuber und Goldschatz

_ − _ = _

_ − _ = _

_ − _ = _

_ − _ = _

_ − _ = _

_ − _ = _

_ − _ = _

10 + 2 = 12

8 + 6 = 14

13 + 5 = 18

15 + 4 = 19

14 + 1 = 15

12 + 5 = 17

16 + 5 =

Räuber und Goldschatz

_ − _ = _

_ − _ = _

_ − _ = _

_ − _ = _

_ − _ = _

_ − _ = _

_ − _ = _

10 + 2 = 12

8 + 6 = 14

13 + 5 = 18

15 + 4 = 19

14 + 1 = 15

12 + 5 = 17

16 + 5 =

Das Zahlenbuch 1. Schuljahr

Räuber und Goldschatz

                                                          +   =

14 − 5 = 9   +   =

11 − 6 = 5   +   =

10 − 3 = 7   +   =

8 − 2 = 6   +   =

9 − 5 = 4   +   =

5 − 6 =   +   =

Räuber und Goldschatz

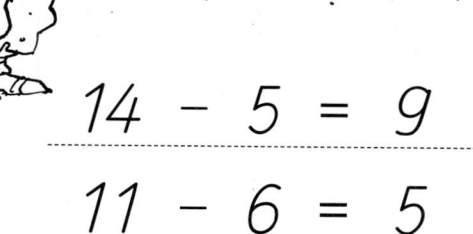

                                                          +   =

14 − 5 = 9   +   =

11 − 6 = 5   +   =

10 − 3 = 7   +   =

8 − 2 = 6   +   =

9 − 5 = 4   +   =

5 − 6 =   +   =

Das Zahlenbuch 1. Schuljahr

© ERNST KLETT GRUNDSCHULVERLAG GmbH, Leipzig 2000. Von dieser Kopiervorlage ist die Vervielfältigung für den eigenen Unterrichtsgebrauch gestattet.

Räuber und Goldschatz

― 2 =
― = 12
― 6 =
― = 13
― =
― = 15

10 + 3 =
＋ 5 =
＋ 3 =
9 + = 14
＋ 5 =
16 + = 17
＋ 6 =

Räuber und Goldschatz

― 2 =
― = 12
― 6 =
― = 13
― =
― = 15

10 + 3 =
＋ 5 =
＋ 3 =
9 + = 14
＋ 5 =
16 + = 17
＋ 6 =

Das Zahlenbuch 1. Schuljahr   Kopiervorlage 12

Das Zahlenbuch 1. Schuljahr   **Kopiervorlage 13**

Das Zahlenbuch 1. Schuljahr Kopiervorlage 14
© ERNST KLETT GRUNDSCHULVERLAG GmbH, Leipzig 2000. Von dieser Kopiervorlage ist die Vervielfältigung für den eigenen Unterrichtsgebrauch gestattet.

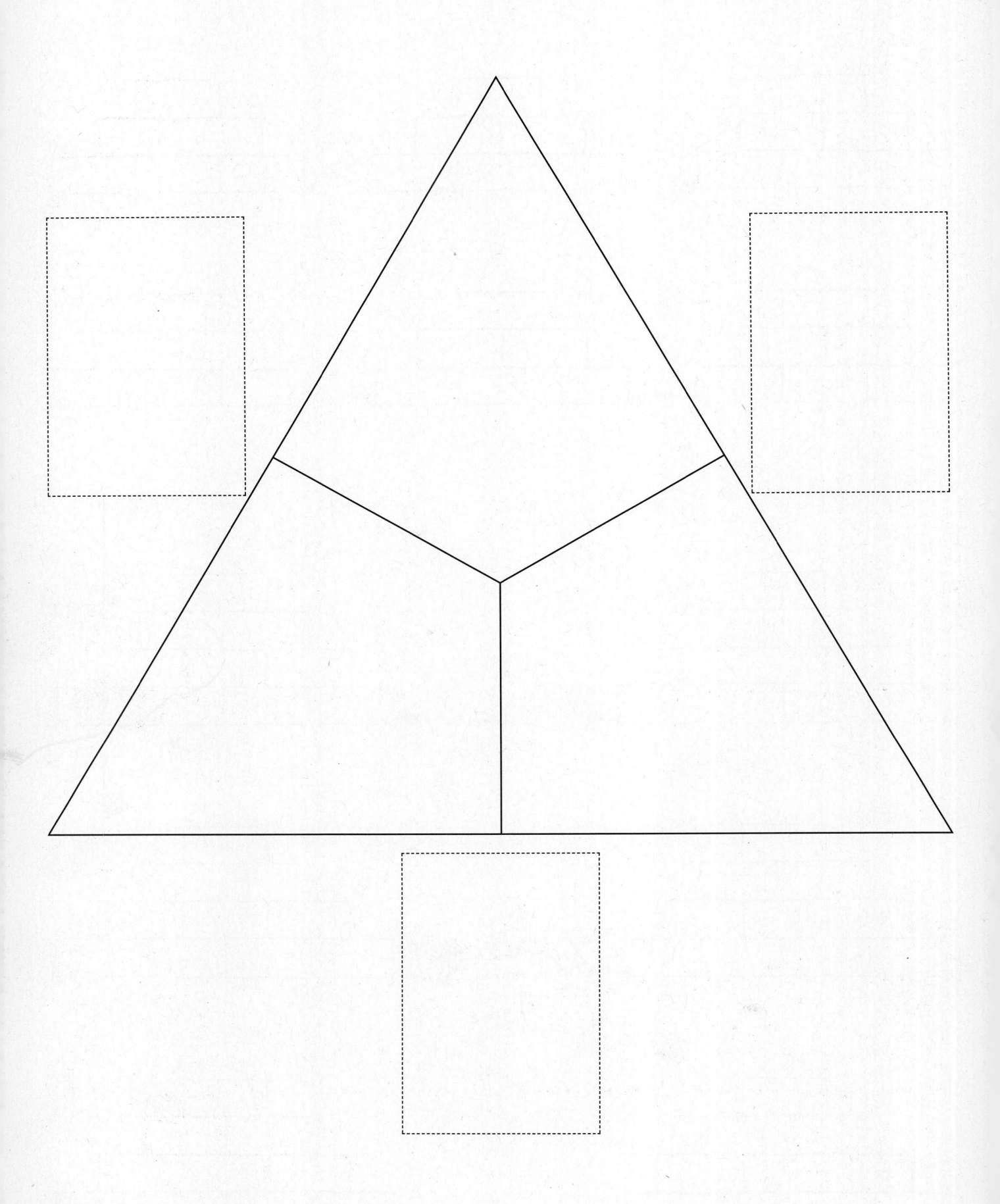

Das Zahlenbuch 1. Schuljahr
© ERNST KLETT GRUNDSCHULVERLAG GmbH, Leipzig 2000. Von dieser Kopiervorlage ist die Vervielfältigung für den eigenen Unterrichtsgebrauch gestattet.

Kopiervorlage 15

Das Zahlenbuch 1. Schuljahr

Kopiervorlage 16

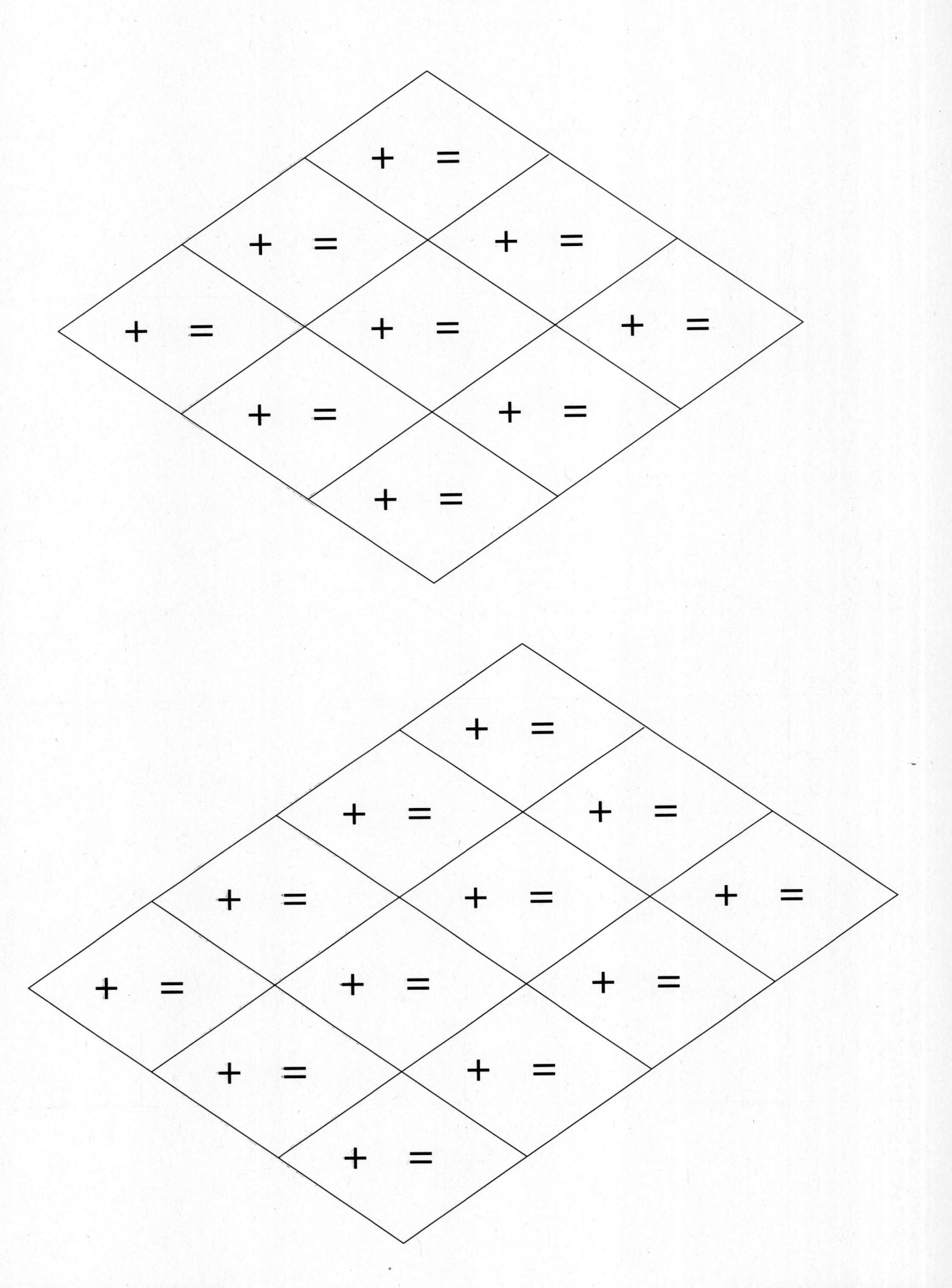

© ERNST KLETT GRUNDSCHULVERLAG GmbH, Leipzig 2000. Von dieser Kopiervorlage ist die Vervielfältigung für den eigenen Unterrichtsgebrauch gestattet.

Blau gegen Rot

⑨ ⑩ ⑪ ⑫ ⑬ ⑭ ⑮ ⑯ ⑰

10+3	10+4	10+5	10+6	10+7			
9+3	9+4	9+5	9+6	9+7			
8+3	8+4	8+5	8+6	8+7			
7+3	7+4	7+5	7+6	7+7			
6+3	6+4	6+5	6+6	6+7			

Das Zahlenbuch 1. Schuljahr

Kopiervorlage 17

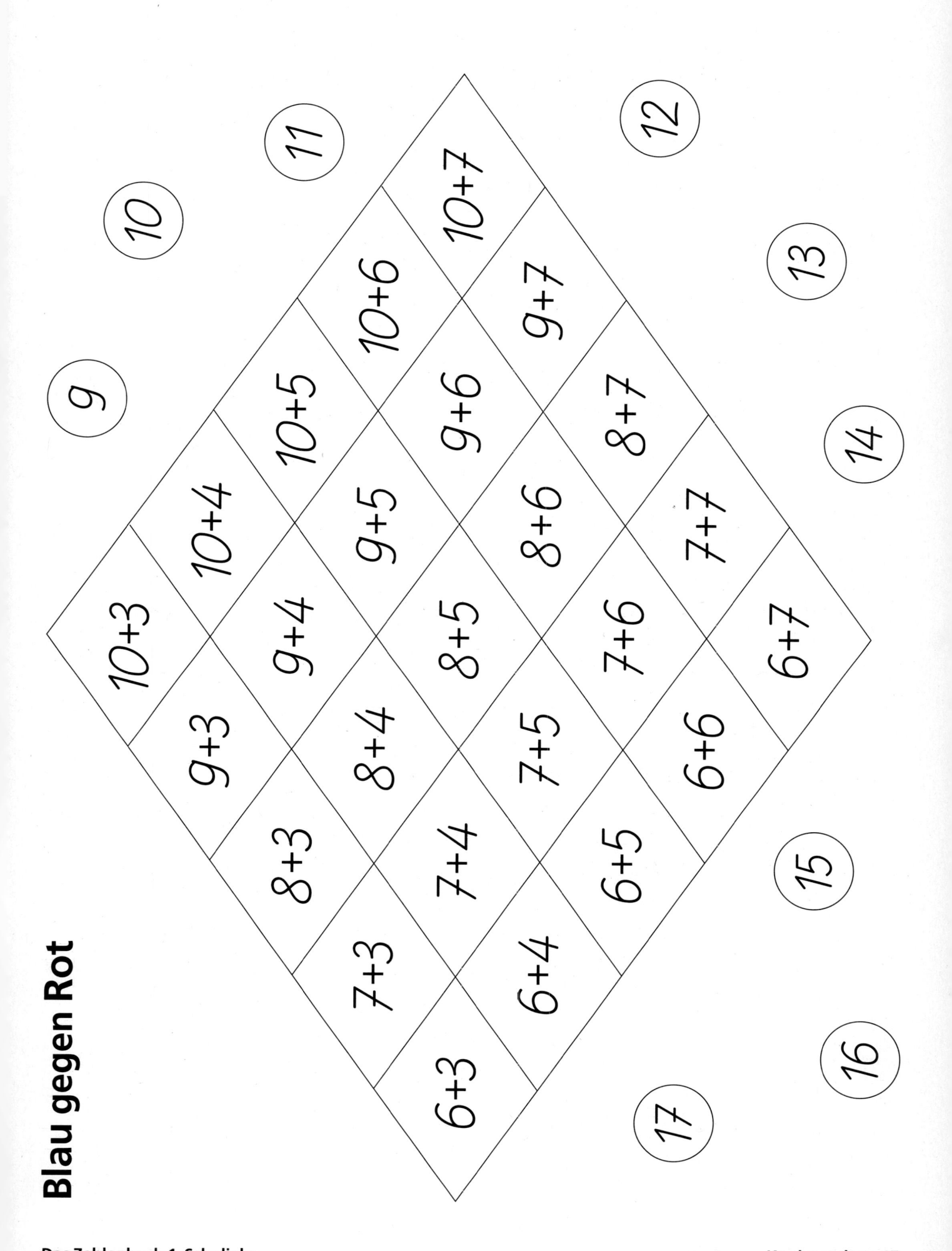

© ERNST KLETT GRUNDSCHULVERLAG GmbH, Leipzig 2000. Von dieser Kopiervorlage ist die Vervielfältigung für den eigenen Unterrichtsgebrauch gestattet.

Blau gegen Rot

Das Zahlenbuch 1. Schuljahr
© ERNST KLETT GRUNDSCHULVERLAG GmbH, Leipzig 2000. Von dieser Kopiervorlage ist die Vervielfältigung für den eigenen Unterrichtsgebrauch gestattet.

Kopiervorlage 18

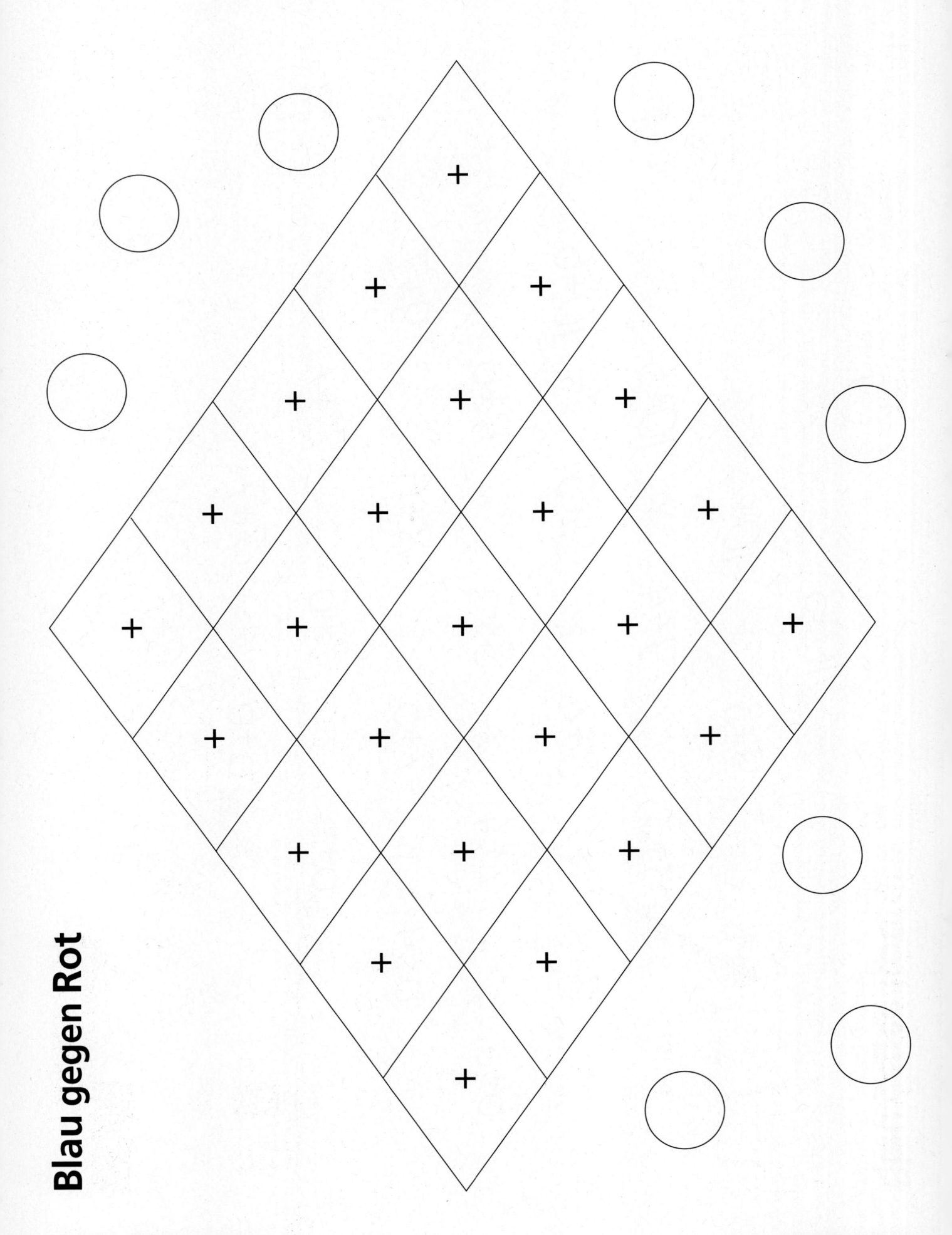

Einspluseins-Tafel

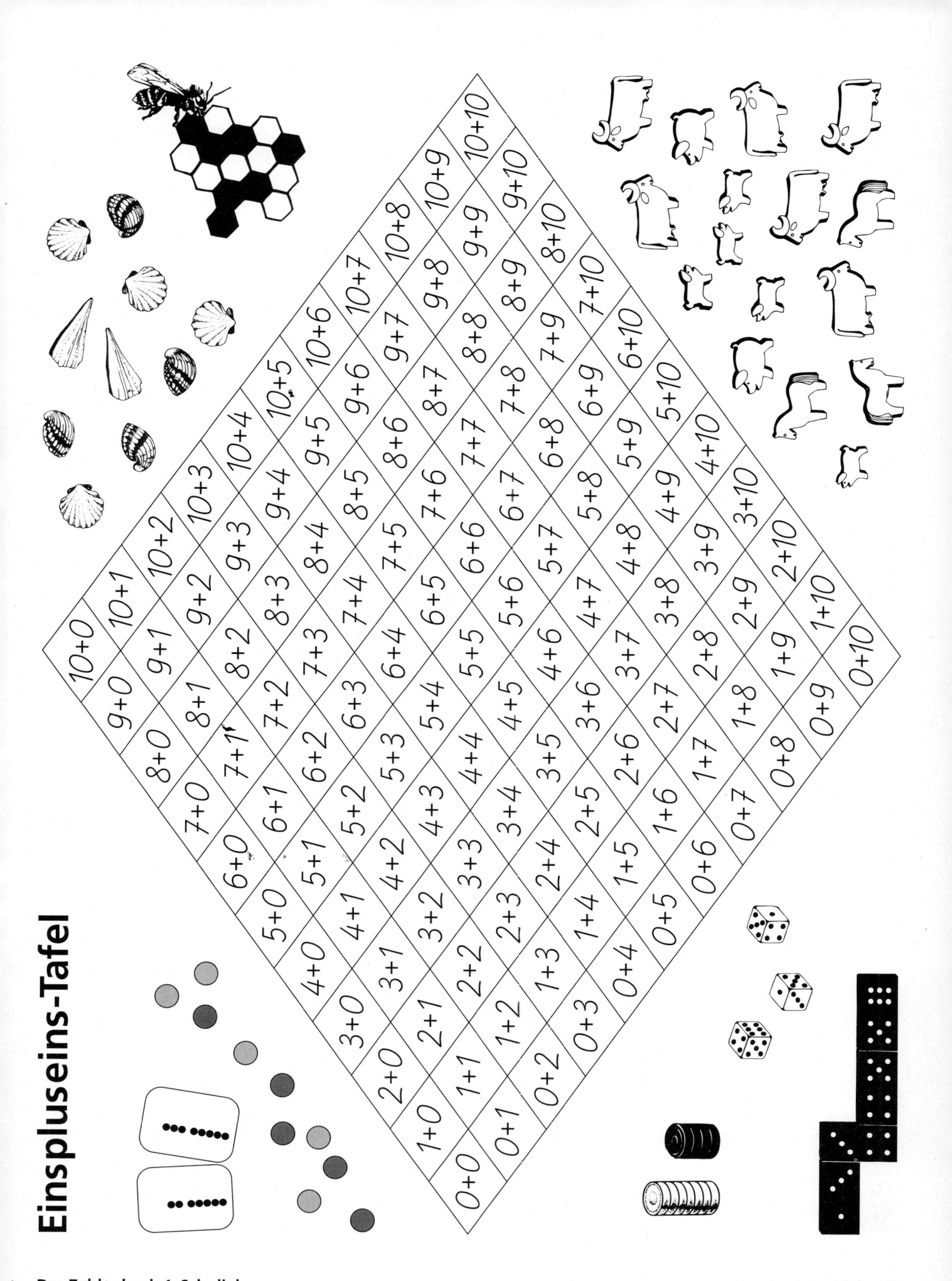

10+0	10+1	10+2	10+3	10+4	10+5	10+6	10+7	10+8	10+9	10+10
9+0	9+1	9+2	9+3	9+4	9+5	9+6	9+7	9+8	9+9	9+10
8+0	8+1	8+2	8+3	8+4	8+5	8+6	8+7	8+8	8+9	8+10
7+0	7+1	7+2	7+3	7+4	7+5	7+6	7+7	7+8	7+9	7+10
6+0	6+1	6+2	6+3	6+4	6+5	6+6	6+7	6+8	6+9	6+10
5+0	5+1	5+2	5+3	5+4	5+5	5+6	5+7	5+8	5+9	5+10
4+0	4+1	4+2	4+3	4+4	4+5	4+6	4+7	4+8	4+9	4+10
3+0	3+1	3+2	3+3	3+4	3+5	3+6	3+7	3+8	3+9	3+10
2+0	2+1	2+2	2+3	2+4	2+5	2+6	2+7	2+8	2+9	2+10
1+0	1+1	1+2	1+3	1+4	1+5	1+6	1+7	1+8	1+9	1+10
0+0	0+1	0+2	0+3	0+4	0+5	0+6	0+7	0+8	0+9	0+10

Das Zahlenbuch 1. Schuljahr

Kopiervorlage 19

© ERNST KLETT GRUNDSCHULVERLAG GmbH, Leipzig 2000. Von dieser Kopiervorlage ist die Vervielfältigung für den eigenen Unterrichtsgebrauch gestattet.

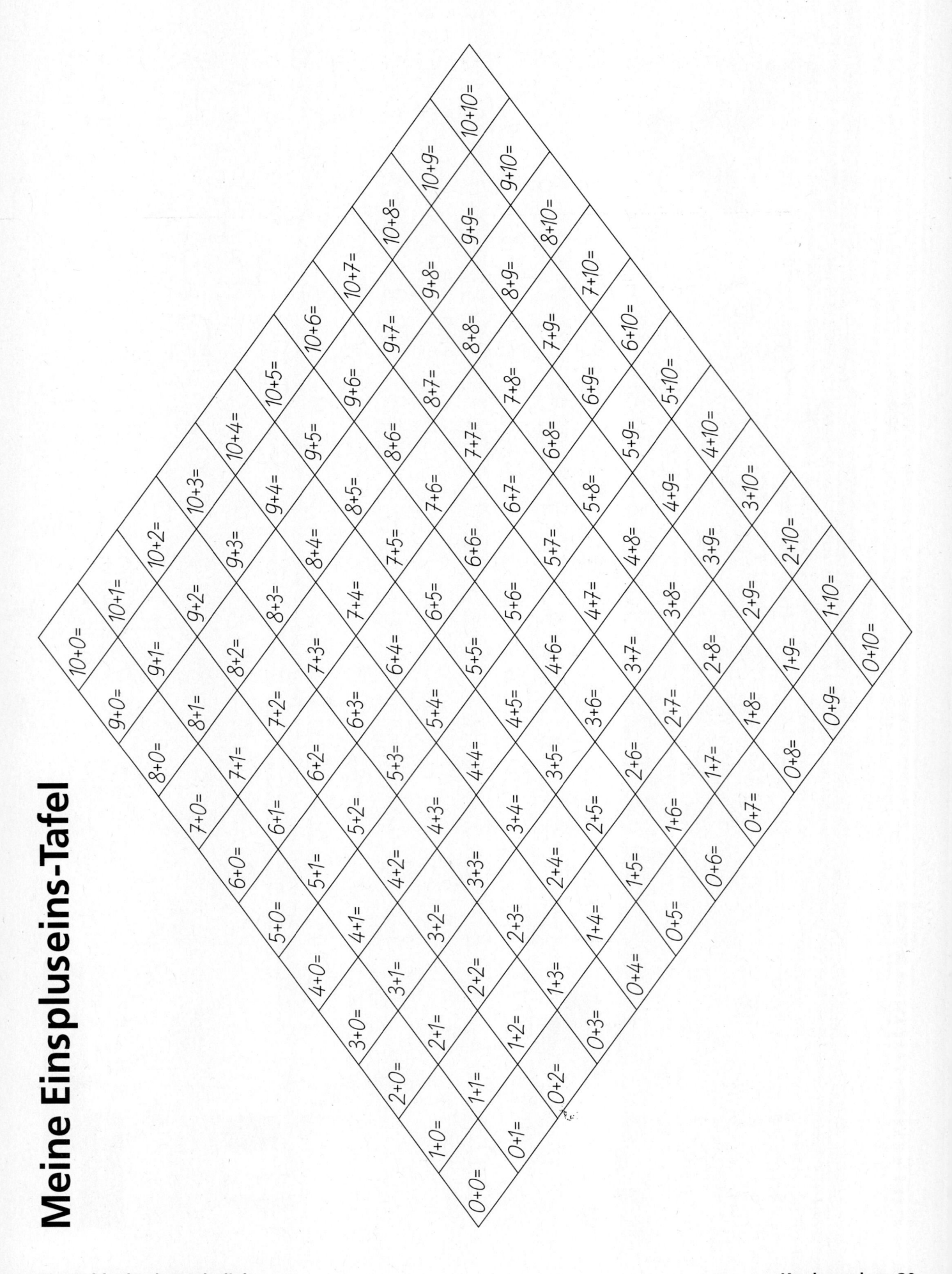

Meine Einspluseins-Tafel

Das Zahlenbuch 1. Schuljahr

Kopiervorlage 20

© ERNST KLETT GRUNDSCHULVERLAG GmbH, Leipzig 2000. Von dieser Kopiervorlage ist die Vervielfältigung für den eigenen Unterrichtsgebrauch gestattet.

Wege auf der Einspluseins-Tafel

1.

1 + 9 =	4 + 5 =	7 + 10 =
2 + 9 =	___ + ___ = 10	7 + 9 =
___ + ___ = 11	___ + ___ = 11	___ + ___ = 15
___ + ___ = 11	___ + ___ = 12	___ + ___ = 14
5 + 6 =	7 + 6 =	4 + 9 =

2.

6 + 2 =	9 + 3 =	10 + 10 =
___ + ___ = 10	8 + 4 =	___ + ___ = 19
___ + ___ = 12	___ + ___ = 11	___ + ___ = 18
___ + ___ = 14	___ + ___ = 10	___ + ___ = 18
10 + 5 =	5 + 5 =	10 + 8 =

3.

8 + 4 =	8 + 4 =	8 + 4 =
___ + ___ = 13	___ + ___ = 11	___ + ___ = 13
___ + ___ = 14	___ + ___ = 10	___ + ___ = 14
___ + ___ = 12	___ + ___ = 9	___ + ___ = 15
8 + 4 =	8 + 0 =	9 + 7 =

4.

8 + 8 =	6 + 6 =	7 + 3 =
___ + ___ = 17	___ + ___ = 13	___ + ___ = 11
___ + ___ = 16	___ + ___ = 12	___ + ___ = 12
___ + ___ = 15	___ + ___ = 11	___ + ___ = 11
7 + 7 =	5 + 5 = 10	8 + 2 =

Das Zahlenbuch 1. Schuljahr

© ERNST KLETT GRUNDSCHULVERLAG GmbH, Leipzig 2000. Von dieser Kopiervorlage ist die Vervielfältigung für den eigenen Unterrichtsgebrauch gestattet.

Einspluseins umgekehrt

	20-10=
19-9=	19-10=
18-8=	18-9=	18-10=
17-7=	17-8=	17-9=	17-10=
16-6=	16-7=	16-8=	16-9=	16-10=
15-5=	15-6=	15-7=	15-8=	15-9=	15-10=
14-4=	14-5=	14-6=	14-7=	14-8=	14-9=	14-10=
13-3=	13-4=	13-5=	13-6=	13-7=	13-8=	13-9=	13-10=
12-2=	12-3=	12-4=	12-5=	12-6=	12-7=	12-8=	12-9=	12-10=
11-1=	11-2=	11-3=	11-4=	11-5=	11-6=	11-7=	11-8=	11-9=	11-10=
10-0=	10-1=	10-2=	10-3=	10-4=	10-5=	10-6=	10-7=	10-8=	10-9=	10-10=
9-0=	9-1=	9-2=	9-3=	9-4=	9-5=	9-6=	9-7=	9-8=	9-9=
8-0=	8-1=	8-2=	8-3=	8-4=	8-5=	8-6=	8-7=	8-8=
7-0=	7-1=	7-2=	7-3=	7-4=	7-5=	7-6=	7-7=
6-0=	6-1=	6-2=	6-3=	6-4=	6-5=	6-6=
5-0=	5-1=	5-2=	5-3=	5-4=	5-5=
4-0=	4-1=	4-2=	4-3=	4-4=
3-0=	3-1=	3-2=	3-3=
2-0=	2-1=	2-2=
1-0=	1-1=
0-0=

Das Zahlenbuch 1. Schuljahr Kopiervorlage 22
© ERNST KLETT GRUNDSCHULVERLAG GmbH, Leipzig 2000. Von dieser Kopiervorlage ist die Vervielfältigung für den eigenen Unterrichtsgebrauch gestattet.

Ostereier

Der Osterhase
bemalt Ostereier in den Farben
Rot, Gelb und Blau.

Er legt immer ____ Eier in ein Nest.
Wie viele verschiedene Möglichkeiten
hat der Osterhase?

rote	gelbe	blaue	Nest

Das Zahlenbuch 1. Schuljahr **Kopiervorlage 23**
© ERNST KLETT GRUNDSCHULVERLAG GmbH, Leipzig 2000. Von dieser Kopiervorlage ist die Vervielfältigung für den eigenen Unterrichtsgebrauch gestattet.

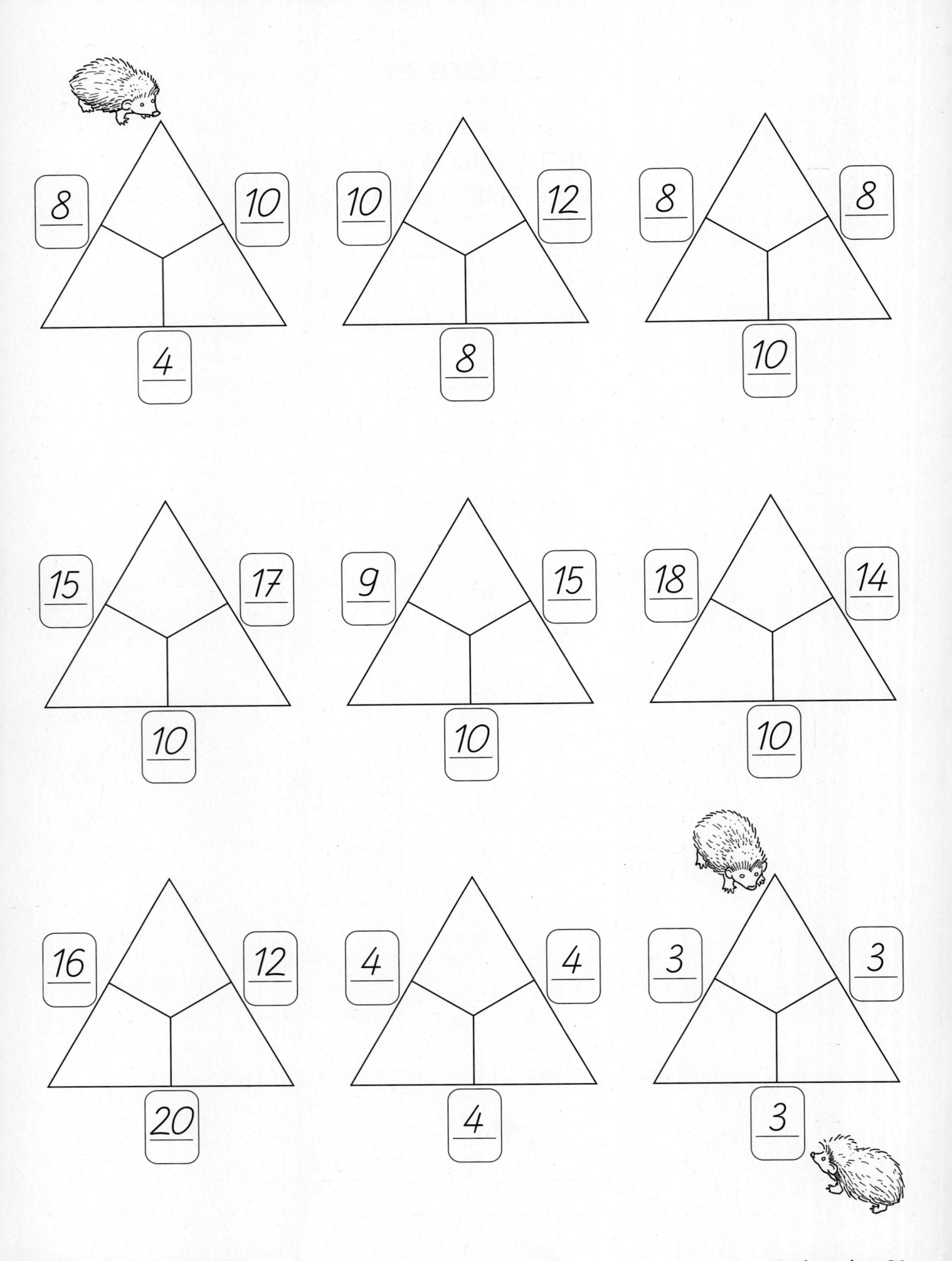

Das Zahlenbuch 1. Schuljahr **Kopiervorlage 24**

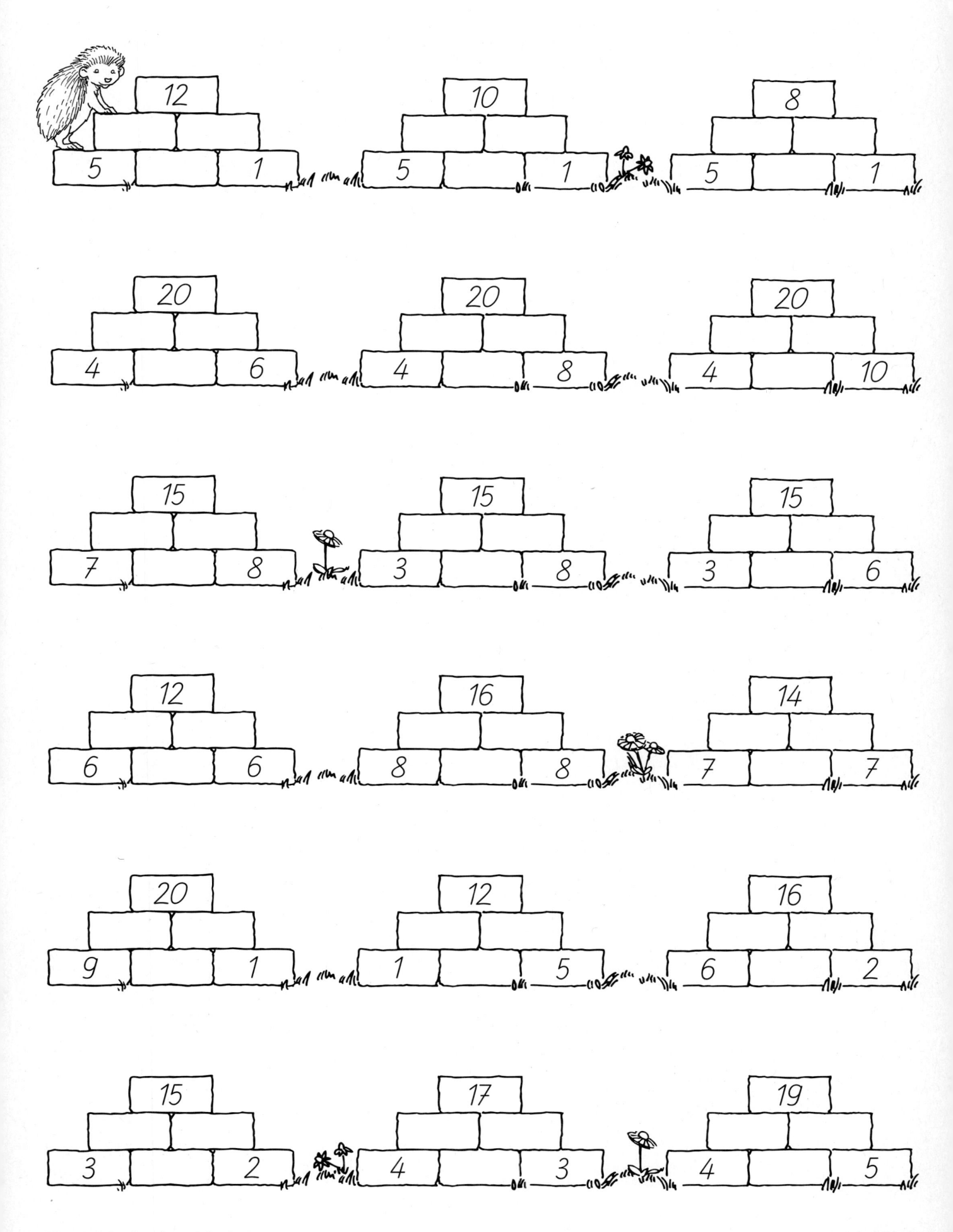

Zahlenmauern

Oben	Mitte	Unten links	Unten rechts
12		5	1
10		5	1
8		5	1
20		4	6
20		4	8
20		4	10
15		7	8
15		3	8
15		3	6
12		6	6
16		8	8
14		7	7
20		9	1
12		1	5
16		6	2
15		3	2
17		4	3
19		4	5

Das Zahlenbuch 1. Schuljahr

Kopiervorlage 25

© ERNST KLETT GRUNDSCHULVERLAG GmbH, Leipzig 2000. Von dieser Kopiervorlage ist die Vervielfältigung für den eigenen Unterrichtsgebrauch gestattet.

ECKENHAUSEN

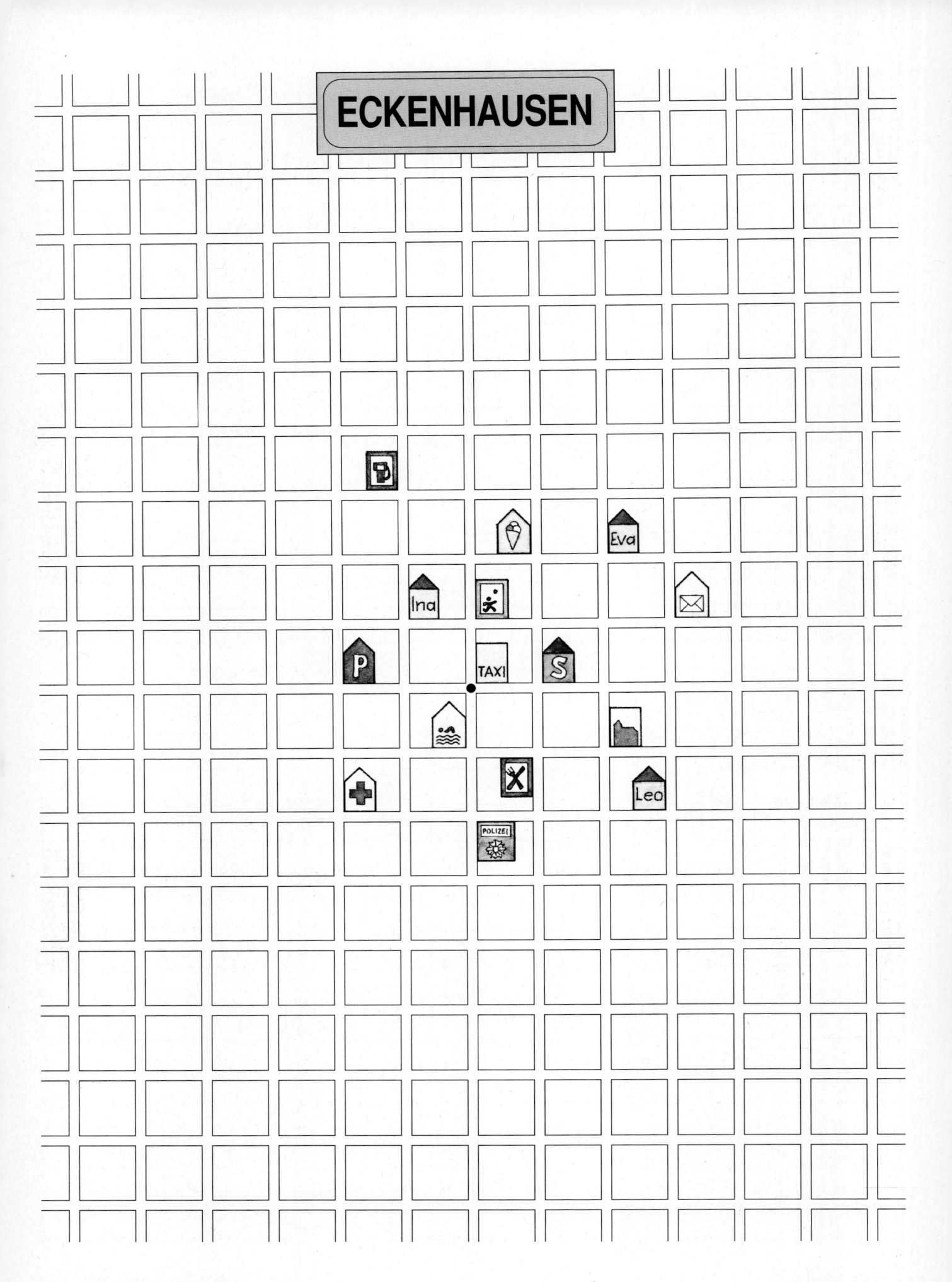

Das Zahlenbuch 1. Schuljahr   **Kopiervorlage 26**

© ERNST KLETT GRUNDSCHULVERLAG GmbH, Leipzig 2000. Von dieser Kopiervorlage ist die Vervielfältigung für den eigenen Unterrichtsgebrauch gestattet.

XYZ

Telefonbuch
von

Klasse:

ST

DE

OP

IJ

Das Zahlenbuch 1. Schuljahr Kopiervorlage 27
© ERNST KLETT GRUNDSCHULVERLAG GmbH, Leipzig 2000. Von dieser Kopiervorlage ist die Vervielfältigung für den eigenen Unterrichtsgebrauch gestattet.

Das Zahlenbuch 1. Schuljahr Kopiervorlage 28

© ERNST KLETT GRUNDSCHULVERLAG GmbH, Leipzig 2000. Von dieser Kopiervorlage ist die Vervielfältigung für den eigenen Unterrichtsgebrauch gestattet.

Das Zahlenbuch 1. Schuljahr   **Kopiervorlage 29**
© ERNST KLETT GRUNDSCHULVERLAG GmbH, Leipzig 2000. Von dieser Kopiervorlage ist die Vervielfältigung für den eigenen Unterrichtsgebrauch gestattet.

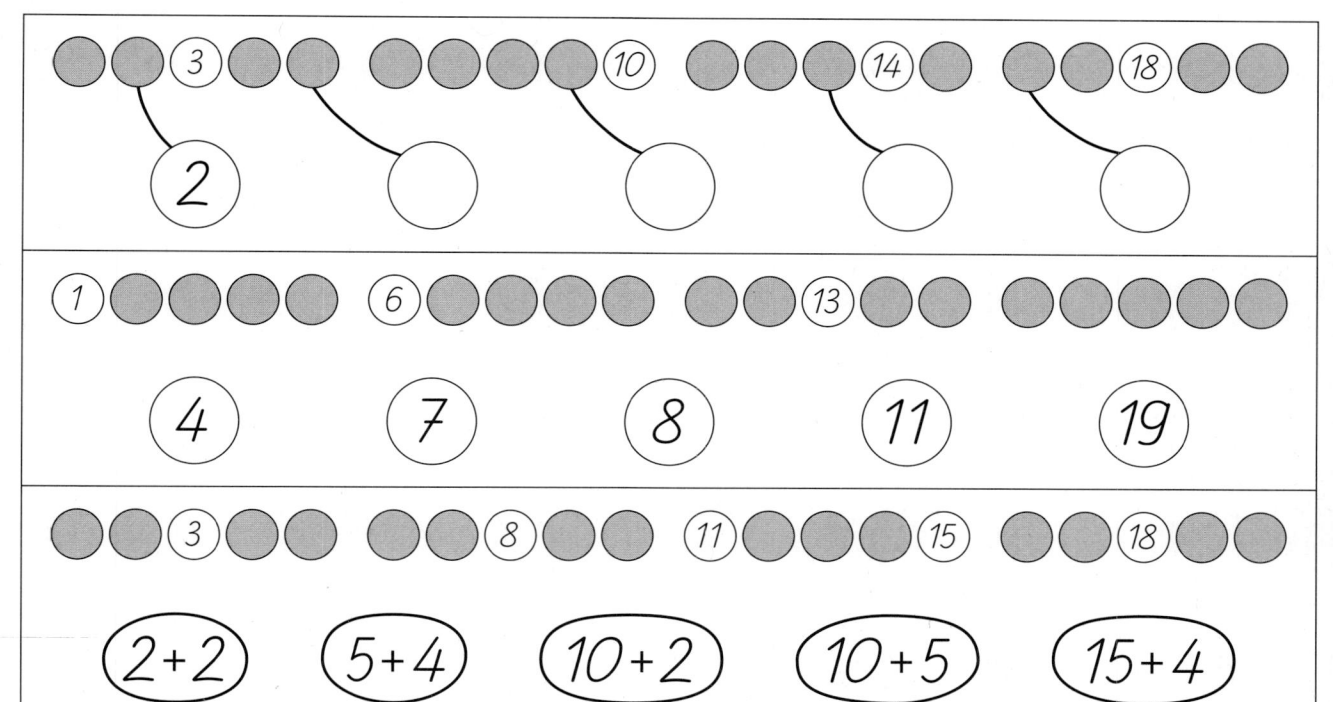

| Name | | Klasse | Datum | 1 |

1.

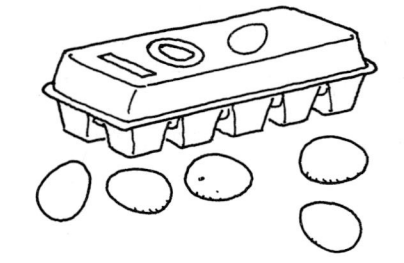

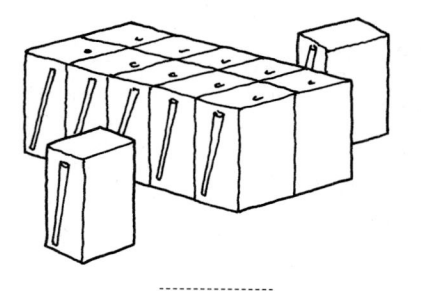

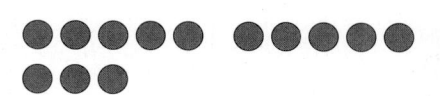

2. Immer 9

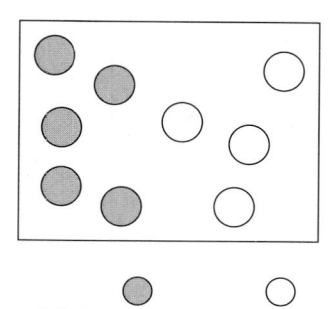

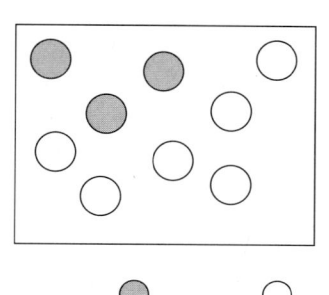

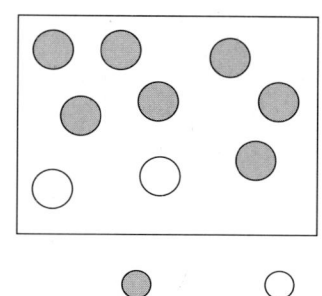

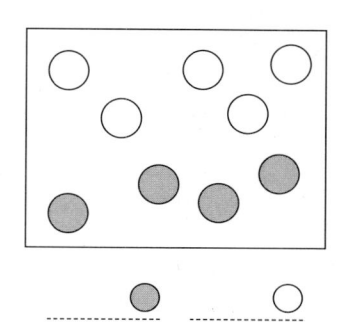

3.

2+2   5+4   10+2   10+5   15+4

Das Zahlenbuch 1. Schuljahr

© ERNST KLETT GRUNDSCHULVERLAG GmbH, Leipzig 2000. Von dieser Kopiervorlage ist die Vervielfältigung für den eigenen Unterrichtsgebrauch gestattet.

Lernzielkontrolle 1

| Name | | Klasse | Datum | 2 |

1.

Zahl	2	5	6	8	10	1	3	4	7
das Doppelte	4								

2.

20
10 +
15 +
19 +
18 +

15
10 +
12 +
14 +
9 +

10
+
+
+
+

12
+
+
+
+

3.
6 + 2 = ____   6 + 6 = ____   4 + 2 = ____   9 + 1 = ____
6 + 3 = ____   7 + 6 = ____   5 + 3 = ____   8 + 3 = ____
7 + 3 = ____   7 + 7 = ____   6 + 4 = ____   7 + 5 = ____
7 + 4 = ____   7 + 8 = ____   7 + 5 = ____   6 + 7 = ____
8 + 5 = ____   9 + 8 = ____   __ + __ =   __ + __ =

4.
2 + 7 = ____
7 + 2 = ____
2 + 17 = ____
17 + 2 = ____
12 + 7 = ____

5. < oder > oder = ?
3 + 6 ☐ 10
4 + 6 ☐ 10
6 + 5 ☐ 10
5 + 7 ☐ 10

Das Zahlenbuch 1. Schuljahr   Lernzielkontrolle 2

| Name | | Klasse | Datum | 3 |

1. 6 − 4 = ___   14 − 4 = ___   12 − 2 = ___   14 − 3 = ___
16 − 4 = ___   14 − 5 = ___   12 − 4 = ___   12 − 3 = ___
7 − 2 = ___   15 − 6 = ___   12 − 6 = ___   10 − 3 = ___
17 − 2 = ___   15 − 7 = ___   12 − 8 = ___   8 − 3 = ___
17 − 3 = ___   16 − 7 = ___   __ − __ = ___   __ − __ = ___

2. Immer 3 Aufgaben

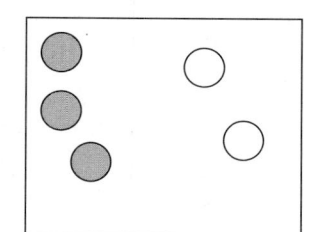

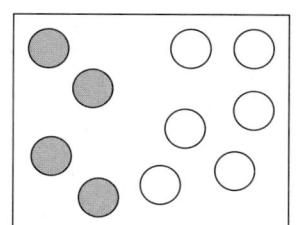

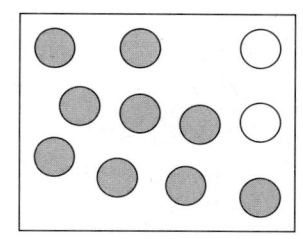

3 + 2 = ___   5 + 3 = ___   4 + 6 = ___   __ + __ = ___
5 − 3 = ___   8 − __ = ___   __ − __ = ___   __ − __ = ___
5 − 2 = ___   __ − __ = ___   __ − __ = ___   __ − __ = ___

3.   6 + 2 + 1 = ___
__ + __ + __ = ___
__ + __ + __ = ___
__ + __ + __ = 9
__ + __ + __ = 9
__ + __ + __ = 9

4.
10 + 4 = ___
14 − 3 = ___
11 + 5 = ___
− 2 = ___
+ 5 = ___
− 2 = ___
+ 4 = ___

Das Zahlenbuch 1. Schuljahr   Lernzielkontrolle 3

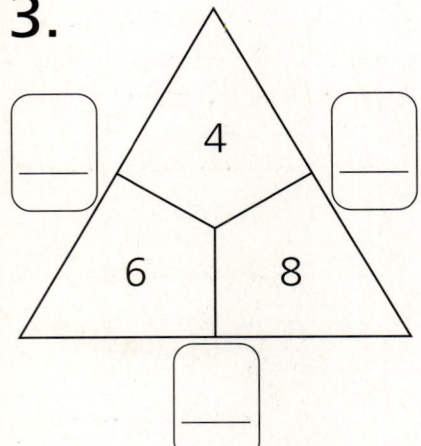

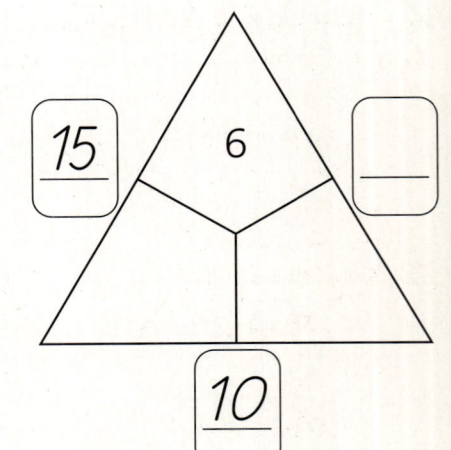

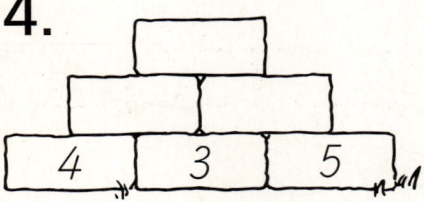

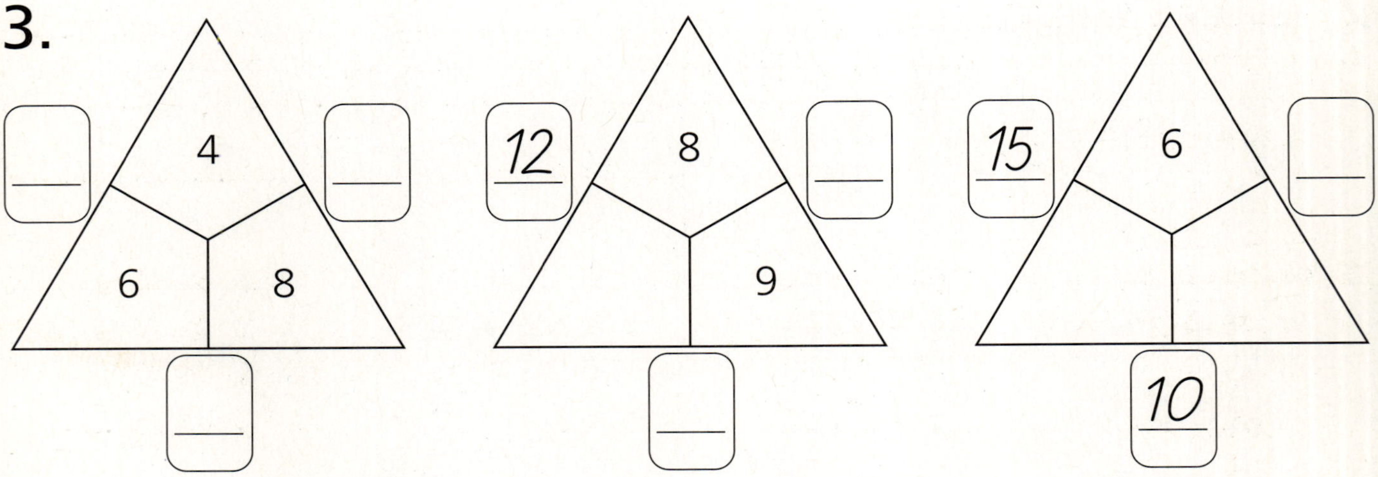

| Name | | Klasse | Datum | 4 |

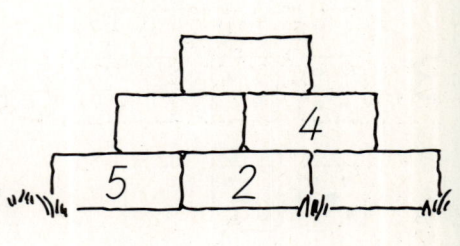

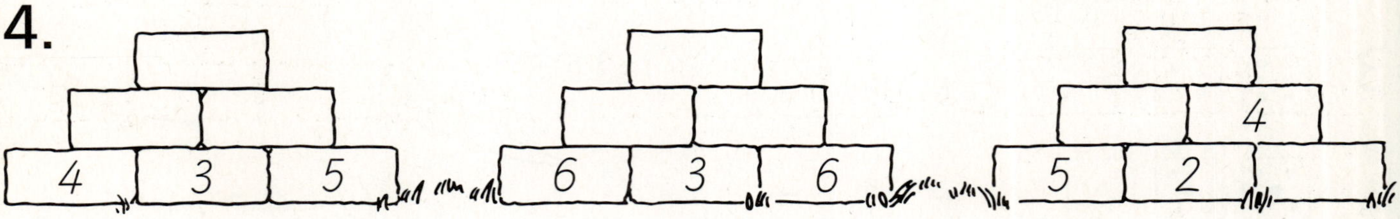

1. 5 + 7 = ___ 12 + 6 = ___   **2.** 12 − 4 = ___ 16 − 7 = ___
   9 + 4 = ___ 14 + 3 = ___   14 − 6 = ___ 11 − 9 = ___
   4 + 8 = ___ 11 + 9 = ___   18 − 5 = ___ 17 − 8 = ___
   7 + 9 = ___ 15 + 4 = ___   13 − 9 = ___ 19 − 5 = ___
   3 + 8 = ___ 17 + 2 = ___   15 − 6 = ___ 14 − 5 = ___

3. Dreiecke mit: (4 oben, 6 links, 8 rechts); (12 links, 8 oben, 9 rechts unten); (15 links, 6 oben, 10 unten)

4. Zahlenmauern mit Grundreihen: 4, 3, 5 | 6, 3, 6 | 5, 2, ? (4 in mittlerer Reihe rechts)

5. Lege eine Zahlenmauer aus: Schreibe sie auf.
   4   2   5   16   7   9

Das Zahlenbuch 1. Schuljahr — Lernzielkontrolle 4

| Name | | Klasse | Datum | 5 |

1. Schöne Päckchen. Setze fort.

7 + 7 = ___	18 − 3 = ___	12 + ___ = 20
6 + 8 = ___	17 − 4 = ___	11 + ___ = 20
5 + 9 = ___	16 − 5 = ___	10 + ___ = 20
4 + 10 = ___	15 − 6 = ___	9 + ___ = 20
___ + ___ = ___	___ − ___ = ___	___ + ___ = ___

2.

Zahl	6	12	16	8	20	10	4	2	14	18
die Hälfte										

3.

3 mal 4 = ___   2 mal 6 = ___   6 mal 2 = ___   4 mal 3 = ___

4.

Pyramide 1: 15 oben, 8 mitte links, 4 unten links
Pyramide 2: 10 oben, 6 und 2 unten
Pyramide 3: 15 oben, 5 und 4 unten

5.

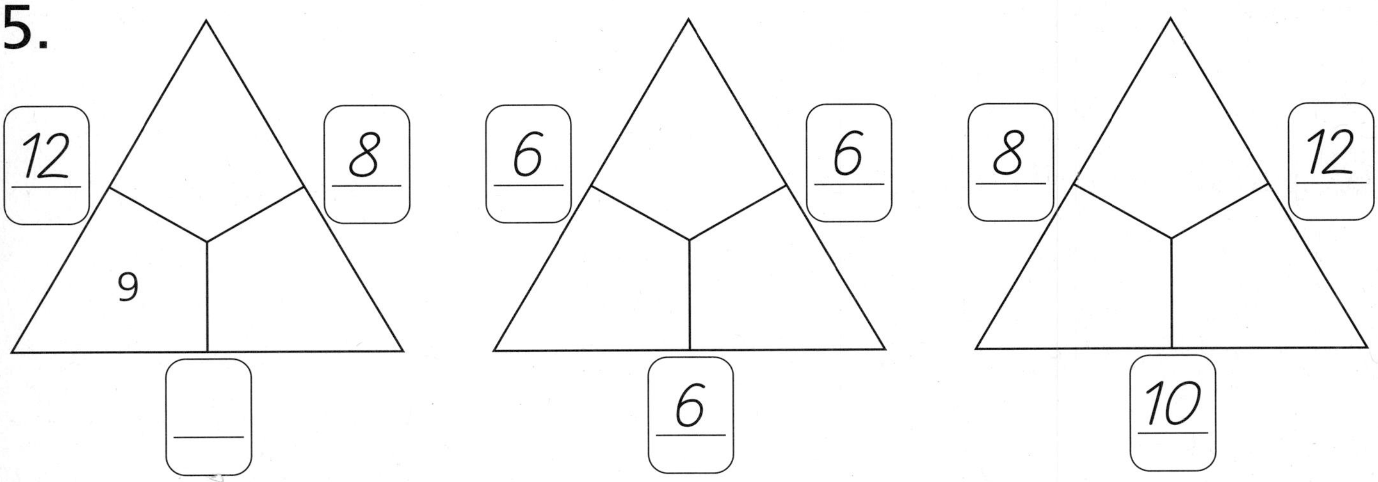

Dreieck 1: 12, 8, 9
Dreieck 2: 6, 6, 6
Dreieck 3: 8, 12, 10

Das Zahlenbuch 1. Schuljahr   Lernzielkontrolle 5

| Name | Klasse | Datum | € |

1. Wie viele Euro?

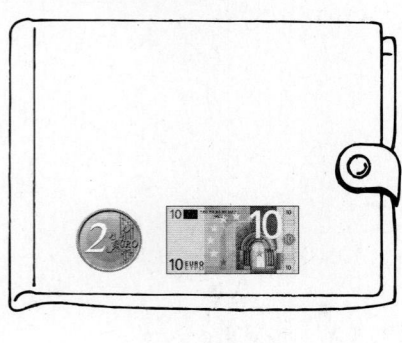

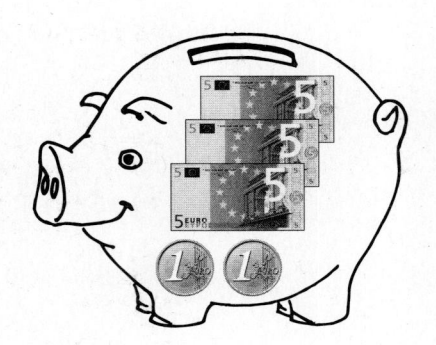

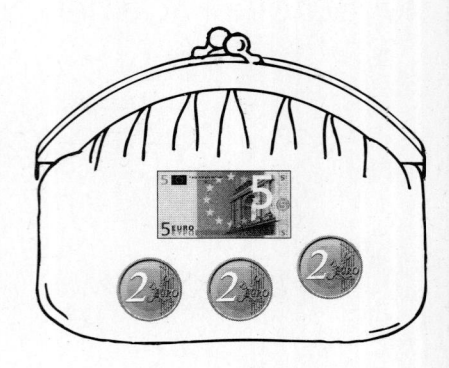

_____ Euro   _____ Euro   _____ Euro

2.

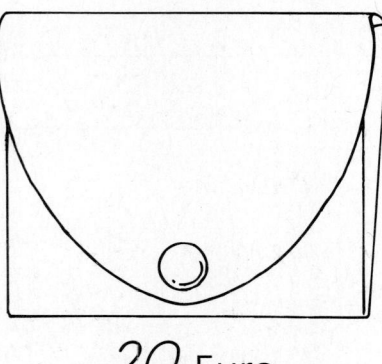

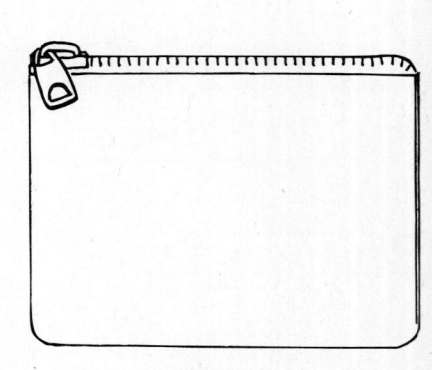

_20_ Euro   _8_ Euro   _13_ Euro

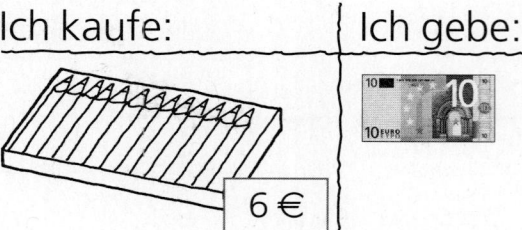

3. Ich kaufe: Ich gebe:
6 € 10 €
Zurück: _____ Euro

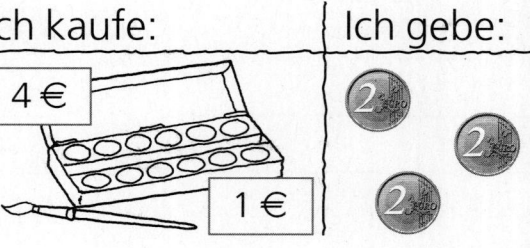

4. Ich kaufe: Ich gebe:
4 € 1 € 2, 2, 2
Zurück: _____ Euro

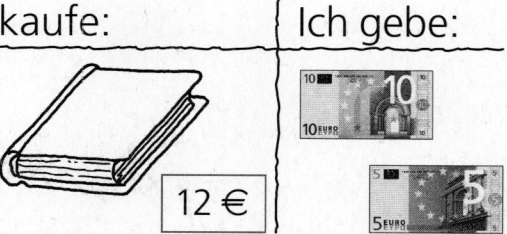

5. Ich kaufe: Ich gebe:
12 € 10 € 5 €
Zurück: _____ Euro

6. Ina hat: 5 €, 2 €, 1 €
Kai hat 3 Euro mehr.
Kai hat: _____ Euro

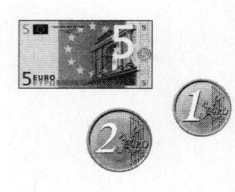

Das Zahlenbuch 1. Schuljahr   Lernzielkontrolle Geld